Carta al estudiante

Estimado(a) estudiante:

Ediciones Santillana, consciente de las necesidades educativas de los jóvenes de hoy, ha preparado esta serie *En Español*, para proveerte de todas las herramientas y los recursos necesarios que te sean útiles en la adquisición de los conocimientos relacionados con tu lengua materna. En este libro, y en el cuaderno de actividades, podrás conceptualizar, comprender y aplicar las destrezas de décimo grado, de una forma dinámica, reflexiva y creativa.

Tu libro de texto se compone de doce capítulos, dentro de los cuales se destacan varias secciones: *Leo un texto* (lecturas), *Interpreto el texto* (comprensión lectora), *Estudio la literatura* (movimientos literarios), *Razonamiento léxico en el uso* (razonamiento verbal y vocabulario), *Ortografía en el uso* (normas de la escritura), *Gramática en el uso* (estructura y coordinación de las palabras), *Produzco un texto* (comunicación escrita) y *Nos comunicamos* (comunicación oral). En ellas se enfatizan los conocimientos básicos de las áreas de literatura y lenguaje. Además, se incluyen secciones especiales enmarcadas en tus intereses particulares, con las cuales podrás complementar y ampliar tus horizontes de aprendizaje. Estas son: *Punto convergente* (conexión curricular), *¡A reflexionar!* (destrezas de pensamiento), *Taller de estudio literario* (estudio de aspectos literarios) y *Actividades finales* (*assessment*).

En cada capítulo encontrarás una apertura fascinante que capturará tu atención y te llevará a descubrir las maravillosas lecciones que te esperan. El capítulo desarrolla un tema principal que se amplía a lo largo de todas las lecciones. Hemos seleccionado lecturas y obras representativas de la época o del movimiento literario estudiado, con el fin de que puedas concienciarte acerca de las realidades de los tiempos históricos presentados.

Este libro está concebido como un instrumento de trabajo, pero, también, como un puente por medio del cual podrás acercarte a aquellos temas que te identifiquen como joven, como hispanohablante y, más importante aún, como puertorriqueño. Apreciarás en él un estilo tecnológico que integra distintos temas de la tecnología actual y te permite ver cómo el Español trasciende otras áreas del saber. Asimismo, desarrollarás tus capacidades por medio de los trabajos en equipo y reflexionarás en torno a la eficacia de los valores morales y sociales, y sobre la importancia de hacer una aportación eficaz al desarrollo de nuestra conciencia ecológica.

Te invitamos a explorar, conocer, mantener y cuidar tu libro, de tal modo que le puedas sacar el máximo provecho. Recuerda las palabras del poeta nicaragüense Rubén Darío: "El libro es fuerza, es valor, es poder, es alimento; antorcha del pensamiento y manantial del amor".

¡Qué lo disfrutes!

Las editoras

El libro En *Español 10* es una obra colectiva concebida, diseñada y creada en Ediciones Santillana, Inc., por el siguiente equipo:

Directora de contenidos:
Mayra Méndez Barreto

Bajo la gerencia editorial de:
María E. Villanueva Torres

Editoras a cargo:
Mercedes Z. Carrillo Méndez
Marta Grillasca Irizarry

Editor de recursos multimedia:
Waldemar R. Torres Nazario

Colaboradoras:
Dra. Sylma García González
Dra. Beverly Morro Vega
Dr. Raúl M. Núñez Negrón
Lucía Fayad Sanz
Blanca L. Morales Ramos
Alexandra Pagán Vélez
Damarys Reyes Vicente
Yarilda Román Piñero

Correctora de estilo:
Patria B. Rivera Reyes

Correctoras asistentes:
Yolanda Alvelo Fuentes
Natalí González Villariny

Asesora lingüística:
Rebecca Arana Cacho

Lector especializado:
Dr. Humberto López Morales

Supervisora lingüística:
Dra. María Inés Castro Ferrer

Recursos en línea

La serie *En Español* 10.º, 11.º y 12.º se ha concebido y creado dentro de una base constructivista y enmarcada en los procesos metacognitivos y metalingüísticos, con el fin de desarrollar estudiantes capaces de comunicarse de forma eficaz y de construir pensamientos coherentes y críticos, al promover, a su vez, un desarrollo holístico en los futuros líderes de nuestra sociedad.

Esta nueva serie incluye libros de texto, cuadernos y material de apoyo tecnológico, el cual se provee por medio de nuestra página web. Además, ofrece múltiples posibilidades para la enseñanza y el aprendizaje, con una oferta de contenidos y materiales didácticos interactivos que se adaptan al trabajo en la sala de clases, tanto del estudiante como del maestro.

Libro de texto y cuaderno

Contenido del libro de texto y del cuaderno de los estudiantes

Actividades interactivas

Las actividades interactivas muestran los contenidos de una manera interactiva y atractiva con el objetivo de despertar la curiosidad de los estudiantes y su interés por explorar, para ayudarlos a globalizar habilidades y conocimientos. Están diseñadas según una determinada estrategia educativa y teniendo en cuenta los objetivos, los contenidos, los destinatarios y las operaciones mentales que deben desarrollar los estudiantes.

Enlaces de interés

En Santillana, nuestro compromiso es con la educación de los estudiantes. Con este propósito, hemos diseñado para el estudiante una zona con lugares de interés que le ayudarán en el proceso de aprendizaje. Tendrá disponible:

- **Kalipedia**
  Enciclopedia *on-line* orientada al ámbito educativo
- **Otros enlaces**
  Acceso a contenidos y páginas de interés general

Tu escuela **digital**

www.santillanapr.com

Así es tu libro

El libro *En Español 10* está organizado en doce capítulos, relacionados con las expresiones creativas del momento histórico estudiado y con las más recientes disposiciones de la Real Academia de la Lengua Española (RAE), según se han publicado en el *Diccionario panhispánico de dudas*, en la *Nueva gramática de la lengua española* y en la nueva *Ortografía de la lengua española*. Además, su contenido conceptual sobrepasa los estándares y las expectativas del grado, recomendados por el Departamento de Educación de Puerto Rico.

La estructura de cada capítulo

1 Apertura (Exploración del capítulo)

El capítulo inicia con una imagen que introduce el movimiento literario y las lecturas correspondientes. Se incluyen los recuadros *Temas del capítulo*, *Preámbulo* y *¿Qué sabes sobre...?*, los cuales tienen el propósito de activar el conocimiento previo del estudiante y darle a conocer los conceptos y las destrezas que se estudiarán en el capítulo.

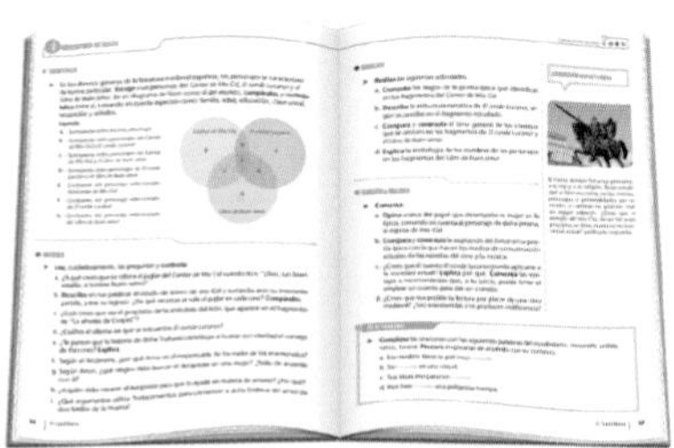

2 Leo un texto (Lecturas)

Esta sección contiene textos literarios que desarrollan el movimiento literario del capítulo. Esta parte incluye los apartados *Al comenzar*, *Al leer* y *Al concluir*, que motivan, dirigen y recogen la impresión general del estudiante. También, aparece el recuadro *Sobre el autor*, en el cual se resaltan aspectos sobresalientes de la vida del autor o los autores.

3 Interpreto el texto (Comprensión lectora)

En esta sección, se presentan actividades delineadas en el proceso de pensamiento: *Identifico*, *Infiero*, *Analizo* y *Evalúo y valoro*, para desarrollar las destrezas fundamentales de la comprensión lectora. Además, se incluyen los apartados *Educación cívica y ética*, en el cual se resaltan valores morales y sociales, y *En el contexto*, en el que se aplica en otro contexto el vocabulario de las lecturas.

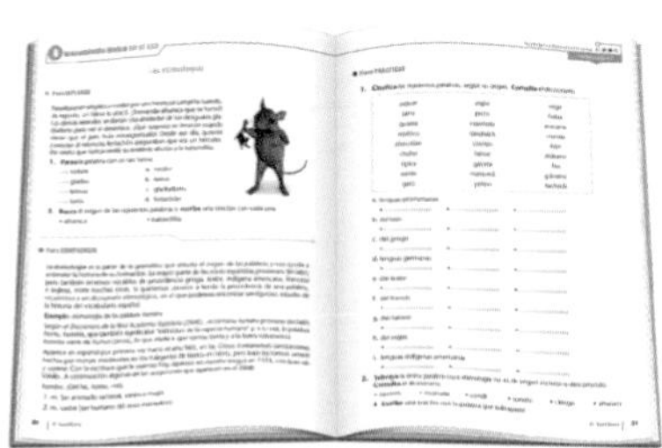

4 Estudio la literatura (Movimientos literarios)

Esta sección de dos páginas presenta las características más relevantes del movimiento literario estudiado. Luego, concluye con actividades dirigidas a comprobar lo aprendido.

5 Razonamiento léxico en el uso (Razonamiento verbal y Vocabulario)

Esta sección presenta las destrezas y los conceptos relacionados con la adquisición de vocabulario y con el razonamiento verbal a través de los apartados *Para explorar*, *Para comprender* y *Para practicar*.

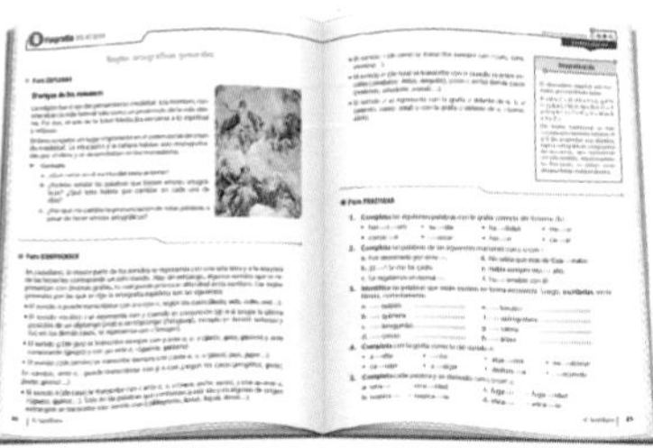

6 Ortografía en el uso (Normas de la escritura)

Esta sección muestra las destrezas y los conceptos pertinentes que normalizan la escritura. Incluye el recuadro *Ortografía al día*, que destaca las nuevas normas ortográficas aprobadas por la Real Academia Española.

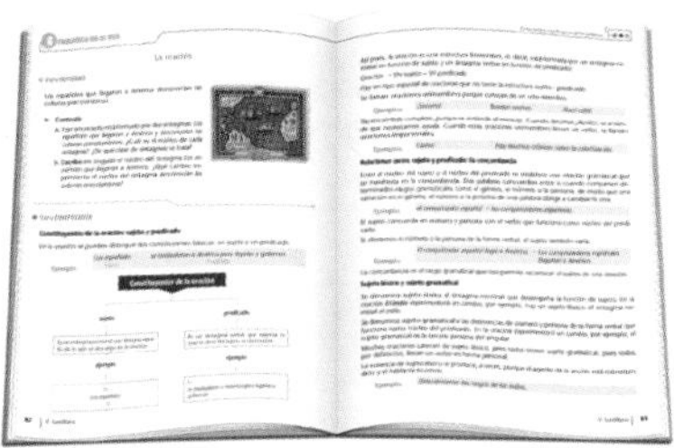

7 Gramática en el uso (Estructura y coordinación de las palabras)

Esta sección presenta las destrezas y los conceptos relacionados con los elementos normativos y estructurales de la lengua. Incluye el recuadro *Gramática al día*, que destaca las nuevas normas gramaticales aprobadas por la Real Academia de la Lengua Española.

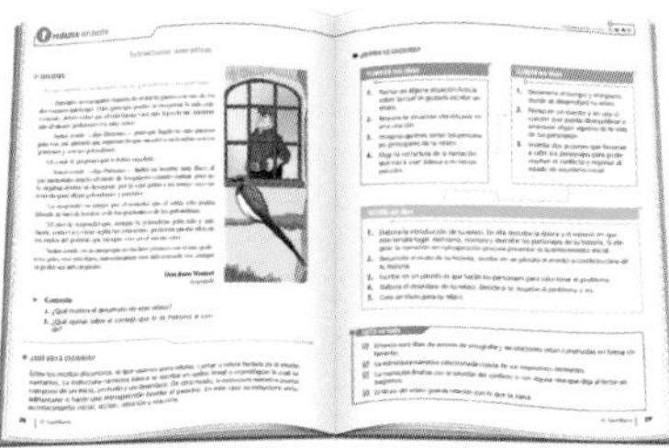

8 Produzco un texto (Comunicación escrita)

En esta sección, el estudiante tendrá contacto con un género literario o con uno no literario, a partir de un paradigma, ilustrado en el apartado *Observo*, para luego dirigirse al proceso de producción y evaluación de un texto escrito, a través de los recuadros *¿Qué voy a escribir?*, *¿Cómo lo escribo?* y el recuadro *Edito un texto*.

9 Nos comunicamos (Comunicación oral)

Esta sección consta de una página en la que los estudiantes trabajarán de modo cooperativo los conceptos y las destrezas de comunicación oral, recomendados para el grado. Se dirige a los estudiantes a través de los recuadros *¿Cómo lo preparamos?* y *¿Cómo lo presentamos?*; y se los lleva a una autoevaluación, en el último recuadro *¿Cómo lo hicimos?*

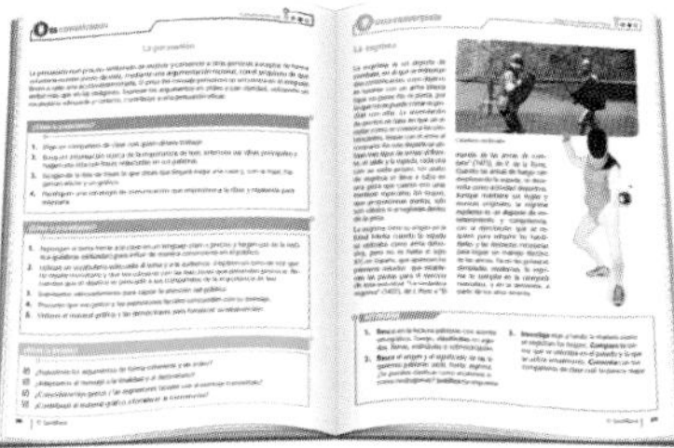

10 Punto convergente (Conexión curricular)

En esta sección se establece una conexión curricular con las materias básicas: Historia, Ciencia, Matemáticas, Bellas Artes, Educación Física y Tecnología. Comienza con un texto relacionado con un tema destacado de la materia seleccionada, y se presentan actividades que enlazan dicho tema con las destrezas de Español.

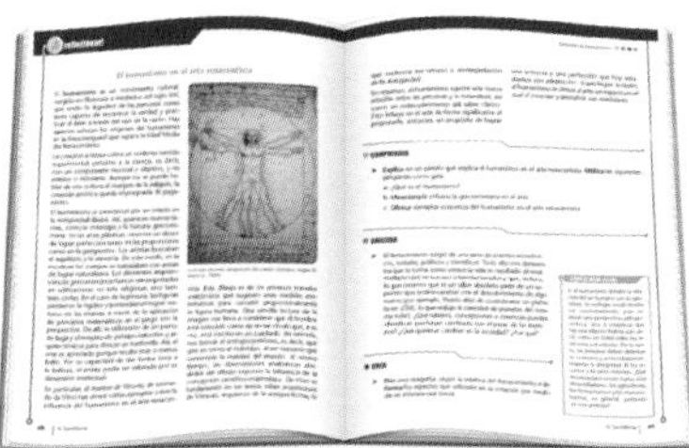

11 ¡A reflexionar! (Destrezas de pensamiento)

En esta sección se trabajan las destrezas de pensamiento, por medio de un tema de las artes relacionado con el movimiento literario estudiado. Aquí se incluye el recuadro *Conciencia verde*, que conecta el arte con el tema de la protección del ambiente.

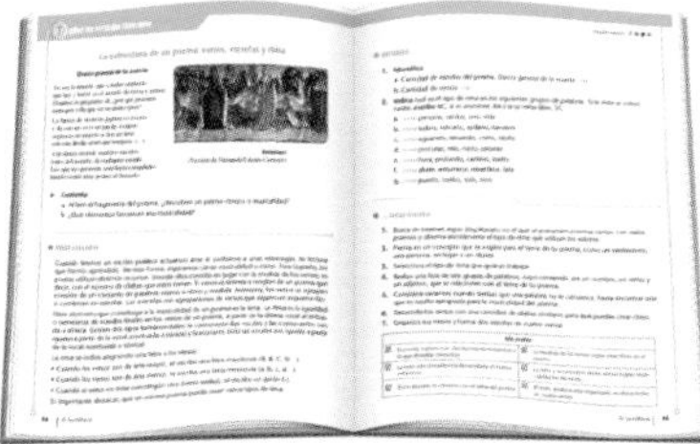

12 Taller de estudio literario (Estudio de aspectos literarios)

Esta sección se encuentra en los capítulos impares. En ella, el estudiante trabajará las destrezas para aprender a manejar tanto la estructura como el contenido literario de las obras. Se mostrará al estudiante un texto literario, para, luego, dirigirlo al proceso de redacción, a través de los apartados *Para entender*, *Entiendo...*, *...luego escribo* y el recuadro *Me evalúo*.

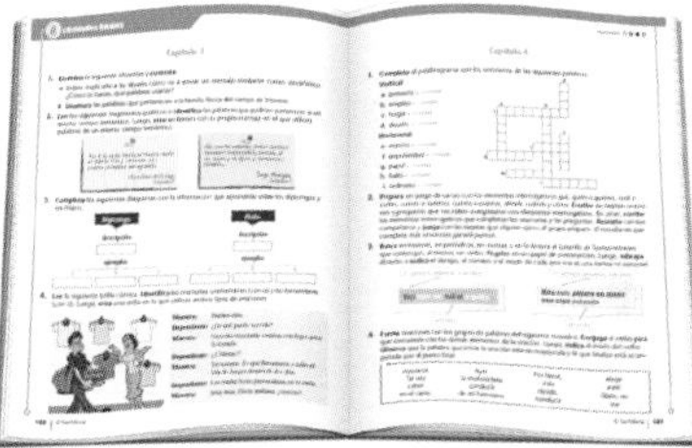

13 Actividades finales (*Assessment*)

Estas actividades se encuentran en los capítulos pares. En ellas, se presentan ejercicios de *assessment* para que el estudiante pueda construir su propio conocimiento al repasar los conceptos y las destrezas estudiados en las áreas del lenguaje (*Razonamiento léxico en el uso*, *Ortografía en el uso* y *Gramática en el uso*).

Actividades multimedia: www.santillanapr.com

Índice

1 Gestación de la literatura española

Castillo de Manzanares (siglo XV) en La Mancha, España

En el Medioevo, el castillo era símbolo de poder y fuerza. Esta imagen caracteriza el ambiente cultural y social de la España medieval.

Temas del capítulo

- Literatura de la Edad Media e inicios de la literatura española
- Las etimologías
- Reglas ortográficas generales
- La lengua y su organización
- Estructuras narrativas
- La narración oral: el cuento colectivo

 © Santillana

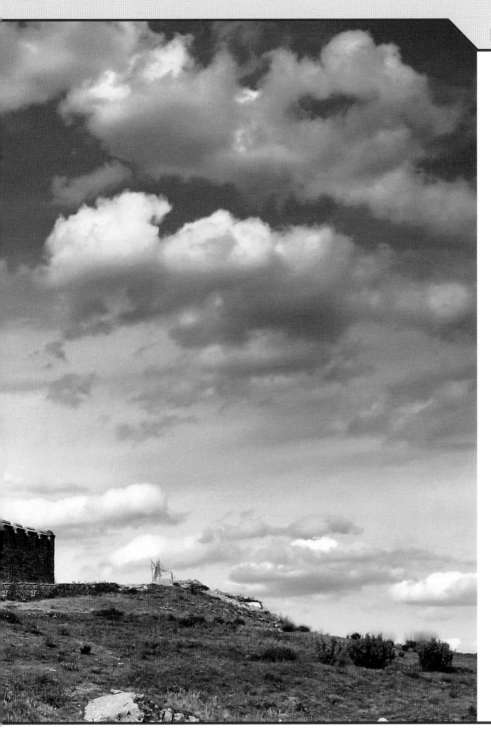

Llamamos Edad Media al período histórico comprendido entre el siglo V y el siglo XV. En su conjunto, la etapa se caracteriza por la inestabilidad política, un sistema social rígido, una fuerte presencia de la religión, el poder de la nobleza feudal y la producción cultural de los sectores populares. En el caso de España, frontera entre el mundo musulmán oriental y el mundo cristiano europeo, es preciso añadir a la lista de características la coexistencia de los musulmanes, los cristianos y los judíos, así como las luchas feudales que, poco a poco, se van definiendo como un proceso largo de reconquista, por parte de los cristianos, del territorio dominado por los musulmanes.

En esta época de grandes contrastes coexistieron: la religiosidad con las guerras de religión; el amor espiritual con el sensual; la literatura hagiográfica, es decir, historias de santos, con la épica y la más depurada lírica. De los largos siglos de convivencia de las tres castas (la judía, la musulmana y la cristiana) surgieron la enorme variedad y la riqueza cultural y social que caracterizan a la España actual.

¿Qué sabes sobre la Edad Media ?

- ¿Qué período crees que comprendiera la Edad Media?
- ¿Cuándo crees que iniciara la literatura española?
- ¿Qué relación crees que exista entre los castillos y la Edad Media?
- ¿Qué forma tiene la muralla del castillo de la foto?
- ¿Por qué crees que se edificara así?
- ¿Qué usos crees que haya tenido esta edificación a lo largo de la historia?

Al comenzar

- ¿Qué sabes de los caballeros medievales? ¿Te hubiera gustado ser un caballero?
- Cuando tienes un problema, ¿tratas de solucionarlo tú mismo (a) o pides la ayuda de alguien? ¿A quién acudes?

Al leer

- Presta atención a cómo se siente el pueblo por la partida del Cid y a la preocupación del Cid ante su partida.
- Identifica el problema que tiene el conde Lucanor y la relación entre el problema de este y la historia que cuenta Patronio.

Al concluir

- ¿Qué condiciones debería reunir un hombre para convertirse en caballero durante la Edad Media?
- ¿Por qué crees que los personajes heroicos captan la atención de los lectores de todos los tiempos?
- Según la moraleja de la historia de *El conde Lucanor*, ¿por qué te dejas tú llevar más: por la imaginación o por la realidad? ¿Logras obtener tus metas favorablemente?

- **azores mudados** (sustantivo). Aves que han mudado la pluma.
- **mesurado** (adjetivo). Moderado.
- **urdido** (verbo). Del verbo *urdir*. Tramado.
- **aguijar** (verbo). Picar o estimular.
- **corneja** (sustantivo). Especie de cuervo con plumaje negro y de brillo metálico; domesticable.

Cantar de Mio Cid

El poema narra la pérdida y recuperación del honor del Cid, injustamente desterrado por el rey Alfonso VI, quien se deja influenciar por los comentarios de ciertos cortesanos que, envidiosos de las proezas del Campeador, lo acusan de robo. Como castigo, el rey lo destierra de Castilla, y prohíbe a su familia que lo acompañe.

El Cid acepta el injusto castigo con entereza y se despide de su amada esposa doña Jimena y de sus hijas, a quienes confía al cuidado de un sacerdote del monasterio. Inicia una campaña militar para expulsar a los moros de las tierras de España, y, así, consigue reunirse con su familia y, también, el perdón del rey.

La salida de Castilla

De los sus ojos tan fuertemente llorando,
volvía la cabeza, se las quedaba mirando:
vio las puertas abiertas, postigos sin candados,
y las perchas vacías, sin pieles ni mantos,
o sin halcones, o sin **azores mudados**.
Suspiró mio Cid, que se sentía preocupado;
habló mío Cid, bien y muy **mesurado**:
"¡Gracias doy, Señor Padre, que estás en lo alto!
Esto me han **urdido** mis enemigos malos".
Allí empiezan a **aguijar**, allí sueltan las riendas.

A la salida de Vivar tuvieron **la corneja diestra**,
al entrar en Burgos tuvieron a la izquierda.
Se encongió el Cid de hombros, levantó la cabeza:
"¡**Albricia, Álvar Fáñez**, pues se nos echa de la tierra!".
Mio Cid Ruy Díaz por Burgos entrose,
en su compaña sesenta **pendones**,
salíanlo a ver mujeres y varones;
burgueses y burguesas están en los balcones;
llorando de los ojos, tanto es su dolor.
Por sus bocas todos decían esta opinión:
"¡Dios, tan buen vasallo, si tuviese buen señor!".

De agrado le albergarían, pero ninguno lo osaba,
que a Ruy Díaz de Vivar le tiene el rey mucha saña.
La noche pasada a Burgos llevaron una real carta
con severas prevenciones y fuertemente sellada
mandando que a mio Cid nadie le diese posada,
que, si alguno se la da, sepa lo que le esperaba:
sus haberes perdería, más los ojos de la cara,
y además se perdería salvación de cuerpo y alma.

Cantar del destierro

A lo largo del cantar se caracteriza al héroe como un guerrero dotado de gran humanidad. Este es el momento en que el Cid se despide de su mujer y sus hijas:

Inclinó las manos la barba florida,
a sus hijas en brazos las cogía,
acercolas al corazón, pues mucho las quería.
Llora de los ojos, muy fuertemente suspira:
"Ya doña Jimena, ya mi mujer tan cumplida,
como a mi propia alma yo tanto os quería.
Ya lo veis, que nos separaremos en vida,
yo me iré y vos quedaréis recogida.
Quiéranlo Dios y Santa María
que aún con mis manos case a estas hijas mías,
o denme ventura y algunos días de vida,
y vos, mujer honrada, por mí seáis servida".

Cantar de las bodas

Después de varias batallas, el Cid llega a la ciudad de Valencia y consigue arrebatársela a los árabes. Tras la victoria, envía parte del botín al rey, Alfonso VI, que le perdona y concierta las bodas de sus hijas con los infantes de Carrión. En esta escena, la mujer e hijas del Cid se reencuentran con él:

Al fin de la carrera, mio Cid descabalgaba,
se dirigió a su mujer y a sus hijas ambas;
cuando lo vio doña Jimena a sus pies se le echaba.
"Merced, Campeador, en buena hora ceñisteis espada,
ya me habéis sacado de muchas vergüenzas malas,
heme aquí, señor, yo y vuestras hijas, ambas,
con Dios y con vos buenas están y criadas."
A la madre y las hijas bien las abrazaba,
del gozo que tenían de sus ojos lloraban.
Todas sus **mesnadas** en gran deleite estaban,
armas tenían y **tablados** quebrantaban.
Oíd lo que dijo el que en buen hora fue criado:
"Vos, doña Jimena, mujer querida y honrada,
y mis dos hijas, mi corazón y mi alma,
entrad conmigo en Valencia la casa,
en esta heredad que por mí tenéis ganada".
Madre e hijas las manos le besaban.
Con tan gran honra ellas en Valencia entraban.

- **la corneja diestra (...) oviéron la siniestra** (voz antigua). Ver volar una corneja por la derecha, es indicio de buena suerte; en cambio, al volar por la izquierda, augura un mal recibimiento.
- **Albricia, Álvar Fáñez** (interjección). Denota júbilo. El Cid anima a sus hombres aceptando el destierro.
- **pendones** (sustantivo). Banderas; se trata de una metonimia (la parte por el todo). Quiere decir que le acompañan sesenta caballeros.
- **mesnadas** (sustantivo). Tropas.
- **tablados** (sustantivo). Juegos medievales. Alude a unos ejercicios que consistían en derribar tablados de madera.

Cantar de la afrenta de Corpes

Los infantes de Carrión, acusados de cobardía al huir ante la presencia de un león, parten hacia sus tierras. Como venganza, azotan y abandonan a las hijas del Cid en el robledal de Corpes. El Cid reclama justicia al rey. Los infantes son castigados y las hijas del héroe se desposan con los príncipes de Navarra y Aragón. En la siguiente escena, el Cid se enfrenta al león y lo somete sin hacer uso de la fuerza:

En Valencia estaba mio Cid con todos sus vasallos.
Con él sus yernos ambos, los infantes de Carrión.
Echado en un **escaño**, dormía el Campeador,
un mal accidente, sabed que les pasó:
saliose de la red y desatose el león.
En gran miedo se vieron en medio de la corte;
embrazan los mantos los del Campeador,
y rodean el escaño, y se quedan junto a su señor.
Fernán González, el infante de Carrión,
no vio ahí donde meterse, ni cuarto abierto ni torre;
metiose bajo el escaño, tan grande fue su pavor.
Diego González por la puerta salió,
diciendo por su boca: "No veré más Carrión".
Tras una **viga de lagar** se metió con gran pavor;
el manto y el **brial** todos sucios los sacó.
En esto despertó el que en buena hora nació;
vio cercado el escaño por sus buenos varones:
"¿Qué es esto, mesnadas, o qué queréis vosotros?".
"Ya, señor honrado, un susto nos dio el león."
Mio Cid hincó el codo, en pie se levantó,
el manto lleva al cuello y se dirigió hacia el león;
el león cuando lo vio mucho se avergonzó,
ante mio Cid la cabeza bajó y el rostro hincó.
Mio Cid don Rodrigo del cuello lo tomó,
lo lleva de la mano, en la red lo metió.

Anónimo
(Versión modernizada de Francisco Marcos Marín)

- **escaño** (sustantivo). Banco.
- **viga de lagar** (sustantivo). Madero que se emplea para prensar la uva o la aceituna.
- **brial** (sustantivo). Túnica.

El conde Lucanor

Lo que sucedió a una mujer llamada doña Truhana

Otra vez habló el conde Lucanor con Patronio, su consejero, del siguiente modo:

—Patronio, un hombre me ha aconsejado que haga una cosa, y aun me ha dicho cómo podría hacerla, y os aseguro que es tan ventajosa que, si Dios quisiera que saliera como él lo dijo, me convendría mucho, pues los beneficios se encadenan unos con otros de tal manera que al fin son muy grandes. Entonces refirió a Patronio en qué consistía.

Cuando hubo terminado, respondió Patronio:

—Señor conde Lucanor, siempre oí decir que era prudente atenerse a la realidad y no a lo que imaginamos, pues muchas veces sucede a los que confían en su imaginación lo mismo que sucedió a doña Truhana.

El conde le preguntó qué le había sucedido.

—Señor conde —dijo Patronio—, hubo una mujer llamada doña Truhana, más pobre que rica, que un día iba al mercado llevando sobre su cabeza una olla de miel. Yendo por el camino empezó a pensar que vendería aquella olla de miel y que compraría con el dinero una partida de huevos, de los cuales nacerían gallinas, y que luego, con el dinero en que vendería las gallinas compraría ovejas, y así fue comprando con las ganancias hasta que se vio más rica que ninguna de sus vecinas. Luego pensó que con aquella riqueza que pensaba tener casaría a sus hijos e hijas e iría acompañada por la calle de yernos y nueras, oyendo a las gentes celebrar su buena ventura, que la había traído a tanta prosperidad desde la pobreza en que antes vivía. Pensando en esto se empezó a reír con la alegría que le bullía en el cuerpo, y, al reírse, se dio con la mano un golpe en la frente, con lo que cayó la olla en tierra y se partió en pedazos. Cuando vio la olla rota, empezó a lamentarse como si hubiera perdido lo que pensaba haber logrado si no se rompiera.

De modo que, por poner su confianza en lo que imaginaba, no logró nada de lo que quería.

Vos, señor conde Lucanor, si queréis que las cosas que os dicen y las que pensáis sean un día realidad, fijaos bien en que sean posibles y no fantásticas, dudosas y **vanas**, y si quisiereis intentar algo **guardaos** muy bien de aventurar nada que estiméis por la incierta esperanza de un **galardón** de que no estéis seguro. Al conde agradó mucho lo que dijo Patronio, hízolo así y le salió muy bien. Y como don Juan gustó de este ejemplo, lo mandó poner en este libro y escribió estos versos:

En las cosas ciertas confiad y las fantásticas evitad.

Don Juan Manuel
(Versión de Enrique Moreno Báez)

Sobre los autores

El *Cantar de Mio Cid* es un cantar épico o cantar de gesta que narra las hazañas heroicas del caballero Rodrigo Díaz de Vivar, quien intenta recuperar su honra perdida. Aunque se desconoce su autoría, los estudiosos de la obra la ubican alrededor del siglo XII-XIII. La misma fue escrita en castellano medieval y está compuesta por 3,730 versos con una métrica variada y rima asonante. Se le atribuye a Per Abbat la reproducción del cantar original. Su importancia radica en ser la primera obra extensa de la literatura española, la cual se divide en tres cantares: *Cantar del destierro, Cantar de las bodas* y *Cantar de la afrenta de Corpes.*

Don Juan Manuel nació en 1282 en Toledo (España) y murió en Córdova (España) el 1348. Su verdadero nombre era Juan Manuel de Borgoña y Saboya. Se crió en el seno de una familia noble y acomodada. La riqueza y el poder rodearon siempre su vida y alternó su oficio como escritor con su posición de noble caballero. Su obra en prosa *El conde Lucanor,* escrita entre 1330-1335, se compone de cinco partes y está formada por cuentos cortos, cuyo propósito primordial es la enseñanza moral o didáctica. Los cuentos siguen siempre un mismo esquema: *El conde Lucanor* plantea un problema a Patronio y le pide consejo; este narra una anécdota de la que se deduce una pauta de conducta; después, don Juan Manuel escribe el cuento y añade una moraleja en unos versos finales.

- **vanas** (del adjetivo *vano*). Falto de realidad.
- **guardaos** (verbo). Del verbo *guardar.* Protegerse, cuidarse de algo o de alguien.
- **galardón** (sustantivo). Recompensa, premio.

Al comenzar

- ¿Cómo definirías el concepto *buen amor*?
- ¿Consideras que un fracaso amoroso se debe a la mala fortuna o a la mala elección?

Al leer

- Identifica los males de los cuales culpa el Arcipreste al Amor.
- Fíjate en el argumento que utiliza el Amor para defenderse de las acusaciones que le hace el Arcipreste.
- Identifica el consejo que le da el Amor al Arcipreste.
- Según la encomienda que don Melón de la Huerta (Arcipreste) le otorga a Trotaconventos, infiere por qué la denominan *alcahueta*.

Al concluir

- ¿Qué cualidades físicas o morales debe tener esa persona que intente enamorarte?
- ¿Qué estrategias usarías para conquistar a la persona amada? ¿Recurrirías, de ser necesario, a algún amigo que te sirva como intermediario? Explica.

- **denostar** (verbo). Injuriar.
- **ducho** (adjetivo). Experto.
- **lisonjas** (sustantivo). Alabanzas.
- **emponzoñas** (verbo). Del verbo *emponzoñar*. Envenenas.
- **viras** (sustantivo). Saetas.
- **dueñas** (sustantivo). Mujeres casadas o viudas.
- **palurda** (adjetivo). Grosera.
- **procura** (verbo). Del verbo *procurar*. Consigue.
- **pacatas** (adjetivo). Retraídas, apocadas, mojigatas.

Libro de buen amor

El Arcipreste increpa al Amor

El Amor hace una visita al Arcipreste, quien, desengañado por su mala fortuna amorosa, le hace responsable de todos los males de los enamorados.

Una noche sostuve combate peregrino:
pensaba yo en mi suerte, furioso (y no de vino),
cuando un hombre alto, hermoso, cortésmente a mí vino.
Le pregunté quién era; dijo: "Amor, tu vecino".

Con enojo muy grande le empecé a **denostar**;
le dije: "Si Amor eres, no puedes aquí estar,
eres falso, embustero y **ducho** en engañar;
salvar no puedes uno, puedes cien mil matar.

Con engaños, **lisonjas** y sutiles mentiras
emponzoñas las lenguas, envenenas tus **viras**,
hiere a quien más te sirve tu flecha cuando tiras;
separas de las damas a los hombres por iras. [...]

Eres padre del fuego, pariente de la llama,
más arde y más se quema aquel que más te ama;
Amor, a quien te sigue le quemas cuerpo y alma,
destrúyeslo del todo como el fuego a la rama".

El Amor aconseja al Arcipreste

El Amor alega en su defensa que el Arcipreste no ha sabido elegir a las mujeres adecuadas ni conquistarlas. Por eso, decide aconsejarle.

Si quieres amar **dueñas** o a cualquier mujer,
muchas cosas tendrás primero que aprender
para que ella te quiera en amor acoger.
Primeramente, mira qué mujer escoger.

Busca mujer hermosa, atractiva y lozana,
que no sea muy alta, pero tampoco enana;
si pudieres, no quieras amar mujer villana,
pues de amor nada sabe, **palurda** y chabacana. [...]

Procura mensajera de esas negras **pacatas**
que tratan mucho a frailes, a monjas y beatas,
son grandes andariegas, merecen sus zapatas:
esas trotaconventos hacen muchas contratas.

Donde están tales viejas todo se ha de alegrar,
pocas mujeres pueden a su influjo escapar;
para que no te mientan las debes halagar,
pues tal encanto usan que saben engañar.

 © Santillana

Trotaconventos logra el amor de doña Endrina

Don Melón de la Huerta —el propio Arcipreste— busca una alcahueta, llamada Trotaconventos, que le ayude a conquistar a doña Endrina. Pronto la anciana consigue su objetivo. En esta escena, la vieja convence a doña Endrina del amor de don Melón y doña Endrina confiesa que se ha enamorado de él.

Preguntole la dama: "¿Qué nuevas hay de aquel?".
La vieja dijo: "¿Nuevas?, ¿qué sé yo lo que es de él?
Mezquino y delgaducho, menos carne hay en él
que en un pollo invernizo después de San Miguel.

El gran fuego no puede encubrir a la llama,
ni el muy enamorado ocultar lo que ama;
mas ya vuestro carácter entiéndelo mi alma,
mi corazón, con pena, sus lágrimas derrama. [...]

Pero vos no tenéis pena ni compasión,
siempre decís que no, no prestáis atención
al recado que os traigo de aquel noble varón,
a quien muerto traéis, perdido de aflicción. [...]

Decidme toda entera la vuestra voluntad,
¿cuál es vuestro sentir?, decidme la verdad.
O vamos adelante o el asunto dejad;
si yo vengo a diario, ya no hay seguridad".

—"¡Ay!, el amor me mata con parecido fuego,
mas, aunque tanto obliga y apremia con su ruego,
el miedo y la vergüenza me prohíben el juego;
¡para mi pena grande yo no encuentro sosiego!"

—"Como en todo me fijo, más de lo que pensáis,
entiendo que uno al otro por igual os amáis,
con apasionamiento padecéis y penáis;
y si el amor lo quiere, ¿por qué, pues, no os juntáis?"

—"Aquello que me pides es lo que más codicio,
si el sentir de mi madre para ello es propicio;
sin eso, aunque queramos, por haceros servicio,
nunca lugar tendremos para placer y vicio.

Muchas cosas haría por amor del de Hita,
mas guárdame mi madre, de mí nunca se quita."
Dijo Trotaconventos: "(¡Ay, **la vieja pepita**!
¡Así se la llevasen con cruz y agua bendita!)".

Juan Ruiz, Arcipreste de Hita
(Versión de María Brey Mariño)

Sobre el autor

Juan Ruiz, Arcipreste de Hita, fue un escritor castellano que se alega nació en el siglo XIII en Alcalá de Henares (Madrid) y murió durante el siglo XIV en Hita. Estudió en Toledo y ocupó el cargo religioso de arcipreste quien, por nombramiento del obispo, tiene la responsabilidad de dirigir un área específica. A pesar de que sus datos biográficos carecen de exactitud, su obra *Libro de buen amor* confirma algunos de estos. Esta es una de las obras fundamentales de la literatura medieval española que, además, lleva a su máxima expresión la juglaría lírica en castellano. A través de recursos como la ironía, la sátira, las fábulas, las paráfrasis, el realismo vigoroso, los fragmentos alegóricos y las composiciones líricas combinados en una métrica irregular, Juan Ruiz creó un texto que contrasta el amor pasional (loco amor) con el que promueve la moral (buen amor), a la vez que combina lo didáctico con lo humorístico. El humor del Arcipreste responde al espíritu burlón de la sociedad burguesa de su época describiendo de forma caricaturesca el mundo caballeresco y eclesiástico, a la vez que recrea con exactitud la vida cotidiana. El autor se vale de un lenguaje ágil, vivaz, pintoresco y espontáneo para presentar las aventuras amorosas del protagonista en forma autobiográfica. Por la forma en que finaliza su obra, se afirma que fue escrita en la cárcel donde el arzobispo de Toledo, Gil de Albornoz, ordenó que lo apresaran.

- **la vieja pepita** (sustantivo). Se refiere a la madre de doña Endrina. Estas palabras de Trotaconventos van entre paréntesis para indicar que la vieja las pronuncia en un aparte, es decir, con la intención de que doña Endrina no las oiga.

IDENTIFICO

➤ En los diversos géneros de la literatura medieval española, los personajes se caracterizan de forma particular. **Escoge** a un personaje del *Cantar de Mio Cid, El conde Lucanor* y el *Libro de buen amor.* En un diagrama de Venn como el del modelo, **compáralos** y **contrástalos** entre sí, tomando en cuenta aspectos como: familia, edad, educación, clase social, ocupación y anhelos.

Leyenda:

A - Semejanzas entre los tres personajes

B - Semejanzas entre personajes del *Cantar de Mio Cid* y *El conde Lucanor*

C - Semejanzas entre personajes del *Cantar de Mio Cid* y el *Libro de buen amor*

D - Semejanzas entre personajes de *El conde Lucanor* y el *Libro de buen amor*

E - Contrastes del personaje seleccionado del *Cantar de Mio Cid*

F - Contrastes del personaje seleccionado de *El conde Lucanor*

G - Contrastes del personaje seleccionado del *Libro de buen amor*

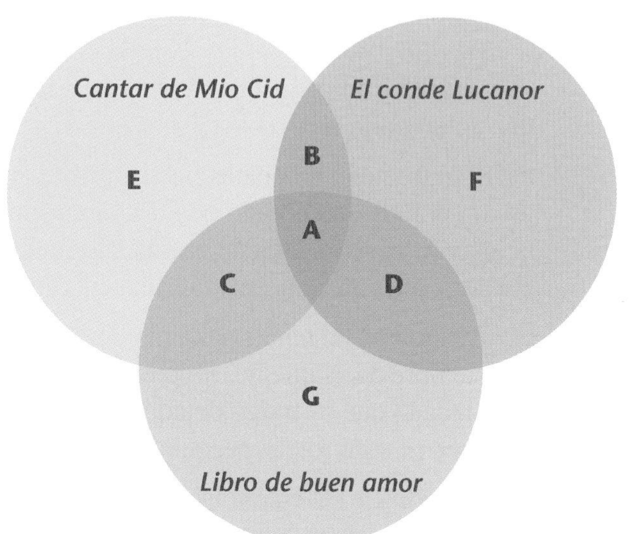

INFIERO

➤ **Lee,** cuidadosamente, las preguntas y **contesta**:

a. ¿A qué crees que se refiera el juglar del *Cantar de Mio Cid* cuando dice: "¡Dios, tan buen vasallo, si tuviese buen señor!"

b. **Describe** en tus palabras el estado de ánimo de mio Cid y su familia ante su inminente partida, y tras su regreso. ¿De qué recursos se vale el juglar en cada caso? **Compáralos**.

c. ¿Cuál crees que sea el propósito de la anécdota del león, que aparece en el fragmento de "La afrenta de Corpes"?

d. ¿Cuál es el dilema en que se encuentra *El conde Lucanor*?

e. ¿Te parece que la historia de doña Truhana contribuye a ilustrar con claridad el consejo de Patronio? **Explica**.

f. Según el Arcipreste, ¿por qué Amor es el responsable de los males de los enamorados?

g. Según Amor, ¿qué rasgos debe buscar el Arcipreste en una mujer? ¿Estás de acuerdo con él?

h. ¿A quién debe recurrir el Arcipreste para que lo ayude en materia de amores? ¿Por qué?

i. ¿Qué argumentos utiliza Trotaconventos para convencer a doña Endrina del amor de don Melón de la Huerta?

ANALIZO

➤ **Realiza** las siguientes actividades:

a. **Comenta** los rasgos de la poesía épica que identificas en los fragmentos del *Cantar de Mio Cid.*

b. **Describe** la estructura narrativa de *El conde Lucanor,* según se percibe en el fragmento estudiado.

c. **Compara** y **contrasta** el tono general de los consejos que se ofrecen en los fragmentos de *El conde Lucanor* y el *Libro de buen amor.*

d. **Explica** la simbología de los nombres de los personajes en los fragmentos del *Libro de buen amor.*

EVALÚO y VALORO

➤ **Comenta**:

a. **Opina** acerca del papel que desempeña la mujer en la épica, tomando en cuenta al personaje de doña Jimena, la esposa de mio Cid.

b. **Compara** y **contrasta** la exaltación del héroe en la poesía épica con la que hacen los medios de comunicación actuales de las estrellas del cine y la música.

c. ¿Crees que el cuento *El conde Lucanor* pueda aplicarse a la sociedad actual? **Explica** por qué. **Comenta** las ventajas e inconvenientes que, a tu juicio, pueda tener el emplear un cuento para dar un consejo.

d. ¿Crees que sea posible la lectura por placer de una obra medieval? ¿Son entretenidas o te producen indiferencia?

EDUCACIÓN moral y cívica

El Cid es siempre fiel a sus principios, a su rey y a su religión. En la actualidad es fácil encontrar, en las noticias, personajes o personalidades que se venden y cambian su posición vital sin mayor esfuerzo. ¿Crees que el ejemplo del mio Cid, de ser fiel a sus principios, se debe mantener en la sociedad actual? Justifica tu respuesta.

EN el contexto

➤ **Completa** las oraciones con las siguientes palabras del vocabulario: *mesurado, urdido, vanas, lozana.* **Procura** emplearlas de acuerdo con su contexto.

a. Esa modelo tiene la piel muy __________.

b. Ser __________ es una virtud.

c. Sus ideas me parecen __________.

d. Nos han __________ una peligrosa trampa.

Literatura de la Edad Media e inicios de la literatura española

La Edad Media

La Edad Media es el período histórico que se extiende desde la desaparición del Imperio romano de Occidente (476) hasta el descubrimiento de América (1492). Este período duró cerca de diez siglos. Es necesario advertir que en estas categorías históricas las fechas no son necesariamente confiables; por ejemplo, Edad Media fue un término inventado por los historiadores renacentistas para designar una época que ellos estimaban oscura o decadentista en comparación con la suya.

La Edad Media o Medioevo se extiende más de mil años y se ha dividido así:

- Alta Edad Media (siglos V al X)
- Plena Edad Media (siglos XI al XIII)
- Baja Edad Media (siglos XIV y XV)

Características de la literatura medieval

La literatura medieval se distingue por tres rasgos: la transmisión oral de las obras, el carácter anónimo y el didactismo.

- **Transmisión oral**. La literatura se transmitía generalmente por medio del canto o la recitación, lo que explica que sean pocas las obras que han llegado a nosotros en copias escritas.
- **Carácter anónimo**. La mayoría de las obras medievales son anónimas.
- **Didactismo**. Las obras tienen una función didáctica: transmiten los valores cristianos y ofrecen modelos de comportamiento.

Inicios de la literatura española

Alfonso X, junto con un grupo de colaboradores, fue el primero en codificar una norma lingüística estable para el castellano. Esta codificación del lenguaje facilitó la escritura de literaturas que antes se habían transmitido oralmente.

Ilustración de un manuscrito medieval en la que se puede ver al rey Alfonso X rodeado de su corte.

La primera manifestación en lengua romance, es decir, en una lengua derivada del latín, se da gracias a la influencia árabe y data del siglo X: las jarchas. Un cuidadoso examen de las jarchas nos permite percibir algunas características de la sociedad española medieval; entre ellas, la más sobresaliente es el multiculturalismo. Esto quiere decir que durante la Edad Media la sociedad denominada española estaba formada por muchas culturas: latina, gótica, árabe, judía.

Podemos dividir la literatura medieval española en cuatro géneros, que señalan hacia momentos históricos específicos: la poesía lírica, la poesía épica, los romances y la prosa didáctica.

Poesía lírica

Los orígenes de la poesía lírica española son poco conocidos. De acuerdo con los estudiosos, los comienzos de la lírica castellana se remontan a las tradiciones arábigo-española y galaico-portuguesa. En algunas de estas breves composiciones se encuentran referencias a las faenas agrícolas, a las labores domésticas y a otras actividades de la vida cotidiana.

Los primeros versos españoles conocidos, escritos en lengua popular, son las jarchas. Se

 © Santillana

trata de composiciones poéticas que datan del siglo X. Consistían en breves cancioncillas de amor, escritas en romance mozárabe —lengua de los cristianos que vivían en un reino musulmán de la Península Ibérica—, que cultivaron los poetas árabes y hebreos españoles de la región andaluza, al sur de España.

En el noroeste, en la zona de Galicia y Portugal, aparecen las cantigas de amigo, escritas en lengua gallega. Los ejemplos más antiguos conocidos son del siglo XII. Las jarchas, las cantigas de amigo, los villancicos y otras formas líricas tienen en común el predominio del asunto amoroso, expresado casi siempre desde una perspectiva femenina.

Poesía épica

Podemos afirmar que la literatura épica surge como resultado de la constante presencia de la guerra en la Edad Media. La corriente literaria que produce este tipo de manifestaciones literarias se denomina *mester de juglaría*. Estos relatos épicos son recolecciones de los cantares de gesta, tradición oral en la que los juglares recitaban las aventuras de un héroe.

La alabanza al héroe local es una constante en este género. Esta literatura heroica refleja el ideal de la época del héroe batallador, que está llamado a defender la comunidad de las invasiones de los pueblos vecinos, tan frecuentes en la época.

Romances

Los romances fueron un género popular que se desarrolló por cauces orales, al margen de la literatura culta. Son poemas lírico-narrativos, de versos octosílabos con rima asonante en los versos pares. Se dice que son evoluciones de los cantares de gesta y de la poesía épica, que la imaginación popular sintetizaba de lo que había permanecido en su memoria. Los romances suelen clasificarse en: históricos (sobre hechos reales), fronterizos (sobre cristianos y moros), novelescos (historias de ficción), o épicos (fragmentos de antiguos poemas épicos).

Prosa didáctica

La modalidad del cuento o prosa de ficción está estrechamente vinculada a la traducción que hizo Alfonso X del *Calila e Dimna*, una colección de cuentos árabes estructurados por un diálogo entre dos lobos, los cuales se alternan la narración de los relatos, que siempre rematan en un final moralizante. *El conde Lucanor*, de don Juan Manuel, tiene una estructura parecida. La novedad más evidente en la prosa didáctica de don Juan Manuel consiste en el uso de la lengua con propósitos estéticos o artísticos.

En general, los temas que se destacaron en el período Medioevo fueron: asuntos amorosos y folclóricos, asuntos heroicos y temas religiosos y didácticos.

ACTIVIDADES

1. **Escribe** los versos del *Cantar de Mio Cid* en los que se evidencia que durante la Edad Media la religión permeó en todas las facetas de la vida.
2. **Contesta**:
   a. ¿Por qué está tan presente la violencia en la épica, hasta el punto de parecer normal y necesaria?
   b. ¿Con qué objetivo se escribieron la mayor parte de las obras en la Edad Media?
   c. ¿Cuál de los textos que leíste, al comienzo del capítulo, se ajusta más a la realidad contemporánea? ¿Por qué?

Las etimologías

Para EXPLORAR

Paseábase un simpático roedor por una hermosa campiña cuando, de repente, un felino lo atacó. ¡Tremenda alharaca que se formó! Los demás animales se dieron cita alrededor de los desiguales gladiadores para ver el desenlace. ¡Qué sorpresa se llevaron cuando vieron que el gato huía ensangrentado! Desde ese día, quienes conocían al ratoncito fortachón aseguraban que era un Hércules. Por cierto que nunca reveló su evidente afición a la halterofilia.

1. **Parea** la palabra con su raíz latina.

___ rodere	a. roedor
___ gladius	b. felino
___ felinus	c. gladiadores
___ fortis	d. fortachón

2. **Busca** el origen de las siguientes palabras y **escribe** una oración con cada una.
   - alharaca
   - halterofilia

Para COMPRENDER

La **etimología** estudia el origen de las palabras y nos ayuda a entender la evolución de su formación. La mayor parte de las voces españolas provienen del latín; pero también tenemos vocablos de procedencia griega, árabe, indígena americana, francesa e inglesa, entre muchas otras. Si queremos conocer a fondo la procedencia de una palabra, recurrimos a un diccionario etimológico, en el que podemos encontrar un riguroso estudio de la evolución del vocabulario español.

Ejemplo: etimología de la palabra *hombre*

Según el *Diccionario de la Real Academia Española (DRAE)*, el término *hombre* proviene del latín *homo, hominis*, que también significaba "individuo de la especie humana" y, a su vez, la palabra *hominis* viene de *humus* (tierra), lo que alude a que somos tierra y a la tierra volveremos.

Se registra en español por primera vez hacia el año 960, en las *Glosas Emilianenses* (anotaciones hechas por monjes medievales en los márgenes de textos en latín), pero bajo las formas *uemne* y *uamne*. Con la escritura que la usamos hoy, aparece en nuestra lengua en 1535, con Juan de Valdés. A continuación algunas de las acepciones que se encuentran en el *DRAE*:

hombre. (Del lat. *homo, -nis*).

1. m. Ser animado racional, varón o mujer.
2. m. varón (ser humano del sexo masculino).

Para PRACTICAR

1. **Clasifica** las siguientes palabras, según su origen. **Consulta** el diccionario.

jaguar	espía	vega
jarra	perro	haba
guerra	marmota	macana
estético	sándwich	vianda
chocolate	cortejo	hijo
chofer	héroe	aldeano
épica	gaceta	fax
estrés	maravedí	páramo
gato	yelmo	fachada

a. lenguas prerromanas
- ______ • ______ • ______

b. del latín
- ______ • ______ • ______

c. del griego
- ______ • ______ • ______

d. lenguas germanas
- ______ • ______ • ______

e. del árabe
- ______ • ______ • ______

f. del francés
- ______ • ______ • ______

g. del italiano
- ______ • ______ • ______

h. del inglés
- ______ • ______ • ______

i. lenguas indígenas americanas
- ______ • ______ • ______

2. **Subraya** la única palabra cuya etimología no es de origen incierto o desconocido. **Consulta** el diccionario.

• becerro • mesnada • conde • soneto • clérigo • alharaca

▶ **Escribe** una oración con la palabra que subrayaste.

Reglas ortográficas generales

Para EXPLORAR

El origen de los romances

La relijión fue el eje del pensamiento mediebal. Los hombres consideraban la vida terenal solo como un preámvulo de la vida eterna. Por eso, el arte de la Edad Media jira en torno a lo espiritual y relijioso.

El klero ocupaba un lugar importante en el orden social del mundo mediebal. La educasión y la cultura habían sido monopolisadas por el klero y se desarrollaban en los monasterios.

➤ Contesta:

a. ¿Qué notas en el escrito del texto anterior?

b. ¿Podrías señalar las palabras que tienen errores ortográficos? ¿Qué letra habría que cambiar en cada una de ellas?

c. ¿Por qué no cambia la pronunciación de estas palabras a pesar de tener errores ortográficos?

Para COMPRENDER

En español, la mayor parte de los sonidos se representa con una sola letra y a la mayoría de las letras les corresponde un solo sonido. Hay, sin embargo, algunos sonidos que se representan con diversas grafías, lo cual puede provocar dificultad en la escritura. Las reglas generales por las que se rige la ortografía española son las siguientes:

- El sonido *b* puede transcribirse con *b* o con *v*, según los casos (***b****oda*, ***v****ida*, *cu****b****o*, *u****v****a*...).
- El sonido vocálico *i* se representa con *y* cuando es conjunción (***y***) o si ocupa la última posición de un diptongo (*vo****y***) o un triptongo (*Paragua****y***), excepto en *bonsái*, *saharaui* y *fui*; en los demás casos, se representa con *i* (***i****magen*).
- El sonido *g* (de *gas*) se transcribe siempre con *g* ante *a, o, u* (***ga****sto*, ***go****ta*, ***gu****sano*) y ante consonante (***gr****upo*) y con *gu* ante *e, i* (***gue****rra*, ***gui****tarra*).
- El sonido *j* (de jamón) se transcribe siempre con *j* ante *a, o, u* (***ja****balí*, ***jo****ya*, ***ju****gar*...).

En cambio, ante *e, i* puede transcribirse con *g* o con *j*, según los casos (***j****eroglífico*, ***g****ente*, ***j****inete*, ***g****irasol*...).

 © Santillana

- El sonido *k* (de casa) se transcribe con *c* ante *a, o, u* (***ca**sa*, ***co**che*, ***cu**rso*), y con *qu* ante *e, i* (***que**so*, ***qui**nce*...). Solo en las palabras que contienen la raíz *kilo* y en algunas de origen extranjero se transcribe este sonido con *k* (***kilo**gramo*, ***kai**ser*, *kaya**k**, **K**enia*...).
- El sonido *r* (de *pera*) se transcribe siempre con *r* (*oro*, *cara*, *morena*...).
- El sonido *rr* (de rosa) se transcribe con *rr* cuando va entre vocales (*a**rr**ebatar*, *i**rr**itar*, *i**rr**egular*), y con *r*, en los demás casos (***r**edondo*, *al**r**ededor*, *en**r**edo*...).
- El sonido *z* se representa con la grafía *z* delante de *a, o, u* (***za**pato*, *a**zo**te*, *a**zu**l*) y con la grafía *c* delante de *e, i* (***ce**na*, ***ci**elo*).

Ortografía al día

El abecedario español está formado por veintisiete letras.

A a B b C c D d E e F f G g H h I i J j K k L l M m N n Ñ ñ O o P p Q q R r S s T t U u V v W w X x Y y Z z

De forma tradicional se han considerado también letras la *ch* y *ll*. En propiedad son dígrafos, signos ortográficos compuestos de dos letras, que representan un solo sonido, respectivamente. Por tanto, no deben considerarse letras independientes.

Para PRACTICAR

1. **Completa** las siguientes palabras con la grafía correcta del fonema /b/.
   - her_í_oro
   - su_ida
   - ha_ilidad
   - tra_ar
   - conce_ir
   - _uscar
   - her_ir
   - ca_ar
2. **Completa** las palabras de las siguientes oraciones con *y* o con *i*
   a. Fue desterrado por el re_.
   b. ¡U_! Se me ha caído.
   c. Le regalamos un bonsá_.
   d. No sabía que eras de Gua_nabo.
   e. Habla siempre mu_ alto.
   f. Fu_ amable con él.
3. **Identifica** las palabras que están escritas en forma incorrecta. Luego, **escríbelas**, en tu libreta, correctamente.
   a. _ quijote ______
   b. _ quimera ______
   c. _ kimgombó ______
   d. _ coloso ______
   e. _ kerubín ______
   f. _ quirografario ______
   g. _ carma ______
   h. _ kilate ______
4. **Completa** con la grafía correcta del sonido *rr*.
   - a_oba
   - _isa
   - alga_oba
   - en_abietar
   - ca_uaje
   - a_aigar
   - deshon_a
   - _ecuerdo
5. **Completa** cada palabra y su derivado con *c* o con *z*.
   a. vera_ → vera_idad
   b. suspica_ → suspica_ia
   c. fuga_ → fuga_idad
   d. efica_ → efica_ia

La lengua y su organización

Para EXPLORAR

Si quieres amar dueñas o a cualquier mujer,
muchas cosas tendrás primero que aprender
para que ella te quiera en amor acoger.
Primeramente, mira qué mujer escoger.

➤ **Contesta:**

a. ¿Cuántos enunciados hay en este fragmento del *Libro de buen amor*? ¿Cuántas palabras tiene cada uno?

b. ¿Sería correcto un enunciado como "Si quieres amar dueñas o a cualquier mujer"? ¿Por qué?

Para COMPRENDER

Los seres humanos podemos comunicarnos de diversas maneras: por medio de gestos (un guiño, por ejemplo), de señales (la luz del semáforo), de iconos (la silueta del avión que anuncia la proximidad de un aeropuerto)... Junto a estos procedimientos disponemos de otro sistema de comunicación, especialmente rico y complejo, que se basa en el uso de la palabra: el **lenguaje**.

La facultad del lenguaje se concreta en el uso de una lengua. El español es una lengua, lo mismo que el inglés, el gallego, el francés o el alemán.

Las lenguas están constituidas por signos que emitimos oralmente: los **signos lingüísticos**. Así, la palabra *amar* es un signo lingüístico: un grupo de sonidos, *a-m-a-r*, al que asociamos un concepto: *Tener amor a alguien o algo*. Cada **signo lingüístico** consta de dos partes —el **significante** y el **significado**— que remiten a una realidad o referente:

Significante: conjunto de sonidos o grafías que expresan un concepto. *a-m-a-r*

Significado: idea o concepto que asociamos a un significante. *Tener amor a alguien o algo.*

El signo lingüístico es **arbitrario**, ya que no existe ninguna razón lógica ni de semejanza para asociar una palabra a una realidad determinada, y **convencional**. De hecho, en cada lengua se emplean significantes distintos (*amar, to love, aimer...*) para nombrar significados semejantes.

Los signos de una lengua se relacionan entre sí según sus **reglas**. Estas reglas controlan, por ejemplo, la ordenación de los distintos elementos, de modo que, una secuencia como *dueñas amar si quieres* no es admisible. Las reglas que estipulan la formación y la combinación de los signos en una lengua constituyen la **gramática** de esa lengua.

 © Santillana

El **habla** es el uso que un hablante hace de la lengua al construir un mensaje determinado. Se llama también *habla* a la manera en que una comunidad usa una lengua: el habla de los jóvenes, el habla de Lares...

La organización de la lengua

Toda **lengua** es un sistema que funciona mediante combinaciones de unidades que dan lugar a otras unidades cada vez más complejas. Se compone de lo siguiente:

- **Fonemas**. Son unidades mínimas que carecen de significado: /*t*/, /*a*/, /*r*/, /*d*/, /*e*/... En español, hay veinticuatro fonemas.
- **Palabras**. Son combinaciones de fonemas a las que atribuimos un significado: *tarde, traed, trae, dar, red*...
- **Enunciados**. Son combinaciones de palabras que expresan ideas.
- **Textos**. Son combinaciones de enunciados que constituyen mensajes completos. El número de textos posibles en una lengua es también ilimitado. Este modo de funcionamiento, por el que unas unidades pueden repetirse y combinarse con otras de su misma naturaleza para ir produciendo unidades más complejas y con mayor capacidad de significación, es el que permite que con unas pocas unidades —los fonemas— podamos construir un número infinito de textos.

El nivel fónico: sonidos y fonemas

En una lengua hay una gran variedad de sonidos. Y además, cada hablante tiene su propia manera de pronunciar, que depende de su lugar de procedencia, su formación y hasta su estado de ánimo. No suena igual, por ejemplo, la *s* o la *r* que pronuncia un puertorriqueño que la que pronuncia un español. Pese a ello, cualquier persona que hable español sabe que esos sonidos distintos son meras variantes de la *s* y de la *r*. A ese modelo que los hablantes tienen de la *s*, de la *r* y de cualquier otro sonido es a lo que llamamos fonema. Los **fonemas** son los modelos que los hablantes tienen, en su mente, de los distintos sonidos.

En español hay veinticuatro fonemas: cinco vocálicos /a/, /e/, /i/, /o/, /u/ y diecinueve consonánticos /b/, /ch/, /d/,/ f/, /g/, /j/, /k/, /l/, /ll/, /m/, /n/, /ñ/, /p/, /r/, /rr/, /s/, /t/, /y/, /z/.

El nivel morfológico: palabras y morfemas

En una palabra como *conversación* hay varios segmentos con significado:

- *convers-*: remite a la idea de *hablar con una o con varias personas*. Este segmento aparece también en palabras como *conversar* o *conversador*.
- *-ación*: aporta la noción de *acto, acción*. Es un segmento de carácter gramatical que permite formar sustantivos a partir de verbos (*conversar* - *conversación*). De la misma manera, el morfema nos permite flexionar el verbo *(conversar-conversamos)*.

Las unidades lingüísticas dotadas de significado que son constituyentes de una palabra reciben el nombre de **monemas** o **morfemas**.

Para COMPRENDER

Alteraciones del sistema consonántico español

El español que se habla en algunas áreas cuenta, por razones históricas, con menos fonemas consonánticos. En esas áreas se ha producido una igualación de fonemas, de manera que *casa* y *caza* o *valla* y *vaya* se pronuncian del mismo modo. Los fenómenos que dan lugar a esa igualación se denominan *seseo* y *yeísmo*, respectivamente.

- El **seseo** consiste en pronunciar el sonido *z* como *s*. Ejemplo: *sapato* por *zapato*. Este fenómeno es propio de Canarias, de parte de Andalucía y del español de América.
- El **yeísmo** consiste en pronunciar el sonido *ll* como *y*. Ejemplo: *yuvia* por *lluvia*. Este fenómeno está muy extendido en el centro y el sur de la Península, en Canarias y en el español de América.

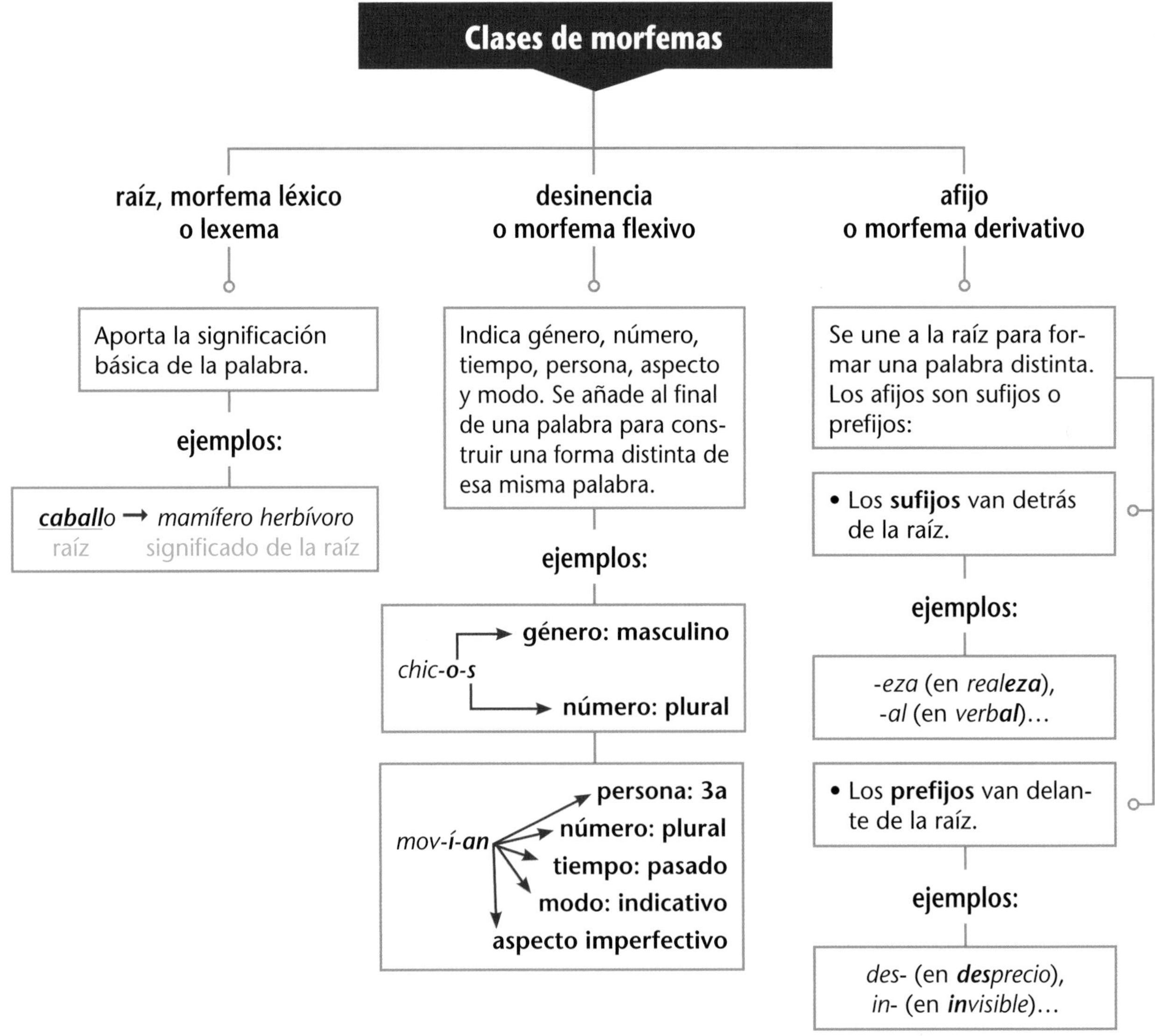

Gramática al día

Dentro de los veinticuatro fonemas del español, cinco se representan con la unión de dos grafemas o letras conocidos como **dígrafos**. Dos de ellos, la che (*ch*) y la elle (*ll*), representan sonidos únicos en español, pues no existen otras letras que representen dichos fonemas (excepto donde se produce el yeísmo). Por otro lado, los dígrafos *gu*, *qu* y *rr* comparten su sonido con otras letras. Su aparición en las palabras está condicionada por el contexto fónico, es decir, por los sonidos que rodean el segmento en cuestión: *gu* representa el sonido /g/ ante *e*, *i*: *mala**gu**eta*, ***gu**iso*; *g* representa el sonido /g/ ante *a*, *o*, *u*, *g* + consonante (*gr*, *gl*), *–g* final: ***g**ato*, ***g**lobo*, *zigza**g***; *rr* representa el sonido de /rr/ entre vocales: *a**rr**oz*; *r* representa el sonido de /rr/ al inicio de palabra y precedida de consonante: ***r**opa*, *al**r**ededor*; *qu* representa el sonido /k/ ante *e*, *i*: ***qu**eja*, ***qu**into*; *c* representa el sonido /k/ ante *a*, *o*, *u*: ***c**ama*, ***c**omo*, ***c**uando*; *k* representa el sonido /k/ en cualquier posición, generalmente, en extranjerismos: ***k**aya**k***, *vi**k**ingo*.

Para PRACTICAR

1. **Escribe** verdadero (V) o falso (F). **Corrige** las afirmaciones erróneas.
   a. ___ Toda comunicación entre seres humanos se vale del lenguaje.
   b. ___ Una lengua es un código formado por un conjunto de signos y una serie de reglas.
2. **Indica** en cada caso si el segmento destacado es un prefijo o forma parte de la raíz.
   • **re**tomar • **re**belde • **pre**juicio • **pre**cio
   ▸ **Escribe** tres palabras con cada uno de los prefijos anteriores.
3. **Observa** cómo se segmentan en morfemas las palabras *despistadas* y *desinformación* e **indica** a qué clase pertenece cada uno: raíz, afijo (prefijo o sufijo) o desinencia.
   • des-pist-ad-a-s • des-inform-ación
4. **Escribe**, a partir de cada palabra, haciendo uso de sufijos, dos palabras distintas.
   • real → ___ → ___
   • casa → ___ → ___
   • palabra → ___ → ___
5. **Identifica** la oración incorrecta.
   a. Un fonema es una unidad mínima sin significado de la lengua.
   b. El habla es el uso que se hace de la lengua al construir un mensaje determinado.
   c. Los monemas o morfemas son unidades sin significado que forman parte de una palabra.
   d. El texto es un conjunto de enunciados que forma un mensaje completo.
6. La palabra *lenguaje* es polisémica, es decir, tiene varios significados. **Consulta** un diccionario y **escribe** dos oraciones con algunas de sus acepciones.

Estructuras narrativas

OBSERVO

Lo que sucedió a un hombre con las golondrinas y los gorriones

—Patronio, no encuentro manera de evitar la guerra con uno de los dos vecinos que tengo. Pero, para que podáis aconsejarme lo más conveniente, debéis saber que el más fuerte vive más lejos de mí, mientras que el menos poderoso vive muy cerca.

—Señor conde —dijo Patronio—, para que hagáis lo más juicioso para vos, me gustaría que supierais lo que sucedió a un hombre con los gorriones y con las golondrinas.

El conde le preguntó qué le había sucedido.

—Señor conde —dijo Patronio—, había un hombre muy flaco, al que molestaba mucho el ruido de los pájaros cuando cantan, pues no lo dejaban dormir ni descansar, por lo cual pidió a un amigo suyo un remedio para alejar golondrinas y pardales.

"Le respondió su amigo que el remedio que él sabía sólo podría librarle de uno de los dos: o de los gorriones o de las golondrinas.

"El otro le respondió que, aunque la golondrina grita más y más fuerte, como va y viene según las estaciones, preferiría quedar libre de los ruidos del gorrión, que siempre vive en el mismo sitio.

"Señor conde, os aconsejo que no luchéis primero con el más poderoso, pues vive más lejos, sino con quien vive más cerca de vos, aunque su poder sea más pequeño.

Don Juan Manuel
(español)

➤ **Contesta:**

a. ¿Qué motiva el desarrollo de este relato?

b. ¿Qué opinas sobre el consejo que le da Patronio al conde?

¿QUÉ VOY A ESCRIBIR?

Entre los modos discursivos, el que usamos para relatar, contar o referir hechos es el **modo narrativo**. La estructura narrativa básica se escribe en orden lineal o cronológico la cual se compone de un inicio, un nudo y un desenlace. De otro modo, la estructura narrativa puede adelantarse o hacer una retrospección (vuelta al pasado). En este caso su estructura sería: acontecimiento inicial, acción, solución y reacción.

 © Santillana

¿CÓMO LO ESCRIBO?

PLANIFICO mis ideas

1. Piensa en alguna situación ficticia sobre la cual te gustaría escribir un relato.
2. Resume la situación identificada en una oración.
3. Imagina quiénes serían los personajes principales de tu relato.
4. Elige la estructura de la narración que vas a usar: básica o en retrospección.

ELABORO mis ideas

1. Determina el tiempo y el espacio donde se desarrollará tu relato.
2. Piensa en un evento o en una situación que pueda desequilibrar o amenazar algún aspecto de la vida de tus personajes.
3. Inventa dos acciones que llevarían a cabo tus personajes para poder resolver el conflicto y regresar al estado de equilibrio inicial.

ESCRIBO mis ideas

1. Elabora la introducción de tu relato. En ella describe la época y el espacio en que este tendrá lugar. Asimismo, nombra y describe los personajes de tu historia. Si elegiste la narración en retrospección procura presentar el acontecimiento inicial.
2. Desarrolla el nudo de tu historia y escribe en un párrafo el evento o conflicto clave de tu historia.
3. Escribe en un párrafo lo que harán los personajes para solucionar el problema.
4. Elabora el desenlace de tu relato. Decide si se resuelve el problema o no.
5. Crea un título para tu relato.

EDITO un texto

☑ El texto está libre de errores de ortografía y las oraciones están construidas en forma coherente.

☑ La estructura narrativa seleccionada consta de sus respectivos elementos.

☑ La narración finaliza con la solución del conflicto o con alguna idea que deja al lector en suspenso.

☑ El título del relato guarda relación con lo que se narra.

La narración oral: el cuento colectivo

Un **cuento colectivo** es un texto narrativo fluido y coherente entre varias personas, quienes se ponen de acuerdo para relatar unos hechos reales o imaginarios que les ocurren a unos personajes en un lugar. Se trata de un ejercicio excelente para fomentar la imaginación, la creatividad y el buen uso del idioma. Conviene recordar que no interrumpir el flujo de la narración, pronunciar correctamente y utilizar el vocabulario adecuado son aspectos esenciales para llevar a cabo una buena narración oral.

¿Cómo lo preparamos?

1. Elige tres o cuatro compañeros con quienes desees trabajar.
2. Seleccionen el tipo de cuento que desean narrar, por ejemplo: policial, infantil, fantástico, de aventuras u otros.
3. Determinen de antemano la estructura narrativa del texto, por ejemplo: *inicio*, *desarrollo*, *punto culminante* y *desenlace;* o *acontecimiento inicial*, *acción*, *solución* y *reacción*, entre otras.
4. Determinen quiénes se encargarán de narrar cada parte de la estructura.

¿Cómo lo presentamos?

1. Efectúen la narración oral frente a la clase.
2. Realicen sus respectivas partes, según el orden establecido con anterioridad, tomando en cuenta las siguientes indicaciones: introducción: lentamente y en tono calmado; desarrollo: rápidamente y en tono de suspenso; punto culminante: rápidamente y en tono emotivo; desenlace: lentamente y en tono natural.
3. Asegúrense de estar atentos a las partes que les corresponden a sus compañeros de grupo para que se mantenga el flujo de la narración.
4. Cuiden la entonación y las pausas durante la narración, y utilicen un volumen adecuado.
5. Procuren que sus gestos y movimientos coincidan con lo que narran.

¿Cómo lo hicimos?

☑ ¿Desarrollamos apropiadamente las partes de la estructura narrativa acordada?

☑ ¿Utilizamos el volumen y la entonación adecuados?

☑ ¿Mantuvimos el flujo y la coherencia de la narración?

☑ ¿Pronunciamos correctamente lo narrado?

 © Santillana

La mitología clásica

La **mitología** es el conjunto de mitos o relatos sagrados sobre el origen y los misterios del mundo, las divinidades y los héroes, que forman parte de una religión o una cultura. La mitología griega ha ejercido una fuerte influencia en la cultura, el arte y la literatura de la civilización occidental. Los griegos eran politeístas y sus divinidades eran seres sobrenaturales, con poderes especiales, que encarnaban las distintas fuerzas de la naturaleza. Aunque eran inmortales, poseían formas y rasgos humanos, así como sus mismos defectos y virtudes. Para los griegos, Zeus era el padre de los dioses y de los hombres. En nuestra América, los pueblos precolombinos, como los mayas, desarrollaron una mitología en la que los dioses encarnaban las fuerzas de la naturaleza (la lluvia, el rayo) y los elementos primordiales (la tierra, el aire). Podían tener formas humanas, animales, astrales y vegetales.

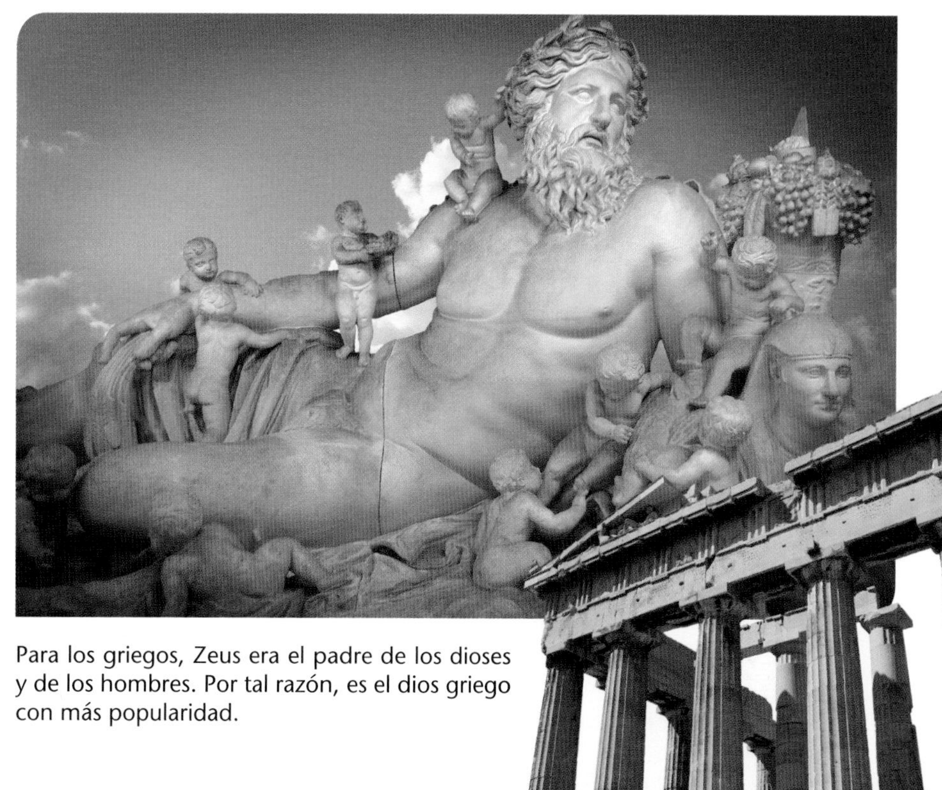

Para los griegos, Zeus era el padre de los dioses y de los hombres. Por tal razón, es el dios griego con más popularidad.

Las primeras obras de la mitología clásica completas que han llegado hasta nosotros, escritas alrededor del siglo VIII a. C., son la *Ilíada* y la *Odisea*, narraciones en verso atribuidas al poeta Homero, y la *Teogonía*, del historiador Hesíodo. Sin embargo, a lo largo del tiempo han perdido su valor sagrado y hoy solo las leemos como relatos de ficción.

El Partenón es un templo griego ubicado en la Acrópolis de Atenas y fue dedicado a la diosa Atenea.

ACTIVIDADES

1. **Busca**, en un diccionario etimológico, el origen de las siguientes palabras de la lectura: *mitología, divinidades, politeístas, héroes, mayas*. Luego, **escribe** una oración con cada una de ellas.
2. **Segmenta** en morfemas las palabras del ejercicio anterior e **indica** a qué clase pertenece cada uno: raíz, afijo (prefijo o sufijo) o desinencia.
3. **Investiga** más a fondo acerca del origen y de los atributos del dios griego Zeus, cuya escultura aparece en la foto, y de su esposa, la diosa Dione.

La música en la Edad Media

La evolución de la música europea durante la Edad Media tomó como base el canto gregoriano, llamado así por su compilador San Gregorio Magno, quien fuera papa a comienzos del siglo VI.

Como sabes, tras la caída del Imperio romano, la Iglesia fue la única institución del mundo antiguo cuya autoridad permaneció indiscutible. En los planes de la Iglesia, las artes tenían como objetivo hacer comprensible la doctrina cristiana para el pueblo, ya que la inmensa mayoría de los fieles no sabía leer. La música proporcionó un lenguaje, no escrito, a través del cual el fiel pudo acceder a la doctrina de la Iglesia.

A principios del siglo X, después de mil años de difusión del cristianismo, aparecieron en Europa occidental una serie de manuscritos que dieron testimonio de un repertorio de cantos litúrgicos comunes entre los fieles de la iglesia cristiana, llamados **cantos gregorianos**. Los cantos gregorianos eran interpretados a una sola voz sin acompañamiento instrumental. Su intención era servir de vehículo a la palabra sagrada, la doctrina de la iglesia, y como consecuencia, debían ser sencillos y naturales.

El repertorio de cantos gregorianos se recogió por escrito en catedrales y monasterios sobre una pauta de cuatro líneas llamada **tetragrama**. En otras palabras, durante el siglo XI se crearon las reglas que determinan la actual notación musical, utilizaban neumas, los cuales se convertirían en las notas musicales que conocemos hoy; estos indicaban el tono y cuánto duraba el sonido; para ello, se anotaban en un tetragrama, antecedente del pentagrama actual.

Otra de las formas que adoptó la música en la Edad Media fue la **polifonía**, música compuesta de varias melodías que suenan al mismo tiempo armónicamente.

La música religiosa representó durante toda la Edad Media el arte sabio y refinado. Pero paralelamente a ella, se desarrolló una música profana, es decir, no religiosa. Sus principales representantes fueron los trovadores y los juglares. Los trovadores tenían la categoría de intelectuales, pues eran artistas que poseían igual competencia en los ámbitos poético y musical. Este carácter artístico los diferenciaba del juglar, una especie de cantor, acróbata, que ganaba dinero ejecutando las canciones que otro había compuesto.

Las obras de los trovadores se conservan en cancioneros. Los más antiguos datan de mediados del siglo XIII. El tema predilecto de las canciones era el amor frustrado.

COMPRENDER

1. **Contesta** las siguientes preguntas:
   a. Si fueses a categorizar la música de la Edad Media en dos grandes grupos; ¿cuáles serían?
   b. ¿Cuáles son las características principales de los cantos gregorianos?
   c. ¿Cuál es la diferencia entre los cantos gregorianos y la polifonía?
2. **Completa** un diagrama como el que aparece a la derecha:

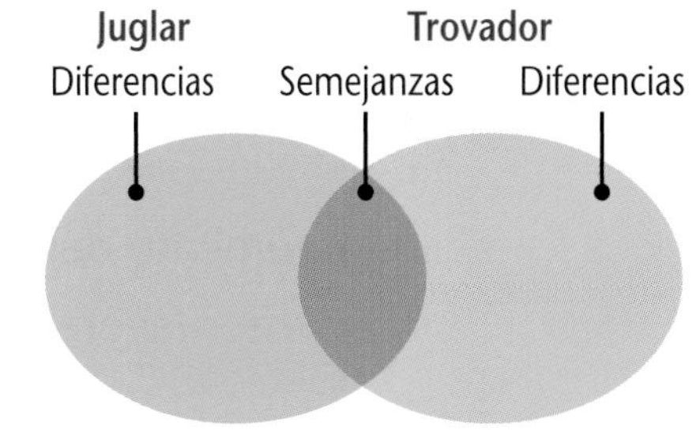

ANALIZAR

➤ Los cantos gregorianos servían de vehículo a la doctrina cristiana para que llegaran al pueblo de forma comprensible. ¿Cómo crees que la música influye en el actuar o pensar de las personas? ¿Por qué?

CREA

➤ **Únete** con varios compañeros y formen una ronda. Por turnos, intenten improvisar versos, como lo hacen los trovadores, sobre temas relacionados con nuestro entorno.

CONCIENCIA verde

Numerosas religiones utilizan los cánticos para crear en quien los escuche un estado de serenidad y relajación que permita la meditación. Efectivamente, hay una relación entre lo que escuchamos y nuestro estado anímico, de allí que consideremos el ruido como un agente contaminante que puede causar irritabilidad, nerviosismo y en casos dramáticos, sordera. Hay una serie de medidas que podemos tomar en carácter individual para reducir el ruido en nuestro derredor; ¿cuáles pudieras mencionar? ¿Crees que las leyes actuales atienden la situación del ruido con asertividad? Explica.

La estructura de un poema: versos, estrofas y rima

Danza general de la muerte

Yo soy la muerte, que a todas criaturas
que hay y habrá en el mundo destroza y arrasa.
Hombre, te pregunto: di, ¿por qué procuras
tanto por vida que en un punto pasa?

La fuerza de un recio gigante es escasa
y de este mi arco no puede escapar:
segura es tu muerte si doy en tirar
con esta flecha cruel que traspasa. [...]

A la danza mortal venid los nacidos
todos del mundo, de cualquier estado.
Los que no quisieren, con fuerza impelidos
hareles venir muy pronto al llamado.

Anónimo
(Versión de Fernando Lázaro Carreter)

➤ **Contesta:**

a. Al leer el fragmento del poema, ¿descubres un patrón rítmico o musicalidad?

b. ¿Qué elementos favorecen esa musicalidad?

PARA entender

Cuando leemos un escrito poético actuamos ante él conforme a unas estrategias de lectura que hemos aprendido. De esta forma, esperamos cierta musicalidad o ritmo. Para lograrlo, los poetas utilizan distintos recursos. Uno de ellos consiste en jugar con la medida de los versos; es decir, con el número de sílabas que estos tienen. El **verso** es la línea o renglón de un poema que consiste de un conjunto de palabras sujetas a ritmo y medida. Asimismo, los versos se agrupan o combinan en estrofas. Las **estrofas** son agrupaciones de versos que siguen un esquema fijo.

Otro elemento que contribuye a la musicalidad de un poema es la rima. La **rima** es la igualdad o semejanza de sonidos finales en los versos de un poema, a partir de la última vocal acentuada o tónica. Existen dos tipos fundamentales: la consonante (las vocales y las consonantes son iguales a partir de la vocal acentuada o tónica) y la asonante (solo las vocales son iguales a partir de la vocal acentuada o tónica).

La rima se indica asignando una letra a los versos:

- Cuando los versos son de arte mayor, se escribe una letra mayúscula (A, B, C, D...).
- Cuando los versos son de arte menor, se escribe una letra minúscula (a, b, c, d...).
- Cuando el verso no rima con ningún otro (verso suelto), se escribe un guión (—).

Es importante destacar que un mismo poema puede tener varios tipos de rima.

 © Santillana

ENTIENDO...

1. **Identifica**:
   a. Cantidad de estrofas del poema, *Danza general de la muerte:* ____
   b. Cantidad de versos: ____
2. **Indica** cuál es el tipo de rima en los siguientes grupos de palabras. Si la rima es consonante, **escribe** RC, si es asonante, RA y si es verso libre, VL.
   a. ____ persona, cardos, uno, vida
   b. ____ ladera, relicario, sudario, bandera
   c. ____ aguacero, recuerdo, corro, otoño
   d. ____ procuras, mío, rocío, oscuras
   e. ____ hora, profundo, camino, suelto
   f. ____ abate, entumece, reverdece, late.
   g. ____ puesto, vuelto, solo, loco

...luego escribo

1. Busca en Internet algún *blog* literario en el que se presenten poemas cortos. Lee varios poemas y observa atentamente el tipo de rima que utilizan los autores.
2. Piensa en un concepto que te inspire para el tema de tu poema, como un sentimiento, una persona, un lugar o un objeto.
3. Selecciona el tipo de rima que quieras trabajar.
4. Realiza una lista de seis grupos de palabras, cuyo contenido sea un nombre, un verbo y un adjetivo, que se relacionen con el tema de tu poema.
5. Considera variantes cuando sientas que una palabra no te convence, hasta encontrar una que te resulte apropiada para la musicalidad del poema.
6. Desarrolla los versos con una cantidad de sílabas similares para que puedas crear ritmo.
7. Organiza tus versos y forma dos estrofas de cuatro versos.

Me evalúo	
☑ El poema expresa con claridad mis sentimientos o lo que deseaba comunicar.	☑ La medida de los versos logra crear ritmo en el poema.
☑ La rima seleccionada está desarrollada en forma coherente.	☑ La rima y la extensión de los versos logran musicalidad en mi escrito.
☑ El vocabulario es cónsono con el tema del poema.	☑ El texto poético está organizado en dos estrofas de cuatro versos.

2 Época de transición

La Anunciación (1430 y 1435), de Fra Angélico.

Esta obra pertenece a un período de transición entre la pintura gótica y el Renacimiento, denominado *Quattrocento*. En esta el pintor intenta integrar un humanismo cristiano.

Temas del capítulo

- La literatura prerrenacentista
- Arcaísmos y neologismos
- Principios de acentuación
- El enunciado
- Las formas del discurso
- La persuasión

Preámbulo

En el siglo XV entra en crisis el sistema de valores medieval y se va imponiendo paulatinamente una mentalidad más apegada a lo terreno. Se anuncian así las formas de vida y la cosmovisión propias del Renacimiento (siglo XVI). Por ello, a esta época de transición se la denomina *Prerrenacimiento*. La sociedad prerrenacentista se caracteriza por la irrupción de una nueva clase social, la burguesía, y por el florecimiento del comercio. Las ciudades, vinculadas a la actividad comercial, cobran un auge desconocido en los siglos precedentes y la corte adquiere un papel decisivo en el desarrollo de la cultura. Surgen o se consolidan, asimismo, en esta época las primeras universidades, que divulgan el saber fuera de los monasterios. Los humanistas vuelven su mirada hacia el pasado y recuperan el arte y el pensamiento clásicos, convertidos en un modelo cuya imitación se propugna.

La literatura centra su atención en el ser humano y en la existencia terrenal. En consonancia con ello, los escritores abordan temas como la fortuna, la muerte y el disfrute de la vida.

¿Qué sabes sobre el Prerrenacimiento?

- ¿Cuál era la mentalidad de la Edad Media? ¿Por qué se dice que durante el Prerrenacimiento hubo una transformación de pensamiento?
- ¿Qué tema de la pintura medieval aún prevalece en la pintura prerrenacentista de Fra Angélico?
- ¿Qué características del período prerrenacentista afloran en el cuadro de *La Anunciación* de Fra Angélico?

Al comenzar

- ¿Sabes qué es una copla?
- ¿Conoces alguna que puedas compartir con la clase? ¿Cuál?
- ¿Qué es una alcahueta? ¿Alguna vez has recurrido a un intermediario para que te ayude a conseguir el amor de alguien? ¿Qué opinas al respecto?

Al leer

- Identifica las virtudes que destaca don Rodrigo Manrique acerca de la figura de su padre.
- Deduce cuál es el tema prerrenacentista que tiene mayor importancia en las *Coplas*.
- Detalla cómo fue el encuentro de Calisto y Melibea la primera vez que se vieron, según lo recuerda ella.
- Fíjate en los defectos humanos que encarnan Calisto, Melibea y Celestina.

Al concluir

- ¿Consideras que la vida es fugaz, como lo expresa el poema?
- Reflexiona sobre la siguiente cita de Melibea: "¡Oh ingratos mortales, jamás conocés vuestros bienes sino cuando de ellos carecéis!"

- **recuerde** (verbo). Del verbo *recordar*. Vuelva en sí, despierte.
- **seso** (sustantivo). Sentido.
- **de acordado** (voz antigua). Al recordarlo.
- **caudales** (adjetivo). Caudalosos.

Coplas a la muerte de su padre

Meditación sobre la vida

Las Coplas *se abren con una meditación sobre la fugacidad de la vida, la inexorabilidad de la muerte y la importancia de comportarse de forma virtuosa (coplas 1-13).*

I

Recuerde el alma dormida,
avive el **seso** y despierte,
contemplando
cómo se pasa la vida,
cómo se viene la muerte
tan callando;
cuán presto se va el placer,
cómo después, **de acordado**,
da dolor;
cómo, a nuestro parecer,
cualquiera tiempo pasado fue mejor.

II

Y pues vemos lo presente
cómo en un punto se es ido
y acabado,
si juzgamos sabiamente,
daremos lo no venido
por pasado.
No se engañe nadie, no,
pensando que ha de durar
lo que espera
más que duró lo que vio,
porque todo ha de pasar
por tal manera.

III

Nuestras vidas son los ríos
que van a dar en la mar
que es el morir;
allí van los señoríos
derechos a se acabar
y consumir;
allí los ríos **caudales**,
allí los otros, medianos
y más chicos,
allegados son iguales
los que viven por sus manos
y los ricos.

Añoranza de los tiempos pasados

En la segunda parte del poema (coplas 14-24), el autor reflexiona sobre el paso del tiempo, que se lleva consigo personas famosas, usos y modas.

XVI

¿Qué se hizo el rey don Juan?
¿Los Infantes de Aragón,
qué se hicieron?
¿Qué fue de tanto galán?
¿Qué fue de tanta invención
como **trujieron**?
Las justas y los torneos,
paramentos, bordaduras
y **cimeras**,
¿fueron sino devaneos?,
¿qué fueron sino verduras
de las eras?

XVII

¿Qué se hicieron las damas,
sus tocados, sus vestidos,
sus olores?
¿Qué se hicieron las llamas
de los fuegos encendidos
de amadores?
¿Qué se hizo aquel trovar,
las músicas acordadas
que tañían?
¿Qué se hizo aquel danzar,
aquellas ropas **chapadas**
que traían?

La evocación de don Rodrigo Manrique

En la tercera parte de la obra (coplas 25-32), el poeta evoca la figura de su padre, don Rodrigo Manrique, y ensalza sus virtudes y la ejemplaridad de su conducta.

XXV

Aquel, de buenos abrigo,
amado por virtuoso
de la gente,
el maestre don Rodrigo
Manrique, tan famoso
y tan valiente;
sus grandes hechos y claros
no cumple que los alabe,
pues los vieron,
ni los quiero **hacer caros**,
pues el mundo todo sabe
cuáles fueron.

XXVI

¡Qué amigo de sus amigos!
¡Qué señor para criados
y parientes!
¡Qué enemigo de enemigos!
¡Qué maestro de esforzados
y valientes!
¡Qué **seso** para discretos!
¡Qué gracia para **donosos**!
¡Qué razón!
¡Qué benigno a los **sujetos**,
y a los bravos y dañosos,
un león!

- **trujieron** (verbo). Del verbo *traer.* Trajeron.
- **paramentos** (sustantivo). Adornos de los caballos.
- **cimeras** (sustantivo). Adornos de plumas de los yelmos.
- **chapadas** (adjetivo). Bordadas de oro y plata.
- **no cumple** (voz antigua). No hace falta.
- **hacer caros** (voz antigua). Encarecer.
- **seso** (sustantivo). Discreción.
- **donosos** (adjetivo). Que tienen gracia o donaire.
- **sujetos** (adjetivo). Sometidos, sumisos.

El diálogo con la muerte

Las últimas estrofas (coplas 33-40) recogen el encuentro de don Rodrigo Manrique con la muerte y su aceptación serena de ella.

XXXVIII

"No gastemos tiempo ya
en esta vida mezquina
por tal modo,
que mi voluntad está
conforme con la divina
para todo;
y consiento en mi morir
con voluntad placentera,
clara y pura,
que querer hombre vivir,
cuando Dios quiere que muera,
es locura."

XL

Así, con tal entender,
todos sentidos humanos
conservados,
cercado de su mujer
y de hijos, y hermanos,
y criados,
dio el alma a quien se la dio,
el cual la ponga en el cielo
en su gloria.
Y aunque la vida murió,
nos dejó **harto** consuelo
su memoria.

Jorge Manrique
(español)
(fragmento)

La Celestina

Argumento de la obra

Calisto entra en una huerta persiguiendo un halcón y se encuentra con Melibea. Subyugado por su belleza, le declara su amor, pero ella lo rechaza indignada. Calisto recurre entonces a la ayuda de Celestina, una vieja alcahueta. Esta acude a la casa de Melibea y le habla de Calisto. Poco a poco, Celestina va convenciendo a Melibea de las virtudes y el amor del joven. Finalmente, Melibea admite que ella también está enamorada. Celestina le comunica el fruto de sus gestiones a Calisto, y este, en premio por su trabajo, le regala una cadena de oro. Pármeno y Sempronio, los criados de Calisto, reclaman a Celestina una parte de las ganancias obtenidas. Ella se niega y los criados la matan. Acto seguido, tratan de huir, pero son detenidos y, posteriormente, ajusticiados. Con el fin de vengar las muertes de Pármeno y Sempronio y de la propia Celestina, Elicia y Areúsa (amantes de los criados y pupilas de la vieja) contratan a unos hombres para que apaleen a Calisto. En uno de sus encuentros furtivos con Melibea, Calisto oye desde el huerto el ruido que hacen los bellacos contratados, se descuelga apresuradamente de una escala y muere al caer. Melibea, desolada, pone fin a su vida.

- **cercado** (sustantivo). Acompañado.
- **harto** (adjetivo). Mucho.

 © Santillana

Acto primero
Argumento

Entrando Calisto en una huerta en pos de un falcón suyo, halló a Melibea, de cuyo amor preso, comenzóle de hablar. De la cual rigurosamente despedido, fue para su casa muy angustiado, y habló con un criado suyo llamado Sempronio *el cual, después de muchas razones, le enderezó a una vieja llamada* Celestina, *en cuya casa tenía el mismo criado una enamorada llamada* Elicia. *Esta, viniendo Sempronio a casa de Celestina con el negocio de su amo, tenía otro enamorado consigo, llamado* Crito, *al cual escondieron. Entretanto que Sempronio está negociando con Celestina, Calisto está razonando con otro su criado por nombre* Pármeno, *y este razonamiento dura hasta que llega Sempronio y Celestina a casa de Calisto. Pármeno fue conoscido de Celestina, la cual mucho le dice de los hechos y conoscimientos de su madre, induciéndole a amor y concordia de Sempronio.*

CALISTO. En esto veo, Melibea, la grandeza de Dios.

MELIBEA. ¿En qué, Calisto?

CALISTO. En dar poder a **natura** que de tan perfecta hermosura te dotase, y hacer a mí, **inmérito** tanta **merced** que verte alcanzase, y en tan conveniente lugar, que mi secreto dolor manifestarte pudiese. Sin duda, incomparablemente es mayor tal galardón que el servicio, sacrificio, devoción y obras pías que por este lugar alcanzar yo tengo a Dios ofrecido. ¿Quién **vido** en esta vida cuerpo glorificado de ningún hombre como agora el mío? Por cierto, los gloriosos sanctos que se deleitan en la visión divina no gozan más que yo agora en el **acatamiento** tuyo. [...]

MELIBEA. ¿Por gran premio tienes éste, Calisto?

CALISTO. Téngolo por tanto, en verdad, que, si Dios me diese en el cielo la silla sobre sus sanctos, no lo **ternía** por tanta felicidad.

MELIBEA. Pues aún más igual galardón te daré yo, si perseveras.

CALISTO. ¡Oh bienaventuradas orejas mías, que indignamente tan gran palabra habéis oído!

MELIBEA. Más desaventuradas de que me acabes de oír; porque la paga será tan fiera cual merece tu loco atrevimiento; y el **intento** de tus palabras, Calisto, ha sido: ¿como de ingenio de tal hombre como tú, haber de salir para se perder en la virtud de tal mujer como yo? ¡Vete, vete de ahí, torpe! Que no puede mi paciencia tolerar que haya subido en corazón humano conmigo el ilícito amor comunicar su deleite.

- **natura** (sustantivo). Naturaleza.
- **inmérito** (adjetivo). Injusto.
- **merced** (sustantivo). Beneficio.
- **vido** (verbo). Del verbo *ver*. Vio.
- **acatamiento** (verbo). Del verbo *acatar*. Contemplación.
- **ternía** (verbo). Del verbo *tener*. Tendría.
- **intento** (sustantivo). Intención.

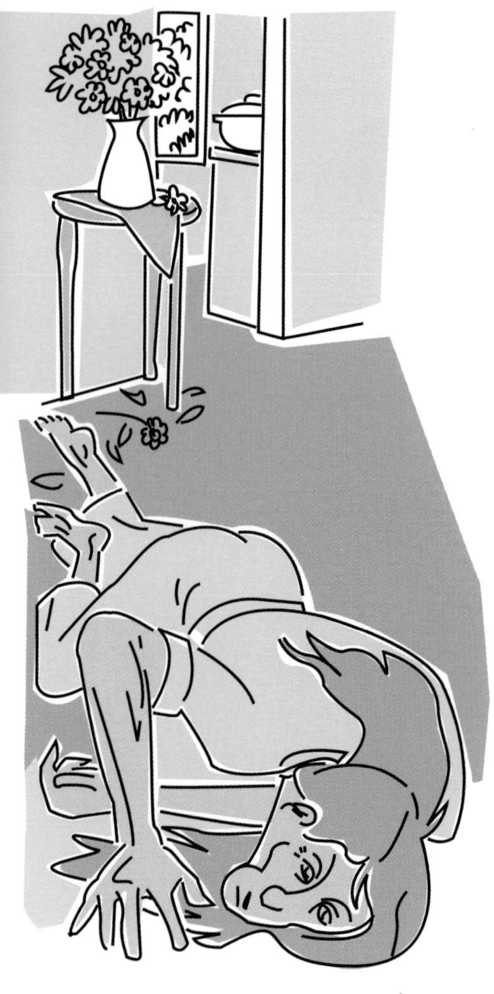

Acto doceno
Argumento

Llegando la media noche, Calisto, Sempronio y Pármeno armados van para casa de Melibea. Lucrecia y Melibea están cabe la puerta, aguardando a Calisto. Viene Calisto; háblale primero Lucrecia: llama a Melibea; apártase Lucrecia; háblanse por entre las puertas Melibea y Calisto. Pármeno y Sempronio, en su cabo, departen. Oyen gente por la calle; apercíbense para huir. Despídese Calisto de Melibea, dejando concertada la tornada para la noche siguiente. Pleberio, al son del ruido que había en la calle, despierta, llama a su mujer Alisa; pregunta a Melibea quién da patadas en su cámara; responde Melibea a su padre fingendo que tenía sed. Calisto con sus criados va para su casa hablando; échase a dormir. Pármeno y Sempronio van a casa de Celestina, demandan su parte de la ganancia; disimula Celestina; vienen a reñir; échanle mano a Celestina; mátanla. Da voces Elicia; viene la justicia a prenderlos a ambos.

SEMPRONIO. [...] Danos las dos partes por cuenta de cuanto de Calisto has rescebido, no quieras que se descubra quién tú eres. [...]

CELESTINA. [...]¿Qué es esto? ¿Qué quieren decir tales amenazas en mi casa? ¿Con una oveja mansa tenéis vosotros manos y braveza? ¿Con una gallina atada? ¿Con una vieja de sesenta años? ¡Allá, allá, contra los hombres como vosotros, contra los que ciñen espada mostrad vuestras iras, no contra mi flaca **rueca**!...

SEMPRONIO. ¡Oh vieja avarienta, muerta de sed por dinero! ¿No serás contenta con la tercia parte de lo ganado?

CELESTINA. ¿Qué tercia parte? ¡Vete con Dios de mi casa tú y esotro, no dé voces, no **allegue** la vecindad; no me hagáis **salir de seso**; no queráis que **salgan a plaza** las cosas de Calisto y vuestras.

SEMPRONIO. Da voces o gritos, que tú cumplirás lo que prometiste, o **cumplirás hoy tus días**.

ELICIA. Mete, por Dios, el espada. Tenle, Pármeno, tenle, no la mate ese desvariado.

CELESTINA. ¡Justicia, justicia señores vecinos! ¡Justicia: que me matan en mi casa estos rufianes!

SEMPRONIO. ¿Rufianes, o qué? Espera, doña hechicera, que yo te haré ir al infierno con **cartas**.

CELESTINA. ¡Ay, que me ha muerto! ¡Ay, ay! ¡Confesión, confesión!

PÁRMENO. ¡Dale, dale, acábala; pues comenzaste, que nos sentirán; muera, muera! De los enemigos, los menos.

CELESTINA. ¡Confesión!

- **rueca** (sustantivo). Rueda.
- **allegue** (verbo). Del verbo *allegar*. Atraiga.
- **salir de seso** (voz antigua). Perder los nervios.
- **salgan a plaza** (voz antigua). Se hagan públicas.
- **cumplirás hoy tus días** (voz antigua). Acabarás hoy tus días.
- **cartas** (sustantivo). Cartas de recomendación.

 © Santillana

Acto décimonono
Argumento

Calisto yendo con Sosia y Tristán al huerto de Pleberio a visitar a Melibea, que le estaba esperando, y con ella Lucrecia, cuenta Sosia lo que le acontesció con Areusa. Estando Calisto dentro del huerto con Melibea, viene Traso y otros por mandado de Centurio a cumplir lo que había prometido a Areusa y a Elicia, a los cuales sale Sosia; y oyendo Calisto desde el huerto, donde está con Melibea, el ruido que traían, quiso salir fuera; la cual salida fue causa que sus días fenesciesen, porque los tales este don reciben por galardón; y por esto han de saber desamar los amadores.

CALISTO. ¡Oh, **válame** Santa María, muerto soy! ¡Confesión! [...]

TRISTÁN. ¡Oh mi señor y mi bien muerto! ¡Mi señor **despeñado**! ¡Oh triste muerte sin confesión! Coge, Sosia, esos sesos de esos cantos, júntalos con la cabeza del desdichado amo nuestro. ¡Oh día de **aciago**! ¡Oh arrebatado fin!

MELIBEA. ¡Oh desconsolada de mí! ¿Qué es esto? ¿Qué puede ser tan áspero acontescimiento como oigo? Ayúdame a subir, Lucrecia, por estas paredes, veré mi dolor; si no, hundiré con alaridos la casa de mi padre. ¡Mi bien y placer, todo es ido en humo! ¡Mi alegría es perdida! ¡Consumióse mi gloria!

LUCRECIA. Tristán, ¿qué dices, mi amor, qué es eso que lloras tan sin mesura?

TRISTÁN. ¡Lloro mi gran mal, lloro mis muchos dolores!: cayó mi señor Calisto del escala, y es muerto, su cabeza está en tres partes; sin confesión peresció. Díselo a la triste y nueva amiga, que no espere más su penado amor. Toma tú, Sosia, desos pies; llevemos el cuerpo de nuestro querido amo donde no padezca su honra detrimento, aunque sea muerto en este lugar. Vaya con nosotros llanto, acompáñenos soledad, síganos desconsuelo, vístanos tristeza, cúbranos luto y dolorosa jerga. [...]

MELIBEA. ¿Oyes lo que aquellos mozos van hablando? ¿Oyes sus tristes cantares? ¡Rezando llevan con responso mi bien todo! ¡Muerta llevan mi alegría! No es tiempo de yo vivir. ¿Cómo no gocé más del gozo? ¿Cómo tuve en tan poco la gloria que entre mis manos tuve? ¡Oh ingratos mortales, jamás conocéis vuestros bienes, sino cuando de ellos carescéis!

Fernando de Rojas
(español)
(fragmento)

Sobre los autores

Jorge Manrique (1440-1479) es el autor de una de las obras más importantes de la lírica española: *Coplas a la muerte de su padre.* Se trata de una elegía en la que el autor reflexiona de forma íntima y personal sobre la vida, la muerte, el paso del tiempo y la memoria de los seres queridos. La elegía se compone de cuarenta estrofas, denominadas *coplas de pie quebrado* o *coplas manriqueñas,* y cada estrofa está formada por dos sextillas. El poema se puede dividir en cuatro partes: una meditación sobre la fugacidad de la vida, una serie de ejemplos que ilustran esa fugacidad, la evocación de don Rodrigo Manrique, padre del autor, y el encuentro de don Rodrigo con la muerte.

Fernando de Rojas nació en 1476 en Puebla de Montalbán (Toledo), en el seno de una familia de judíos conversos. Estudió Leyes y ejerció como letrado. Murió en Talavera (Toledo), en 1538. En 1499 publicó —de forma anónima— la tragicomedia de Calisto y Melibea, en adelante conocida con el título de *La Celestina.* En el prólogo de la obra, el propio Rojas declara que escribió la pieza a partir del primer acto, que encontró escrito por otro autor. De hecho, en la actualidad se acepta que *La Celestina* es fruto de dos autores. Según afirma el autor, su finalidad es moral, porque critica los actos irresponsables e irracionales de los enamorados.

- **válame** (voz antigua). Válgame.
- **despeñado** (verbo). Del verbo *despeñar.* Arrojar a alguien o algo desde un lugar alto y peñascoso.
- **aciago** (adjetivo). Desgraciado, nefasto.

Interpreto el texto

IDENTIFICO

➤ **Identifica** el tema principal de cada uno de los fragmentos que leíste en este capítulo. Luego, **escribe** tres ideas presentes en el texto que apoyen tu selección. **Anota** tus respuestas en un diagrama como el siguiente:

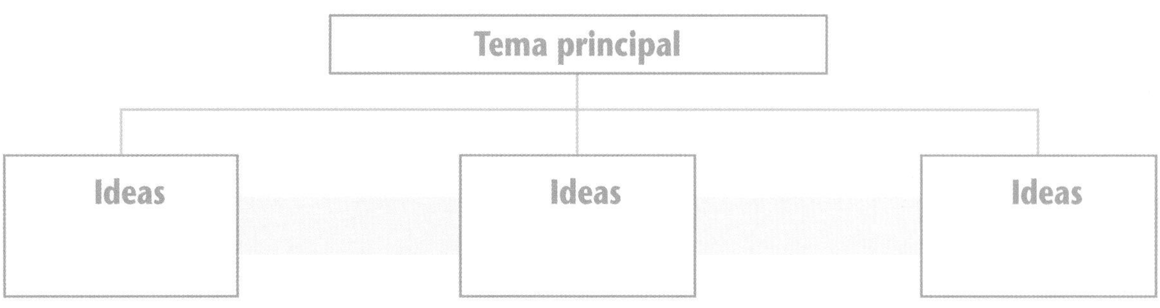

INFIERO

➤ **Repasa** las lecturas del capítulo y **contesta**:

a. ¿Qué relación se establece entre los verbos de la primera estrofa de "Meditación sobre la vida": *recuerde, avive, despierte*? ¿Qué nos dicen acerca del propósito del poeta?

b. ¿Con qué elemento de la naturaleza identifica Manrique la vida en los versos de la tercera estrofa de la "Meditación sobre la vida"? ¿Y la muerte? **Indica** qué recurso literario utiliza en estos versos: comparación, prosopopeya o metáfora.

c. ¿Cuál es el tema principal de los versos de la "Añoranza de los tiempos pasados", de las *Coplas* de Jorge Manrique?

d. Según el poeta, ¿cuáles son las principales virtudes de su padre?

e. Según el fragmento del "Diálogo con la muerte", ¿con qué actitud recibe don Rodrigo el final de sus días?

f. ¿Qué concepto tiene Manrique sobre las cosas materiales?

g. ¿Cuál crees que sea el tono general del poema?

h. ¿Cuál es la reacción de Melibea ante el primer acercamiento de Calisto en el huerto? ¿Qué tipo de mujer intenta mostrar el autor de *La Celestina*?

i. ¿Cómo es el personaje de Calisto, según su primer encuentro con Melibea?

j. ¿Cómo se describe Celestina a sí misma cuando Pármeno y Sempronio la atacan en su casa?

k. ¿Cómo reacciona Melibea ante la muerte de Calisto?

Tragicomedia

de Calisto y Melibea nueuamēte reuista y emendada cō addicion delos argumētos de cada vn auto en principio. la qual cōtiene de mas de su agradable ⁊ dulce estilo muchas sentēcias filosofales: ⁊ auisos muy necessarios pa mãcebos: mostrãdo les los engaños q̃ estan encerrados en siruiētes ⁊ alcahuetas.

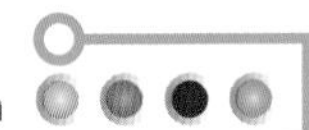

ANALIZO

➤ **Contesta:**

a. **Explica** cómo se maneja el tema de la muerte en las *Coplas* de Jorge Manrique. ¿En qué se diferencia del manejo en la Edad Media? **Comenta** cómo se desarrolla el tema de la fama en las *Coplas.*

b. **Copia** una de las coplas y analiza la medida y la rima de los versos. Luego, **contesta**:

- ¿Son de arte mayor o menor?
- ¿Qué versos riman entre sí en la primera sextilla? ¿Y en la segunda?
- ¿Qué tipo de rima se utiliza? ¿Es la misma en toda la copla?

c. **Comenta** acerca del manejo del lenguaje en ambas obras a diferencia de los textos medievales.

EVALÚO y VALORO

➤ **Comenta:**

a. **Expresa** tu parecer acerca de la visión de la vida y la muerte que ofrecen las coplas de Manrique. ¿Crees que sea similar a la actual?

b. **Reflexiona** acerca del género literario de *La Celestina.* ¿Te parece que es una novela o una obra teatral? ¿Por qué?

c. ¿Qué tema del Prerrenacimiento crees que le preocupe más al ser humano contemporáneo: la fama, el destino o el amor imposible? **Justifica** tu respuesta.

EDUCACIÓN moral y cívica

En las *Coplas a la muerte de su padre*, Jorge Manrique evoca la figura de su progenitor, ensalzando sus virtudes y su conducta ejemplar. Según el poema, don Rodrigo Manrique se caracterizaba, entre otras cosas, por su fidelidad, su discreción y su benignidad. Varios siglos después, la belleza física, la fama y el poder económico han venido a convertirse en valores muy apreciados socialmente. Tomando en cuenta esta realidad, ¿crees que los valores ejemplificados por la figura de don Rodrigo Manrique deban cultivarse en la sociedad actual? ¿Te parece que existan valores eternos o son susceptibles a cambiar con el paso del tiempo? Justifica tu respuesta.

EN el contexto

➤ **Completa** las oraciones con las siguientes palabras del vocabulario: *merced, aciago, cercado* y *allegue.* **Procura** emplearlas de acuerdo con su contexto.

a. Lamento mucho este acontecimiento ______.

b. Confío en que mi hermana ______ aliados a nuestra causa.

c. Agradezco tanta ______ hacia mi persona.

d. El joven estaba ______ de sus padres.

La literatura prerrenacentista

En la historia, por lo general, los cambios no se producen repentinamente, sino que van sucediendo poco a poco. Las costumbres y la mentalidad de la gente tardan muchos años en cambiar. Durante el siglo XV, en España, las personas comienzan a abandonar las ideas religiosas que reinaron durante la Edad Media y adoptan nuevas formas de pensar y de vivir: empiezan a disfrutar del mundo que las rodea y sienten curiosidad por conocerlo mejor. Esta actitud se irá haciendo más marcada cada vez, hasta desembocar en el Renacimiento. Por eso decimos que, en España, el siglo XV es una época de transición entre la Edad Media y el Renacimiento, a la que varios historiadores han llamado *Prerrenacimiento.*

En el Prerrenacimiento, la visión de mundo de la Edad Media entra en crisis. Los señores de los castillos pierden poder ante la extensión territorial de los reyes. La sociedad medieval, que estaba segmentada por señores feudales, se enfrenta ahora al surgimiento de un nuevo orden político: la monarquía. En España, el poder monárquico se consolida en Castilla con el matrimonio de Isabel y Fernando. Estos reyes auspician el viaje de Colón a América en 1492, hecho que suele utilizarse para marcar el fin de la Edad Media.

El humanismo

A los cambios políticos y económicos se añaden transformaciones en el área cultural y artística, gracias a una nueva manera de pensar: el humanismo. El humanismo fue una corriente cultural que nació en el siglo XV en Italia y, luego, se propagó por toda Europa. La sociedad prerrenacentista, como respuesta a la exagerada religiosidad medieval, ve en el humanismo una alternativa de libertad espiritual e intelectual. Los humanistas admiraban el equilibrio y la armonía del arte clásico. Leían y trataban de imitar a los grandes escritores de la Antigüedad grecolatina, cuyas obras habían permanecido celosamente guardadas en los monasterios durante los siglos anteriores. El Prerrenacimiento es una época en la que el deseo de riqueza y de bienestar personal va sustituyendo a las virtudes religiosas, muy apreciadas en la Edad Media. Es justo ese deseo de bienestar personal y de disfrutar los placeres de la vida el que hace que el tema de la muerte se trate con mucha insistencia en la literatura del siglo XV. En esta nueva visión, se acepta la muerte con resignación y serenidad, tal como se muestra en las *Coplas* de Jorge Manrique.

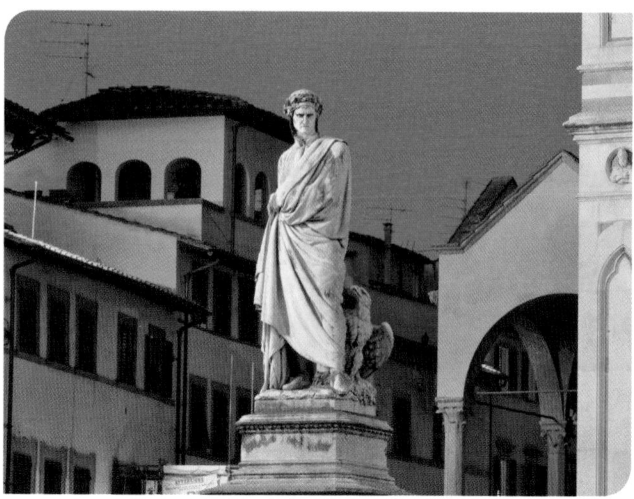

Estatua de Dante Alighieri en la Piazza di Santa Croce, en Florencia, Italia.

Literatura en el Prerrenacimiento

Estos cambios en la visión de mundo se reflejan en la literatura. En ella no se apuntará más hacia la vida religiosa de la manera como se hizo en la Edad Media, sino que los temas principales serán muy humanos. Esta literatura del siglo XV refleja el habla coloquial y familiar, y usa refranes y frases propias del lenguaje oral. Sin embargo, también refleja la influencia clásica que, a su vez, llega a España por vía del humanismo italiano, en especial, el de la obra de Dante Alighieri. Los temas que Alighieri expondrá en sus obras, particularmente en la *Divina comedia*, se reflejarán en la literatura española prerrenacentista.

 © Santillana

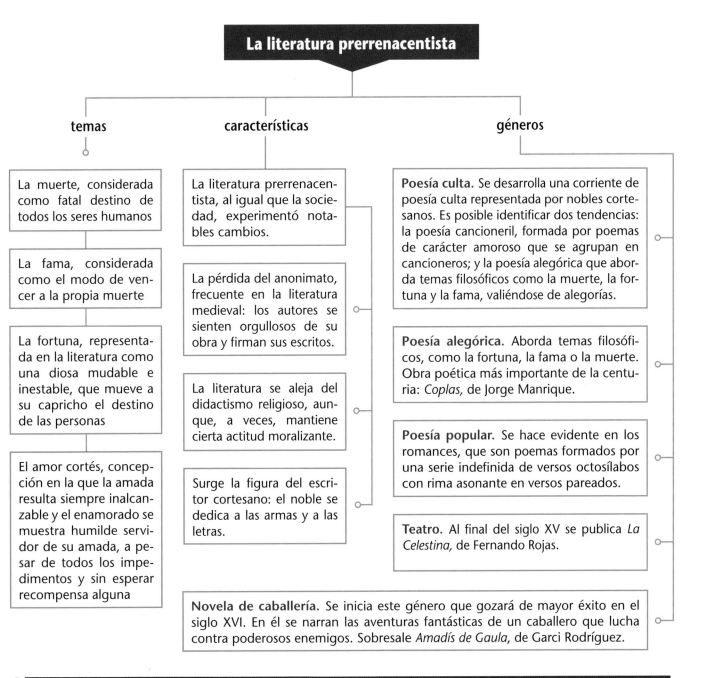

La literatura prerrenacentista

temas

La muerte, considerada como fatal destino de todos los seres humanos

La fama, considerada como el modo de vencer a la propia muerte

La fortuna, representada en la literatura como una diosa mudable e inestable, que mueve a su capricho el destino de las personas

El amor cortés, concepción en la que la amada resulta siempre inalcanzable y el enamorado se muestra humilde servidor de su amada, a pesar de todos los impedimentos y sin esperar recompensa alguna

características

La literatura prerrenacentista, al igual que la sociedad, experimentó notables cambios.

- La pérdida del anonimato, frecuente en la literatura medieval: los autores se sienten orgullosos de su obra y firman sus escritos.
- La literatura se aleja del didactismo religioso, aunque, a veces, mantiene cierta actitud moralizante.
- Surge la figura del escritor cortesano: el noble se dedica a las armas y a las letras.

géneros

- **Poesía culta.** Se desarrolla una corriente de poesía culta representada por nobles cortesanos. Es posible identificar dos tendencias: la poesía cancioneril, formada por poemas de carácter amoroso que se agrupan en cancioneros; y la poesía alegórica que aborda temas filosóficos como la muerte, la fortuna y la fama, valiéndose de alegorías.
- **Poesía alegórica.** Aborda temas filosóficos, como la fortuna, la fama o la muerte. Obra poética más importante de la centuria: *Coplas,* de Jorge Manrique.
- **Poesía popular.** Se hace evidente en los romances, que son poemas formados por una serie indefinida de versos octosílabos con rima asonante en versos pareados.
- **Teatro.** Al final del siglo XV se publica *La Celestina,* de Fernando Rojas.
- **Novela de caballería.** Se inicia este género que gozará de mayor éxito en el siglo XVI. En él se narran las aventuras fantásticas de un caballero que lucha contra poderosos enemigos. Sobresale *Amadís de Gaula,* de Garci Rodríguez.

ACTIVIDADES

1. Contesta:

a. ¿Por qué se considera el Prerrenacimiento como una época de transición?

b. ¿Qué factores influyeron en la obsesión prerrenacentista por la muerte?

c. ¿Por qué la fama es un tema importante durante el Prerrenacimiento?

2. Contrasta la literatura medieval con la prerrenacentista teniendo en cuenta los siguientes rasgos: finalidad de la literatura, autores y temas preferidos.

3. Compara la visión de mundo del siglo XV con la visión de mundo actual.

© Santillana

Arcaísmos y neologismos

Para EXPLORAR

"¿Quién vido en esta vida cuerpo glorificado de ningún hombre como agora el mío?"

➤ **Contesta:**

a. ¿Qué palabras del fragmento tomado de *La Celestina* no son del uso del español actual?

b. ¿Podrías dar ejemplos de palabras que no encontrarías en la obra *La Celestina*? ¿Por qué crees que no podrían aparecer en ese texto?

Para COMPRENDER

Arcaísmos

La lengua cambia según el uso que sus hablantes hagan de ella. Como consecuencia, con el transcurso de los años se van introduciendo nuevas palabras, mientras otras van desapareciendo.

Los **arcaísmos** son palabras que han caído en desuso porque los hablantes las sustituyeron por vocablos más recientes o porque los objetos que designaban ya no existen.

Por otro lado, los avances de la ciencia y las transformaciones sociales han traído como consecuencia la creación o la incorporación de variedad de términos a nuestro lenguaje cotidiano. Estos términos reciben el nombre de **neologismos**.

	Arcaísmos	Neologismos
	Palabras o expresiones de la lengua que el hablante percibe como anticuados y que, por ello, han caído en desuso.	Palabras que se han incorporado recientemente a la lengua.
Ejemplos	*hogaño, allende, do, otrora*	*microondas, DVD, desmoralizante*

Procedencia de los neologismos

- Algunos neologismos se crean con ayuda de elementos compositivos de origen preferentemente griego o latino.

© Santillana

Elemento		Significado		Neologismo
ferro	→	hierro	→	ferroviario

En otros casos, los neologismos se pueden formar por incorporación y por abreviación.

- Por incorporación, cuando en una lengua se aceptan como propias expresiones provenientes de otros idiomas.

  Ejemplos: *robot, club, disquete*

- Por abreviación, cuando se utiliza solo una parte de una palabra extensa. En este caso, es el uso común el que determina el neologismo.

  Ejemplos: *cine* por *cinematógrafo*
  foto por *fotografía*

Para PRACTICAR

1. Parea cada arcaísmo con su forma actual.

___ hidalgo	a. agora
___ aunque	b. fermosa
___ ahora	c. fidalgo
___ hermosa	d. maguer

2. Explica el significado de estos arcaísmos:

a. otrora b. doquiera c. allende d. aqueste e. do f. adestrar

3. Explica el significado de estos neologismos y **escribe** una oración con cada uno de ellos:

a. blog c. chip e. web g. chat i. cibercafé
b. gourmet d. audífono f. celular h. Internet j. biodegradable

4. Escribe dos neologismos de cada clase.

a. Combinación de elementos compositivos clásicos

___ ___

b. Incorporación

___ ___

c. Abreviación

___ ___

Principios de acentuación

Para EXPLORAR

En el siglo XIII, el rey Alfonso X el Sabio hizo del castellano la lengua oficial de Castilla.

Durante la Edad Media, el **léxico** del castellano se incrementó con palabras de otras lenguas, especialmente con **germanismos**, arabismos y galicismos. Los germanismos son palabras que trajeron a la Península distintos pueblos germánicos, a raíz de la caída del Imperio romano. Algunos germanismos son *espuela*, y *tregua*. Los arabismos son palabras de origen **árabe**. Algunos arabismos son *cero*, ***alférez*** y *algodón*. Los galicismos son de origen francés. Algunos de ellos son ***vergel***, *mensaje* y ***tupé***.

➤ **Fíjate** en las palabras destacadas del texto y **contesta**:

a. ¿Cuál es la sílaba tónica o la que se pronuncia con mayor intensidad en cada una de esas palabras?

b. ¿Qué parejas de palabras comparten la misma sílaba tónica?

c. ¿Por qué algunas de las palabras que comparten la sílaba tónica no están acentuadas? **Explica** cada caso.

Para COMPRENDER

Llamamos **acento** a la especial intensidad o fuerza con la que se pronuncia una sílaba en una palabra. La sílaba sobre la que recae el acento recibe el nombre de **sílaba tónica**. De acuerdo con la posición que ocupa la sílaba tónica, las palabras se clasifican en **agudas**, **llanas**, **esdrújulas** y **sobresdrújulas**.

Palabras	Posición de la sílaba tónica	Ejemplos
agudas	Es tónica la última sílaba.	*feudal, canción...*
llanas	Es tónica la penúltima sílaba.	*coplas, árbol...*
esdrújulas	Es tónica la antepenúltima sílaba.	*épico, género...*
sobresdrújulas	Es tónica una sílaba anterior a la antepenúltima.	*encárgaselo, pregúntaselo...*

 © Santillana

Cuaderno págs. 20-21

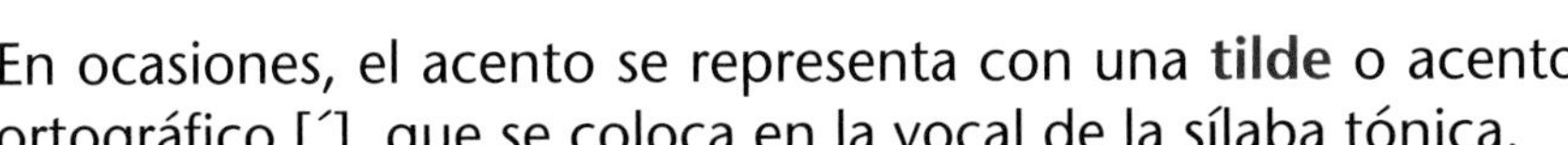

En ocasiones, el acento se representa con una **tilde** o acento ortográfico [´], que se coloca en la vocal de la sílaba tónica.

- Las palabras **agudas** llevan tilde cuando terminan en *n*, *s* o vocal (*afán*, *interés*, *bisturí*).
- Las palabras **llanas** se escriben con tilde cuando terminan en consonante distinta de *n* o *s*, o en dos consonantes cualesquiera (*ángel*, *carácter*, *bíceps*).
- Las palabras **esdrújulas** y **sobresdrújulas** llevan siempre tilde (*clásico*, *recógeselo*).

Existen una serie de excepciones a estas normas generales de acentuación.

- Las palabras agudas que terminan en *s* no llevan tilde si a esa grafía la antecede una consonante.

Ejemplos: *Llorens, Casals*

- Las palabras llanas que terminan en *s* llevan tilde si a esa grafía la antecede una consonante.

Ejemplos: *cómics, fórceps*

Ortografía al día

Las palabras de una sola sílaba no se acentúan gráficamente. Sin embargo, existen algunos monosílabos que necesitan de la tilde diacrítica para distinguirse de otros idénticos a ellos.

Ejemplos:

- de (preposición)
  dé (forma verbal de *dar*)
- mas (conjunción adversativa)
  más (adverbio de cantidad)
- se (pronombre personal)
  sé (forma verbal de *ser* y de *saber*)
- te (pronombre personal)
  té (sustantivo)
- el (artículo)
  él (pronombre personal)
- tu (determinante posesivo)
  tú (pronombre personal)

Para PRACTICAR

1. **Escribe** tilde en las palabras agudas que la necesiten.

a. cortes b. penal c. atras d. inquietud

2. **Escribe,** en tu libreta, los adjetivos correspondientes a estos sustantivos:

debilidad	volatilidad	futilidad
agilidad	docilidad	fertilidad

3. **Sustituye** los grupos subrayados por un pronombre, como en el ejemplo.

a. Escucha la música. *Escúchala.*

b. Entrega las maletas a tus primas.

c. Busca la salida.

d. Canta la canción de Shakira.

4. **Coloca** la tilde a las palabras que deban llevarla en estas oraciones:

a. Pachin Vicens fue un magnifico jugador de baloncesto.

b. El señor Torres es un renombrado fisico-quimico.

c. Este pantalon de poliester solamente costo dieciseis dolares.

© Santillana

El enunciado

Para EXPLORAR

Estatua de Antonio de Nebrija en su ciudad natal de Lebrija, en Sevilla, España.

Durante el Renacimiento, se impulsaron los estudios sobre la lengua y la literatura. En 1492, se publica la primera gramática de la lengua española, obra de Antonio de Nebrija. Esta obra posee el mérito de ser la primera gramática de una lengua romance.

➤ **Contesta**:

a. ¿Cuáles son los enunciados que integran este texto?

b. ¿Tienen esos enunciados algún verbo en forma personal? ¿De qué verbos se trata?

Para COMPRENDER

Toda unidad de comunicación —una conversación, una noticia, un cuento y, en general, cualquier texto— está compuesta por un número variable de unidades más pequeñas, a las que llamamos **enunciados**.

Como estudiaste en el capítulo anterior, los enunciados son conjuntos autónomos de palabras que tienen sentido y se pronuncian de forma independiente.

El enunciado presenta dos características:

Independencia fónica

Desde el punto de vista de la expresión oral, un enunciado es una cadena de sonidos que está limitada por una pausa larga y se pronuncia con una melodía o entonación cerrada e independiente de la entonación de otros enunciados. La pausa que marca el final del enunciado se representa en la escritura con un punto o un signo de cierre de interrogación o de exclamación.

Ejemplos: *Mi tío Sebastián vivía en México.* *¿Dónde vivía tu tío Sebastián?*

Sentido completo

Desde el punto de vista del significado, el enunciado es la expresión verbal de una idea, que se manifiesta como una afirmación, una negación, una pregunta, un deseo o un mandato.

Ejemplo: *En el Prerrenacimiento, la visión de mundo de la Edad Media entra en crisis.*

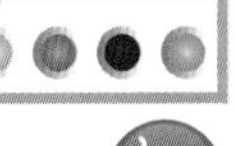

Las palabras en el enunciado: los grupos sintácticos o sintagmas

Las palabras se presentan en el enunciado organizadas en grupos que desempeñan una función sintáctica determinada. Estos conjuntos de palabras son unidades lingüísticas a las que llamamos **grupos sintácticos**. La *Nueva gramática de la lengua española*, publicada por la Real Academia Española, utiliza el término grupo sintáctico para designar las unidades que también se conocen como sintagmas.

Los **grupos** son conjuntos de palabras que desempeñan en el enunciado una función sintáctica: sujeto, predicado, complemento directo, entre otras.

En la oración *El director también guardó silencio*, por ejemplo, el grupo *el director* constituye un grupo nominal que cumple la función de sujeto.

Clases de grupos sintácticos		
Grupos	**Posición de la sílaba tónica**	**Ejemplos**
nominal (GN)	Tiene como núcleo un sustantivo o una palabra equivalente (un pronombre, un infinitivo).	*El manto de bordes dorados*
preposicional (G Prep.)	Es el conjunto formado por una preposición (*a, ante, bajo, con, contra, de, desde, durante, en, entre, hacia, hasta, mediante, para, por, según, sin, sobre, tras, versus* y *vía*) y un grupo que puede ser nominal, adjetival, etc.	*De bordes dorados*
verbal (G V)	Tiene como núcleo un verbo.	*Vivía en España.*
adjetival (G Adj.)	Tiene como núcleo un adjetivo calificativo.	*Muy oscuro*
adverbial (G Adv.)	Tiene como núcleo un adverbio.	*Siempre*

Clases de enunciados

- **Oraciones.** Son enunciados que contienen, al menos, un verbo en forma personal y, normalmente, están integrados por dos miembros: un sujeto y un predicado.

Ejemplo:

sujeto — predicado

Fernando de Rojas ***vivía*** *en España.*

verbo

- **Frases.** Son enunciados que carecen de verbo en forma personal. Utilizamos las frases con mucha frecuencia en rótulos, carteles y titulares, y en las exclamaciones con que manifestamos nuestros sentimientos.

Ejemplo: *El miedo a la crisis económica*

Para COMPRENDER

La modalidad oracional

Al hablar, no solo transmitimos ideas; también informamos sobre nuestra actitud ante el oyente —informar, preguntar, ordenar— y ante lo que decimos: afirmar, negar, dudar, expresar probabilidad, etc. Esta forma de manifestarnos en nuestros mensajes es lo que conocemos como *modalidad*. La **modalidad** es la forma como se manifiesta en los enunciados la actitud del hablante ante el oyente y ante su propio mensaje.

De acuerdo con la modalidad del enunciado, distinguimos siete clases de oraciones: declarativas, interrogativas, exclamativas, exhortativas o imperativas, optativas o desiderativas, dubitativas y de posibilidad.

- **Declarativas**. Enuncian un hecho o un pensamiento, presentándolo objetivamente como algo verdadero que se afirma o se niega. Se pronuncian con entonación enunciativa y el verbo principal se expresa en modo indicativo.

  Ejemplo: *Estuvieron muy cariñosos conmigo.*

- **Interrogativas**. Formulan una pregunta. Se pronuncian con entonación interrogativa y el verbo principal está en modo indicativo.

  Ejemplo: *¿Qué les ha ocurrido a tus padres?*

- **Exclamativas**. Expresan en forma exclamativa sentimientos de alegría, dolor, sorpresa, etc. Con frecuencia van introducidas por partículas exclamativas.

  Ejemplo: *¡Ha sido un accidente terrible!*

- **Exhortativas** o **imperativas**. Expresan consejo, ruego, mandato o prohibición. Suelen escribirse con verbos en imperativo (cuando la oración es afirmativa) o en presente de subjuntivo (cuando la oración es negativa).

  Ejemplo: *Pórtate bien.*

- **Optativas** o **desiderativas**. Expresan un deseo y, por tanto, se construyen en subjuntivo.

  Ejemplo: *¡Ojalá no hubiera pasado nada!*

- **Dubitativas**. Expresan duda por medio de adverbios o locuciones adverbiales (*quizás*, *tal vez*...) que introducen verbos en subjuntivo. Se pronuncian con entonación enunciativa.

  Ejemplo: *Tal vez no vengan.*

- **De posibilidad**. Expresan suposición o probabilidad. Se pronuncian con entonación enunciativa, y su verbo principal se expresa en futuro o en condicional.

  Ejemplo: *Yo tendría en aquella época nueve o diez años.*

 © Santillana

Gramática al día

En la gramática tradicional, se establecía la oración como la unidad más pequeña de sentido completo. Actualmente, se distingue entre la **oración** (unidad mínima de predicación) y el **enunciado** (unidad mínima de comunicación o capaz de constituir un mensaje verbal). El enunciado puede estar conformado por una palabra o un grupo de palabras que encierran la actitud del hablante. La oración (la cual tiene sujeto y predicado) es un tipo de enunciado. Sin embargo, no todos los enunciados son oraciones, porque estos no necesariamente contienen todos los elementos constitutivos de la oración, como el verbo. Entre los tipos de enunciados están las oraciones, las interjecciones, las preguntas, las respuestas y las expresiones vocativas o de llamado. Los enunciados que no constituyen oraciones dependen en gran medida del contexto oracional del discurso para comprenderse, precisamente, por carecer de los constituyentes de la oración. Las oraciones también pueden estar constituidas por una sola palabra: el verbo (*¡Cállate!*).

Para PRACTICAR

1. **Identifica** el núcleo de cada grupo sintáctico y **determina** de qué clase es cada uno.
   - ciertas personas
   - Iban por la acera.
   - completamente absurdo
2. **Completa** los grupos destacados con una palabra e **indica** de qué clase es cada uno.
   - La casa me pareció ________ **luminosa**.
   - Los ________ **exóticos** siempre nos han gustado.
   - El portero no ________ **la pelota**.
3. **Clasifica** los siguientes enunciados en oraciones y frases. Luego, **transforma** las frases en oraciones.
   a. El niño de la cartera azul
   b. ¡Tremendo juego!
   c. Tenemos mucha hambre.
   d. Servicio de atención al cliente
4. **Indica** la modalidad de las siguientes oraciones:
   a. No dejes de leer ese libro.
   b. Él me acercó el libro.
   c. ¿De qué trata ese libro?
   d. Ojalá te guste el libro.
   e. Quizás no te guste el libro.
   f. El libro tendría unas doscientas páginas.
   g. Acércame el libro, por favor.
   h. ¡Qué divertido es ese libro!
5. **Identifica** los grupos que están clasificados incorrectamente.
   a. El <u>antiguo</u> carro es grande. (grupo adjetival)
   b. Carlos tiene el pelo <u>marrón</u>. (grupo adjetival)
   c. <u>Llegó con su hermano</u>. (grupo verbal)
   d. <u>Lucía y Ana</u> ganaron el partido. (grupo verbal)
6. **Escribe** tres oraciones que estén constituidas únicamente por un grupo verbal y tres frases constituidas por un grupo nominal.

Las formas del discurso

OBSERVO

El Corbacho, "De cómo muchos enloquecen por amores"

Capítulo VII

Otra razón es muy fuerte contra el amor y amantes, que amor su naturaleza es penar el cuerpo en la vida y procurar tormento al ánima después de la muerte. ¿Cuántos, di, amigo, viste u oíste decir que en este mundo amaron, que su vida fue dolor y enojo, pensamientos, suspiros y congojas, no dormir, mucho velar, no comer, mucho pensar? Y, lo peor, mueren muchos de tal mal y otros son privados de su buen entendimiento; y si muere va su ánima donde penas crueles le son aparejadas por siempre jamás, no que son las tales penas y tormentos por dos, tres o veinte años. Pues ¿que le aprovechó al triste su amar o a la triste si su amor cumpliere, y aun el universo mundo por suyo ganare, que la su pobre de ánima por ello después en la otra vida perdurable detrimento o tormento padezca? Por ende, amigo, te digo que maldito sea el que a otra ama más que a sí, y por breve delectación quiere haber dañación, como suso en muchos lugares dicho es; y más, que fue sabedor de esto que dicho es, y avisado, y quiso su propia voluntad seguir diciendo: «Mata, que el Rey perdona».

Alfonso Martínez de Toledo,
Arcipreste de Talavera

➤ Contesta:

a. ¿Qué temas del Prerrenacimiento se dejan ver en el fragmento anterior?

b. ¿Cuál crees que sea la forma discursiva que predomina en este escrito? ¿Cuál dirías que es su función?

¿QUÉ VOY A ESCRIBIR?

Las **formas del discurso** son los diferentes tipos de texto que empleamos para comunicarnos según el punto de vista que adoptemos y la intención con que escribamos o hablemos. Hay varios modos que constituyen las formas principales del discurso: el **discurso expositivo** se ocupa de un tema particular y su función suele ser informar; el **discurso narrativo** relata una serie de hechos que pueden ser imaginarios o reales; el **discurso descriptivo** ofrece las características y los detalles de objetos, personas, espacios o situaciones; y el **discurso argumentativo** defiende una postura particular, casi siempre con el propósito de convencer a los lectores.

 © Santillana

¿CÓMO LO ESCRIBO?

PLANIFICO mis ideas

1. Busca más información sobre los diferentes tipos de texto que conforman las formas del discurso.
2. Identifica el tema que expone el texto del Arcipreste de Talavera.
3. Relee el texto anterior y piensa de qué forma puedes transmitir ese tema a través de los modos argumentativo y descriptivo.

ELABORO mis ideas

1. Elabora una lista de los puntos más importantes de aquello que deseas comunicar.
2. Haz una lista de las cualidades y las características que poseería una persona que sufre por amor, a partir de lo expuesto en el texto.
3. Piensa en dos razones o argumentos que validen la tesis que presenta el autor, para el texto argumentativo.

ESCRIBO mis ideas

1. Inicia el párrafo descriptivo explicando qué vas a describir.
2. Utiliza adjetivos, imágenes sensoriales, comparaciones, metáforas y otras figuras retóricas para la descripción de tu personaje.
3. Comienza el párrafo argumentativo con el tema que vas a tratar. Presenta los argumentos apoyados con razonamientos y ejemplos.
4. Concluye el texto argumentativo con una síntesis de las ideas expuestas.
5. Escribe un título para tus textos.

EDITO un texto

- ☑ La descripción del párrafo descriptivo logra ser viva y rica gracias a los recursos literarios utilizados.
- ☑ El párrafo descriptivo logra crear una imagen de una persona enloquecida por amor.
- ☑ Las razones expuestas permiten que el párrafo argumentativo resulte convincente.
- ☑ Los textos cumplen con las funciones que exigen las formas del discurso descriptivo y las del argumentativo.

La persuasión

La **persuasión** es el proceso deliberado de motivar y convencer a otras personas a aceptar de forma voluntaria nuestro punto de vista, mediante una argumentación racional, con el propósito de que lleven a cabo una acción determinada. El peso del mensaje persuasivo se encuentra en el lenguaje verbal más que en las imágenes. Expresar los argumentos en orden y con claridad, utilizando un vocabulario adecuado y correcto, contribuye a una persuasión eficaz.

¿Cómo lo preparamos?

1. Elige un compañero de clase con quien desees trabajar.
2. Busquen información acerca de la importancia de leer; sinteticen sus ideas principales y hagan una lista con frases redactadas en sus palabras.
3. Escojan de la lista de frases la que crean que llegará mejor a la clase y, con la frase, hagan un afiche y un gráfico.
4. Planifiquen una estrategia de comunicación que impresione a la clase y repásenla para mejorarla.

¿Cómo lo presentamos?

1. Expongan el tema frente a la clase en un lenguaje claro y preciso y hagan uso de la retórica (palabras estilizadas) para influir de manera convincente en el público.
2. Utilicen un vocabulario adecuado al tema y a la audiencia. Empleen un tono de voz que no resulte monótono y que sea cónsono con las reacciones que pretendan provocar. Recuerden que el objetivo es persuadir a sus compañeros de la importancia de leer.
3. Exprésense adecuadamente para captar la atención del público.
4. Procuren que sus gestos y las expresiones faciales concuerden con su mensaje.
5. Utilicen el material gráfico y las demás frases para fortalecer su intervención.

¿Cómo lo hicimos?

☑ ¿Expusimos los argumentos de forma coherente y en orden?

☑ ¿Adaptamos el mensaje a la finalidad y al destinatario?

☑ ¿Coincidieron los gestos y las expresiones faciales con el mensaje transmitido?

☑ ¿Contribuyó el material gráfico a fortalecer la intervención?

 © Santillana

La esgrima

La **esgrima** es un deporte de combate, en el que se enfrentan dos contrincantes, cuyo objetivo es tocarse con un arma blanca (que no posee filo ni punta, por lo que no se puede cortar ni pinchar con ella). La acumulación de puntos se basa en que un *tirador*, como se conoce a los contrincantes, toque con el arma al contrario. En este deporte se utilizan tres tipos de armas: el florete, el sable y la espada; cada una con su estilo propio. Un asalto de esgrima se lleva a cabo en una pista que cuenta con unas medidas especiales; los toques, que proporcionan puntos, solo son válidos si se registran dentro de la pista.

La esgrima tiene su origen en la Edad Media cuando la espada se utilizaba como arma defensiva, pero no es hasta el siglo XV, en España, que aparecen los primeros tratados que establecen las pautas para el ejercicio de esta actividad: "La verdadera esgrima" (1472), de J. Pons y "El manejo de las armas de combate" (1473), de P. de la Torre. Cuando las armas de fuego van desplazando la espada, se desarrolla como actividad deportiva. Aunque mantiene sus reglas y técnicas originales, la esgrima moderna es un deporte de entretenimiento y competencia, con la ejercitación que se requiere para adquirir las habilidades y las destrezas necesarias para lograr un manejo efectivo de las armas. Ya en las primeras olimpiadas modernas, la esgrima se compite en la categoría masculina, y en la femenina, a partir de los años sesenta.

Caballeros medievales

ACTIVIDADES

1. **Busca** en la lectura palabras con acento ortográfico. Luego, **clasifícalas** en agudas, llanas, esdrújulas o sobresdrújulas.
2. **Busca** el origen y el significado de las siguientes palabras: *sable, florete, esgrima.* ¿Se pueden clasificar como arcaísmos o como neologismos? **Justifica** tu respuesta.
3. **Investiga** más a fondo la manera como se registran los toques. **Compara** la forma que se utilizaba en el pasado y la que se utiliza actualmente. **Comenta** con tus compañeros de clase cuál te parece mejor.

El humanismo en el arte renacentista

El **humanismo** es un movimiento cultural, surgido en Florencia a mediados del siglo XIV, que exalta la dignidad de las personas como seres capaces de encontrar la verdad y practicar el bien a través del uso de la razón. Hay quienes colocan los orígenes del humanismo en la línea temporal que separa la Edad Media del Renacimiento.

La creación artística cobra un evidente sentido experimental, próximo a la ciencia, es decir, con un componente racional y objetivo, y no místico o visionario. Aunque no se puede hablar de una cultura al margen de la religión, la creación artística queda impregnada de paganismo.

El humanismo se caracterizó por un interés en la Antigüedad clásica. Así, aparecen nuevos temas, como la mitología y la historia grecorromana. En las artes plásticas, veremos un deseo de lograr perfección tanto en las proporciones como en la perspectiva. Los artistas buscaban el equilibrio y la armonía. De este modo, en la escultura los cuerpos se trabajaban con ansias de lograr naturalismo. Los elementos arquitectónicos grecorromanos fueron reinterpretados en edificaciones no solo religiosas, sino también civiles. En el caso de la pintura, las figuras perdieron la rigidez y pretendieron lograr realismo en las escenas a través de la aplicación de principios matemáticos en el juego con la perspectiva. De allí, la utilización de un punto de fuga y el empleo de paisajes naturales y arquitectónicos para ofrecer un trasfondo. Así, el arte es apreciado porque resulta más o menos bello. Por su capacidad de dar forma física a la belleza, el artista podía ser valorado por su dimensión intelectual.

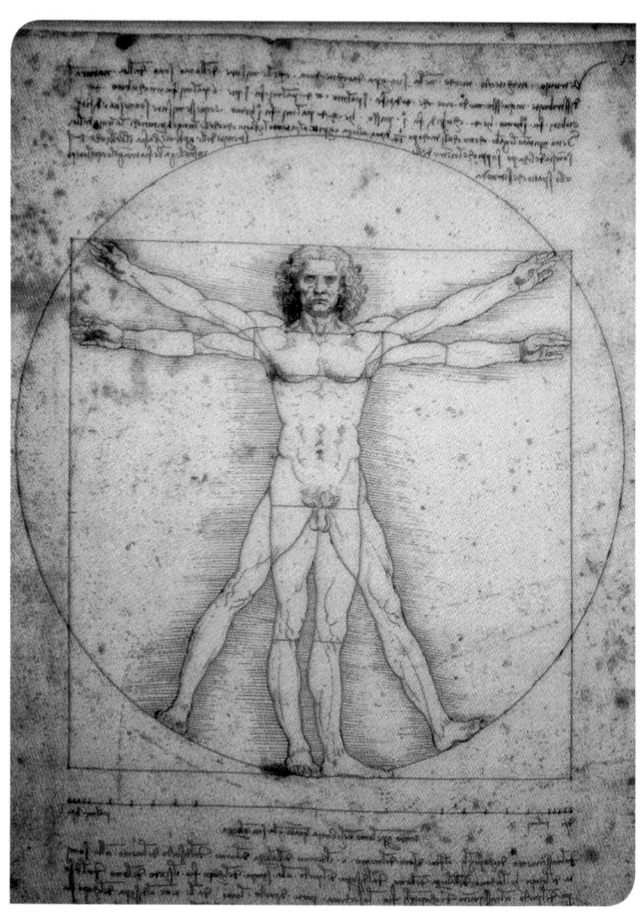

Leonardo da Vinci, proporción del cuerpo humano, según Vitruvio (c. 1490)

En particular, el *Hombre de Vitruvio*, de Leonardo da Vinci nos ofrece varios ejemplos sobre la influencia del humanismo en el arte renacentista. Este dibujo es de los primeros tratados anatómicos que sugieren unas medidas matemáticas para concebir proporcionalmente la figura humana. Una sencilla lectura de la imagen nos lleva a considerar que el hombre está colocado como eje en un círculo que, a su vez, está inscrito en un cuadrado. De entrada, nos brinda el antropocentrismo, es decir, que gira en torno al individuo, al ser humano que contempla la realidad del mundo. Al mismo tiempo, las observaciones anatómicas alrededor del dibujo exponen la influencia de la concepción científico-matemática. Da Vinci se fundamentó en los textos sobre arquitectura de Vitruvio, arquitecto de la antigua Roma, lo que evidencia ese retorno o reinterpretación de la Antigüedad.

En resumen, el humanismo supone una nueva relación entre las personas y la naturaleza, así como un redescubrimiento del saber clásico. Esto influyó en el arte de forma significativa al proponerle, entonces, un propósito de lograr una armonía y una perfección que hoy estudiamos con admiración. Al privilegiar la razón, el humanismo le ofrece al arte un espacio en el cual el inventar y descubrir son medulares.

COMPRENDER

➤ **Explica** en un párrafo qué implica el humanismo en el arte renacentista. **Utiliza** las siguientes preguntas como guía:

a. ¿Qué es el Humanismo?

b. **Menciona** la influencia grecorromana en el arte.

c. **Ofrece** ejemplos concretos del humanismo en el arte renacentista.

ANALIZAR

➤ El Renacimiento surgió de una serie de eventos económicos, sociales, políticos y científicos. Todo ello nos demuestra que la forma como vemos la vida es resultado de una multiplicidad de sucesos interrelacionados y que, incluso, lo que creemos que es un saber absoluto parte de un supuesto que podría cambiar con el descubrimiento de algo nuevo (por ejemplo, Plutón dejó de considerarse un planeta en 2006, lo que redujo la cantidad de planetas del sistema solar). ¿Qué saberes, concepciones o creencias puedes identificar que hayan cambiado con el pasar de los tiempos? ¿Qué quisieras cambiar en la sociedad? ¿Por qué?

CREA

➤ **Haz** una maqueta, según la estética del Renacimiento e **informa** los aspectos que utilizaste en su creación por medio de un informe oral breve.

CONCIENCIA verde

Si el humanismo debatió la relación del ser humano con la naturaleza, la ecología social retoma ese cuestionamiento, pero no desde una perspectiva antropocéntrica, sino al establecer que hay una relación holística (es decir, como un todo) entre los seres vivos y el entorno. Por lo tanto, las personas deben delimitar su consumo y, primordialmente, respetar la integridad de los recursos y los seres vivientes. ¿Qué recomendaciones les harías a los desarrolladores, los agricultores, los farmacéuticos y los manufactureros, en general, partiendo de esta premisa?

Capítulo 1

1. **Investiga** el origen de tu nombre y su significado a lo largo de la historia. **Busca** información en un diccionario etimológico o en Internet. Si no encuentras la información, **trabaja** con un nombre que te guste. **Organiza** la información en una hoja en blanco y, debajo, **escribe** una reflexión sobre lo que significa para ti el nombre que te identifica.

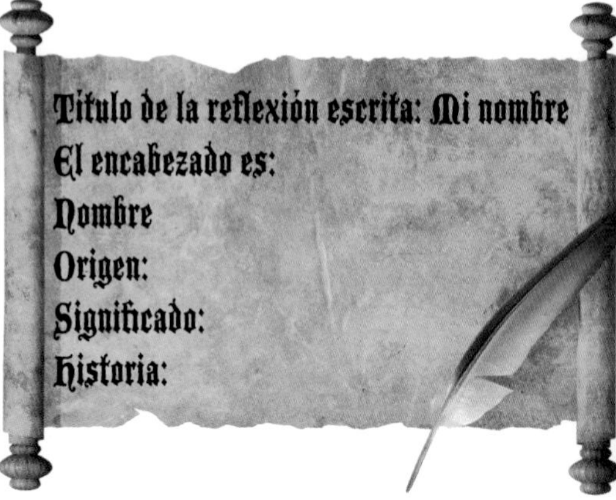

Título de la reflexión escrita: Mi nombre
El encabezado es:
Nombre
Origen:
Significado:
Historia:

2. **Busca** en periódicos y revistas palabras que contengan las diversas grafías discutidas en la sección de *Ortografía en el uso*, del primer capítulo y **crea** un *collage* con ellas. **Ofrece**, al menos, un ejemplo de cada una. Luego, **subraya** los sonidos que quieres representar.

3. **Busca** imágenes que ilustren diversas maneras mediante las que el ser humano puede comunicarse. **Crea**, en una cartulina, una tabla como la del modelo y **clasifica** las ilustraciones que encontraste. Luego, **escribe** el concepto al que representan y **especifica** el significado y el significante de cada uno.

Gestos	Señales	Iconos
significante: s/o/n/r/e/í/r significado: aspecto alegre.	significante: s/e/m/á/f/o/r/o significado: aparato de señales luminosas para regular el tráfico.	significante: i/m/p/r/e/s/o/r/a significado: máquina para imprimir.

4. **Completa** un diagrama como el siguiente:

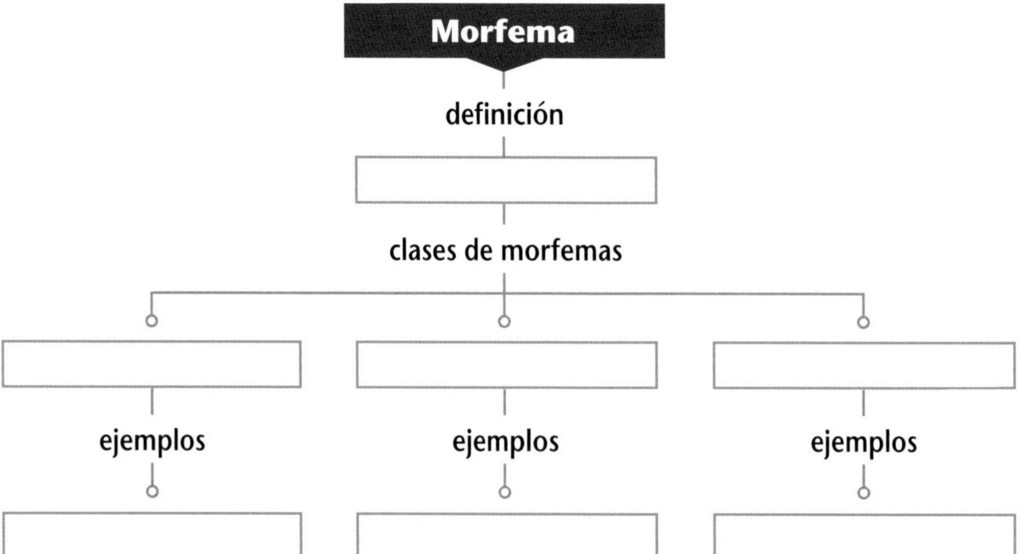

 © Santillana

Capítulo 2

1. **Habla** con personas mayores de tu familia o vecindario. **Redacta** una lista de palabras que solo estas personas usen. **Escribe** también el significado de cada una. Algunas de estas palabras están en vías de convertirse en arcaísmos. **Explica** por qué ya no se usan.
2. **Redacta** una lista de palabras de reciente aparición. **Discútelas** con tus compañeros y **deduzcan** si se justifica su uso o si, por el contrario, hay algún equivalente en español para el concepto al cual se refieren.
3. **Relaciona** las sílabas y **encuentra** las diez palabras resultantes. Luego, **clasifica** las palabras según la sílaba tónica. Finalmente, **coloca** la tilde a las que lo necesiten.

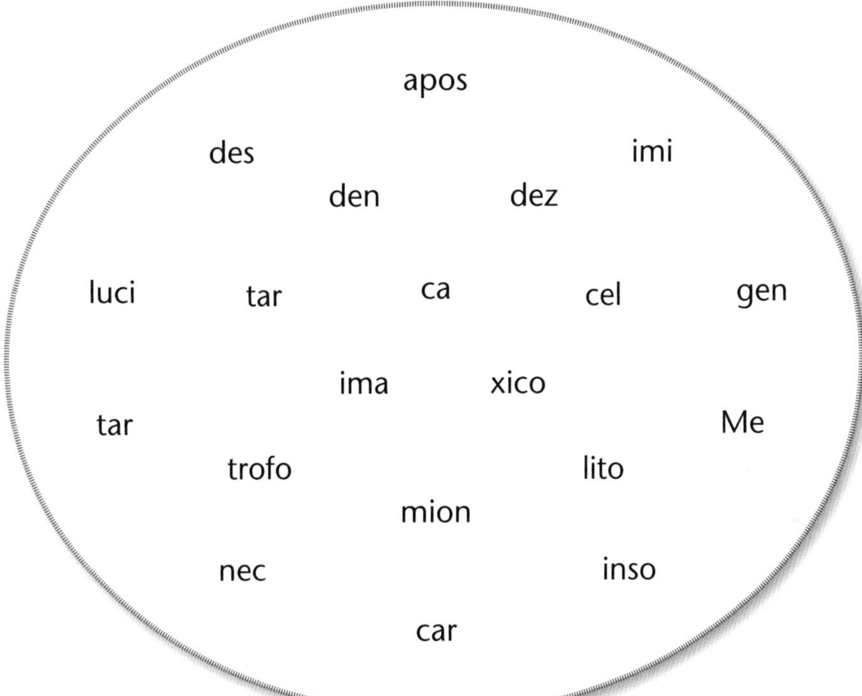

4. Las oraciones exhortativas pretenden, por lo general, que el destinatario lleve a cabo una acción. De ahí que su uso sea frecuente en la publicidad. **Selecciona** ocho oraciones exhortativas empleadas en anuncios publicitarios y **explica** en cada caso qué propósito se persigue. Luego, **transforma** cada oración seleccionada en una de las seis clases de oraciones restantes: enunciativa, interrogativa, exclamativa, optativa o desiderativa, dubitativa y de posibilidad.

3 La conexión de dos mundos a través de la literatura

Primer desembarco de Cristóbal Colón en América (1862), de Dióscoro Puebla.

Este óleo sobre lienzo se encuentra en el Museo Nacional del Prado, en Madrid, España, y es un ejemplo de la pintura histórica realizada por Puebla.

Temas del capítulo

- La literatura de la Conquista
- Acentuación de diptongos, triptongos e hiatos
- Campos léxicos y campos semánticos
- La oración: sujeto y predicado
- La noticia
- La noticia radial

 © Santillana

Preámbulo

La llegada de los españoles a América significó para ellos el encuentro con un mundo fascinante, rico, desconcertante y peligroso. Fue el encuentro con la diversidad desconocida de una naturaleza distinta y apabullante por su variedad, su novedad y sus dimensiones colosales; con la riqueza codiciada y, al parecer, inagotable, de las nuevas tierras; con la extrañeza y complejidad de otras culturas; con la resistencia y la agresividad del indio, defensor de su pueblo y su mundo.

Los cronistas de Indias emprendieron la enorme tarea de conquistar con la palabra este nuevo mundo. Tenían que nombrar, describir e interpretar, con una lengua ajena, la complejidad del mundo americano. Se vieron en la necesidad de adoptar palabras y conceptos del indio; de buscar semejanzas dentro de su propia experiencia europea; de moldear el lenguaje para adaptarlo a nuevas funciones y a otra realidad.

¿Qué sabes sobre la época de la Conquista?

- ¿Cuándo comenzó el período de la Conquista?
- ¿En qué consiste ese período colonial?
- En la pintura, ¿qué intenciones puedes reconocer en los conquistadores, según sus expresiones faciales y gestos?
- ¿Crees que la reacción de los indígenas, en la pintura, refleja cómo se sintieron ante la llegada de los conquistadores hace más de quinientos años?

Al comenzar

- ¿Qué implicaciones tiene el concepto *descubrir*?
- Imagina que llegas a un país desconocido. ¿En qué aspectos de ese lugar te fijarías?

Al leer

- ¿Qué aspectos de las islas descubiertas por Colón son descritos en esta carta?
- Utiliza citas directas de la lectura para evidenciar el uso de la hipérbole o exageración por parte de Colón al describir el Nuevo Mundo.
- ¿Qué intención manifiesta Colón en la siguiente cita: "La Española es maravilla: las sierras y las montañas y las vegas y las campiñas, y las tierras tan fermosas y gruesas para plantar y sembrar, para criar ganados de todas suertes, para edificios de villas y lugares"?

Al concluir

- ¿Consideras que Cristóbal Colón realmente haya descubierto un nuevo continente? Explica tu respuesta.

Carta de Colón, anunciando el descubrimiento del Nuevo Mundo

Señor, porque sé que habréis placer de la grand victoria que Nuestro Señor me ha dado en mi viage, vos escribo esta, por la cual sabreis como en 33 días pasé a las Indias, con la armada que los Ilustrísimos Rey e Reina nuestros señores me dieron donde yo fallé muy muchas Islas pobladas con gente sin número, y dellas todas he tomado posesión por sus altezas con **pregón** y bandera real extendida, y no me fué contradicho. A la primera que yo fallé puse nombre San Salvador, a conmemoración de su Alta Magestal, el cual maravillosamente todo esto ha dado: los Indios la llaman Guanahani. A la segunda puse nombre la isla de Santa María de Concepción: a la tercera Fernandina: a la cuarta la Isabela: a la quinta la isla Juana, é asi a cada una nombre nuevo.

Cuando yo llegué a la **Juana**, seguí yo la costa de ella al **poniente**, y la hallé tan grande que pensé que sería tierra firme, la provincia de Catayo. Y como no hallé así villas y lugares en la costa de la mar, salvo pequeñas poblaciones, con la gente de las cuales no podía haber habla, porque luego huían todos, andaba yo adelante por el dicho camino, pensando de no errar grandes ciudades o villas; y, al cabo de muchas leguas, visto que no había innovación, y que la costa me llevaba al **setentrión**, de adonde mi voluntad era contraria, porque el invierno era ya encarnado, y yo tenía propósito de hacer de él al **austro**, y también el viento me dio adelante, determiné de no aguardar otro tiempo, y volví atrás hasta un señalado puerto, de adonde envié dos hombres por la tierra, para saber si había rey o grandes ciudades. Anduvieron tres jornadas, y hallaron infinitas poblaciones pequeñas y gente sin número, mas no cosa de regimiento; por lo cual se volvieron.

Yo entendía harto de otros Indios, que ya tenía tomados, como continuamente esta tierra era Isla: é así seguí la costa della al oriente ciento siete leguas fasta donde facia fin; del cual cabo vi otra Isla al oriente distante desta diez é ocho leguas, á la cual luego puse nombre la Española: y fuí allí: y seguí la parte del setentrion, así como de la Juana, al oriente ciento é ochenta y ocho grandes leguas, por línea recta, la cual y todas las otras son fertilísimas en demasiado grado, y esta en extremo: en ella hay muchos puertos en la costa de la mar sin comparación de otros que yo sepa en cristianos, y farto rios y buenos y grandes que es maravilla: las tierras della son altas y en ella muy buenas sierras y montañas altísimas, sin comparación de la isla de Teneryfe, todas fermosísimas, de mil fechuras, y todas andables y llenas de árboles de mil maneras y altas, y parecen que llegan al cielo; y tengo por dicho que jamás pierden la foja, según lo pude comprender, que los vi tan verdes y tan hermosos

- **pregón** (sustantivo). Discurso.
- **Juana** (sustantivo). Cuba.
- **poniente** (sustantivo). Oeste.
- **setentrión** (sustantivo). Norte.
- **austro** (sustantivo). Sur.

como son por mayo en España. Y dellos estaban floridos, dellos con fruto, y dellos en otro término, según es su calidad; y cantaba el ruiseñor y otros pajaritos de mil maneras en el mes de noviembre por allí donde yo andaba. Hay palmas de seis o de ocho maneras, que es admiración verlas, por la diformidad fermosa dellas, mas así como los otros árboles y frutos é yerbas: en ella hay pinares á maravilla, é hay campiñas grandísimas, é hay miel, y de muchas maneras de aves y frutas muy diversas. En las tierras hay muchas minas de metales é hay gente in estimable número.

La Española es maravilla: las sierras y las montañas y las vegas y las campiñas, y las tierras tan fermosas y gruesas para plantar y sembrar, para criar ganados de todas suertes, para edificios de villas y lugares. [...]

[...] Se farán cristianos, que se inclinan al amor e cervicio de sus altezas / y de toda la nación castellana, e procuran de ajuntar de nos dar de las cosas que tienen en abundancia, que nos son necessarias. Y no conocían ninguna seta nin idolatría, salvo que todos creen que las fuercas y el bien es en el cielo y creían muy firme que yo con estos navíos y gente venía del cielo, y en tal catamiento me recebían en todo cabo, después de haber perdido el miedo. Y esto no procede porque sean ignorantes, salvo de muy sotil ingenio, y honbres que navegan todas aquellas mares, que es maravilla la buena cuenta quellos dan de todo, salvo porque nunca vieron gente vestida, nin semejantes navíos. Y luego que legé a las indias, en la primera isla que hallé, tomé por forza algunos dellos para que deprendiesen y me diesen noticia de lo que avía en aquellas partes. E así fue que luego entendiron y nos a ellos, quando por lengua o señas, y éstos han aprovechado mucho oy en día. Los traigo, que siempre están de propósito que vengo del cielo, por mucha conversasión que ayan havido conmigo, y estos eran los primeros a pronunciarlo adonde yo llegava, y los otros andavan corriendo de casa en casa. Y a las villas cercanas con bozes altas: "venit e venit a ver la gente del cielo". Así todos honbres como mugeres, después de haver el corazón seguro de nos, venían que non (ca) quedavan grande nin pequeño y todos traýan algu de comer y de bever que davan con un amor maravilloso.

En conclusión, a fablar desto solamente que se a fecho este viage, que fue así de corrida que pueden ver sus Altezas que yo les daré oro quanto **ovieren menester**, con muy poquita ayuda que sus altezas me darán; agora especiaria y algodón quanto sus altezas mandaran cargar, y **almastica**, quanta mandaran cargar, e de la qual fasta oy no se ha fallado, salvo en Grecia, en la ysla de Xío, y el Señorío la vende como quiere, y ligñaloe, quanto mandaran cargar, y esclavos, quantos mandaran cargar, e serán de los ydólatres. [...]

Cristóbal Colón
(genovés)
(fragmento)

Sobre el autor

Cristóbal Colón (Cristoforo Colombo) fue un navegante, de quien, a pesar de que su origen es incierto, se alega que era genovés. El 1492 descubrió lo que los europeos consideraron un nuevo continente: América. Colón creía en las hipótesis difundidas desde los antiguos griegos con relación a la redondez de la Tierra. Esta idea acerca de la forma redonda de la Tierra lo llevó a pensar que se podía llegar a Oriente o a la India (en busca de una nueva ruta comercial), viajando en dirección oeste. Esto lo llevó a descubrir el Nuevo Mundo gracias al apoyo económico que le dieron los reyes católicos de España para costear sus cuatro expediciones.

Con este descubrimiento, Colón se convirtió en Almirante de los nuevos mares, así como en virrey y gobernador general de las nuevas tierras americanas. A través de una serie de cartas, Colón publicó su hazaña. Las cartas describían las islas descubiertas, así como a sus habitantes y sus costumbres.

- **ovieren** (voz antigua). Hubieren.
- **menester** (sustantivo). Necesidad.
- **almastica** (sustantivo). Almástiga, resina clara, translúcida, amarillenta y algo aromática que se extrae de una variedad de lentisco.

Al comenzar

- ¿Qué es una crónica histórica?
- ¿En qué se diferencia de una carta?

Al leer

- Según Fernández de Oviedo, ¿cuál fue la razón por la cual los indios ahogaron a Salcedo?
- Identifica las particularidades que destaca el autor de las islas descubiertas.

Al concluir

- Compara la percepción que manifiesta Cristóbal Colón en su carta sobre las islas descubiertas y sus pobladores con la que presenta Fernández de Oviedo en su crónica.

Historia general y natural de las indias, islas y tierra firme del Mar Océano

Capítulo 8

Como los indios tenían por inmortales a los chripstianos luego que passaron a la isla de Sanct Johan…

Por las cosas que avían oído los indios de la isla de Sanct Johan de la conquista y guerra passadas en esta Isla Española, y sabiendo, como sabían ellos, que esta Isla es muy grande y que estaba muy poblada y llena de gente de los naturales della, creían que era imposible averla **sojuzgado** los chripstianos, sino porque debían ser inmortales, y por heridas ni otro desastre no podían morir; y que como avían venido de hacia donde el sol sale, assi peleaban; que era gente celestial e hijos del Sol, y que los indios no eran poderosos para los poder ofender. Y como vieron que en la isla de Sanct Johan ya se avían entrado y hecho señores de la Isla [...] querían procurar su libertad y no servirlos; pero temíanlos y pensaban que eran inmortales. Y juntados los señores de la Isla en secreto, para disputar desta materia, acordaron que antes que se moviessen a su rebelión, era bien experimentar primero aquesto, y salir de su dubda, y hacer la experiencia en algún chripstiano desmandado o que pudiessen aver aparte y solo; y tomó a cargo de saberlo un cacique llamado Urayoan, señor de la provincia de **Yagüeca**, el qual para ello tuvo esta manera. Acaesciose en su tierra un mancebo, que se llamaba Salcedo y passaba a donde los chripstianos estaban, y por manera de le hacer cortesía y ayudarle a llevar su ropa, envió este cacique con él quince o veinte indios, después que le ovo dado muy bien de comer y mostrádole mucho amor. El qual yendo seguro y muy obligado al cacique por el buen acogimiento, al pasar de un río que se dice Guaorabo, que es a la parte occidental y entra en la bahía en que agora está el pueblo y villa de Sanct Germán, dijéronle: "Señor, quieres que te passemos, porque no te mojes," y él dijo que sí [...]. Los indios le tomaron sobre sus hombros, [...] y quando fueron en la mitad del río, metiéronle debajo del agua y cargaron con él los que le passaban y los que avían quedado mirándoles, porque todos yban para su muerte de un acuerdo, y ahogáronle; y después que estuvo muerto sacáronle a la ribera y costa del río, y decíanle: "Señor Salcedo, levántate y perdónanos que caymos contigo, e iremos nuestro camino." Y con estas preguntas y otras tales le tuvieron assi tres días, hasta que olió mal, y aun hasta entonces ni creían que aquél estaba muerto ni que los chripstianos morían. Y desque se certificaron que eran mortales por la forma que he dicho, hiciéronlo saber al cacique, el qual cada día enviaba otros indios a ver si se levantaba el Salcedo; y aun dubdando si le decían verdad, él mismo quiso yr a lo ver, hasta tanto que passados

- **sojuzgado** (verbo). Del verbo *someter*. Sometido.
- **Yagüeca** (sustantivo). Territorio que hoy comprende las jurisdicciones de Añasco y Mayagüez.

algunos días, le vieron mucho más dañado y podrido a aquel pecador. Y de allí tomaron atrevimiento y confiança para su rebelión, y pusieron en obra de matar los chripstianos, y alçarse y hacer lo que tengo dicho en los capítulos desuso.

Capítulo 16

De diversas particularidades de la isla de Sanct Johan

Pues se ha dicho de la gobernación de la isla de Sanct Johan y de las cosas que passaron en los principios de su conquista y población, quiero decir en este capítulo algunas particularidades, convinientes a la relación desta isla y de los indios della.

Estos indios eran flecheros; pero no tiraban con hierva, y algunas veces passaban los indios caribes las islas comarcanas flecheros en su favor contra los chripstianos; y todos aquellos tiran con hierva muy mala, y tal que es irremediable hasta agora, que no se sabe curar.

Algunos dicen que no comían carne humana los de esta isla, y yo lo pongo en dubda; pues que los caribes los ayudaban y conversaban con ellos, que la comen.

La gente desta isla es **lora** y de la estatura y forma que está dicho de los indios de la Española, sueltos y de buena disposición en la mar y en la tierra, puesto que son para más los de la isla de Sanct Johan, o más guerreros, y assi andan desnudos.

En las ydolatrías del cemí y en los areytos y juegos del batey y en el navegar de las canoas y en sus manjares y agricultura y pesquerías, y en los edeficios de casas y camas, y en los matrimonios y subcessión de los cacicados y señorío, y en las herencias, y otras cosas muchas, muy semejantes los unos a los otros. Y todos los árboles, y plantas, y fructas, e hiervas, y animales, y aves, y pescados, e insectos que hay en Haytí o en la Isla Española, todo lo mismo se halla en la de Boriquen o isla de Sanct Johan, y assi mesmo todo lo que por industria y diligencia de los españoles se ha hecho y multiplicado en la Española de ganados, desde ella se passaron los primeros a Sanct Johan y se han hecho muy bien, y lo mesmo de los naranjos y granados e higueras y plátanos, y hortaliza y cosas de España.

Pero allí en Sanct Johan hay un árbol que llaman palo sancto, del qual cosa muy digna de particular memoria, se hará adelante un capítulo, en que se diga alguna parte de sus excelencias.

Gonzalo Fernández de Oviedo
(español)
(fragmento)

Sobre el autor

Gonzalo Fernández de Oviedo nació dentro de una familia noble de Asturias, España. Trabajó desde muy joven en la Corte, pero en 1513 viajó a América como cronista y colonizador. Publicó en 1526 su obra *Historia natural y general de las indias, islas y tierra firme del mar océano*, con el propósito de describir el Descubrimiento y la Colonización de las Indias ofreciendo detalles minuciosos de los habitantes, los animales y la vegetación de las nuevas islas. Su obra describe con mayor énfasis las islas de La Española y Cuba. Se le ha criticado su apoyo incondicional a los conquistadores, ya que justificaba las acciones violentas que estos tomaban contra los indios durante el proceso de la Colonización y la Conquista española. Murió en Valladolid, España, en 1557.

- **lora** (adjetivo). De color moreno oscuro.

Al comenzar

- ¿Cómo describirías el encuentro de los dos mundos: Europa y América?
- Si hubieses sido un conquistador del Nuevo Mundo, ¿actuarías igual que los españoles? ¿Por qué?

Al leer

- Describe la relación de Montezuma con los guardias que lo custodiaban.
- Fíjate en cómo el autor describe a Montezuma.

Al concluir

- Reflexiona sobre el protagonismo de los españoles durante la conquista del Nuevo Mundo.

Historia verdadera de la conquista de la Nueva España

Capítulo XCVII

CÓMO ESTANDO EL GRAN MONTEZUMA PRESO, SIEMPRE CORTÉS Y TODOS NUESTROS SOLDADOS LE FESTEJAMOS Y REGOCIJAMOS, Y AUN SE LE DIO LICENCIA PARA IR A CAZA, Y FUE ESTA LICENCIA PARA VER SU INTENCIÓN

Como nuestro capitán en todo era muy diligente y vio que Montezuma estaba preso, y por temor no se congojase con estar encerrado y detenido, procuraba cada día, después de haber rezado (que entonces no teníamos vino para decir misa), de irle a tener palacio, e iban con él cuatro capitanes, especialmente Pedro de Alvarado, y Juan Velázquez de León, y Diego de Ordaz, y preguntaba a Montezuma con mucho **acato** que qué tal estaba, y que mirase lo que manda, que todo se haría y que no tuviese congoja de su prisión. Y él respondía que antes se **holgaba** de estar preso, y esto porque nuestros dioses nos daban poder para ello, o su Uichilobos lo permitía, y de plática en plática le dieron a entender más por extenso las cosas de nuestra santa fe y el gran poder del emperador nuestro señor; y aun algunas veces jugaba Montezuma con Cortés al totoloque, que es un juego que ellos así le llaman, con unos **bodoquillos** chicos muy lisos que tenían hechos de oro para aquel juego, y tiraban con los bodoquillos algo lejos, y unos **tejuelos** que también eran de oro, y a cinco rayas ganaban o perdían ciertas piezas y joyas ricas que ponían. [...]

Y si ganaba Cortés, daba las joyas [a] aquellos sus sobrinos y privados de Montezuma que le servían, y si ganaba Montezuma, nos lo repartía a los soldados que le hacíamos guarda, y aun no por lo que nos daba del juego dejaba cada día de darnos presentes de oro y ropa, así a nosotros como al capitán de la guarda, que entonces era Juan Velázquez de León, y en todo se mostraba su amigo de Montezuma.

[...] Como en aquel tiempo yo era **mancebo**, y siempre que estaba en su guarda o pasaba delante de él con muy gran acato le quitaba mi bonete de armas, y aun le había dicho el paje Ortega que vine dos veces a descubrir esta Nueva España primero que Cortés, y yo le había hablado a Orteguilla que le quería demandar a Montezuma que me hiciese merced de una india muy hermosa, y como lo supo Montezuma me mandó llamar y me dijo: "Bernal Díaz del Castillo, hánme dicho que tenéis **motolinea** de ropa y oro, y os mandaré dar hoy una buena moza; tratadla muy bien, que es hija de hombre principal; y también os darán oro, y mantas." Yo le respondí, con mucho acato, que le besaba las manos por tan gran merced, y que Dios Nuestro Señor le prosperase. Y parece ser preguntó al paje que qué había respondido, y le declaró la respuesta; y dizque le dijo

- **acato** (sustantivo). Respeto.
- **holgaba** (verbo). Del verbo *holgar*. Alegraba.
- **bodoquillos** (sustantivo). Pelotitas.
- **tejuelos** (sustantivo). Piezas de metal.
- **mancebo** (sustantivo). Hombre soltero de pocos años.
- **motolinea** (sustantivo). Corto de dinero y ropas; pobre.

 © Santillana

Montezuma: "De noble condición me parece Bernal Díaz"; porque a todos nos sabía los nombres como dicho tengo. Y me mandó dar tres tejuelos de oro y dos cargas de mantas.

Dejemos hablar de esto y digamos cómo por la mañana, después que hacían sus oraciones y sacrificios a los ídolos, o almorzaba poca cosa, y no era carne, sino ají estaba empachado una hora en oír pleitos de muchas partes de caciques que a él venían de lejanas tierras. Ya he dicho otra vez, en el capítulo [XCV] que de ello habla, de la manera que entraban a negociar y el acato que le tenían, y cómo siempre estaban en su compañía en aquel tiempo para despachar negocios veinte hombres ancianos, que eran sus jueces, y porque está ya memorado no lo tornaré a recitar. Y entonces alcanzamos a saber que las muchas mujeres que tenía por amigas casaba de ellas con sus capitanes o personas principales muy privados, y aun de ellas dio a nuestros soldados, y la que me dio a mí era una señora de ellas, y bien se pareció en ella, que se dijo doña Francisca; y así se pasaba la vida, unas veces riendo, y otras pensando en su prisión.

Quiero aquí decir, puesto que no vaya a propósito de nuestra relación, porque me lo han preguntado algunas personas curiosas, que porque solamente el soldado por mí nombrado llamó perro a Montezuma, aun no en su presencia, le mandó Cortés azotar, siendo tan pocos soldados como éramos y que los indios tuviesen noticia de ello. A esto digo que en aquel tiempo todos nosotros, y aun el mismo Cortés, cuando pasábamos delante del gran Montezuma le hacíamos reverencia con los **bonetes** de armas, que siempre traíamos quitados, y él era tan bueno y tan bien mirado, que a todos nos hacía mucha honra; que además de ser rey de esta Nueva España, su persona y condición lo merecía, y demás de todo esto, si bien se considera la cosa en que estaban nuestras vidas sino solamente mandar a sus vasallos le sacasen de la prisión y darnos luego guerra que en ver su presencia y real franqueza, y cómo veíamos que tenía a la contina consigo muchos señores que le acompañaban y venían de lejanas tierras otros muchos más señores, y del gran palacio que le hacían, y al gran número de gente que a la contina daba de comer y beber, ni más ni menos que cuando estaba sin prisión; y todo esto considerado, Cortés hubo mucho enojo luego que lo supo que tal palabra le dijese, y como estaba airado de ello, de repente le mandó castigar como dicho tengo, y fue bien empleado en él. Pasemos adelante y digamos que en aquel instante llegaron de la Villa Rica indios cargados con las dos cadenas de hierro gruesas que Cortés había mandado hacer a los herreros; también trajeron todas las cosas pertenecientes para los **bergantines**, como dicho tengo, y así como fue traído, se lo hizo saber al gran Montezuma. Y dejarlo he aquí, y diré lo que sobre ello pasó.

Bernal Díaz del Castillo
(español)
(fragmento)

Sobre el autor

Bernal Díaz del Castillo nació en 1496, en España, en el seno de una familia de clase baja. Una vez llegó a las Indias se convirtió en soldado y en cronista español. Participó de las expediciones de la conquista llevadas a cabo en México, Guatemala y Honduras. También fue encomendero de indios y regidor. Su obra *Historia verdadera de la Conquista de la Nueva España* fue escrita a una edad tardía y, a pesar de su poca instrucción y avanzada edad, manejó exitosamente una prosa llana y espontánea. En este texto el autor relata la epopeya de la Conquista y los lugares en donde acontece. Su importancia radica en el valor que le otorga al papel llevado a cabo por el soldado común durante el proceso de la Conquista, a quien iguala con el caudillo. Murió en Guatemala en 1584.

- **bonetes** (sustantivo). Gorras, comúnmente, de cuatro picos.
- **bergantines** (sustantivo). Barcos de vela.

Al comenzar

- ¿Qué opinas del choque cultural acontecido durante la Colonización y la Conquista española?

Al leer

- Fíjate en la percepción que tiene Bartolomé de las Casas de los indios y con qué los compara y en la percepción que tiene de los españoles y con qué los compara.
- Identifica cómo se evidencia en la lectura la intención que Bartolomé de las Casas tiene de evangelizar a los indios.
- Interpreta a qué le llama el autor "tiranía infernal". ¿Cuál fue la causa?

Al concluir

- ¿Cómo contrasta la visión que tiene Bartolomé de las Casas de los indios con la que presentan los otros autores ya estudiados?
- ¿Qué crees que haya ganado América con la llegada de los europeos? ¿Qué crees que haya perdido?
- Por el contrario, ¿qué crees que haya ganado Europa con la Colonización y la Conquista? ¿Qué crees que haya perdido?
- ¿Quién obtuvo más beneficios? Explica.

- **rijosos** (adjetivo). Dispuestos para reñir.
- **paupérrimas** (adjetivo). Pobres.
- **vendimiadas** (verbo). Del verbo *vendimiar*. Disfrutar algo o aprovecharse de ello, especialmente cuando es con violencia o injusticia.

Brevísima relación de la destruición de las Indias

Descubriéronse las Indias en el año de mil y cuatrocientos y noventa y dos. Fuéronse a poblar el año siguiente de cristianos españoles, por manera que ha cuarenta e nueve años que fueron a ellas cantidad de españoles; e la primera tierra donde entraron para hecho de poblar fué la grande y felicísima isla Española, que tiene seiscientas leguas en torno. Hay otras muy grandes e infinitas islas alrededor, por todas las partes della, que todas estaban e las vimos las más pobladas e llenas de naturales gentes, indios dellas, que puede ser tierra poblada en el mundo. [...]

Todas estas universas e infinitas gentes a todo género crió Dios los más simples, sin maldades ni dobleces, obedientísimas y fidelísimas a sus señores naturales e a los cristianos a quien sirven; más humildes, más pacientes, más pacíficas e quietas, sin rencillas ni bullicios, no **rijosos**, no querulosos, sin rencores, sin odios, sin desear venganzas, que hay en el mundo. Son asimismo las gentes más delicadas, flacas y tiernas en complisión e que menos pueden sufrir trabajos y que más fácilmente mueren de cualquiera enfermedad, que ni hijos de príncipes e señores entre nosotros, criados en regalos e delicada vida, no son más delicados que ellos, aunque sean de los que entre ellos son de linaje de labradores.

Son también gentes **paupérrimas** y que menos poseen ni quieren poseer de bienes temporales; e por esto no soberbias, no ambiciosas, no codiciosas. Su comida es tal, que la de los sanctos padres en el desierto no parece haber sido más estrecha ni menos deleitosa ni pobre. Sus vestidos, comúnmente, son en cueros, cubiertas sus vergüenzas, e cuando mucho cúbrense con una manta de algodón, que será como vara y media o dos varas de lienzo en cuadra. [...]

En estas ovejas mansas, y de las calidades susodichas por su Hacedor y Criador así dotadas, entraron los españoles, desde luego que las conocieron, como lobos e tigres y leones cruelísimos de muchos días hambrientos. Y otra cosa no han hecho de cuarenta años a esta parte, hasta hoy, e hoy en este día lo hacen, sino despedazarlas, matarlas, angustiarlas, afligirlas, atormentarlas y destruirlas por las extrañas y nuevas e varias e nunca otras tales vistas ni leídas ni oídas maneras de crueldad, de las cuales algunas pocas abajo se dirán, en tanto grado, que habiendo en la isla Española sobre tres cuentos de ánimas que vimos, no hay hoy de los naturales de ella docientas personas.

La isla de Cuba es cuasi tan luenga como desde Valladolid a Roma; está hoy cuasi toda despoblada. La isla de Sant Juan e la de Jamaica, islas muy grandes e muy felices e graciosas, ambas están asoladas. [...] Andando en navío tres años a rebuscar por ellas la gente que había, después de haber sido **vendimiadas**, porque un buen cristiano se movió por piedad para los que se hallasen convertirlos e ganarlos a Cristo, no se hallaron sino once personas, las cuales yo vide. [...]

De la gran tierra firme somos ciertos que nuestros españoles por sus crueldades y **nefandas** obras han despoblado y asolado y que están hoy desiertas [...].

Daremos por cuenta muy cierta y verdadera que son muertas en los dichos cuarenta años por las dichas tiranías e infernales obras de los cristianos, injusta y tiránicamente, más de doce cuentos de ánimas, hombres y mujeres y niños; y en verdad que creo, sin pensar engañarme, que son más de quince cuentos.

Dos maneras generales y principales han tenido los que allá han pasado, que se llaman cristianos, en estirpar y **raer** de la haz de la tierra a aquellas miserandas naciones. La una, por injustas, crueles, sangrientas y tiránicas guerras. La otra, después que han muerto todos los que podrían anhelar o sospirar o pensar en libertad, o en salir de los tormentos que padecen, como son todos los señores naturales y los hombres varones (porque comúnmente no dejan en las guerras a vida sino los mozos y mujeres), oprimiéndolos con la más dura, horrible y áspera servidumbre en que jamás hombres ni bestias pudieron ser puestas. A estas dos maneras de tiranía infernal se reducen e ser resuelven o subalternan como a géneros todas las otras diversas y varias de asolar aquellas gentes, que son infinitas.

La causa por que han muerto y destruido tantas y tales e tan infinito número de ánimas los cristianos ha sido solamente por tener por su fin último el oro y henchirse de riquezas en muy breves días e subir a estados muy altos e sin proporción de sus personas (conviene a saber): por la insaciable codicia e ambición que han tenido, que ha sido mayor que en el mundo ser pudo, por ser aquellas tierras tan felices e tan ricas, e las gentes tan humildes, tan pacientes y tan fáciles a sujetarlas; a las cuales no han tenido más respecto ni dellas han hecho más cuenta ni estima (hablo con verdad por lo que sé y he visto todo el dicho tiempo), no digo que de bestias (porque pluguiera a Dios que como a bestias las hubieran tractado y estimado), pero como y menos que estiércol de las plazas. Y así han curado de sus vidas y de sus ánimas, e por esto todos los números e cuentos dichos han muerto sin fee, sin sacramentos. Y esta es una muy notoria y averiguada verdad, que todos, aunque sean los tiranos y matadores, la saben e la confiesan: que nunca los indios de todas las Indias hicieron mal alguno a cristianos, antes los tuvieron por venidos del cielo, hasta que, primero, muchas veces hubieron recebido ellos o sus vecinos muchos males, robos, muertes, violencias y vejaciones dellos mesmos.

Fray Bartolomé de las Casas
(español)
(fragmento)

Sobre el autor

Bartolomé de Las Casas nació en Sevilla, España, en 1474. De educación autodidacta en áreas como la teología, la filosofía y el derecho, De las Casas llegó a las Indias en 1502. Se convirtió en sacerdote de la Orden de los Dominicos en 1512. Desde ese momento, dedicó todos sus esfuerzos en evangelizar a los indios y luchar por eliminar todo sistema opresor contra dicha cultura, incluidas las encomiendas. Desde 1541 fue procurador de los indios. Este cronista y fraile español vio realizado parte de sus esfuerzos cuando en 1542-43, España adoptó las Leyes Nuevas, que consideraban al indio como hombre libre, y prohibió el sistema de las encomiendas, tanto para oficiales como religiosos.

En 1543 lo nombraron obispo de Chiapas, México. Su obra titulada *Brevísima relación de la destrucción de las Indias*, publicada en 1552, narra los abusos cometidos contra los indios durante la Colonización española, de tal forma que popularizó la llamada *leyenda negra*. Murió en Madrid, España, en 1556.

- **nefandas** (adjetivo). Indignas, torpes, de que no se puede hablar sin repugnancia u horror.
- **raer** (verbo). Eliminar enteramente algo.

Interpreto el texto

IDENTIFICO

➤ Los cuatro fragmentos que leíste en este capítulo tratan acerca del tema de la Conquista y la Colonización del Nuevo Mundo. En una tabla como la del modelo, **compáralos** y **contrástalos** entre sí. ¿En qué se parecen y en qué se diferencian estas crónicas?

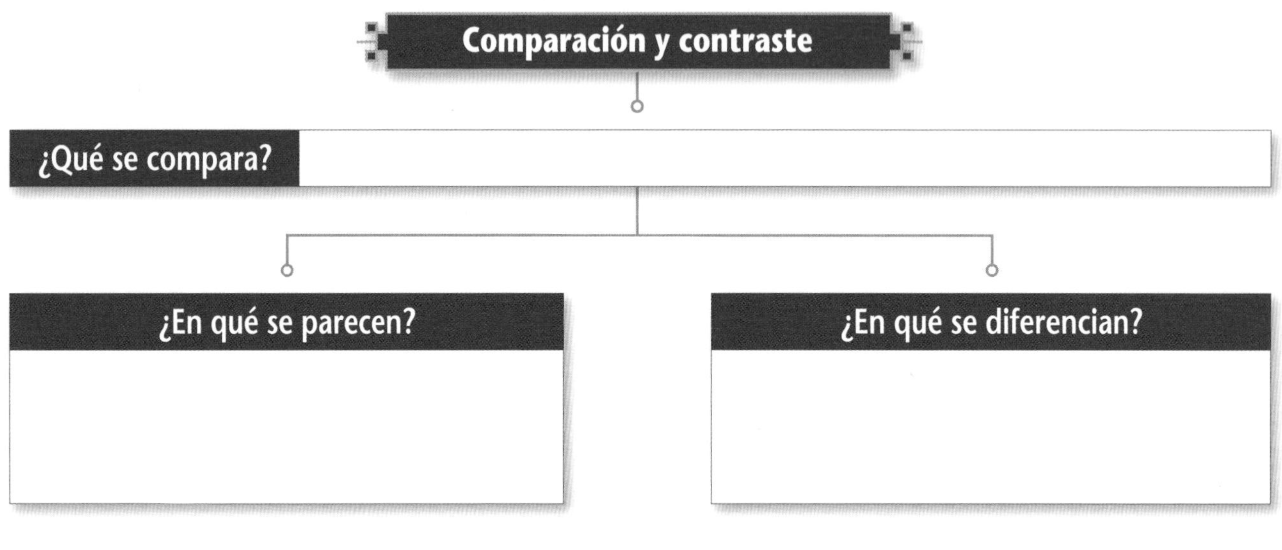

INFIERO

➤ **Contesta**:

a. ¿Cuál es el propósito de la "Carta de Colón"?

b. ¿Cuál es el tono general de esa misiva?

c. ¿Qué elementos Cristóbal Colón admira de La Española?

d. ¿Por qué los indios pensaban que los españoles eran inmortales?

e. ¿Qué deciden hacer los indios para probar la inmortalidad de los españoles?

f. ¿Cuál es la historia de Diego Salcedo?

g. ¿Cómo describe Fernández de Oviedo a los indios de nuestra isla?

h. ¿Estás de acuerdo con la explicación que ofrece Fernández de Oviedo con relación a la muerte de Salcedo o crees que fue una rebelión indígena?

i. ¿Qué opinión crees que haya tenido Bernal Díaz del Castillo de Montezuma?

j. ¿Crees que Cortés valoraba la figura de Montezuma? ¿Cómo lo sabes?

k. ¿Cuál crees que sea la intención de la crónica de fray Bartolomé de las Casas?

l. ¿Cómo describe el fraile el comportamiento de los españoles en América?

 © Santillana

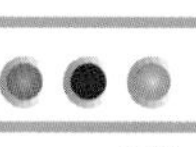

ANALIZO

➤ **Realiza** las siguientes actividades:

a. **Compara** y **contrasta** las opiniones que tenían sobre los indios González de Oviedo y fray Bartolomé.

b. **Menciona** los rasgos de la literatura de la Conquista, que hayas podido identificar en estas lecturas.

c. **Explica** con qué propósito se redactaban estos textos.

d. **Opina** por qué los españoles se valieron del género literario de la crónica para redactar sus textos.

EVALÚO y VALORO

➤ **Comenta**:

a. **Opina** si la literatura de la Conquista debe ser considerada como la primera manifestación de la literatura hispanoamericana o como literatura española escrita en América.

b. **Explica** si la descripción del aborigen que hace el conquistador es distorsionada u objetiva.

c. **Selecciona** la lectura que más te haya gustado de la Conquista y **explica** por qué.

d. **Argumenta** si realmente los indígenas fueron descubiertos por los españoles o si fue un encuentro de dos razas.

e. **Discute** qué repercusiones favorables crees que hayan tenido los descubrimientos geográficos.

EDUCACIÓN moral y ética

En la *Brevísima relación de la destrucción de las Indias*, fray Bartolomé de las Casas denunció enérgicamente los abusos a los que los españoles sometieron a los indios durante la Conquista y la Colonización de las Antillas. El castigo físico, la mala alimentación y el trabajo excesivo contribuyeron a la temprana extinción de nuestros primeros pobladores. En la actualidad, en muchas partes del mundo, hay personas que son sometidas a condiciones laborales infrahumanas, incluidos los ancianos y los niños. ¿Qué crees que podamos hacer como sociedad para evitar esta forma de esclavitud moderna? ¿Piensas que dicha responsabilidad les corresponde únicamente al Gobierno y a los habitantes de ese país o a todos nosotros? Argumenta tu respuesta.

EN el contexto

➤ **Completa** las oraciones con las siguientes palabras del vocabulario: *holgaba, sojuzgado, leguas* y *paupérrimas.* **Procura** emplearlas de acuerdo con su contexto.

a. Caminaron cinco ______ para llegar a la casa.

b. Su familia vive en condiciones ______.

c. El anciano se ______ de su buena suerte.

d. El prisionero estaba ______ a la voluntad del carcelero.

La literatura de la Conquista

El mundo durante esta época

Cuando se abordan los períodos del Descubrimiento, la Conquista y la Colonización de Hispanoamérica, para su estudio, es necesario tener en cuenta que se está tratando un proceso que comenzó el 12 de octubre de 1492, con la llegada de Cristóbal Colón a las tierras de ultramar. Esta fase, de más de tres siglos de historia, transformó poco a poco, la conciencia y la ideología, tanto de España y Europa, como las de los pueblos originarios del nuevo continente.

El desembarco de los españoles en América, a partir del 1492, fue devastador para los pueblos indígenas del continente. Estos se habían organizado en colectividades, con sus correspondientes grados de cultura, tecnología, leyes y organización social. Aunque unos pueblos se destacaron sobre otros, todos valoraban la tradición oral para mantener vivos su pasado y su mundo. Sin embargo, con la Conquista y la Colonización de América, se inicia un nuevo estado de relaciones humanas a raíz del enfrentamiento entre la experiencia y la mentalidad del europeo, por un lado, y estos espacios geográficos y sus habitantes, hasta ahora desconocidos, por el otro.

En general, la experiencia de la Conquista y la Colonización —que abarcó el final de siglo XV y la totalidad del siglo XVI— se caracterizaría por la voluntad europea de destruir y suprimir las tradiciones y las normas de vida indígenas, y por el afán de sustituirlas por sus nuevos intereses sociales y económicos, que traían al Nuevo Mundo en el nombre de la Corona española y de su pretexto evangelizador.

De la tradición oral a la literatura escrita

En el seno mismo de la experiencia de la Conquista y la Colonización, se escribe una importante literatura que testimonia las complejidades del acontecimiento. La llegada del castellano y de la escritura será trascendental para la relación entre estos dos mundos. De inmediato, se produce un discurso literario que se caracteriza por los rasgos siguientes:

La primera literatura surgida en lo que Colón pensó que eran las Indias y que puede considerarse hispanoamericana es, precisamente, aquella que presenta el nuevo paisaje americano, al menos, a los ojos del conquistador.

- muestra el asombro del europeo ante el imponente espacio geográfico;
- recoge la confrontación física y psicológica entre ambas razas, así como el deseo de sobrevivir de cada una;
- denota el afán por narrar los detalles del drama hasta confundir la realidad con la fantasía;
- integra palabras de las lenguas indígenas, que ya se filtraban en este discurso.

Las primeras manifestaciones

Las primeras manifestaciones de la literatura de la Conquista son obra de sus protagonistas. A través de diarios, historias, relaciones y crónicas, los conquistadores europeos relataban sus hazañas, los obstáculos que se les presentaban, el asombro ante la naturaleza, y señalaban su interés en llevar el cristianismo a los pueblos recién conquistados. Esta literatura, a su vez, se puede subdividir en:

© Santillana

- **Los textos de los grandes dirigentes.** En este grupo se ubican los escritos de hombres como Cristóbal Colon, con sus cartas y su diario de navegación. Colón fue el primer europeo en informar su asombro ante los pueblos del Caribe.
- **Los textos de los hombres comunes.** Los escritos de conquistadores como Bernal Díaz del Castillo, uno de los soldados de Cortés, se ubican en esta categoría. En 1568, Díaz del Castillo publicó su *Historia verdadera de la conquista de la Nueva España.*
- **Los textos de misioneros.** En esta categoría se incluyen los escritos de religiosos que levantaron su voz de protesta contra las injusticias de los conquistadores. Un ejemplo notable fue la *Brevísima relación de la destrucción de las Indias* (1552), de Fray Bartolomé de las Casas.

Géneros de la literatura del Descubrimiento y la Conquista

- **Crónicas.** Con ellas se buscaba informar sobre los principales acontecimientos que tenían lugar en el Nuevo Mundo. No se descuidaban aspectos de la cultura indígena que despertaban curiosidad e interés en los españoles: mitos, leyendas, costumbres, entre otros. Según el origen de los autores, las crónicas se pueden clasificar como españolas, indígenas y mestizas. *La crónica de Indias* se convirtió en el género literario más prolífico durante la Conquista. Por su carácter testimonial, estas crónicas nos permiten acercarnos a las transformaciones que tuvieron lugar en el Nuevo Mundo. La mayoría de ellas, escritas en prosa, describen detalladamente los acontecimientos. A diferencia de la historiografía, en la que el historiador pretende ser objetivo, el cronista es partícipe de los hechos que narra y manifiesta, por tanto, sus experiencias y emociones.
- **Cartas.** Proporcionaban a los españoles, de manera rápida y segura, noticias acerca de las labores emprendidas por los conquistadores en el Nuevo Mundo.
- **Diarios.** Muchos conquistadores escribieron esta clase de relatos con la finalidad de registrar sus aventuras. En ellos predomina la expresión de emociones y sentimientos: temor, alegría, dolor, esperanza, entre otros.
- **Poemas épicos.** En ellos se exaltó a los héroes y las batallas entre conquistadores y aborígenes. Pertenece a este género *La Araucana,* de Alonso de Ercilla.
- **Dramas.** Los evangelizadores crearon obras dramáticas para enseñar la doctrina cristiana a los aborígenes. Estas obras estaban escritas en lengua nativa y, a menudo, quienes actuaban eran los mismos indígenas.

ACTIVIDADES

1. **Contesta:**
   a. ¿Cuál es la diferencia entre "interpretar" una realidad y "describirla"? De acuerdo con esto, ¿por que es importante distinguir entre la "visión de los conquistadores" y la "visión de los vencidos" en relación con las crónicas?
   b. ¿Con qué género literario compararías la crónica? ¿Por qué?
2. **Discute** con tus compañeros el valor de la literatura de la Conquista como documento histórico.

Campos léxicos y campos semánticos

Para EXPLORAR

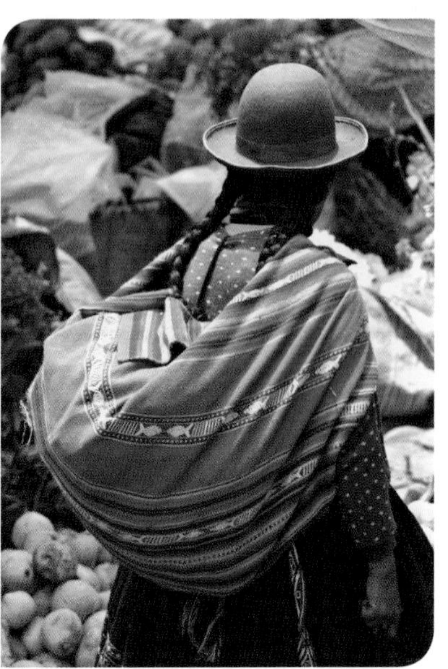

La experiencia de la Conquista puede verse desde diferentes perspectivas. Para los conquistadores, quienes vieron en este encuentro lo que jamás pensaron realizable, fue un gran triunfo; pero para los indígenas significó todo lo opuesto.

Ese suceso histórico marcó el inicio de lo que todavía hoy sufren estos pueblos. Los indígenas del siglo XXI luchan por mantener a flote sus costumbres, sus lenguas, sus derechos, y por lograr un mundo equilibrado, de justicia social y bienestar para todos por igual.

➤ **Realiza** las siguientes actividades:

a. **Enumera** las palabras relacionadas con la conquista que hay en este fragmento y **añade** a la serie dos términos más.

b. **Haz** una lista de tres sustantivos que tengan algo en común con el término *conquista.*

Para COMPRENDER

A partir de su significado, podemos organizar las palabras en grupos a los que llamamos *campos*. Entre ellos se encuentran los **campos léxicos**, que son conjuntos de palabras cuyo significado se relaciona con un mismo tema o ámbito.

Veamos como ejemplo el campo léxico del teatro:

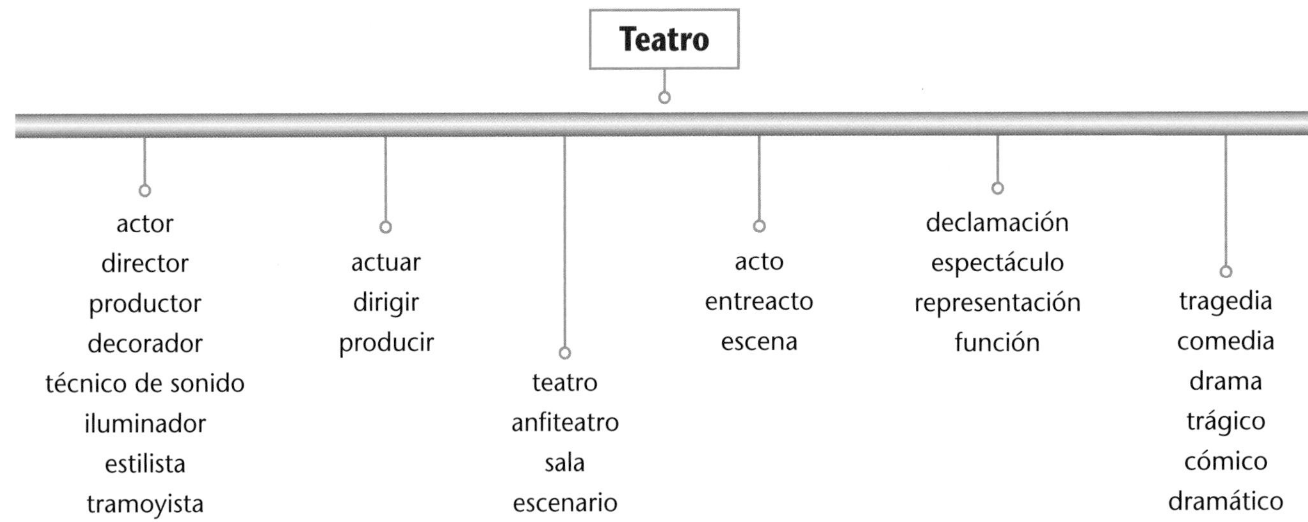

Hay palabras pertenecientes a la misma categoría gramatical (sustantivos, adjetivos, verbos...) que comparten un significado básico, pero se diferencian entre sí por algún rasgo específico. Estas palabras constituyen un **campo semántico**.

Ejemplo: *actor, cantante, humorista, malabarista, acróbata, payaso, prestidigitador...*

Para PRACTICAR

1. **Forma** un campo léxico a partir de los siguientes temas:

   a. cine   b. música   c. medios de comunicación

   - **Indica** qué aspectos has tratado en cada campo léxico: oficios, actividades, objetos, etc.

2. **Identifica** en cada serie la palabra que no pertenezca al mismo campo semántico que las otras. Luego, **asigna** un nombre válido a cada campo semántico.

   a. mangó, parcha, china, limón, yuca

   b. lápiz, bolígrafo, mapa, pluma, rotulador

3. **Completa** las oraciones con la palabra adecuada del recuadro.

era	Edad	etapa
época	temporada	período

   a. La ______ Media concluyó en el siglo XV.

   b. Para la obra de Cristóbal Colón, usamos bellos trajes de ______.

   c. La ______ teatral comienza en otoño.

   d. La última ______ del proceso es la más importante.

   e. La conquista tuvo lugar durante el ______ renacentista.

   f. La ______ cristiana comienza con Jesucristo.

   - **Indica** a qué campo semántico pertenecen esas palabras.

4. **Añade** a cada serie cuatro términos pertenecientes al mismo campo semántico.

   a. novela, ensayo...   c. alegre, melancólico...

   b. decir, contar...   d. andar, caminar...

5. **Completa** la tabla con adjetivos pertenecientes a los campos semánticos de los sentidos.

Vista	Oído	Olfato	Gusto	Tacto

Acentuación de diptongos, triptongos e hiatos

Para EXPLORAR

A partir del siglo XVI, la Corona española inició una política de **colonización**, tratando de **construir** en América una "**nueva** España" a través de los **virreinatos**: un régimen político y económico manejado desde la Península, que asegurara la administración de las riquezas extraídas en las nuevas **tierras** conquistadas.

➤ **Fíjate** en las palabras destacadas del texto y **contesta**:

a. ¿Qué tienen en común las palabras destacadas?

b. ¿Qué vocal se acentúa en el diptongo de la palabra *colonización*? ¿Por qué?

c. ¿Qué palabra del texto anterior contiene un hiato?

Para COMPRENDER

Las vocales que aparecen contiguas en una palabra pueden constituir un diptongo, un triptongo o un hiato.

	Definición	Ejemplos
diptongo	Unión de dos vocales en una misma sílaba.	*muela, náutico...*
triptongo	Unión de tres vocales en una misma sílaba.	*iniciáis, miau...*
hiato	Encuentro de dos vocales que pertenecen a sílabas distintas.	*real, poético...*

- Un **diptongo** es la unión de dos vocales en una misma sílaba. Para que se produzca un diptongo, es necesario que haya, al menos, una vocal cerrada átona (*i, u*): *cielo, acción*. A efectos ortográficos, las combinaciones *iu* y *ui* se consideran siempre diptongo: *viuda, ruido*.
- Un **triptongo** es la unión de tres vocales en una misma sílaba. En un triptongo, la vocal intermedia tiene que ser abierta (*a, e, o*) y las otras dos deben ser cerradas (*i, u*): *buey, anunciáis, Guaynabo*.
- Un **hiato** es el encuentro de dos vocales que pertenecen a sílabas distintas. Puede estar formado por una vocal cerrada tónica y una vocal abierta átona (*desvíe*), dos vocales abiertas (*caoba*), o por dos vocales iguales: dos abiertas (*reelegir*) o dos cerradas (*chiita*).
- Los diptongos y triptongos siguen las normas generales de acentuación.
- En los diptongos formados por una vocal abierta tónica y una cerrada átona —en ese orden o en el inverso—, la tilde se coloca sobre la vocal abierta: *camión, náutico*.
- En los diptongos formados por dos vocales cerradas, la tilde se coloca sobre la segunda vocal: *interviú, acuífero*. De acuerdo con esta clasificación, palabras como *guion, truhan,*

lie y *hui* resultan ser monosílabas para efectos de acentuación gráfica y, por ello, deben escribirse obligatoriamente sin tilde, según la nueva *Ortografía de la lengua española*.

- Los hiatos que resultan de las combinaciones de dos vocales abiertas siguen las reglas generales de acentuación (*teatro*, *caer*). Los hiatos que están formados por vocal cerrada tónica + vocal abierta átona llevan tilde sobre la vocal cerrada, aun cuando haya una *h* entre las vocales (*raíz*, *decía*, *prohíbe*).

Ortografía al día

El adverbio *aun*/*aún* puede articularse como bisílaba o como monosílaba. Lleva tilde cuando sustituye a la palabra *todavía*; en este caso, suele ser tónico y se pronuncia con hiato.

Para PRACTICAR

1. **Escribe** una palabra que contenga los siguientes diptongos:

   a. iu → ______ e. eu → ______
   b. au → ______ f. ua → ______
   c. io → ______ g. ue → ______
   d. ui → ______ h. ia → ______

2. **Identifica** en las siguientes oraciones las palabras que contienen hiatos:

   a. Orientó la proa de la embarcación hacia el oeste.
   b. El león marino es un mamífero acuático.
   c. Estos últimos días me he sentido coaccionado por mis jefes.
   d. En un diálogo reciente, afirmó que sentía un hormigueo en las manos.
   e. Dijo adiós a su empleo como guardia de la fábrica.
   f. Pidió una almohada y unas toallas al encargado.
   g. El campeón recibió el trofeo.
   h. Estuve a punto de caer al suelo.
   i. Esos perros están amaestrados.

3. **Coloca** la tilde en las palabras que la necesiten.

   a. huido f. euforia k. caustico o. condicion
   b. clausula g. flauta l. diurno p. asiatico
   c. triunfal h. zaguan m. druida q. ciempies
   d. terapeutico i. encauzar n. viudo r. neurona
   e. farmaceutico j. mision ñ. veintiseis s. nausea

La oración: sujeto y predicado

Para EXPLORAR

Los españoles que llegaron a América desconocían las culturas precolombinas.

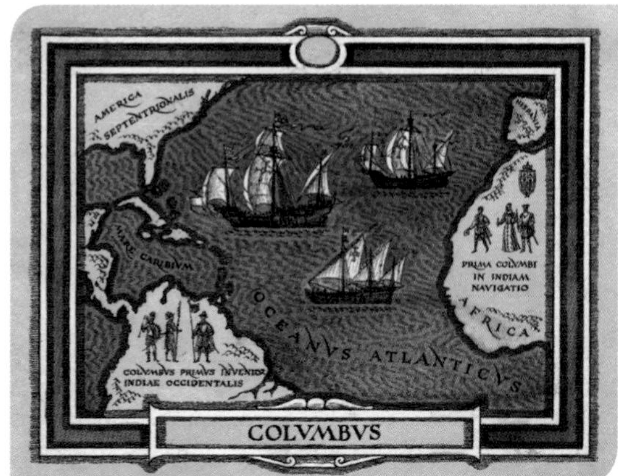

➤ **Contesta**:

a. Este enunciado está formado por dos grupos: *Los españoles que llegaron a América* y *desconocían las culturas precolombinas*. ¿Cuál es el núcleo de cada grupo? ¿De qué clase de grupos se trata?

b. **Escribe** en singular el núcleo del grupo *Los españoles que llegaron a América*. ¿Qué cambio experimenta el núcleo del grupo *desconocían las culturas precolombinas*?

Para COMPRENDER

Constituyentes de la oración: sujeto y predicado

La **oración** es una construcción sintáctica que, normalmente, está formada por dos constituyentes básicos: un **sujeto** y un **predicado**.

Ejemplo:

Los españoles	*se trasladaron a América para legislar y gobernar.*
Sujeto	Predicado

Se denominan, además, como sujeto y predicado, los grupos sintácticos que cumplen tales funciones.

Ejemplo:

El fuego	*quema.*
Sujeto	Predicado

En esta oración, *El fuego* es sujeto del predicado *quema*.

El sujeto y el predicado se definen por rasgos formales. Uno de ellos es la concordancia. En el pasado, se acostumbraba asociar las nociones de **sujeto** y **agente**. Actualmente, se reconoce que hay verbos que no tienen sujetos agentes, ya que no indican acciones (*correr, hablar, barrer*, etc.) Se les denomina **sujetos pacientes** a los de las oraciones pasivas, ya sean de participio (*El automóvil fue inspeccionado*) o reflejas (*Se venden zapatos*).

© Santillana

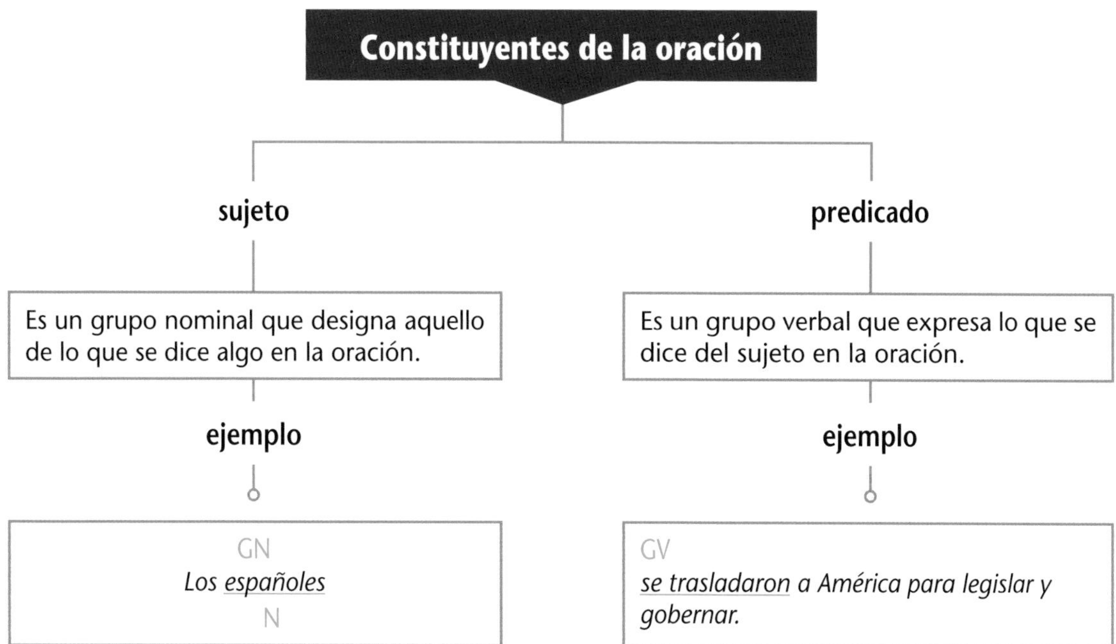

La concordancia

Dos palabras concuerdan entre sí cuando comparten determinados rasgos gramaticales como el género, el número o la persona, de modo que una variación en el género, el número o la persona de una palabra obliga a cambiar la otra.

Ejemplo: *el conquistador español → las conquistadoras españolas*

Relaciones entre sujeto y predicado

Entre el núcleo del sujeto y el núcleo del predicado se establece una relación gramatical que se manifiesta en la concordancia de número y persona. El sujeto concuerda en número y persona con el verbo que funciona como núcleo del predicado. Si alteramos el número o la persona de la forma verbal, el sujeto también varía.

Ejemplo: *El conquistador español llegó a América. → Los conquistadores españoles llegaron a América.*

La concordancia es el rasgo gramatical que nos permite reconocer el sujeto de una oración.

Sujeto léxico y sujeto gramatical

Se denomina **sujeto léxico** al grupo nominal que desempeña la función de sujeto. En la oración ***El indio*** *experimentará un cambio,* por ejemplo, hay un sujeto léxico: el grupo nominal *el indio.*

Se denomina **sujeto gramatical** a las desinencias de número y persona de la forma verbal que funciona como núcleo del predicado. En la oración *Experimentará un cambio,* por ejemplo, el sujeto gramatical es la tercera persona del singular, él, ella.

Para COMPRENDER

La ausencia de sujeto léxico se produce, a veces, porque el agente de la acción está sobrentendido y el hablante lo omite. Otras veces, la ausencia de sujeto léxico se debe a que la construcción o el verbo no lo admiten; hablamos entonces de **oraciones impersonales**, las cuales llevan un verbo conjugado.

Ejemplo: *Descubriremos los rasgos de los indios.*

El predicado: estructura

En la estructura del grupo verbal predicado se pueden distinguir tres elementos: núcleo, modificador y complemento.

Elementos	Caracterización	Ejemplos
núcleo	Es siempre una forma verbal (simple, compuesta o perifrástica).	*Los mestizos también* ***escribieron*** *crónicas literarias.*
modificador	Es un adverbio de afirmación (*sí, también*), negación (*no, tampoco*) o duda (*quizás, acaso*) que refuerza o modifica la significación del verbo.	*Los mestizos* ***también*** *escribieron crónicas literarias.*
complemento	Es un grupo (nominal, adverbial, adjetival, preposicional...) que completa o enmarca la información aportada por el verbo. En un mismo predicado puede haber varios complementos.	*Los mestizos también escribieron* ***crónicas literarias.***

El núcleo verbal es un elemento obligatorio, esto es, debe aparecer forzosamente. Los complementos y los modificadores son, por contrario, elementos facultativos (pueden aparecer o no).

Clases de predicado

Se pueden distinguir dos clases de predicados: predicado nominal y predicado verbal.

El **predicado nominal** expresa una cualidad o un estado que se dice del sujeto. Esa información no se encuentra en el verbo, que funciona como núcleo sintáctico del predicado, sino en un complemento de valor adjetivo al que llamamos **atributo** (Atrib.).

Ejemplo: *Los indios eran* ***muy gentiles.***
atrib.

Las oraciones de predicado nominal se construyen con un verbo copulativo (*ser*, *estar* o *parecer*), es decir, con un verbo que funciona como un enlace entre el sujeto y el atributo.

El **predicado verbal** expresa una acción o un proceso que el sujeto realiza o que lo afecta. El significado recae fundamentalmente sobre el verbo, que funciona como núcleo del predicado y que es un verbo predicativo (todos menos *ser*, *estar* y *parecer*, entre otros).

Ejemplo: *Los indios* ***usaban canoas.***
N

Gramática al día

El sujeto puede estar expresado por un pronombre personal (*yo, tú, él, ella, nosotros, vosotros, ustedes*). También puede eliminarse porque se interpreta de la información morfológica de persona y número que proporciona el verbo.

En gran parte del mundo hispánico, al expresar el pronombre del sujeto, la intención del hablante es comunicar de forma contrastiva que esa persona, y no otra, realizó o fue afectada por la acción del verbo. Cuando el hablante no tiene la intención de comunicar este valor contrastivo, elimina el sujeto.

La tendencia a expresar en la oración el sujeto pronominal sin valor contrastivo es característica del español de las Canarias, la Andalucía occidental y del Caribe. En Puerto Rico, es muy común este rasgo sintáctico llamado **redundancia del sujeto pronominal**. Se aconseja omitir el sujeto pronominal si no tiene valor contrastivo, especialmente en contextos formales.

Para PRACTICAR

1. **Identifica** en las siguientes oraciones el grupo nominal que funciona como sujeto y el grupo verbal que funciona como predicado.
   a. ¿Han saltado al campo los jugadores?
   b. Tú llevarás las maletas hasta la habitación.
2. **Identifica** las oraciones que tienen sujeto léxico. Luego, **escríbe** los sujetos léxicos en tu libreta.
   a. No he recibido aún mi regalo.
   b. La mesa está ya preparada.
   c. En la película interviene tu actor favorito.
   d. No traerán nuestro equipaje hasta mañana.
   - **Contesta**:
     - ¿Tienen sujeto las demás oraciones? ¿De qué tipo de sujeto se trata?
3. **Añade** un sujeto léxico a las oraciones que lo admitan.
   a. Se ha invitado a más de cien personas a la fiesta.
   b. Hemos tenido algunos problemas con la computadora.
   c. Ha habido muchos accidentes este fin de semana.
   d. No conseguirás nada de ese modo.
4. **Identifica** el sujeto y el predicado de las siguientes oraciones e **indica** cuáles son sus núcleos.
   a. Juan no ha vuelto b. Ella leía. c. Mi amiga tiene que llamar.
5. **Escribe** tres oraciones con predicado verbal y tres oraciones con predicado nominal.

Produzco un texto

La noticia

OBSERVO

América Latina, brochazos de color y de historia

La Biblioteca Nacional y la Acción cultural Española presentan su homenaje al Bicentenario

Elsa Fernández-Santos - Madrid - 13/04/2011

Libros, mapas, serigrafías, manuscritos, fotografías, pinturas... la inmersión en América Latina que desde hoy proponen la Biblioteca Nacional y Acción Cultural Española pasa por casi dos centenares de obras que explican a brochazos de color dos siglos de gigantesca —y no siempre colorida— historia. Sin duda una tarea compleja que los dos comisarios de la muestra —Pedro Pérez Herrero (catedrático y director del Instituto de Estudios Latinoamericanos de la Universidad de Alcalá) y Rodrigo Gutiérrez (profesor de Historia del Arte, de la Universidad de Granada)— han decidido estructurar en torno a secciones temáticas (La ilustración, La fragmentación de la monarquía hispánica, Independencia y libertad...) que pretenden explicar la raíz del discurso panamericano, la configuración y el desarrollo de los discursos nacionales, la interrelación de las tradiciones y, finalmente, ya en los albores del siglo XXI, el futuro.

➤ **Contesta:**

a. ¿Qué datos importantes se ofrecen en este primer párrafo de la noticia?

b. ¿Qué tipo de lenguaje se utiliza en este texto noticioso?

¿QUÉ VOY A ESCRIBIR?

La **noticia** es un género periodístico que trata sobre un hecho relevante de actualidad, de forma objetiva. Su contenido está organizado según una estructura anticlimática, que consiste en disponer la información en orden de importancia decreciente: desde lo más relevante hasta lo secundario. En la estructura de una noticia se pueden distinguir tres partes: titular, *lead* o entrada y cuerpo informativo. El titular es el título de la noticia, en el que se indica su tema. El *lead* es la parte introductoria o encabezado, que contesta las preguntas básicas: ¿qué? ¿quién? ¿cómo? ¿dónde? ¿cuándo? y ¿por qué?. En el cuerpo de la noticia se desarrollan los datos en forma descendente, desde lo más importante hasta los aspectos secundarios. La noticia se escribe para un lector medio, por eso los textos deben ser claros, fáciles de comprender y lo suficientemente atractivos como para captar y mantener el interés del receptor.

 © Santillana

¿CÓMO LO ESCRIBO?

PLANIFICO mis ideas

1. Identifica qué tipo de noticias te llaman la atención (de política, de farándula, de salud, etc.).
2. Piensa en hechos relevantes recientes relacionados con el área de tu interés.
3. Elige un hecho sobre el cual te gustaría redactar una noticia.
4. Investiga sobre el hecho noticioso que escogiste.

ELABORO mis ideas

1. Escribe las preguntas que debes responder en el *lead* y contéstalas brevemente.
2. Elabora un bosquejo que te sirva como guía para redactar el cuerpo de tu noticia.
3. Busca imágenes en periódicos y revistas que puedas recortar, para que complementen visualmente la noticia que redactarás.

ESCRIBO mis ideas

1. Redacta el *lead* de tu noticia, a partir de las preguntas básicas que contestaste. Organízalas en el orden de más importancia.
2. Desarrolla el cuerpo de la noticia ubicando la información más relevante al principio.
3. Cierra tu noticia con algún dato que se conecte a la idea principal.
4. Elabora un título breve que recoja lo más significativo de tu noticia y que sea atractivo para el lector.
5. Elige una de las imágenes que encontraste y pégala al lado del texto noticioso.

EDITO un texto

- ☑ El titular es pertinente y resume el contenido de la noticia; además, es breve y atractivo.
- ☑ La noticia contiene un lenguaje claro, conciso y objetivo.
- ☑ La entrada del escrito periodístico contesta las seis preguntas requeridas.
- ☑ El cuerpo de la noticia presenta la información desde lo más relevante a lo secundario.
- ☑ La foto elegida complementa la noticia y no es meramente un artículo decorativo.

La noticia radial

La **noticia radial** no difiere mucho de la escrita. La diferencia fundamental radica en que la radial utiliza el lenguaje hablado como su canal de comunicación. Un buen periodista radial debe tomar en cuenta: la **dicción**, ya que una buena pronunciación facilita la comprensión del radioyente; el **vocabulario**, pues es necesario que el léxico sea comprendido por el mayor número de oyentes; y la **entonación**, porque se pretende establecer un ritmo y una cadencia que sean agradables para el radioescucha.

¿Cómo lo preparamos?

1. Elige dos miembros de tu clase, con quienes participarás de la noticia radial.
2. Escuchen, durante cinco o diez minutos, en un noticiario radial de la banda AM, las noticias que se ofrezcan y fíjense en la forma como los locutores leen las noticias.
3. Busquen información sobre un hecho histórico que les interese.
4. Redacte, cada uno, una noticia sobre el hecho elegido, como si fuera actual, siguiendo la estructura de la noticia ya estudiada.
5. Léanse mutuamente la noticia para que se hagan recomendaciones sobre la pronunciación.

¿Cómo lo presentamos?

1. Asígnense turnos para que cada miembro del grupo lea su noticia.
2. Procuren que la dicción sea apropiada. Es esencial que pronuncien las eses finales y no intercambien las erres por las eles, ni cometan otros errores similares.
3. Utilicen un vocabulario adecuado y eviten las palabras muy cultas (si son imprescindibles para la noticia, deben definirlas de un modo accesible) y las muy vulgares (para no ofender sensibilidades).
4. Eviten los tonos dramáticos, ya que el propósito de la noticia radial es informar y no, entretener.

¿Cómo lo hicimos?

- ☑ ¿Usamos la estructura de la pirámide invertida?
- ☑ ¿Pronunciamos apropiadamente?
- ☑ ¿Utilizamos un vocabulario adecuado y de fácil comprensión?
- ☑ ¿Nuestra entonación fue eficaz?

 © Santillana

La invención de la imprenta

La invención de la imprenta hacia 1450, atribuida al alemán Johannes Gutenberg, contribuyó de manera esencial a la propagación de las ideas del humanismo.

Antes de la aparición del nuevo invento eran los monjes quienes copiaban los libros a mano en un proceso lento y laborioso. La imprenta hizo posible reproducir miles de ejemplares en mucho menos tiempo, lo que permitió la difusión de los libros y, por tanto, de la cultura, en una medida inimaginable hasta entonces.

Los dueños de las imprentas solían ser humanistas que hicieron de sus talleres verdaderas academias en las que se comentaban los textos clásicos de Grecia y Roma, se fomentaba el estudio del griego y del latín, y se intercambiaban ideas y opiniones.

Con el nacimiento de la imprenta se extendió, pues, el humanismo, y con él el antropocentrismo o consideración de que todo gira en torno al ser humano —por oposición al teocentrismo medieval, que tenía a Dios por centro de cuanto existe—. Los humanistas proclamaban, a la vez, su admiración por el mundo clásico griego y romano, en el que veían un ejemplo supremo de sus aspiraciones artísticas y filosóficas y, por lo tanto, un modelo digno de ser emulado en aquel momento.

La invención de la imprenta fue uno de los más grandes logros del Renacimiento. La difusión de libros permitió que una mayor cantidad de personas pudiera acceder al conocimiento. En la imagen, grabado sobre la imprenta (Biblioteca Nacional de París, Francia).

ACTIVIDADES

1. **Forma** un campo léxico a partir del tema de la imprenta.
2. **Redacta** dos oraciones basadas en la lectura e **identifica** el grupo nominal y el grupo verbal de cada una.
3. **Explica** cómo se difundían los textos antes de la invención de la imprenta y qué consecuencias tuvo dicha invención.
4. **Reflexiona** acerca de un invento que, como la imprenta, haya sido importante para la evolución de la sociedad y **redacta** un diálogo entre un personaje que esté a favor del invento y otro que esté en contra.

La escultura de Miguel Ángel

Como señalamos en el capítulo anterior, el Renacimiento, en cierta medida, recuperó la estética de la Antigüedad clásica. Por esto, nos toparemos con esculturas renacentistas que siguen los mismos postulados que vemos en las estatuas griegas. El culto al cuerpo y la búsqueda de la armonía son elementos que definirán las piezas escultóricas del Renacimiento. Los historiadores del arte han convenido en dividir este período en dos grandes épocas: el *Quattrocento* que corresponde al siglo XV y se caracterizan el triunfo del ser humano y la naturaleza como temas centrales; y el *Cinquecento* o siglo XVI, que en su primera parte se caracteriza por el clasicismo y en la segunda, por el manierismo.

Se define **clasicismo** como un movimiento que siguió los cánones estéticos y filosóficos de la Antigüedad clásica: la búsqueda de imitar la naturaleza de forma idealista y lograr la perfección y armonía en las proporciones. Por otra parte, el **manierismo** se refiere a una actitud de cuestionamiento ante el idealismo clásico. Así, por ejemplo, las figuras tienen las extremidades alargadas, las cabezas pequeñas y asumen unas posturas complicadas e incómodas.

El David de Miguel Ángel es una de las esculturas más conocidas en el mundo. Cerca de 1,200,000 personas de todo el mundo pagan alrededor de 6.50 euros por verla frente a frente y se estima que se recaudan 8 millones de euros anuales de estas visitas.

Uno de los artistas más representativos del Renacimiento es Miguel Ángel Buonarroti, el escultor emblemático del *Cinquecento*. Este exponente del arte Renacentista practicó con ingenio y maestría las artes: poesía, arquitectura, escultura (su favorita) y pintura (de hecho, su trabajo en la bóveda de la Capilla Sixtina es monumental en tamaño y técnica). Sus piezas conforman el ideal renacentista. En ellas plasma los sentimientos humanos y ofrece estudios del movimiento, de la composición, y de la figura humana. A esta última la idealiza en términos de la belleza.

Precisamente, *El David* de Miguel Ángel se convirtió en el ideal del arte renacentista. Esta icónica escultura en mármol fue comenzada en 1501 y terminada en 1504. Contrario a las piezas de la Edad Media, en términos de la construcción, fue hecha para verse desde cualquier ángulo. Por tal razón, está llena de detalles que le ofrecen carácter, vigor y naturalidad. Esencialmente, la escultura ofrece un homenaje al heroísmo humano y, en cierta medida, representa a Florencia. Hay dos interpretaciones al respecto: la primera alega que David se encuentra justo antes de toparse con Goliat y que esto se refleja en la leve tensión que puede notarse en los músculos y en la mirada; y la segunda, que David mira triunfante a Goliat luego de haberlo matado. No obstante, la postura en *contrapposto* (es decir, con una de las piernas apoyada al suelo y la otra adelantada, los brazos balanceándose y la cabeza mirando hacia un lado) simula movimiento, e imita fielmente las estatuas griegas.

Para finalizar, podemos enumerar una serie de características que definen la escultura del Renacimiento (tanto del *Quattrocento* como del *Cinquecento*): la reinterpretación de los ideales estéticos de la Antigüedad clásica, que subraya el tema de las personas y la naturaleza; el uso de la proporción, de la simetría, del equilibrio y del movimiento; el tratamiento de temas, tanto de la mitología grecorromana como de la católico-romana; y la utilización de desnudos para brindar un estudio a la figura humana idealizada. En cuanto a los materiales, el mármol y el bronce son los más utilizados.

COMPRENDER

➤ **Contesta** y **explica** en tus propias palabras.

a. ¿En qué se diferencia el arte renacentista del arte medieval?

b. ¿Por qué Miguel Ángel es el escultor emblemático del Renacimiento?

ANALIZAR

➤ **Lee** el siguiente texto y **contesta:**

Miguel Ángel, al seguir los preceptos estéticos de la Antigüedad clásica, buscaba exaltar en sus obras la belleza idealizada: jóvenes fuertes, de cuerpos proporcionados y armoniosos. En la era contemporánea, los códigos sobre el ideal de belleza se exponen a través de diversos medios visuales, y esta idealización lleva a que algunas personas recurran a intervenciones quirúrgicas para satisfacer tales exigencias. ¿Alguna vez has sentido presión social para satisfacer el estereotipo de lo que es una persona "atractiva"? ¿Por qué?

CREA

➤ **Elige** un personaje (ya sea bíblico, histórico o literario) del cual harías una escultura. **Redacta** una breve semblanza que explique por qué lo seleccionaste para tal homenaje e **indica** el lugar ideal para colocar la escultura y las razones para ello.

CONCIENCIA verde

¿Sabías que Miguel Ángel esculpió a *El David* de un bloque de mármol al que otros escultores no supieron dar vida? Sin embargo, un bloque de semejante tamaño (aproximadamente, 18 pies) no podía dejarse perder; Miguel Ángel lo labró y consiguió hacer una obra maestra. Esto mismo debemos hacer con nuestros recursos: reutilizarlos sin desperdiciarlos. Un uso consciente del plástico y de otros materiales equivale, a un planeta más verde. ¿Qué otras cosas podríamos hacer para conservar nuestro planeta?

La caracterización de los personajes

La gitanilla

"Una, pues, desta nación, gitana vieja, que podía ser jubilada en la ciencia de Caco, crió una muchacha como nieta suya, a quien puso nombre Preciosa, y a quien enseñó todas sus gitanerías y modos de embelecos y trazas de hurtar. Salió la tal Preciosa la más única bailadora que se hallaba en todo el gitanismo, y la más hermosa y discreta que pudiera hallarse, no entre los gitanos, sino entre cuantas hermosas y discretas pudiera pregonar la fama. Ni los soles, ni los aires, ni todas las inclemencias del cielo, a quien más que otras gentes están sujetos los gitanos, pudieron deslustrar su rostro ni curtir las manos; y lo que es más, que la crianza tosca en que se criaba no descubría en ella sino ser nacida de mayores prendas que de gitana, porque era en estremo cortés y bien razonada. Y, con todo esto, era algo desenvuelta, pero no de modo que descubriese algún género de deshonestidad; antes, con ser aguda, era tan honesta, que en su presencia no osaba alguna gitana, vieja ni moza, cantar cantares lascivos ni decir palabras no buenas. Y, finalmente, la abuela conoció el tesoro que en la nieta tenía; y así, determinó el águila vieja sacar a volar su aguilucho y enseñarle a vivir por sus uñas.

Miguel de Cervantes
(español)

➤ **Contesta:**

a. ¿Qué palabras o frases del fragmento que leíste te indican cómo es la gitanilla?

b. ¿Quién hace la descripción de este personaje? ¿Qué tipo de cualidades destaca?

PARA entender

Cuando leemos un cuento o una novela necesitamos identificarnos, hasta cierto punto, con lo que el texto nos ofrece. Esta empatía la logramos a través de los personajes. Los personajes son seres ficticios o reales a quienes se les presentan determinadas situaciones que les ofrecen oportunidades para actuar o no. A partir de las actuaciones o de lo que dice el autor, se identifican rasgos o cualidades y se establecen los valores éticos, morales o religiosos de los personajes. Mediante esa descripción física y psicológica se logra la **caracterización de los personajes**. Existen dos modos de caracterizar: directa o indirectamente.

Tipos de caracterización	Definición	Ejemplos
directa	El autor nos da toda la información sobre el personaje, lo describe, para que se pueda comprender y ver.	*...y la más hermosa y discreta que pudiera hallarse,...*
indirecta	Conocemos al personaje mediante sus propias palabras o acciones.	*por temer de la flaqueza que de pura hambre me venía...*

ENTIENDO...

1. **Lee** este fragmento del *Lazarillo de Tormes*, que estudiarás en el próximo capítulo, y **determina** qué detalles del ciego se han caracterizado de forma directa y cuáles, de forma indirecta.

> *Pues, tornando al bueno de mi ciego y contando sus cosas, Vuestra Merced sepa que, desde que Dios crió el mundo, ninguno formó más astuto ni sagaz. En su oficio era un águila: ciento y tantas oraciones sabía de coro; un tono bajo, reposado y muy sonable, que hacía resonar la iglesia donde rezaba; un rostro humilde y devoto, que, con muy buen continente, ponía cuando rezaba, sin hacer gestos ni visajes con boca ni ojos, como otros suelen hacer.*
>
> *Allende de esto, tenía otras mil formas y maneras para sacar el dinero.*

2. **Contesta**:
   a. ¿Cómo era el ciego?
   b. ¿Cuál es el tipo de caracterización que predomina en la descripción del ciego?

...luego escribo

1. Busca en Internet información adicional sobre la caracterización de personajes. Lee la información provista, las recomendaciones y los ejemplos. De ser posible, comparte tus conocimientos sobre el tema.
2. Piensa en un personaje que quisieras crear y atribúyele rasgos físicos, sociales y psicológicos.
3. Selecciona el tipo de caracterización que realizarás: directa, indirecta o ambas.
4. Diagrama en una tabla los criterios de tu personaje. Divide la tabla en tres columnas: rasgos físicos, rasgos psicológicos (actitud espiritual, moral o ética ante la vida o las experiencias) y comportamiento (aspectos curiosos del comportamiento o acciones).
5. Redacta un párrafo donde presentes y describas al personaje.
6. Utiliza un vocabulario preciso y variado, a través de adjetivos y sus sinónimos.

Me evalúo	
☑ El texto expone una caracterización del personaje directa, indirecta o ambas.	☑ El uso de adjetivos enriquece la descripción del personaje.
☑ El personaje se describe mediante rasgos físicos, psicológicos y mediante sus acciones.	☑ El uso de sinónimos evita la repetición del vocabulario.
☑ El vocabulario que describe al personaje es variado y permite la apreciación de un retrato por medio de palabras.	☑ El escrito está exento de errores ortográficos y gramaticales.

4 El ser humano ante sí mismo

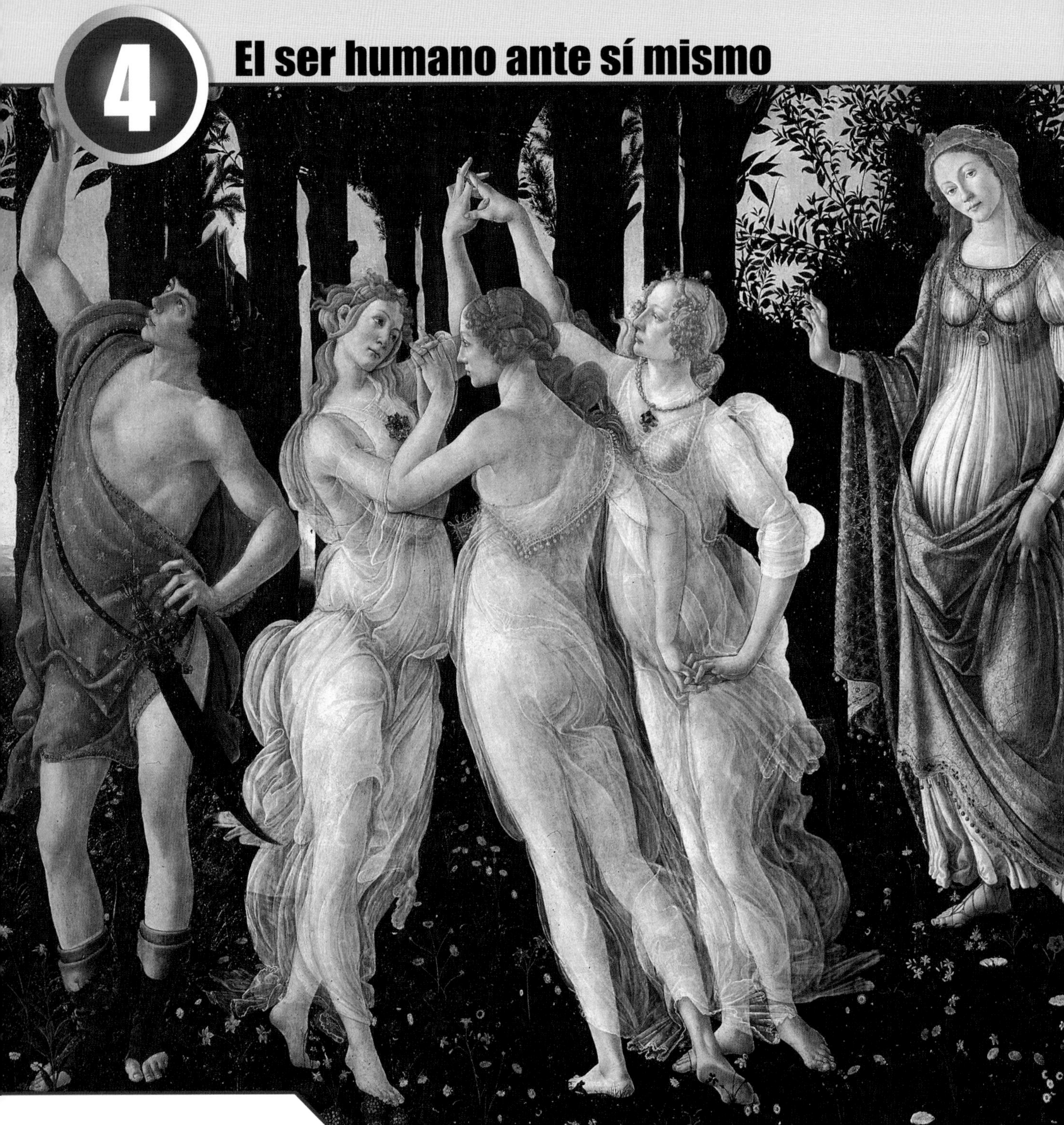

Alegoría de la primavera (1478), de Sandro Boticelli, Florencia, Galería Uffizzi

Los renacentistas desenterraron la mitología. En este cuadro de Botticelli aparecen representadas algunas deidades de la mitología griega, como las tres Gracias y Cupido.

Temas del capítulo

- La literatura renacentista
- La sinonimia
- La tilde en las interrogativas indirectas
- El verbo I
- La entrevista
- La entrevista oral

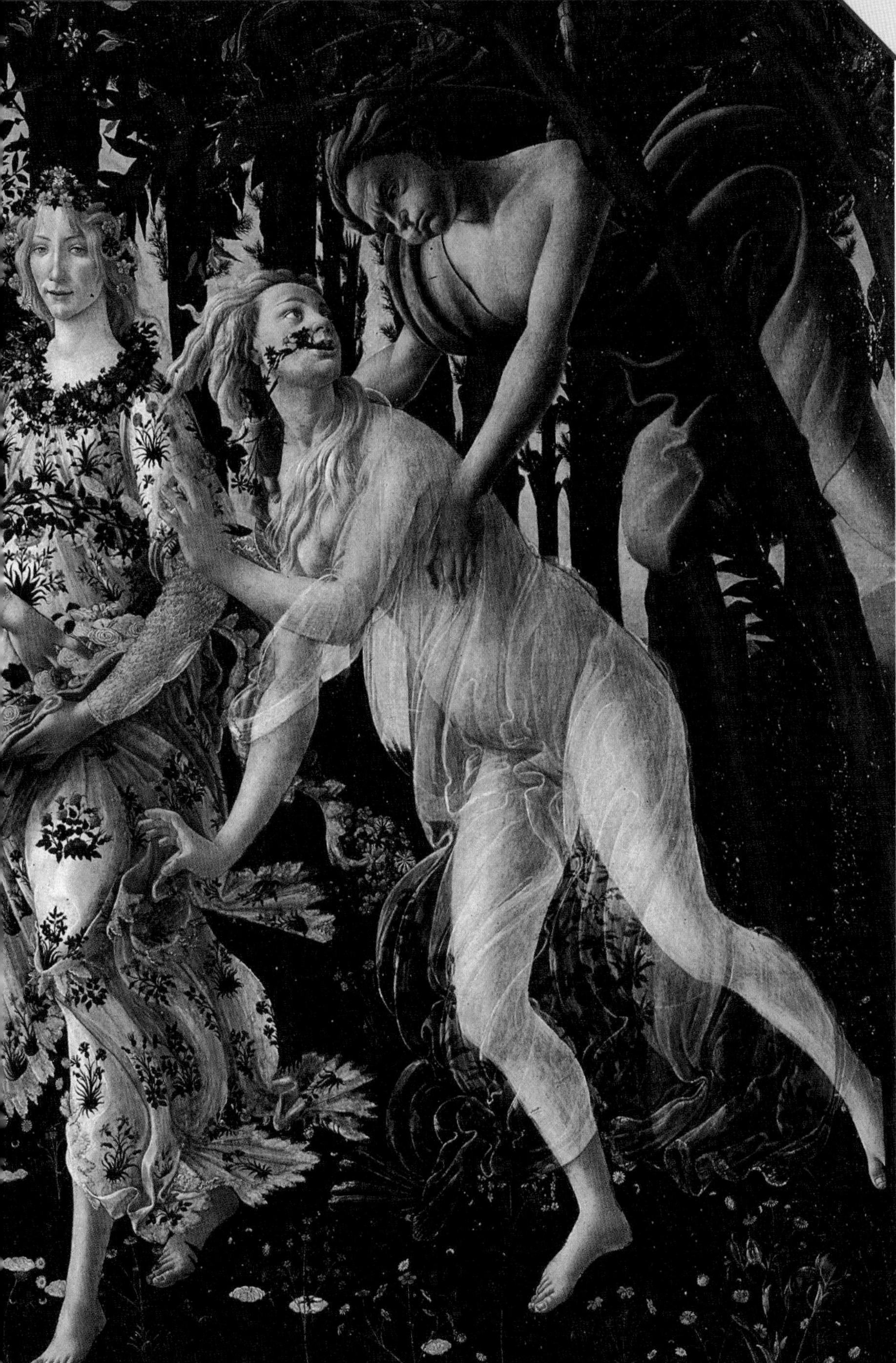

Preámbulo

Finalizada la Edad Media, comienza la etapa más fructífera de la literatura española, conocida como el *Siglo de Oro*, que abarca casi todo el siglo XVI y parte del XVII. La primera etapa de este largo período corresponde al Renacimiento y, la segunda, al Barroco. El Renacimiento implica una nueva concepción del ser humano y de la vida, representada por el humanismo. El humanismo considera al hombre el centro de todas las cosas y entroniza el arte de Grecia y el de Roma como modelos dignos de imitación. El movimiento renacentista tuvo su origen en Italia, desde donde se extendió al resto de Europa. Los artistas italianos establecieron los nuevos cánones de la pintura, la escultura y la arquitectura. Los ideales del arte renacentista son: la belleza, la armonía, la sencillez, la naturalidad, la sobriedad y la elegancia. De la misma manera, en la literatura, los autores italianos se convirtieron en modelos indiscutibles y equiparables a los autores clásicos.

¿Qué sabes sobre el *Renacimiento*?

- ¿A qué se refiere la palabra *Renacimiento*? ¿Por qué se llama así al período comprendido, aproximadamente, entre el 1450 y 1600?
- Además del tema mitológico, ¿qué detalles de la pintura te permiten observar la influencia de las culturas clásicas sobre los artistas del Renacimiento?
- De acuerdo con la imagen, ¿cuál era el ideal de belleza femenina durante esa época?

Al comenzar

- ¿Qué elementos disfrutas más de la vida?
- ¿Qué opinas sobre la brevedad de la vida?

Al leer

- Analiza la métrica de los dos sonetos.
- Distingue, en el segundo soneto, la exaltación de la belleza femenina y la exhortación a disfrutar de la vida.
- En el segundo soneto, señala las palabras que se relacionan con la juventud y las que se relacionan con la vejez.
- Identifica con qué tema renacentista se pueden relacionar las tres primeras estrofas de la "Égloga III".

Al concluir

- ¿Qué sensaciones te provocan estas lecturas?

- **gesto** (sustantivo). Rostro.
- **en tanto que** (frase poética). Mientras.
- **vena** (sustantivo). Veta, filón.
- **enhiesto** (adjetivo). Levantado, derecho.

Sonetos V y XXIII

En el soneto V, el poeta rinde culto a la imagen de la amada, a la vez que proclama la firmeza de su fe amorosa. El soneto XXIII, desarrolla un tema de inspiración clásica: el collige, virgo, rosas *("coge, doncella, las rosas"), que constituye una invitación, típicamente renacentista, a gozar de la vida.*

Soneto V

Escrito está en mi alma vuestro **gesto**
y cuanto yo escribir de vos deseo;
vos sola lo escribiste, yo lo leo
tan solo que aun de vos me guardo en esto.

En esto estoy y estaré siempre puesto;
que aunque no cabe en mí cuanto en vos veo,
de tanto bien lo que no entiendo creo,
tomando ya la fe por presupuesto.

Yo no nací sino para quereros;
mi alma os ha cortado a su medida;
por hábito del alma misma os quiero;

cuanto tengo confieso yo deberos;
por vos nací, por vos tengo la vida,
por vos he de morir y por vos muero.

Soneto XXIII

En tanto que de rosa y de azucena
se muestra la color en vuestro gesto,
y que vuestro mirar ardiente, honesto,
con clara luz la tempestad serena;

y en tanto que el cabello, que en la **vena**
del oro se escogió, con vuelo presto,
por el hermoso cuello blanco, **enhiesto**,
el viento mueve, esparce y desordena;

coged de vuestra alegre primavera
el dulce fruto, antes que el tiempo airado
cubra de nieve la hermosa cumbre.

Marchitará la rosa el viento helado,
todo lo mudará la edad ligera
por no hacer mudanza en su costumbre.

 © Santillana

Égloga III

La idealización de la naturaleza

Uno de los géneros fundamentales de la poesía renacentista son las églogas, composiciones en las que unos pastores hablan de sus sentimientos amorosos en un paisaje idílico.

Cerca del Tajo, en soledad amena,
de verdes sauces hay una espesura,
toda de hiedra revestida y llena,
que por el tronco va hasta el altura,
y así la teje arriba y encadena
que el sol no halla paso a la verdura;
el agua baña el prado con sonido,
alegrando la vista y el oído.

Con tanta mansedumbre el cristalino
Tajo en aquella parte caminaba
que pudieran los ojos el camino
determinar apenas que llevaba.
Peinando sus cabellos de oro fino,
una ninfa del agua **do** moraba
la cabeza sacó, y el prado ameno
vido de flores y de sombra lleno.

Moviola el sitio **umbroso**, el manso viento,
el suave olor de aquel florido suelo;
las aves en el fresco apartamiento
vio descansar del trabajoso vuelo;
secaba entonces el terreno aliento
el sol, subido en la mitad del cielo;
en el silencio solo se escuchaba
un susurro de abejas que sonaba.

Habiendo contemplado **una gran pieza**
atentamente aquel lugar sombrío,
somorgujó de nuevo su cabeza
y al fondo se dejó calar del río;
a sus hermanas a contar empieza
del verde sitio el agradable frío,
y que vayan, les ruega y amonesta,
allí con su labor a estar la siesta.

Garcilaso de la Vega
(español)
(fragmento)

Sobre el autor

Garcilaso de la Vega, máximo exponente de la poesía renacentista española, nació en 1501 en Toledo. Proveniente de una familia noble, se educó en la corte y llegó a ser regidor de su ciudad natal. Su poesía evidencia una clara influencia de la lírica italiana, sobre todo de Petrarca. Su obra poética fue publicada póstumamente, en 1543, junto a las *Obras,* de Juan Boscán. Dicha obra está compuesta por treinta y ocho sonetos, tres églogas, dos elegías, una oda en liras, una epístola, tres odas latinas, cinco canciones y siete coplas castellanas. Adaptó el endecasílabo a la métrica castellana a través de un lenguaje claro, espontáneo, libre de cultismos y con un tono personal.

Garcilaso recoge en sus poemas los temas renacentistas —el amor, la naturaleza, la mitología—, a los que da unas resonancias íntimas y personales. Así, en las "Églogas I y III", consideradas su obra cumbre, el poeta expresa el sufrimiento que le ocasiona el amor imposible por Isabel y el dolor ante su muerte.

- **do** (voz antigua). Donde.
- **vido** (voz antigua del verbo *ver*). Vio.
- **umbroso** (adjetivo). Lleno de sombra.
- **una gran pieza** (voz antigua). Un buen rato.
- **somorgujó** (verbo). Del verbo *somorgujar*. Sumergió.

Al comenzar

- ¿Qué actividades realizas cuando quieres alejarte de tu realidad física para estar un tiempo a solas contigo mismo?
- ¿Con cuánta frecuencia haces actividades que te ayudan a sentir bien?
- Explica la diferencia entre el amor profano y el amor místico.
- ¿Puede el amor divino llevar al ser humano a la perfección? Explica.

Al leer

- Fíjate en las interrogaciones y las exclamaciones que utiliza Fray Luis de León para referirse a los estados de ánimo. Indica en qué estrofas se observan estos usos y qué intenta comunicar el autor.
- Identifica citas textuales en "Llama de amor viva", que demuestren cómo el amor profano simboliza el sentimiento místico del amor divino para el poeta.

Al concluir

- ¿Qué función cumple la naturaleza en las reflexiones de Fray Luis de León?
- Relaciona el título de los poemas con su contenido.

Oda a la vida retirada

¡Qué descansada vida
la del que huye del mundanal ruido,
y sigue la escondida
senda, por donde han ido
los pocos sabios que en el mundo han sido!

Que no le **enturbia** el pecho
de los soberbios grandes el estado,
ni del dorado techo
se admira, fabricado
del sabio moro, en **jaspe** sustentado.

¿Qué presta a mi contento
si soy del vano dedo señalado;
si, en busca de ese viento,
ando desalentado
con ansias vivas, con mortal cuidado?

¡Oh monte, oh fuente, oh río!
¡Oh secreto seguro, deleitoso!
Roto casi el navío,
a vuestro **almo** reposo
huyo de **aqueste** mar tempestuoso.

Un no rompido sueño,
un día puro, alegre, libre quiero;
no quiero ver el ceño
vanamente severo
de a quien la sangre ensalza o el dinero.

Despiértenme las aves
con su cantar sabroso no aprendido;
no los cuidados graves
de que es siempre seguido
el que al ajeno arbitrio está atenido.

Vivir quiero conmigo,
gozar quiero del bien que debo al cielo,
a solas, sin testigo,
libre de amor, de celo,
de odio, de esperanzas, de recelo.

Fray Luis de León
(español)
(fragmento)

- **enturbia** (verbo). Del verbo *enturbiar*. Afligir.
- **jaspe** (sustantivo). Piedra opaca de grano fino.
- **almo** (sustantivo). Vivificador.
- **aqueste** (pronombre demostrativo poético). Este.

 © Santillana

Llama de amor viva

¡Oh llama de amor viva
que tiernamente hieres
de mi alma en el más profundo centro!
Pues ya no eres **esquiva**
acaba ya si quieres,
¡rompe la tela de este dulce encuentro!

¡Oh cauterio suave!
¡Oh regalada llaga!
¡Oh mano blanda!, ¡oh toque delicado
que a vida eterna sabe,
y toda deuda paga!
Matando, muerte en vida has **trocado**.

¡Oh lámpara de fuego
en cuyos resplandores
las profundas cavernas del sentido,
que estaba oscuro y ciego,
con extraños primores
color y luz dan junto a su querido!

¡Cuán manso y amoroso
recuerdas en mi seno
donde secretamente solo moras;
y en tu aspirar sabroso,
cuán delicadamente me enamoras!

San Juan de la Cruz
(español)

Sobre los autores

Fray Luis de León (1527-1591) continuó la tradición poética iniciada por Garcilaso de la Vega. La mayor parte de sus poemas son odas, en las que el autor reflexiona sobre los valores de una vida sencilla y la armonía del universo creado por Dios. También escribe algunas odas laudatorias a sus amigos, entre las que destaca la dedicada al músico Francisco Salinas. El estilo de Fray Luis sigue los principios renacentistas de selección y naturalidad.

San Juan de la Cruz (1542–1591), cuyo nombre verdadero fue Juan de Yepes Álvarez, fue un poeta y religioso español. Quedó huérfano de padre a los cuatro años y vivió en la extrema pobreza desde temprana edad. A los diecinueve años ingresó en el colegio de las Carmelitas. Continuó sus estudios en Salamanca y fue ordenado sacerdote en 1567. Su poesía está llena de misticismo en la que expresa la unión del alma con Dios. Su lenguaje poético sorprende por la capacidad evocadora de imágenes y símbolos. Cultivó, mayormente, la estrofa denominada lira. Sus tres obras poéticas más importantes son *Cántico espiritual*, *Noche oscura* y *Llama de amor viva*.

- **esquiva** (adjetivo). Desdeñoso, áspero, huraño.
- **trocado** (verbo). Del verbo *trocar*. Cambiar.

Al comenzar

- ¿Cómo es una persona pícara?
- ¿Conoces a alguien que actúe como tal? ¿Qué tipo de acciones realiza?

Al leer

- Identifica la razón que alega Lázaro en el prólogo para hacer un relato completo de su vida.
- Infiere a quién Lázaro le cuenta sus vivencias con el ciego. ¿Cómo lo sabes?
- Identifica las características del ciego, según sus acciones relatadas por Lázaro.

Al concluir

- ¿Qué vicios de la sociedad del siglo XVI quedan al descubierto en esta narración?
- ¿Consideras que el ciego realmente estaba adiestrando a Lázaro en la "carrera de vivir"? Explica.

Lazarillo de Tormes

El prólogo

El Lazarillo de Tormes adopta la forma de carta autobiográfica, dirigida a un destinatario a quien Lázaro quiere explicar su trayectoria vital, según se manifiesta en el prólogo de la obra:

Y pues Vuestra Merced escribe se le escriba y relate el caso muy por extenso, pareciome no tomarle por el medio, sino del principio, porque se tenga entera noticia de mi persona, y también porque consideren los que heredaron nobles estados cuán poco se les debe, pues Fortuna fue con ellos parcial, y cuánto más hicieron los que, siéndoles contraria, con fuerza y maña remando salieron a buen puerto.

Tratado primero

Cuenta Lázaro su vida y cuyo hijo fue.

En este tiempo vino a posar al **mesón** un ciego, el cual, pareciéndole que yo sería para adestrarle, me pidió a mi madre, y ella me encomendó a él, diciéndole cómo era hijo de un buen hombre, el cual, por ensalzar la fe, había muerto en la de los Gelves, y que ella confiaba en Dios no saldría peor hombre que mi padre, y que le rogaba me tratase bien y mirase por mí, pues era huérfano. Él respondió que así lo haría y que me recibía, no por mozo, sino por hijo. Y así le comencé a servir y adestrar a mi nuevo y viejo amo.

Como estuvimos en Salamanca algunos días, pareciéndole a mi amo que no era la ganancia a su contento, determinó irse de allí; y cuando nos hubimos de partir, yo fui a ver a mi madre, y, ambos llorando, me dio su bendición y dijo:

—Hijo, ya sé que no te veré más. Procura de ser bueno, y Dios te guíe. Criado te he y con buen amo te he puesto; válete por ti.

Y así me fui para mi amo, que esperándome estaba.

Salimos de Salamanca, y, llegando a la puente, está a la entrada de ella un animal de piedra, que casi tiene forma de toro, y el ciego mandóme que llegase cerca del animal, y, allí puesto, me dijo:

—Lázaro, llega el oído a este toro y oirás gran ruido dentro de él.

Yo simplemente llegué, creyendo ser así. Y como sintió que tenía la cabeza par de la piedra, afirmó **recio** la mano y diome una gran calabazada en el diablo del toro, que más de tres días me duró el dolor de la cornada, y díjome:

—Necio, aprende, que el mozo del ciego un punto ha de saber más que el diablo.

Y rió mucho la burla.

- **mesón** (sustantivo). Hospedaje público donde, por dinero, se daba albergue a viajeros, caballerías y carruajes.
- **recio** (adjetivo). Intenso, violento.

Parecióme que en aquel instante desperté de la simpleza en que, como niño, dormido estaba. Dije entre mí: "Verdad dice éste, que me cumple avivar el ojo y avisar, pues solo soy, y pensar cómo me sepa valer".

Comenzamos nuestro camino, y en muy pocos días me mostró **jerigonza**. Y, como me viese de buen ingenio, holgábase mucho y decía:

—Yo oro ni plata no te lo puedo dar; mas avisos para vivir muchos te mostraré.

Y fue así, que, después de Dios, éste me dio la vida, y, siendo ciego, me alumbró y adestró en la carrera de vivir.

[...]

Pues, tornando al bueno de mi ciego y contando sus cosas, Vuestra Merced sepa que, desde que Dios crió el mundo, ninguno formó más astuto ni sagaz. En su oficio era un águila: ciento y tantas oraciones sabía de coro; un tono bajo, reposado y muy sonable, que hacía resonar la iglesia donde rezaba; un rostro humilde y devoto, que, con muy buen continente, ponía cuando rezaba, sin hacer gestos ni visajes con boca ni ojos, como otros suelen hacer.

Allende de esto, tenía otras mil formas y maneras para sacar el dinero. Decía saber oraciones para muchos y diversos efectos: para mujeres que no parían; para las que estaban de parto; para las que eran malcasadas, que sus maridos las quisiesen bien. [...]

Mas también quiero que sepa Vuestra Merced que, con todo lo que adquiría y tenía, jamás tan avariento ni mezquino hombre no vi; tanto, que me mataba a mí de hambre, y así no me demediaba de lo necesario. Digo verdad: si con mi sutileza y buenas mañas no me supiera remediar, muchas veces me finara de hambre; mas, con todo su saber y aviso, le contaminaba de tal suerte que siempre, o las más veces, me cabía lo más y mejor. Para esto le hacía burlas endiabladas, de las cuales contaré algunas, aunque no todas a mi salvo. [...]

Usaba poner **cabe sí** un jarrillo de vino cuando comíamos, y yo **muy de presto** le asía y daba un par de besos callados y tornábale a su lugar. Mas durome poco, que en los tragos conocía la falta, y, por reservar su vino a salvo, nunca después desamparaba el jarro, antes lo tenía por el asa asido. Mas no había piedra imán que así trajese a sí como yo con una paja larga de centeno que para aquel menester tenía hecha, la cual, metiéndola en la boca del jarro, chupando el vino, lo dejaba a buenas noches. Mas, como fuese el traidor tan astuto, pienso que me sintió, y **dende** en adelante mudó propósito y asentaba su jarro entre las piernas y **atapábale** con la mano, y así bebía seguro.

Yo, como estaba hecho al vino, moría por él, y viendo que aquel remedio de la paja no me aprovechaba ni valía, acordé en el suelo del jarro hacerle una fuentecilla y agujero sutil, y, delicadamente, con una muy delgada

- **jerigonza** (sustantivo). Lenguaje de mal gusto, complicado y difícil de entender.
- **cabe sí** (voz antigua). A su lado.
- **muy de presto** (voz antigua). Con gran rapidez.
- **dende** (voz antigua). Desde entonces.
- **atapábale** (voz antigua). Tapábalo.

Lazarillo de Tormes, óleo de Francisco de Goya pintado hacia 1808.

tortilla de cera, taparlo; y, al tiempo de comer, fingiendo haber frío, entrábame entre las piernas del triste ciego a calentarme en la pobrecilla lumbre que teníamos, y, al calor de ella luego derretida la cera, por ser muy poca, comenzaba la fuentecilla a destilarme en la boca, la cual yo de tal manera ponía, que maldita la gota se perdía. Cuando el pobrecito iba a beber, no hallaba nada. Espantábase, maldecíase, daba al diablo el jarro y el vino, no sabiendo qué podía ser.

—No diréis, tío, que os lo bebo yo —decía—, pues no le quitáis de la mano.

Tantas vueltas y tientos dio al jarro, que halló la fuente y cayó en la burla; mas así lo disimuló como si no lo hubiera sentido.

Y luego otro día, teniendo yo **rezumando** mi jarro como solía, no pensando el daño que me estaba **aparejado** ni que el mal ciego me sentía, senténme como solía; estando recibiendo aquellos dulces tragos, mi cara puesta hacia el cielo, un poco cerrados los ojos por mejor gustar el sabroso licor, sintió el desesperado ciego que **agora** tenía tiempo de tomar de mí venganza, y con toda su fuerza, alzando con dos manos aquel dulce y amargo jarro, le dejó caer sobre mi boca, ayudándose, como digo, con todo su poder, de manera que el pobre Lázaro, que de nada de esto **se guardaba**, antes, como otras veces, estaba descuidado y gozoso, verdaderamente me pareció que el cielo, con todo lo que en él hay, me había caído encima.

Fue tal el golpecillo, que me **desatinó y sacó de sentido**, y el jarrazo tan grande, que los pedazos de él se me metieron por la cara, rompiéndomela por muchas partes, y me quebró los dientes, sin los cuales hasta hoy día me quedé.

Desde aquella hora quise mal al mal ciego, y, aunque me quería y regalaba y me curaba, bien vi que se había holgado del cruel castigo. Lavóme con vino las roturas que con los pedazos del jarro me había hecho, y, sonriéndose, decía:

—¿Qué te parece Lázaro? Lo que te enfermó te sana y da salud— y otros donaires que a mi gusto no lo eran.

[...] Y aunque yo quisiera asentar mi corazón y perdonalle el jarrazo, no daba lugar el maltratamiento que el mal ciego dende allí adelante me hacía, que sin causa ni razón me hería, dándome coscorrones y repelándome.

Y si alguno le decía por qué me trataba tan mal, luego contaba el cuento del jarro, diciendo:

—¿Pensaréis que este mi mozo es algún inocente? Pues oíd si el demonio ensayara otra tal hazaña.

- **rezumando** (verbo). Del verbo *rezumar*. Goteando.
- **aparejado** (sustantivo). Preparado.
- **agora** (voz antigua). Ahora.
- **se guardaba** (voz antigua). Se preocupaba.
- **desatinó y sacó de sentido** (voz antigua). Dejó inconsciente.

Santiguándose los que lo oían, decían:

—¡Mirad quién pensara de un muchacho tan pequeño tal ruindad!

Y reían mucho el artificio y decíanle:

—¡Castigadlo, castigadlo, que de Dios lo habréis!

Y en esto yo siempre le llevaba por los peores caminos, y adrede, por hacerle mal y daño; si había piedras, por ellas; si lodo, por lo más alto; que, aunque yo no iba por lo más enjuto, holgábame a mí de quebrar un ojo por quebrar dos al que ninguno tenía. [...] Y, aunque yo juraba no hacerlo con malicia, sino por no hallar mejor camino, no me aprovechaba ni me creía, mas tal era el sentido y el grandísimo entendimiento del traidor.

Y porque vea Vuestra Merced a cuánto se extendía el ingenio de este astuto ciego, contaré un caso de muchos que con él me acaecieron, en el cual me parece dio bien a entender su gran astucia. Cuando salimos de Salamanca, su motivo fue venir a tierra de Toledo, porque decía ser la gente más rica, aunque no muy limosnera. [...]

Acaeció que, llegando a un lugar que llaman Almorox al tiempo que cogían las uvas, un **vendimiador** le dio un racimo de ellas en limosna. Y como suelen ir los cestos maltratados, y también porque la uva en aquel tiempo está muy madura, desgranábasele el racimo en la mano. Para echarlo en el **fardel**, tornábase **mosto**, y lo que a él se llegaba. Acordó de hacer un banquete, así por no poder llevarlo, como por contentarme, que aquel día me había dado muchos rodillazos y golpes. Sentámonos en un **valladar** y dijo:

—Agora quiero yo usar contigo de una liberalidad, y es que ambos comamos este racimo de uvas y que hayas de él tanta parte como yo. Partillo hemos de esta manera: tú picarás una vez y yo otra, con tal que me prometas no tomar cada vez más de una uva. Yo haré lo mismo hasta que lo acabemos, y de esta suerte no habrá engaño.

Hecho así el concierto, comenzamos; mas luego al segundo lance, el traidor mudó propósito, y comenzó a tomar de dos en dos, considerando que yo debería hacer lo mismo. Como vi que él quebraba la postura, no me contenté ir a la par con él, mas aún pasaba adelante: dos a dos y tres a tres y como podía las comía. Acabado el racimo, estuvo un poco con el escobajo en la mano, y, meneando la cabeza, dijo:

—Lázaro, engañado me has. Juraré yo a Dios que has tú comido las uvas tres a tres.

—No comí —dije yo—; mas ¿por qué sospecháis eso?

—¿Sabes en qué veo que las comiste tres a tres? En que comía yo dos a dos y callabas.

Anónimo
(fragmento)

Sobre la obra

Con la publicación, en 1554, de la novela anónima *La vida de Lazarillo de Tormes y de sus fortunas y adversidades* se produce el nacimiento de un nuevo género: la novela picaresca. Esta se caracteriza por ser una autobiografía ficticia de pretensiones realistas y por desarrollar la acción en un tiempo y un lugar concretos. El *Lazarillo de Tormes* es la primera obra realista de la literatura europea. El protagonista es un antihéroe, un personaje de baja extracción social, que narra sus andanzas a lo largo de siete tratados o capítulos en los que su ascenso social va acompañado de su degradación moral. Así, retrata de forma realista los vicios, la hipocresía y el falso sentido del honor de la sociedad del siglo XVI, especialmente, los de los clérigos. Mediante el uso de vulgarismos y un estilo coloquial, su autor recrea la situación de vida del protagonista dentro de su entorno.

- **vendimiador** (sustantivo). Persona que recoge el fruto de las viñas.
- **fardel** (sustantivo). Saco o talega que llevan regularmente los pobres, pastores y caminantes, para las cosas comestibles u otras de su uso.
- **mosto** (sustantivo). Líquido exprimido de la uva, antes de fermentar y hacerse vino.
- **valladar** (sustantivo). Cerco que se forma de tierra apisonada, o de bardas, estacas, etc., para impedir la entrada en él.

Interpreto el texto

IDENTIFICO

➤ **Clasifica** los siguientes versos u oraciones de los textos que leíste en este capítulo, según el sentido al que apelen. **Anótalos** en una tabla como la siguiente:

Audición	Vista	Gusto	Tacto	Olfato

a. "y en tanto que el cabello, que en la vena del oro se escogió, con vuelo presto..." ("Soneto XXIII")

b. "Qué descansada vida/ la del que huye del mundanal ruido" ("Oda a la vida retirada")

c. "El aire del huerto orea/ y ofrece mil olores al sentido" ("Oda a la vida retirada")

d. "¡Oh cautiverio suave!" ("Llama de amor viva")

e. "En su oficio era un águila: ciento y tantas oraciones sabía de coro; un tono bajo, reposado y muy sonable, que hacía resonar la iglesia donde rezaba...". (*Lazarillo de Tormes*)

f. "con extraños primores/ color y luz dan junto a su querido" ("Llama de amor viva")

g. "Usaba poner cabe sí un jarrillo de vino cuando comíamos y yo muy presto le asía y daba par de besos callados...". (*Lazarillo de Tormes*)

INFIERO

➤ **Contesta**:

a. ¿Dónde transcurre la acción de la "Égloga III"? ¿Cómo es ese lugar?

b. ¿Qué es una ninfa? ¿Cómo la describe el poeta?

c. ¿Cuál es el anhelo de la voz poética en el poema "Oda a la vida retirada"?

d. ¿De qué cosas disfruta la voz poética lejos del "mundanal ruido"? ¿En dónde encuentra el poeta la serenidad que busca para su vida?

e. ¿Quién es la llama de amor que la voz poética dice llevar dentro en el poema "Llama de amor viva"?

f. ¿Cuál crees que sea la lección más importante que aprende del ciego Lázaro?

g. ¿Cómo es el método que utiliza el ciego para enseñar a Lázaro a ser un buen servidor? ¿Estás de acuerdo con sus sistemas de enseñanza? **Explica**.

h. ¿A qué crees que se refiera Lázaro al decir "desperté de la simpleza en que, como niño, dormido estaba"?

ANALIZO

➤ **Realiza** las siguientes actividades:

a. **Subraya** los sonidos que se repiten en los siguientes versos de la "Égloga III" y **escribe** qué sonido natural parecen imitar:

- *...en el silencio solo se escuchaba*
- *un susurro de abejas que sonaba.*

b. **Señala** los temas renacentistas que identificas en el poema "Vida retirada".

c. **Compara** y **contrasta** el estilo literario de San Juan de la Cruz con el de Fray Luis de León.

d. ¿Crees que el texto *Lazarillo de Tormes* contenga una crítica social? **Explica**.

EVALÚO y VALORO

➤ **Comenta**:

a. El amor, en el poema "Llama de amor viva", puede ser humano o divino, según se lea. **Opina** acerca de la posibilidad de ambas lecturas.

b. Un rasgo de la novela picaresca española es que sus protagonistas suelen ser delincuentes. ¿Te parece que Lázaro lo sea? **Argumenta** tu respuesta.

c. El *Lazarillo de Tormes* tiene como protagonista a un niño que debe aprender a valerse por sí mismo a muy corta edad. **Reflexiona** sobre este aspecto de la obra.

EDUCACIÓN cívica y ética

En el fragmento que leíste del *Lazarillo de Tormes*, el niño sufre varios episodios de maltrato por parte del ciego. El maltrato infantil es un grave problema social. Se trata de cualquier acto, por acción u omisión, mediante el cual se prive a los niños de sus derechos o se dificulte su desarrollo óptimo. Entre los distintos tipos de maltrato infantil se encuentran el maltrato físico, el abandono físico, el abuso sexual y el maltrato emocional. ¿Te parece que el maltrato al que el ciego somete a su pupilo se justifica como parte del proceso de enseñanza – aprendizaje? ¿Se justifica el maltrato físico en alguna circunstancia? **Argumenta** tu postura.

EN el contexto

➤ **Completa** las oraciones con las siguientes palabras del vocabulario: *enturbia*, *jerigonza*, *fardel* y *jaspe*. **Procura** emplearlas de acuerdo con su contexto.

a. Elena tiene un hermoso collar de __________.

b. Te entendería si no hablaras en __________.

c. La ira __________ tus pensamientos.

d. Guardó la comida en el viejo __________.

La literatura renacentista

Claves del contexto histórico y cultural

El **Renacimiento** constituye la culminación de un proceso cultural iniciado en los siglos XI y XII, con el crecimiento de las ciudades y la aparición de las burguesías urbanas. Debido al desarrollo de sus actividades económicas y de sus actitudes mundanas, estas burguesías empezaron a cuestionar los principios religiosos predominantes que regían la sociedad feudal y fueron creando una nueva forma de ver el mundo más acorde con el conocimiento de la realidad que los rodeaba. Así, en las zonas donde había una fuerte burguesía, como en Italia y los Países Bajos, se promovió un cambio cultural que culminó con el Renacimiento.

La palabra *renacimiento* viene de "renacer" o "de volver a nacer", lo que se refiere al segundo nacimiento de la cultura grecolatina, olvidada y desatendida durante la Edad Media. Pero lejos de ser un mero renacer, el Renacimiento fue una auténtica revolución que abarcó todos los órdenes de la vida. Durante la Edad Media, las obras literarias tuvieron, generalmente, un fin didáctico o moralizador. La función estética quedó subordinada al propósito de enseñar o de instruir verdades religiosas y morales. Durante el Renacimiento, en cambio, la literatura tuvo una intencionalidad estética y los autores concibieron sus creaciones literarias como obras de arte.

España se incorporó al Renacimiento de una manera singular. Sus manifestaciones renacentistas fueron muy intensas, aunque no renunciaron a su espíritu religioso tradicional. En el Renacimiento español se distinguen dos períodos: el reinado de Carlos V, en el que España se abre a la cultura europea, sobre todo a la italiana; y el reinado de Felipe II, en el que España intenta defender el catolicismo a toda costa.

Durante el Renacimiento, el arte se vuelca hacia el relato mitológico clásico. Ejemplo de esto es el cuadro de Sandro Botticelli titulado *El Nacimiento de Venus*.

Características de la literatura renacentista

La literatura española, bajo el influjo de la literatura italiana y de la literatura clásica grecolatina, experimenta una renovación que afecta al estilo, la forma y los temas:

- El estilo, basado en la sencillez y la claridad expresiva, persigue la naturalidad de la lengua hablada.
- A las formas características de la literatura española se incorpora el verso endecasílabo y, con él, las estrofas, las composiciones y las modalidades genéricas propias de la poesía italiana.
- Se recuperan los temas clásicos, en los que el amor y la naturaleza reciben un tratamiento idealizado y se revitalizan los mitos grecolatinos.

Los temas del Renacimiento

La producción literaria durante el Renacimiento fue amplísima. Por tanto, se desarrollaron una gran multitud de temas, entre los que se destacan:

 © Santillana

- **El sentimiento religioso.** Los escritores místicos divinizaron el amor, la naturaleza y los placeres y los aplicaron a la exaltación del sentimiento religioso.
- **La historia.** Dado que, en este momento, España descubrió el continente americano, las historias y los relatos que tenían por escenario el Nuevo Mundo se convirtieron en un tema cotidiano de la literatura de la época.
- **La mitología.** Se retomaron y se reelaboraron los mitos griegos. Unos los adoptaron como temas centrales de sus obras y otros, como símbolos para expresar diversos motivos y sentimientos.
- **La idealización de la realidad.** Se expresa, especialmente, en torno a la figura del caballero, en las novelas de caballería, y a la figura del moro, en las novelas moriscas.
- **El amor.** Se exaltan la belleza del cuerpo humano y las sensaciones que llevan al placer. También se glorifica el amor idealizado.
- **La idealización del paisaje natural de la acción poética o novelesca.** La soledad y el silencio de este paisaje idílico y lleno de armonía es el marco apropiado para el lamento amoroso.
- **La fugacidad de la vida y la llamada al goce de la vida.** Este tema se conoce con el nombre de *carpe diem*, expresión latina que significa "aprovecha el día", es decir, se formula una invitación a disfrutar y a vivir la vida de manera intensa.

Géneros

- **Lírica italianizante.** La nueva poesía se desarrolló bajo la influencia de los autores italianos. Se asumieron formas como la égloga, la oda, la epístola y la canción.
- **Poesía religiosa.** Se registró una nueva sensibilidad espiritual que dio lugar a dos corrientes: la ascética y la mística.
- **Novela de caballería.** Reflejó el prototipo del mundo medieval: heroísmo, cortesía, lucha por el honor y aventuras. En 1605, apareció la primera parte de *Don Quijote de la Mancha*.
- **Prosa de pensamiento.** Estuvo vinculada a la discusión y la difusión de las ideas humanistas, y tuvo un claro afán didáctico.
- **Novela picaresca.** Su protagonista era un pícaro, es decir, un personaje de baja extracción social. Tuvo una fuerte intención crítica y un afán moralizante. Entre esas críticas, sobresalen las hechas a los vicios, a la injusticia, al falso sentido del honor asociado con la limpieza de sangre y a la miseria de la España renacentista.

ACTIVIDADES

1. **Explica** qué es el humanismo y qué relación tiene con el Renacimiento.
2. **Contrasta** los temas recurrentes en la literatura medieval con los temas renacentistas.
3. **Identifica** en los textos poéticos de este capítulo los siguientes temas renacentistas: el sentimiento religioso, la mitología y la idealización del paisaje natural.
4. **Redacta** una breve comparación entre el Cid, héroe del poema épico, y Lázaro, antihéroe de la novela picaresca. Luego, **léele** el texto a un compañero e **intercambien** opiniones.

La sinonimia

Para EXPLORAR

El Renacimiento crea un nuevo ideal de caballero. Este personaje debe reunir virtudes físicas, intelectuales y morales. Debe ser proporcionado en sus facciones y en su cuerpo, ágil y fuerte, diestro en las armas y en la caballería, pero también hábil bailarín, cantor y músico; buen crítico literario e ingenioso en la conversación.

Joven caballero en un paisaje, de Vittore Carpaccio (Fundación Thyssen-Bornemisza)

➤ **Observa** en el texto la palabra *caballero* y responde con ayuda de un diccionario.

a. ¿Qué significa la palabra *caballero* en ese enunciado?

b. ¿Conoces alguna otra palabra que tenga ese mismo significado?

Para COMPRENDER

Palabras sinónimas

En ocasiones, las palabras que son distintas sirven para referirnos a una misma realidad, como es el caso de las palabras *tren* y *ferrocarril*. Por ejemplo, las oraciones *El tren es el mejor medio de transporte* y *El ferrocarril es el mejor medio de transporte* son equivalentes. Estas palabras que designan una misma realidad son palabras sinónimas o sinónimos. Así, las **palabras sinónimas** son aquellas que tienen un mismo significado.

Dos palabras pueden ser sinónimas en todos los contextos, como sucede con *oculista* y *oftalmólogo*. Pero también puede suceder que no compartan todos sus significados y que, por tanto, solo sean intercambiables en determinados contextos. Por ejemplo, en la oración *¡Vaya tren de vida que lleva!* En este caso, la palabra *tren* no se puede sustituir por *ferrocarril*. Así, podemos distinguir dos tipos de sinonimia: la sinonimia total y la sinonimia parcial.

Sinonimia total

Los sinónimos totales comparten todos sus significados, por lo que son intercambiables en cualquier contexto.

Ejemplos:

- *alumno / estudiante*

  Marcos es mi ***alumno****.* → *Marcos es mi* ***estudiante****.*
  Juan es un buen ***alumno****.* → *Juan es un buen* ***estudiante****.*

Sinonimia parcial

Los sinónimos parciales comparten algún significado, pero no todos, por lo que solo son intercambiables en ciertos contextos.

Ejemplo:

- *enseñar / mostrar*

  *Carlos **enseña** su pintura. → Carlos **muestra** su pintura.*

  *Carlos **enseña** clases de natación. → Carlos **muestra** clases de natación.*

  En el último caso estos sinónimos no son intercambiables.

Para PRACTICAR

1. Sustituye por un sinónimo del recuadro las palabras destacadas.

panorama	ubicación	lugar

a. Aquel **paraje** desértico encogía el corazón.

b. El hotel tenía un **emplazamiento** privilegiado.

c. Desde lo alto de la montaña se ve un bello **paisaje**.

2. Los sinónimos se emplean a menudo para hacer referencia a un ser o a uno objeto que ya se ha mencionado anteriormente por medio de otra palabra. En el texto a continuación, **sustituye** por un sinónimo la palabra que se repita.

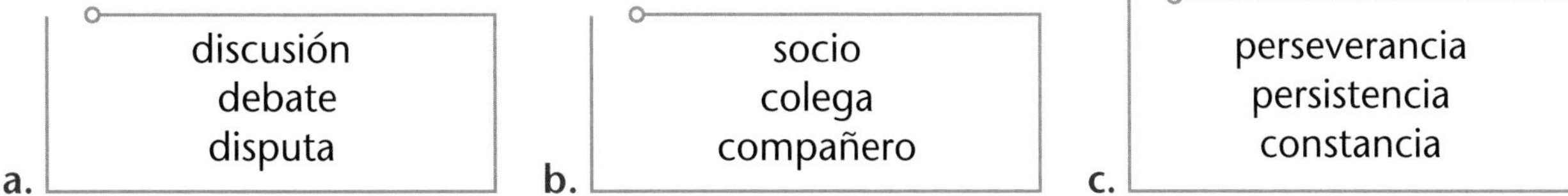

Las novelas de caballería son las primeras composiciones escritas en prosa. Estas composiciones contaban las hazañas de un valiente y solitario caballero, cuyo principal propósito era conquistar el corazón de una virtuosa e inaccesible dama.

3. Explica por qué son sinónimos parciales las palabras de cada grupo.

a. discusión, debate, disputa

b. socio, colega, compañero

c. perseverancia, persistencia, constancia

4. Escribe dos sinónimos para cada palabra destacada.

a. Me siento **extraño** en la casa de mis primos.

b. No sé dónde **situar** estos libros.

c. A Marta le gusta **derrochar** el dinero.

d. Mario **controla** todo.

La tilde en las interrogativas indirectas

Para EXPLORAR

¿Qué es el Renacimiento?
No puedo creer que aún no sepas de qué se trata.

➤ **Fíjate**, en los textos, en la palabra *que* y **contesta**:

a. ¿Qué diferencia notas en esa palabra en los diálogos?

b. ¿Por qué en unas ocasiones lleva tilde y en otras no?

Para COMPRENDER

Los elementos interrogativos en las oraciones interrogativas indirectas deben llevar tilde, al igual que en las oraciones interrogativas directas. Los elementos interrogativos son el pronombre *quién* (-*es*); los pronombres o determinativos *qué, cuál* (-*es*), *cuánto* (-*a*, -*os*, -*as*); y los adverbios *dónde, adónde, cuándo, cómo* y *cuánto.*

Las oraciones **interrogativas indirectas** son oraciones que están subordinadas a algún elemento de otra oración.

Ejemplos:

*¿**Cuándo** llegará Pedro?* → *Desconozco **cuándo** llegará Pedro.*

*¿**Qué** vas a cenar hoy?* → *Dime **qué** vas a cenar hoy.*

*¿**Cómo** se hace un bizcocho?* → *Pregúntale a tu mamá **cómo** se hace un bizcocho.*

*¿**Dónde** es la fiesta?* → *Ignoro **dónde** es la fiesta.*

Igualmente, estos elementos se escriben con tilde diacrítica cuando actúan como sustantivos:

Ejemplo:

*Él quería saber el **cómo** y el **dónde** de aquellos sucesos.*

 © Santillana

Las palabras *como, cual, cuando, cuanto, donde, adonde, que* y *quien* son átonas y se escriben sin tilde cuando funcionan como relativos o como conjunciones:

Ejemplos:

El lugar ***adonde*** *vamos te va a encantar.*
Carlos no sabe lo ***que*** *quiere.*
Repárteles refresco a ***quienes*** *deseen.*
Es tan alta ***como*** *tú.*

Las palabras *cómo, cuál, cuándo, cuánto, dónde, adónde, qué* y *quién* se escriben con tilde para diferenciarlos de las formas que no tienen valor interrogativo ni exclamativo.

Ortografía al día

Por razones de claridad, hasta ahora se recomendaba escribir la conjunción disyuntiva *o* con tilde cuando iba colocada entre cifras, para distinguirla del número cero: 3 ó 4. Se trataba de un uso diacrítico de la tilde sin justificación prosódica y que hoy se considera innecesario. Por eso, la conjunción **o** debe escribirse siempre sin tilde.

Para PRACTICAR

1. **Subraya** la opción correcta. Luego, **escribe** una oración con la opción que descartaste.
   a. ¿(Donde, Dónde) está la blusa que te presté para la fiesta?
   b. ¿(Adónde, Adonde) vas esta noche?
   c. Esa es la casita de madera (dónde, donde) nació abuela Herminia.
2. **Transforma** las siguientes oraciones, de manera que contengan una interrogativa indirecta.
   a. ¿Cómo se llega hasta el hotel?
   b. ¿Quién es tu hermano?
   c. ¿Cuánto tiempo tendremos que esperar?
   d. ¿Adónde conduce esta carretera?
3. **Determina** en qué casos debe colocarse una tilde.
   a. Los ojos de Julia son como dos soles.
   b. Luis fue quien le habló primero.
   c. ¿Como se llega hasta el hotel?
   d. Pregunta de que está hecho el postre.
   e. Me gustaría saber donde vive.
   f. José se refería a unos cuantos años.
   g. ¿Cuanto tiempo tendremos que esperar?
   h. Yo le pregunté de quien se escondía.
4. **Lee** el siguiente diálogo y **coloca** la tilde en los elementos interrogativos.

Sofía. ¿Que vas a hacer hoy?
Adrián. No sé que voy a hacer.
Sofía. ¿Quieres ir al cine?
Adrián. Sí. ¿Que película quieres ver?
Sofía. Una de caballeros medievales, como los que aparecen en las lecturas de Español.

5. **Escribe** en tu libreta cuatro oraciones en las que utilices algún elemento interrogativo como sustantivo.

El verbo I

Para EXPLORAR

Al final de la Edad Media, **surgió** el humanismo como una nueva forma de pensar. Su nombre **responde** a la valoración del ser humano como eje del conocimiento y del desarrollo de las ciencias y las artes. Durante esta época, el ser humano quiso conocer, a través de la razón, aquello que la religión daba por explicado. Esta actitud **permitió** que se realizaran descubrimientos e investigaciones en diferentes disciplinas.

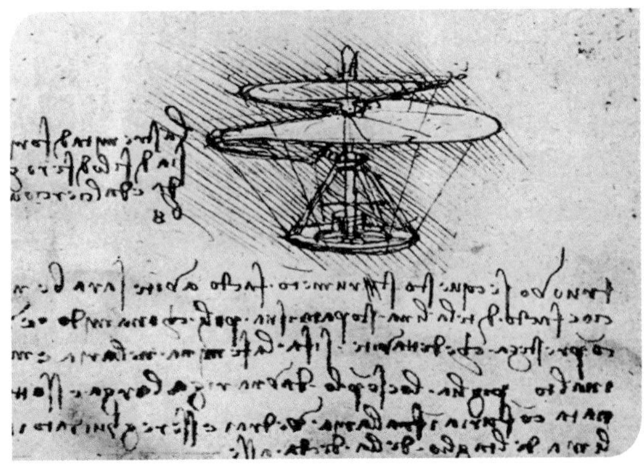

Diseño de una máquina voladora, de Leonardo da Vinci (1459-1519).

➤ **Lee** el texto y **contesta**:

a. ¿Qué indican las palabras destacadas?

b. ¿Hay alguna otra que pertenezca a esa clasificación? ¿Cuál o cuáles?

c. ¿Podrías identificar los rasgos gramaticales de número, persona, tiempo y modo que caracterizan al verbo en esas palabras que encontraste? ¿Sabes cómo se llaman?

Para COMPRENDER

Como ya sabemos, el verbo es el núcleo del grupo verbal. El verbo es la categoría gramatical que más variantes ofrece para indicar la persona, el número, el tiempo, el modo, el aspecto y la voz. Estos se conocen como **accidentes verbales**.

El verbo consta de una raíz (también lexema o base léxica) que expresa un significado, al que se unen distintos morfemas flexivos o desinencias. El conjunto de todas las variantes posibles se denomina **conjugación**.

Ejemplo:

cant-	o
lexema	morfema

El lexema es *cant-* y significa "formar con la voz sonidos melodiosos y variados". El morfema es *o* e indica que es primera persona, singular. Es decir, *yo* en presente, porque la acción se realiza ahora. El modo es indicativo porque expresa una acción real y la voz, activa, porque tiene un sujeto agente, que efectúa la acción del verbo.

El verbo tiene otras formas que no se someten a la variación de los accidentes. Estas son las llamadas **formas no personales del verbo**: el **infinitivo**, el **gerundio** y el **participio**.

- Los **infinitivos** terminan en **-ar**, **-er**, **-ir**: *cant**ar**, com**er**, viv**ir**.*
- Los **gerundios** terminan en **-ando**, **-endo**, **-iendo**: *cant**ando**, ley**endo**, viv**iendo**.*
- Los **participios** terminan en **-ado**, **-ido**: *cant**ado**, com**ido**, viv**ido**.*

El infinitivo aporta la vocal temática (a, e, i) que permite determinar las tres conjugaciones que caracterizan la flexión verbal en español. Los verbos terminados en *-ar* pertenecen a la primera conjugación (*amar, cantar*); los terminados en *-er* son de la segunda conjugación (*beber, comer, temer*); los que terminan en *-ir* pertenecen a la tercera conjugación (*partir, vivir, abrir*).

Los accidentes del verbo

- El **número** y la **persona** se forman con morfemas en concordancia con el sujeto. Las formas verbales pueden ir en singular o en plural, según vaya el sujeto.

El español tiene tres formas para el singular y tres para el plural, pero en América se utilizan dos desinencias verbales en plural.

Yo canto, tú cantas (usted canta), él/ella canta

Ejemplos: *Nosotros cantamos, ustedes cantan (vosotros cantáis), ellos/ellas cantan*

En cuanto a la persona, se distinguen tres personas gramaticales: *yo, tú, él* o *ella,* para el singular, y *nosotros* o *nosotras, ustedes* (vosotros o vosotras), *ellos* o *ellas,* para el plural.

- El **tiempo** indica el momento cronológico cuando se realiza la acción, que puede ser en el presente, en el pasado o en el futuro.

Ejemplos: *Yo escribo. Yo escribí. Yo escribiré.*

El conjunto de formas verbales que sitúa la acción en un mismo tiempo y que varía en persona y en número se llama *tiempo verbal.* Observa:

Presente	Pretérito Perfecto Simple (pasado)	Futuro
yo hablo	yo hablé	yo hablaré
tú hablas/usted habla	tú hablaste/usted habló	tú hablarás/usted hablará
él/ella habla	él/ella habló	él/ella hablará
nosotros/nosotras hablamos	nosotros/nosotras hablamos	nosotros/nosotras hablaremos
ustedes hablan	ustedes hablaron	ustedes hablarán
ellos/ellas hablan	ellos/ellas hablaron	ellos/ellas hablarán

Los tiempos verbales son simples o compuestos, según consten de una palabra o de dos. Los ejemplos anteriores son tiempos verbales simples. Los tiempos verbales compuestos se forman con el tiempo correspondiente del verbo *haber* y el participio del verbo que se conjuga.

Ejemplos: *Yo he hablado.* *Yo había hablado.* *Yo hubiera hablado.*

Para COMPRENDER

Tiempos del pasado
p. imperfecto (*amaba*)
pretérito (*amé*)
p. perfecto (*he amado*)
condicional simple (*amaría*)
p. pluscuamperfecto (*había amado*)
condicional comp. (*habría amado*)

Tiempo del presente
presente (*amo*)

Tiempos del futuro
futuro simple (*amaré*)
futuro compuesto (*habré amado*)

- El **modo** es el morfema verbal que indica cómo el hablante expresa la acción verbal. Hay tres modos: el indicativo, el subjuntivo y el imperativo. El **modo indicativo** tiende a presentar la acción como real, con certeza o compromiso del hablante con la veracidad de lo que afirma.

Ejemplos: *Ayer trabajé toda la mañana.*
Nosotros tenemos mucho apetito.

El **modo subjuntivo** tiende a presentar la acción en un plano no real, como un deseo, una duda o una posibilidad, etcétera.

Ejemplos: *Es preciso que yo vaya el lunes al médico.*
¡Ojalá no aparezca por aquí!

El **modo imperativo** presenta la acción verbal como un mandato o como una exhortación.

Ejemplos: *Ven inmediatamente.*
Salga de aquí.

- El **aspecto** expresa la estructura interna de la situación y definiría, por ejemplo, si la acción verbal está terminada o si está en transcurso o desarrollo.

Ejemplos: *cantó* - acción acabada
cantaba - acción en desarrollo

De ahí que llamemos **tiempos imperfectos** a los que presentan la acción sin terminar y **tiempos perfectos** a los que la presentan acabada.

- La **voz** expresa si el sujeto realiza la acción o la recibe. Hay dos voces: la activa y la pasiva. Un verbo en **voz activa** lleva un sujeto agente, es decir, el que realiza la acción.

Ejemplo: *Nosotros estudiamos ingeniería.*

La **voz pasiva** tiene un sujeto paciente que recibe o padece la acción verbal.

Ejemplo: *El gato fue encontrado por su dueña.*

En este caso, el gato es el que recibe la acción de la dueña. Por eso es un sujeto paciente. A diferencia del inglés, la voz pasiva tiene un uso mucho más limitado en nuestra lengua.

 © Santillana

Gramática al día

En la gramática tradicional, se solía llamar *voz pasiva* al mecanismo que vincula la función del sujeto al de paciente. Actualmente, se prefiere el concepto de **pasiva perifrástica** porque se refiere directamente a la estructura perifrástica *ser* + participio. El concepto antiguo de voz pasiva, heredado del latín, hacía referencia a otro tipo de mecanismo mediante el cual se expresaba la pasiva empleando flexiones verbales y no, por medio de formas compuestas. Por esta razón, se ha cambiado la terminología.

Las construcciones de perífrasis pasiva han formado parte del español desde sus inicios. Este recurso sintáctico es importante en la lengua española porque su selección tiene la función informativa de destacar al paciente como tema principal o tópico, o para mantener al agente en segundo plano. Por lo tanto, sería erróneo aseverar que las construcciones pasivas son innecesarias en español.

Para PRACTICAR

1. **Identifica** las formas verbales. Luego, **cópialas** en un cuadro como el del modelo y **distingue** entre raíz y morfema.

buscaron	útil	reirá
subes	cantaremos	pero
llamarían	hasta	rociaron

Formas verbales	Raíces	Morfemas

2. **Subraya** el verbo en cada oración. Luego, **marca** la opción que no le corresponda.
   a. Entre el domingo y el martes hemos recibido más de trescientos mensajes de correo electrónico.
      • número plural • modo indicativo • tiempo compuesto • 1.ª conjugación
   b. Carlos y Arminda, abran sus libros en la página 149.
      • voz activa • modo subjuntivo • tiempo simple • 3.ª conjugación
3. **Completa** las oraciones con la forma verbal indicada en cada caso.
   a. Los libros están ______ por la mesa. (*participio de esparcir*)
   b. Ahorrarás dinero ______ en autobús. (*gerundio de ir*)
4. **Identifica** el error que hay en cada oración.
   a. Los temas a tratar son básicamente dos.
   b. ¿Quién es tu hermano?
   c. Estando corriendo, se cayó.
   d. Cállensen de una vez.
5. **Escribe** una oración con cada palabra o grupo de palabras.
   • Ciertamente • Ojalá • Sin duda • Es posible que
   ▸ Menciona el modo de las formas verbales que has utilizado en cada caso.

La entrevista

OBSERVO

Leonardo da Vinci y el humanismo renacentista

Leonardo da Vinci es, probablemente, el hombre más emblemático del Renacimiento. Nació el 15 de abril de 1452 en Florencia, Italia, y falleció el 2 de mayo de 1519. Entre las muchas destrezas que cultivó y las áreas del conocimiento que exploró, se encuentran la pintura, la escultura, las ciencias, la botánica, la música, la ingeniería y la filosofía.

Entrevistador: Saludos, señor Da Vinci. Muchas gracias por estar con nosotros y por permitirnos saber un poco más sobre usted.

DV: Gracias a usted por la invitación.

E: De todas sus obras artísticas, ¿cuál es su preferida?

DV: Las valoro a todas por igual porque les dediqué tiempo y esfuerzo.

E: ¿Cree usted que los estudios que realizó, aunque fueron en campos del saber tan diversos, se relacionaran entre sí?

DV: Claro que sí. Por ejemplo, mis estudios en anatomía me sirvieron para retratar y esculpir el cuerpo humano con la mayor fidelidad posible.

E: ¿Por qué eligió la figura humana como tema de sus creaciones?

DV: Porque, al revisar la antigüedad grecorromana, me pareció que era importante seguir su ejemplo, rescatar al hombre y situarlo en el centro del arte y del pensamiento.

E: Bueno, la historia ha demostrado que, efectivamente, lo logró.

➤ **Contesta**:

a. ¿Qué permiten conocer las respuestas de Leonardo da Vinci?

b. ¿Qué le habrías preguntado a este pintor?

¿QUÉ VOY A ESCRIBIR?

La **entrevista** es un género periodístico que pretende dar a conocer la forma de pensar o de actuar de una persona. Hay dos tipos de entrevista: la de declaraciones, que presenta la opinión de alguien sobre un tema relevante; y la de personalidad, que busca retratar la forma de ser de una persona de interés público. La introducción de este tipo de texto ofrece una breve presentación y anuncia el tema que se tratará. El cuerpo consta del intercambio de preguntas y respuestas. En el cierre, el periodista procura resumir o formular algún comentario personal.

 © Santillana

¿CÓMO LO ESCRIBO?

PLANIFICO mis ideas

1. Piensa en una persona a la que admires (un deportista, un cantante, un líder comunitario, un maestro etc.) y con quien desees conversar.
2. Toma en consideración que esa persona haya hecho algo extraordinario y que pueda resultar de interés público.
3. Investiga y busca información sobre la persona que quieres entrevistar.

ELABORO mis ideas

1. Lee la información recopilada y selecciona lo más relevante acerca de esa persona.
2. Prepara un guion en el que ordenes los asuntos principales que tratarás:
   - Primeros pasos de su carrera
   - Trayectoria profesional y logros
   - Proyectos para el futuro
3. Redacta el cuestionario que vas a plantearle al entrevistado.

ESCRIBO mis ideas

1. Entrevista a la persona seleccionada y anota sus respuestas.
2. Escribe un párrafo introductorio que provoque el interés del público y en el que presentes y caracterices al entrevistado, el ambiente y las circunstancias de la entrevista.
3. Transcribe las respuestas de tu entrevistado alternando las preguntas y las contestaciones, como en el modelo de la página anterior. Si las respuestas son muy largas, puedes resumirlas sin alterar su contenido.
4. Añade un comentario personal en el cierre y procura que sea breve.
5. Selecciona una frase llamativa del entrevistado y utilízala como titular.

EDITO un texto

- ☑ La introducción resulta atractiva.
- ☑ El inicio presenta datos relevantes sobre el entrevistado.
- ☑ Las preguntas y las respuestas son ágiles e interesantes.
- ☑ El cierre es breve y presenta un comentario personal o recoge algún aspecto relevante.
- ☑ El final de la entrevista no repite aspectos tratados que cansen al lector.

La entrevista oral

La **entrevista oral**, al igual que la escrita, es una técnica periodística en la que un entrevistador formula una serie de preguntas a una persona de interés público. Como punto de partida, el entrevistador obtiene información pertinente sobre el entrevistado y define un objetivo específico para el diálogo. Toda entrevista oral comienza con la presentación de la persona que se entrevistará. Durante la entrevista, se deben formular las preguntas con la flexibilidad necesaria para plantear nuevas interrogantes, a partir de la información brindada por el entrevistado.

¿Cómo lo preparamos?

1. Elige a un compañero de clase con quien desees trabajar.
2. Investiguen sobre la vida, los intereses o sobre algún aspecto sobresaliente de su compañero.
3. Preparen un guion con los principales asuntos que piensan tratar en la entrevista. Déjense llevar por preguntas que desearían que les hicieran en una entrevista.
4. Intercambien los papeles para que ambos funjan como entrevistador y entrevistado.

¿Cómo lo presentamos?

1. Preparen un área del salón de clase para llevar a cabo la entrevista.
2. Presenten al entrevistado ante la clase.
3. Realicen las preguntas de acuerdo con el guion acordado, pero con la flexibilidad necesaria para la formulación de nuevas interrogantes. Para ello, es importante que hayan realizado una buena investigación previa a la entrevista.
4. Procuren que la conversación fluya y sea interesante. Recuerden utilizar un tono de voz apropiado y un lenguaje corporal adecuado, puesto que resultan de gran utilidad para desarrollar un clima emocional óptimo para la entrevista y para mantener el interés de la audiencia.
5. Cierren la entrevista con un comentario final y no olviden agradecer a su entrevistado.

¿Cómo lo hicimos?

☑ ¿Permitimos que el entrevistado se expresara con libertad?

☑ ¿Aprovechamos la información que dio el entrevistado para hacer otras preguntas?

☑ ¿Utilizamos una dicción y un tono de voz apropiados?

☑ ¿Logramos una entrevista ágil y amena?

 © Santillana

l concepto del dibujo

l dibujo es una forma de expresión artística ue consiste en trazar líneas o figuras, en cla- o u oscuro, sobre un soporte adecuado. Sus ntecedentes datan desde las grafías rupestres asta las diversas manifestaciones artísticas me- ievales. Sin embargo, no fue hasta fines del si- lo XIV y, sobre todo, a partir del Renacimiento aliano, cuando apareció el dibujo vinculado al apel como soporte. Desde entonces, y hasta el iglo XIX, el dibujo se consideró el fundamento e todas las artes y el paso previo indispensable ara trabajar cualquier obra artística. Con los ños, hemos llegado a apreciar el dibujo como na obra artística autónoma, en vez de una obra oncebida a manera de un estudio previo de tra.

esde el punto de vista técnico, en un dibujo ay que considerar dos aspectos fundamenta- es: su forma propiamente dicha (el dibujo por ontorno o lineal, el modelado y el pictórico); la superficie, con su colorido y su textura. La uperficie comprende el uso de distintas clases e papel, como el verjurado, con filigrana, de olores, de marcas industriales y otros.

xisten tres grandes grupos de técnicas del di- ujo, según el instrumento que se utilice para evarlo a cabo. En primer lugar, están los medios e punta fina, como el grafito o el metal. En se-

El carbón y el lápiz de arte son instrumentos de trazo ancho utilizados en el dibujo.

gundo lugar, se encuentran los de trazo ancho, los naturales o los no naturales, como el carbón y el lápiz de arte, respectivamente; y, finalmente, los portadores de tinta, como las plumas de cáñamo, de tinta china, de sepia u otras.

ACTIVIDADES

1. **Escribe** un sinónimo para las siguientes palabras: *figuras, expresión, soporte, fundamentales, técnicas, trazo.*
2. **Identifica** las formas no personales (infinitivo, gerundio y participio) de los verbos que encuentres en la lectura. Luego, **clasifícalos** en una tabla, según su forma no personal.
3. **Explica** cómo el dibujo ha contribuido al resto de las artes.
4. **Investiga** más a fondo las diferentes técnicas del dibujo e **identifica** ejemplos de ellas. ¿Cuál es tu técnica favorita? ¿Por qué?

Leonardo da Vinci y otros genios de la pintura renacentista

Ciertamente, Leonardo da Vinci (1452-1519) es un hombre representativo del Renacimiento italiano. Su inclusión en películas, caricaturas y la publicación de una novela que gira en torno a una de sus pinturas, *El Código Da Vinci* (2003), lo hacen parte del imaginario cultural de nuestros tiempos. Al igual que Miguel Ángel (a quien tratamos en el capítulo anterior), fue pintor, escultor, arquitecto y poeta. Además, fue científico, ingeniero mecánico, anatomista, botánico y músico. Practicó todas estas disciplinas de forma sobresaliente y es por eso que se considera uno de los más grandes genios que ha existido.

Da Vinci es mayormente conocido por sus pinturas. Sus obras *La Última Cena y La Gioconda o Mona Lisa* son piezas de valor incalculable en la cultura universal. Este pintor utilizó una variedad de técnicas pictóricas innovadoras en su época, como el *sfumato*, que consiste en dibujar un boceto y después emplear óleo diluido en aceite. De esta forma, logró difuminar los perfiles y crear una visión tridimensional en la figura. Del mismo modo, mostró un sentido amplio de la composición y una comprensión de la anatomía humana y de la animal, de la botánica y la geología. Además, dominaba la combinación de luces y sombras.

La Gioconda (1503 al 1506), París, Museo del Louvre. El retrato de Lisa Gherardini, esposa de Francesco del Giocondo, es uno de los retratos más famosos del mundo y, probablemente, el más cargado de enigmas en la pintura occidental.

Si miramos *La Gioconda*, de inmediato nos llaman la atención las manos, precisamente por el esfumado y el juego con la luz y la sombra. Luego, la sonrisa nos intriga y nos preguntamos si realmente está sonriendo. La pintura tiene una ilusión óptica que causa el efecto de que la sonrisa desaparezca cuando se la mira directamente y reaparezca cuando la vista se centra en otros segmentos del cuadro.

Otra de sus grandes obras es *La última cena,* que pintó, entre 1495 y 1498, sobre un muro del Convento de Santa María delle Grazie, de Milán, para escenificar la última cena de Jesús con sus discípulos. Esta pintura es un rebuscado ejercicio de perspectiva, en la que el pintor investiga sobre las reacciones de la naturaleza humana, a través de los gestos de todo el cuerpo.

Rafael Sanzio (1483-1520) es otra figura emblemática del Renacimiento. Para 1504, trabajó decorando la Capilla Sixtina junto con Da Vinci y Miguel Ángel. Pintor y arquitecto, su estilo se caracteriza por un clasicismo equilibrado, que se fundamenta en la perfección de la luz, la composición y la perspectiva. Ya desde muy temprano, se lo consideró un niño prodigio por su dominio de la pintura. Una de sus obras más conocidas es *La escuela de Atenas* (1514), pieza que ejemplifica su capacidad de equilibrio pictórico y de los elementos en el espacio, así como de la perspectiva. Además, en ella muestra la temática clásica fusionada a la época, lo que evidencia la reinterpretación de la Antigüedad.

Así, Da Vinci y Rafael junto al ya estudiado en el capítulo anterior, Miguel Ángel, representan el ideal renacentista del artista: personas dedicadas a las artes, polifacéticas, emprendedoras y consagradas a lograr la armonía y el equilibrio de sus piezas.

COMPRENDER

➤ **Investiga** más a fondo sobre los pintores discutidos en Internet o en alguna enciclopedia de arte. Luego, **completa** unos diagramas, como los modelos, con la información que obtuviste del texto y de tu investigación.

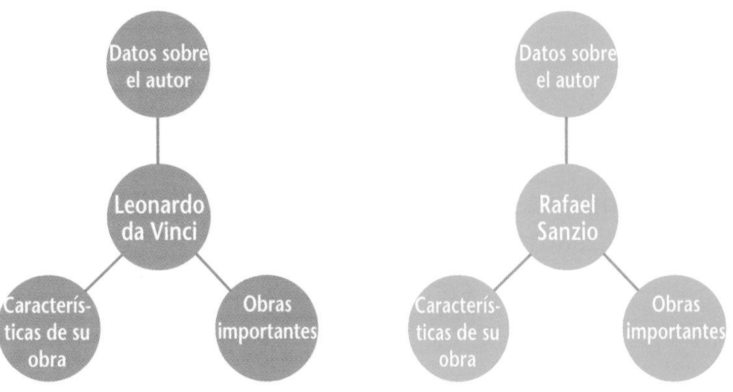

ANALIZAR

➤ **Busca** en un libro de arte renacentista o en Internet una pintura que te impacte, y **lleva** una copia al salón. **Haz** una presentación a tus compañeros en la que incluyas:

- el título de la obra
- el tema de la obra
- una breve biografía del pintor
- tu apreciación sobre la obra

EVALUAR

➤ **Lee** la siguiente información y **contesta**:

En 1911, *La Gioconda* fue robada del Museo de Louvre, lo que nos lleva a pensar en los objetos que se consideran patrimonios artísticos. ¿Por qué crees que hayan objetos y lugares considerados patrimonios artísticos? ¿Cuál crees que sea el objetivo de que las piezas de arte puedan ser vistas por todos?

CONCIENCIA verde

Uno de los aspectos más admirables de Leonardo da Vinci es su formación y ejecución en arte, ciencia y arquitectura. En la actualidad, tenemos arquitectos con gran sensibilidad, que logran una integración de las artes y las ciencias en proyectos arquitectónicos ecológicos. También conocida como **arquitectura sustentable**, esta tendencia promueve un equilibrio entre la construcción humana y el medioambiente, de forma que se vale de los recursos naturales, pero busca el menor impacto ambiental sobre el espacio y sus habitantes. Si pudieras imaginar una escuela, una urbanización o un centro comercial que sea sustentable, ¿cómo sería?

Capítulo 3

1. **Examina** la siguiente situación y **contesta**:
   - Debes explicarle a tu abuelo cómo va a enviar un mensaje mediante correo electrónico. ¿Cómo lo harías, qué palabras usarías?
   - **Enumera** las palabras que pertenecen a la familia léxica del campo de Internet.
2. **Lee** los siguientes fragmentos poéticos e **identifica** las palabras que podrían pertenecer a un mismo campo semántico. Luego, **crea** un letrero con tu propio mensaje en el que utilices palabras de un mismo campo semántico.

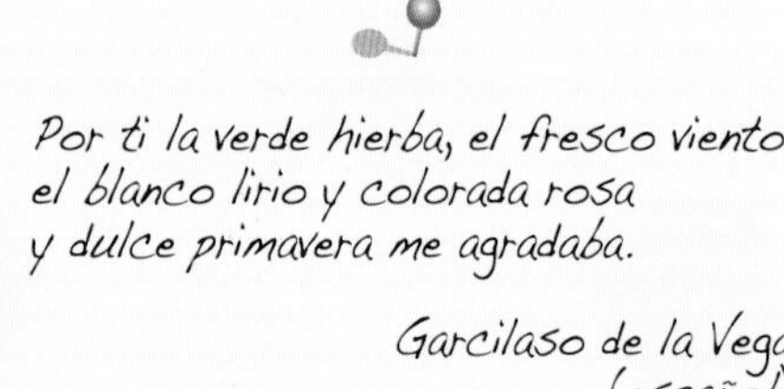

Por ti la verde hierba, el fresco viento
el blanco lirio y colorada rosa
y dulce primavera me agradaba.

Garcilaso de la Vega
(español)

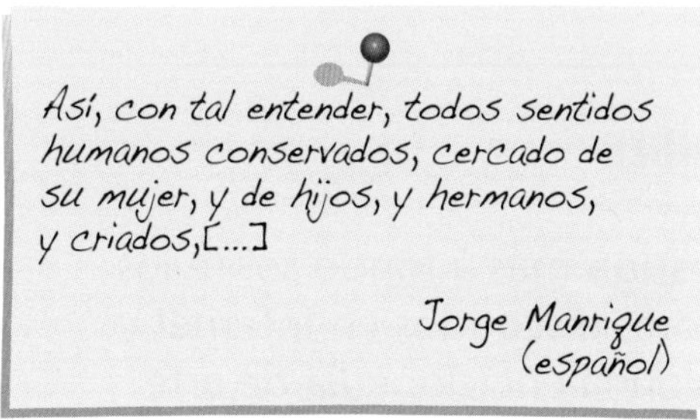

Así, con tal entender, todos sentidos
humanos conservados, cercado de
su mujer, y de hijos, y hermanos,
y criados,[...]

Jorge Manrique
(español)

3. **Completa** los siguientes diagramas con la información que aprendiste sobre los diptongos y los hiatos.

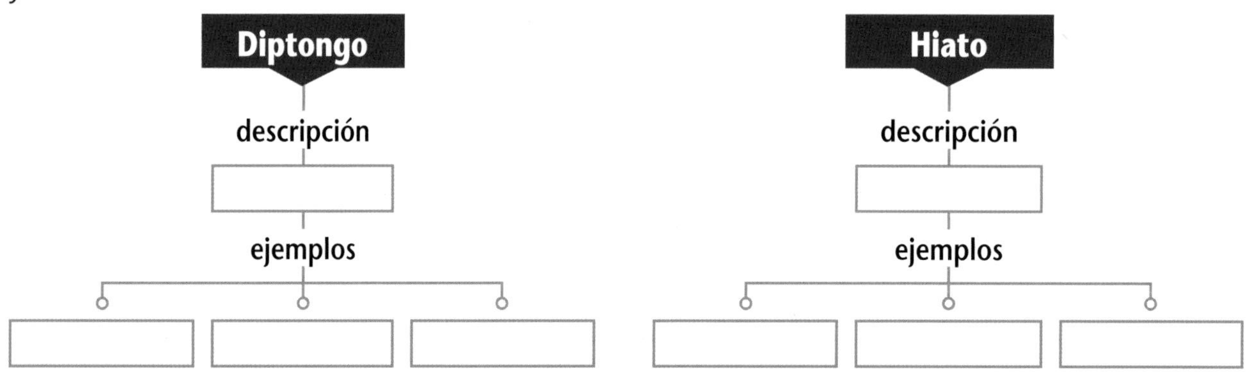

4. **Lee** la siguiente tirilla cómica. **Identifica** los sujetos gramaticales en las oraciones que lo admitan. Luego, **crea** una tirilla en la que utilices el sujeto léxico y el sujeto gramatical.

Maestra:	Buenos días.
Dependiente:	¿En qué puedo servirle?
Maestra:	Necesito trescientas camisas con logos para la escuela.
Dependiente:	¿¡Cuántas!?
Maestra:	Trescientas. Es que llevaremos a cabo el Día de Juegos dentro de dos días.
Dependiente:	Las tendré listas para mañana en la tarde.
Maestra:	Muy bien. Hasta mañana. ¡Gracias!

Capítulo 4

1. **Completa** el crucigrama con los sinónimos de las siguientes palabras:

Vertical:

a. presente - 
b. empleo -
c. hogar -
d. desafío -

Horizontal:

e. estricto -
f. popularidad -
g. papel -
h. bailó -
i. ordinario -

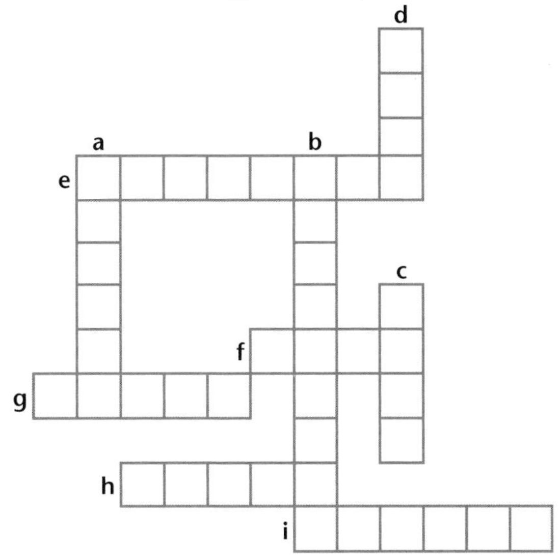

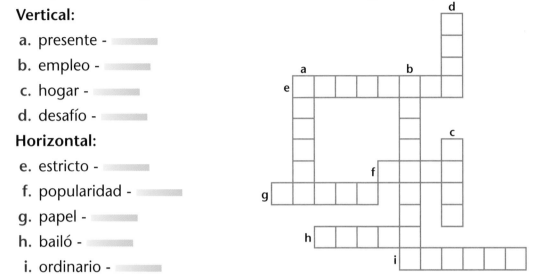

2. **Prepara** un juego de cartas con los elementos interrogativos *qué, quién o quiénes, cuál o cuáles, cuánto o cuántos, cuánta o cuántas, dónde, cuándo* y *cómo*. **Escribe** en tarjetas oraciones y preguntas que necesiten completarse con elementos interrogativos. En otras, **escribe** los elementos interrogativos que completan las oraciones y las preguntas. **Reúnete** con tus compañeros y **juega** con las tarjetas que alguien ajeno al grupo preparó. El estudiante que complete más oraciones ganará puntos.

3. **Busca** en Internet, en periódicos, en revistas o en la lectura el *Lazarillo de Tormes* refranes que contengan, al menos, un verbo. **Pégalos** en un papel de construcción. Luego, **subraya** el verbo e **indica** el tiempo, el número y el modo de cada uno o si es una forma no personal. **Usa** como ejemplos los siguientes modelos:

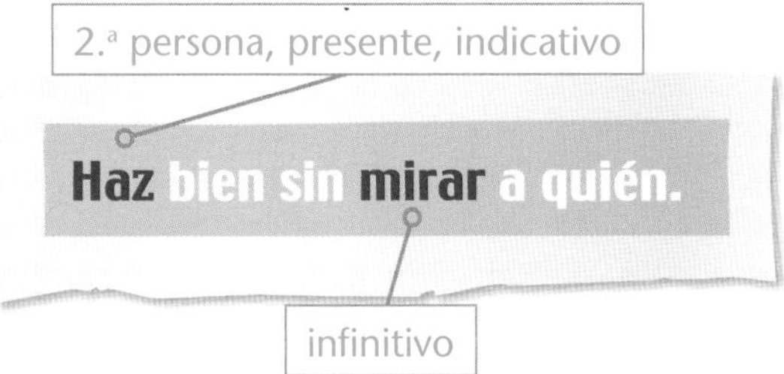

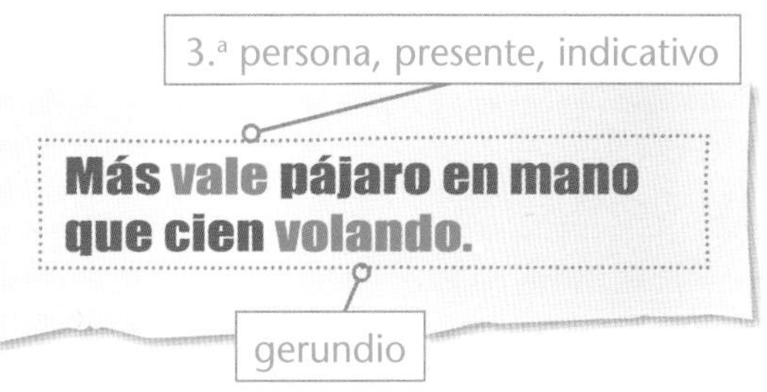

4. **Forma** oraciones con los grupos de palabras del siguiente recuadro. **Conjuga** el verbo para que concuerde con los demás elementos de la oración. Luego, **indica** el modo del verbo. **Observa** que la palabra que inicia la oración está en mayúscula y la que finaliza está acompañada por el punto final.

nosotros	Ayer	Por favor,	elegir
Tal vez	la motocicleta	más	a mí.
caber	conducir	rápido.	Ojala, no
en el carro.	de mi hermano.	conducir	me

5 La época de los contrastes

Las Meninas, óleo sobre lienzo, de Diego Velázquez (1656)

Mientras el Imperio español se desmoronaba, la corte de los reyes vivía de espaldas a la realidad, en medio del lujo. La obra se encuentra en el Museo del Prado.

Temas del capítulo

- La literatura en el Barroco
- La antonimia
- Palabras que poseen varias formas de escritura
- El verbo II
- La escena dramática
- El sociodrama

Preámbulo

Durante el siglo XVII, tiene su desarrollo el Barroco, considerado el segundo período del *Siglo de Oro*, que coincide con un tiempo de crisis. Es un movimiento artístico que se caracteriza por su visión desengañada, escéptica y pesimista de la realidad.

El Barroco fue, en este sentido, fruto de las circunstancias históricas adversas. El siglo XVII, constituyó un período de crisis en el que los cambios políticos, la recesión económica y las tensiones sociales provocaron un decaimiento de los ideales que habían alentado la centuria anterior. La confianza en el ser humano, que había prevalecido durante el Renacimiento, se desmorona en el Barroco. Paradójicamente, en este clima de deterioro florecen en España un arte y una literatura excepcionales.

El arte barroco se caracteriza por la opulencia y la brillantez. Los artistas abandonan el equilibrio formal del arte renacentista y buscan la sorpresa del receptor y la originalidad, creando un estilo basado en el dinamismo, el contraste y la artificiosidad.

¿Qué sabes sobre el Barroco?

- ¿A qué se denomina el *Siglo de Oro español*?
- ¿Cuál era la situación sociopolítica de España en el siglo XVII?
- ¿Qué personajes se supone que están en el lugar desde donde nosotros observamos la pintura? ¿Qué te permitió saberlo?
- ¿A quién retrata el Velázquez que aparece en la pintura? ¿A quién realmente retrató Velázquez?

eo un texto

Al comenzar

- Explica la diferencia entre una fábula y un mito.
- ¿Qué personajes mitológicos conoces? ¿Cómo surgieron?
- Investiga en un diccionario de mitología que es un cíclope y cuántas especies de cíclopes hay, según los mitógrafos.

Al leer

- Discute la forma como el autor Luis de Góngora, integra elementos de la mitología griega en su *Fábula de Polifemo y Galatea.*
- Identifica varios ejemplos de antítesis o contraste de conceptos opuestos en la *Fábula de Polifemo y Galatea.*

Al concluir

- Si pudieras crear un personaje que forme parte de la mitología griega, ¿cuál sería? ¿Cómo lo describirías? ¿Cuál sería su objetivo?

Fábula de Polifemo y Galatea

(Descripción del Cíclope)

Un monte era de miembros eminente
este que, de **Neptuno** hijo fiero,
de un ojo ilustra el orbe de su frente,
émulo casi del mayor lucero;
cíclope, a quien el pino más valiente,
bastón, le obedecía, tan ligero,
y al grave peso junco tan delgado,
que un día era bastón y otro cayado.

Negro el cabello, imitador **undoso**
de las obscuras aguas del **Leteo**,
al viento que lo peina proceloso,
vuela sin orden, pende sin aseo;
un torrente es su barba impetuoso,
que (**adusto** hijo de este **Pirineo**)
su pecho inunda, o tarde, o mal, o en vano
surcada aun de los dedos de su mano.

Este cíclope era alto como un monte (hijo del fiero Neptuno, en su frente, ancha como el universo, tenía un solo ojo que casi podía competir con el Sol); el pino más fuerte le servía de bastón, pero con su peso parecía tan ligero que se doblaba como un junco delgado, de modo que un día era bastón (para apoyarse), y otro, cayado (para guiar las ovejas).

Su cabello negro, que imita con sus rizos las oscuras aguas del Leteo, vuela desordenado por culpa del viento tempestuoso que lo peina, y cuelga desaseado; su barba es un torrente impetuoso, áspero, nacido en lo alto de este gigante tan grande como un monte, que inunda su pecho; los dedos de su mano la surcan (peinan) tarde, mal o en vano.

(Descripción de Galatea)

Ninfa, de Doris hija, la más bella
adora, que vio el reino de la espuma.
Galatea es su nombre, y dulce en ella
el terno **Venus** de sus Gracias suma.
Son una y otra luminosa estrella
lucientes ojos de su blanca pluma;
si roca de cristal no es de Neptuno,
pavón de Venus es, cisne de Juno.

Purpúreas rosas sobre Galatea
la Alba entre lilios cándidos deshoja:
duda el Amor cuál más su color sea,
o púrpura nevada, o nieve roja.

- **Neptuno** (sustantivo). Dios del mar en la mitología romana.
- **undoso** (adjetivo). Que se mueve haciendo ondas.
- **Leteo** (sustantivo). En la mitología clásica, uno de los cinco ríos que conducían al infierno desde la Tierra.
- **adusto** (adjetivo). Seco, severo.
- **Pirineo** (sustantivo). Cadena montañosa entre España y Francia; metáfora del gigante.
- **Venus** (sustantivo). Diosa romana del amor y de la belleza.
- **pavón** (sustantivo). Pavo real.

De su frente la perla es, **eritrea**,
émula vana. El ciego dios se enoja,
y, condenado su esplendor, la deja
pender en oro al nácar de su oreja.

Invidia de las ninfas y cuidado
de cuantas honra el mar deidades era;
pompa del marinero niño alado
que sin fanal conduce su venera.
Verde el cabello, el pecho no escamado,
ronco sí, escucha a Glauco la ribera
inducir a pisar la bella ingrata,
en carro de cristal, campos de plata.

Polifemo adora a una hija de Doris, la ninfa más bella que vio el reino de la espuma. Su nombre es Galatea y, dulcemente, Venus reúne en ella las tres Gracias. Sus lucientes ojos son dos luminosas estrellas en su blanca piel: si no es roca cristalina de Neptuno, es pavo real de Venus, cisne de Juno.

La luz del Alba deshoja purpúreas rosas sobre la blanca pureza de Galatea, de modo que el dios Amor duda de cuál es su verdadero color, si púrpura nevada o roja nieve. La perla eritrea compite en vano con la belleza de su frente. Cupido, el dios ciego, se enoja y condena a la esplendorosa perla, engastada en oro, a colgar de su nacarada oreja.

(Encuentro entre Acis y Galatea)

Salamandria del Sol, vestido estrellas,
latiendo el Can del cielo estaba, cuando
polvo el cabello, húmedas centellas,
si no ardientes **aljófares**, sudando)
llegó Acis; y, de ambas luces bellas
dulce Occidente viendo al sueño blando,
su boca dio, y sus ojos cuanto pudo,
al sonoro cristal, al cristal mudo.

Era Acis un **venablo** de Cupido,
de un **fauno**, medio hombre, medio fiera,
en Simetis, hermosa ninfa, habido;
gloria del mar, honor de su ribera.
El bello imán, el ídolo dormido,
que acero sigue, idólatra venera,
rico de cuanto el huerto ofrece pobre,
rinden las vacas y fomenta el **robre**. [...]

Luis de Góngora
(español)
(fragmento)

Sobre el autor

Luis de Góngora y Argote (Córdoba, 1561-1627). Poeta y dramaturgo español. Uno de los máximos exponentes del Siglo de Oro, en la corriente culterana o gongorista. La metáfora, el contraste y el hipérbaton adquirieron una gran importancia en sus composiciones.

Realizó estudios en Salamanca y al final de su vida se ordenó sacerdote. Residió en Madrid, donde fue elevado a la dignidad de capellán del rey Felipe III. Se caracterizó tanto por la ironía de sus versos, como por su habilidad para lograr un lenguaje colorista y armónico bajo una elaborada construcción métrica. Sus dos grandes poemas culteranos son la *Fábula de Polifemo y Galatea*, y *Soledades*. En ambos, abundan los neologismos, los latinismos y los elementos mitológicos. La poesía popular constituye también una parte importante de su producción.

- **eritrea** (sustantivo). Del mar Rojo o de Eritrea, región de Etiopía.
- **Salamandria del Sol**. Según una tradición antigua, la salamandra podía estar dentro del fuego sin consumirse. Aquí es una metáfora de la constelación del verano (Can) en la que está el Sol.
- **aljófares** (sustantivo). Perlas pequeñas, de figura irregular.
- **venablo** (sustantivo). Dardo o lanza corta.
- **fauno** (sustantivo). Semidiós de los campos y las selvas.
- **robre** (sustantivo). Roble.

Leo un texto

Al comenzar

- ¿Recuerdas la expresión latina *carpe diem*? ¿Qué significado tiene?
- ¿Qué opinas sobre disfrutar la vida mientras dure la juventud? Explica.
- ¿Quién tiene la culpa de la marginación de la mujer en una sociedad machista: el hombre, la mujer o ambos? Explica.

Al leer

- Explica con qué elementos identifica Quevedo su decadencia en el poema "Miré los muros de la patria mía".
- Identifica en el poema de Góngora los elementos con que se comparan las cuatro partes del cuerpo que menciona. Explica qué simbolizan esos elementos.
- Establece la percepción sobre los hombres que tiene Sor Juana Inés de la Cruz.

Al concluir

- Si supieras que mañana termina la vida, ¿qué cosas te gustaría hacer antes de partir?

- **yelo** (sustantivo). Hielo.
- **amancillada** (adjetivo). Mancillada, dañada, ajada.
- **báculo** (sustantivo). Bastón o cayado.
- **corvo** (adjetivo). Curvado.
- **bruñido** (adjetivo). Reluciente.
- **lilio** (sustantivo). Lirio, flor de color blanco.
- **cogello** (verbo). Del verbo *coger*. Cogerlo.
- **troncada** (verbo). Del verbo *troncar*. Dejar una obra incompleta.

Miré los muros de la patria mía

Miré los muros de la patria mía,
si un tiempo fuertes, ya desmoronados,
de la carrera de la edad cansados,
por quien caduca ya su valentía.
Salime al campo, vi que el sol bebía
los arroyos del **yelo** desatados,
y del monte quejosos los ganados,
que con sombras hurtó su luz al día.
Entré en mi casa; vi que, **amancillada**,
de anciana habitación era despojos;
mi **báculo**, más **corvo** y menos fuerte;
vencida de la edad sentí mi espada.
Y no hallé cosa en que poner los ojos
que no fuese recuerdo de la muerte.

Francisco de Quevedo
(español)

Mientras por competir con tu cabello

Mientras por competir con tu cabello,
oro **bruñido** al sol relumbra en vano;
mientras con menosprecio en medio el llano
mira tu blanca frente el **lilio** bello;

mientras a cada labio, por **cogello**.
siguen más ojos que al clavel temprano;
y mientras triunfa con desdén lozano
del luciente cristal tu gentil cuello:

goza cuello, cabello, labio y frente,
antes que lo que fue en tu edad dorada
oro, lilio, clavel, cristal luciente,

no solo en plata o viola **troncada**
se vuelva, mas tú y ello juntamente
en tierra, en humo, en polvo, en sombra, en nada.

Luis de Góngora
(español)

Hombres necios que acusáis

ombres necios que acusáis
la mujer sin razón,
n ver que sois la ocasión
e lo mismo que culpáis.

i con ansia sin igual
olicitáis su desdén,
por qué queréis que obren bien
las incitáis al mal?

ombatís su resistencia
luego, con gravedad,
ecís que fue **liviandad**
o que hizo la diligencia.

arecer quiere el **denuedo**
e vuestro parecer loco,
l niño que pone el coco
luego le tiene miedo.

Queréis, con presunción necia,
allar a la que buscáis
ara, pretendida, **Tais**;
n la posesión, **Lucrecia**.

Qué humor puede ser más raro
ue el que, falto de consejo,
l mismo empaña el espejo
siente que no esté claro?

on el favor y el desdén
enéis condición igual:
uejándoos si os tratan mal;
urlándoos, si os quieren bien.

Opinión ninguna gana,
ues la que más se **recata**,
i no os admite, es ingrata,
si os admite, es liviana.
iempre tan necios andáis,
ue, con desigual nivel,
una culpáis por cruel
otra por fácil culpáis.

¿Pues cómo ha de estar templada
la que vuestro amor pretende,
si la que es ingrata ofende
y la que es fácil enfada?

Mas entre el enfado y la pena
que vuestro gusto refiere,
bien haya la que no os quiere,
y quejaos enhorabuena.

Dan vuestras amantes penas
a sus libertades alas,
y después de hacerlas malas
las queréis hallar muy buenas.

¿Cuál mayor culpa ha tenido
en una pasión errada:
la que cae de rogada
o el que ruega de caído?

¿O cuál es más de culpar
aunque cualquiera mal haga:
la que peca por la paga
o el que paga por pecar?

¿Pues para qué os espantáis
de la culpa que tenéis?
Queredlas cual las hacéis
o hacedlas cual las buscáis.

Dejad de solicitar,
y después, con más razón,
acusaréis de afición
de la que os fuere a rogar.

Bien con muchas armas fundo
que lidia vuestra arrogancia,
pues en promesas e **instancia**
juntáis diablo, carne y mundo.

Sor Juana Inés de la Cruz
(mexicana)

Sobre los autores

Francisco de Quevedo (1580-1645) fue un escritor español, quien alcanzó muy joven la fama como escritor. Estudió Artes, Matemáticas, Metafísica y Teología. Quevedo es el máximo representante del conceptismo y uno de los autores fundamentales de la literatura española de todos los tiempos. Escribió sonetos satíricos y burlescos, y abordó, en muchos de sus poemas, el tema de la muerte y del paso del tiempo. Para ellos, utilizó un lenguaje mayormente coloquial y directo. En vida, y a través de su obra, rechazó fervientemente el gongorismo.

Sor Juana Inés de la Cruz (1651-1695) fue una escritora mexicana, quien, por sus habilidades, se destacó desde temprana edad en la corte virreinal de Nueva España. Es la escritora más importante de todo el período barroco americano. En una época en la que la educación quedaba reducida a un pequeño grupo de aristócratas y clérigos, se profesó como monja para poder dedicarse a sus estudios. Su poesía contó con un amplio número de redondillas, liras, sonetos, villancicos, entre otras composiciones profanas en las que destacan temas amorosos y reflexivos.

- **liviandad** (sustantivo). Frivolidad.
- **denuedo** (sustantivo). Esfuerzo.
- **Tais** (sustantivo). Famosa cortesana de Atenas (Grecia).
- **Lucrecia** (sustantivo). Mujer romana honesta y virtuosa.
- **recata** (verbo). Del verbo *recatar*. Actuar con pudor.
- **instancia** (sustantivo). Ruego, petición.

Al comenzar

- ¿Cómo definirías a un buscón?
- ¿Conoces a alguien que actúe de esa forma? ¿Qué suele hacer para conseguir su objetivo?

Al leer

- Evidencia, con citas directas, el uso de la hipérbole en los dos fragmentos de la novela *La historia de la vida del Buscón, llamado don Pablos,* de Quevedo.

Al concluir

- ¿Por qué crees que este texto se puede clasificar dentro del género de novela picaresca?

La historia de la vida del buscón, llamado don Pablos

Capítulo III

De cómo fue a un pupilaje por criado de don Diego Coronel

El licenciado Cabra

Entramos, primero domingo después de cuaresma, en poder de la hambre viva, porque tal **laceria** no admite encarecimiento. Él era un clérigo **cerbatana, largo** solo en el talle, una cabeza pequeña, pelo bermejo (no hay más que decir para quien sabe el **refrán**), los ojos avecindados en el cogote, que parecía que miraba por **cuévanos**, tan hundidos y **escuros** que era buen sitio el suyo para tiendas de mercaderes; la nariz, **entre Roma y Francia**, porque se le había comido de unas **búas** de resfriado, que aun no fueron de vicio porque cuestan dinero; las barbas descoloridas de miedo de la boca vecina, que, de pura hambre, parecía que amenazaba a comérselas; los dientes, le faltaban no sé cuántos, y pienso que por holgazanes y **vagamundos** se los habían desterrado; el gaznate largo como de avestruz, con una nuez tan salida que parecía se iba a buscar de comer forzada de la necesidad; los brazos secos, las manos como un manojo de **sarmientos** cada una.

Mirado de medio abajo, parecía tenedor o compás, con dos piernas largas y flacas. Su andar, muy espacioso; si se descomponía algo, le sonaban los huesos como tablillas de San Lázaro. La habla, ética; la barba, grande, que nunca se la cortaba por no gastar, y él decía que era tanto el asco que le daba ver la mano del barbero por su cara, que antes se dejaría matar que tal permitiese; cortábale los cabellos un muchacho de nosotros. Traía un bonete los días de sol, ratonado con mil gateras y guarniciones de grasa; era de cosa que fue paño, con los fondos en caspa. La sotana, según decían algunos, era milagrosa, porque no se sabía de qué color era. Unos, viéndola tan sin pelo, la tenían por cuero de rana; otros decían que era ilusión: desde cerca parecía negra, y desde lejos entre azul. Llevábala sin ceñidor; no traía cuello ni puños. Parecía con esto y los cabellos largos y la sotana y el bonetón, teatino lanudo. Cada zapato podía ser tumba de un filisteo. ¿Pues su aposento? Aun arañas no había en él. Conjuraba los ratones de miedo que le royesen algunos mendrugos que guardaba. La cama tenía en el suelo, y dormía siempre de un lado por no gastar las sábanas. Al fin, él era archipobre y protomiseria.

- **laceria** (sustantivo). Miseria.
- **cerbatana** (sustantivo). Tubo delgado para disparar flechas.
- **largo** (sustantivo). Tiene doble sentido: 'alto' y 'generoso'.
- **refrán:** "Ni perro ni gato de aquella color", decía un refrán contra los pelirrojos.
- **cuévanos** (sustantivo). Cestos grandes y hondos.
- **escuros** (adjetivo). Oscuros.
- **entre Roma y Francia** (refrán antiguo). Chata ("roma"), con aspecto de hallarse afectada por el llamado "mal francés" o sífilis.
- **búas** (sustantivo). Tumores blandos.
- **vagamundos** (sustantivo). Vagabundos.
- **sarmientos** (sustantivo). Brotes de la vid, largos, delgados, flexibles y nudosos.

Capítulo IV

De la convalecencia y ida a estudiar a Alcalá de Henares

Los efectos del hambre

Don Diego Coronel y su criado Pablos residen en Alcalá en la casa el dómine Cabra, quien literalmente mataba de hambre a sus pupilos. uando llegó a oídos de don Alonso, padre de Don Diego Coronel, que uno e los hospedados en la casa del dómine Cabra había muerto de hambre, cudió a rescatar a su hijo y a Pablos de manos de aquel hombre. Tanto l amo como el criado estaban hechos una verdadera ruina por la falta de limento.

Entramos en la casa de don Alonso, y echáronnos en dos camas con nucho tiento, porque no se nos desparramasen los huesos, de puro roídos el hambre. Trajeron exploradores que nos buscasen los ojos por toda la ara; y a mí, como había sido mi trabajo mayor y el hambre imperial —que l fin me trataban como a criado—, en buen rato no me los hallaron. Traeron médicos, y mandaron que nos limpiasen con **zorras** el polvo de las ocas, como **retablos**, y bien lo éramos de duelos; ordenaron que nos dieran ustancias y **pistos**. ¿Quién podrá contar, a la primera **almendrada** y a la rimera ave, las luminarias que las tripas pusieron de contento? Todo les acía novedad. Mandaron los doctores que por nueve días no hablase naie recio en nuestro aposento, porque como estaban huecos los estómagos, onaba en ellos el eco de cualquier palabra. Con estas y otras prevenciones omenzamos a volver y a cobrar algún aliento; pero nunca podían las quiadas desdoblarse, que estaban magras y **alforzadas**, y así se dio la orden ue cada día nos las ahormasen con la mano del almirez. Levantábamos a acer pinicos dentro de cuarenta días, y aún parecíamos sombras de otros ombres; y en lo amarillo y flaco, simiente de los **padres del yermo**. Todo l día gastábamos en dar gracias a Dios por habernos rescatado de la captiidad del fielísimo Cabra, y rogábamos al Señor que ningún cristiano cayese n sus manos crueles. Si acaso, comiendo, alguna vez nos acordábamos de as mesas del mal **pupilero**, se nos aumentaba el hambre tanto, que acrecenábamos la costa aquel día. Solíamos contar a don Alonso cómo al sentarse la mesa nos decía mil males de la gula, no la habiendo él conocido en su ida; y reíase mucho cuando le contábamos que en el mandamiento de *no natarás* metía perdices, capones y gallinas y todas las cosas que no quería arnos, y, por el consiguiente, el hambre, pues parecía que tenía por pecado natarla y aún herirla, según regateaba el comer.

Francisco de Quevedo
(español)
(fragmento)

Sobre la obra

Como ya sabes, Quevedo es uno de los mejores prosistas del Barroco. Sus obras abarcan temas y enfoques muy variados: festivo, satírico, ascético, político. El tema del humor se destaca en su novela picaresca *Historia de la vida del Buscón, llamado don Pablos*, que narra la miserable vida de Pablos, hijo de un barbero ladrón y una bruja celestina. La obra está escrita con un lenguaje ácido y expresivo, lleno de originalidad, en el que los juegos verbales y el empleo de hipérboles para caricaturizar personajes y situaciones son frecuentes, como ocurre en la descripción del licenciado Cabra.

- **zorras** (sustantivo). Instrumento formado por unas tiras de piel o de tela unidas a un mando, que sirve para sacudir el polvo.
- **retablo de duelos** (voz antigua). Se aplicaba a quienes sufrían muchas penalidades.
- **pistos** (sustantivo). Líquidos para alimentar a los enfermos, que se obtienen machacando o prensando la carne de ave.
- **almendrada** (sustantivo). Bebida compuesta por leche de almendras y azúcar.
- **alforzadas** (adjetivo). Agrietadas.
- **padres del yermo** (voz antigua). Solitarios.
- **pupilero** (sustantivo). Persona que acomoda huéspedes en la casa.

Al comenzar

- ¿Qué características crees que deba tener un buen gobernante?
- ¿Puede la mujer contribuir al progreso de un pueblo? Justifica tu respuesta con ejemplos reales.

Al leer

- Determina qué cualidad demostró el pueblo durante el interrogatorio del juez cuando todos respondían que el culpable de la muerte del Comendador era Fuenteovejuna.
- Identifica los elementos que suelen presentarse al tratar el tema del honor: ofensa, ofensor, venganza, etcétera.

Al concluir

- ¿Qué habrías hecho si estuvieras en "los zapatos de Laurencia"?
- ¿Crees que sea correcto tomar la justicia en tus manos? Explica.

- **estoques** (sustantivo). Espadas estrechas que por lo regular suelen ser más largas de lo normal y con las que solo se puede herir de punta.
- **basquiñas** (sustantivo). Faldas que usaban las mujeres sobre la ropa para salir a la calle.
- **amazonas** (sustantivo). Mujeres de alguna de las razas guerreras que suponían los antiguos haber existido en los tiempos heroicos.

Fuenteovejuna

En el día de la boda de Laurencia y Frondoso, el comendador Fernán Gómez toma preso al novio y secuestra a la novia para deshonrarla. Laurencia logra escapar de su captor y corre a la asamblea del pueblo para incitarlo a la rebelión. En un discurso enfurecido y apasionado, la muchacha recrimina a todos los que consienten los abusos del tirano.

(Entra LAURENCIA, desmelenada)

LAURENCIA. Dejadme entrar, que bien puedo, en consejo de loshombres; que bien puede una mujer, si no a dar voto, a dar voces. ¿Conocéisme?

ESTEBAN. ¡Santo cielo! ¿No es mi hija? [...]

LAURENCIA. No me nombres tu hija.

ESTEBAN. ¿Por qué, mis ojos? ¿Por qué?

LAURENCIA. Por muchas razones, y sean las principales, porque dejas que me roben tiranos sin que me vengues, traidores sin que me cobres. Aún no era yo de Frondoso, para que digas que tome, como marido, venganza, que aquí por tu cuenta corre; que en tanto que de las bodas no haya llegado la noche, del padre, y no del marido, la obligación presupone; que en tanto que no me entregan una joya, aunque la compre, no ha de correr por mi cuenta las guardas ni los ladrones. Llevome de vuestros ojos a su casa Fernán Gómez; la oveja al lobo dejáis como cobardes pastores. ¡Qué dagas no vi en mi pecho! ¡Qué desatinos enormes, qué palabras, qué amenazas, y qué delitos atroces, por rendir mi castidad a sus apetitos torpes! Mis cabellos ¿no lo dicen? ¿No se ven aquí los golpes, de la sangre, y las señales? ¿Vosotros sois hombres nobles? [...] ¿Vosotros, que no se os rompe las entrañas de dolor, de verm[e] en tantos dolores? Ovejas soi[s], bien lo dice de Fuenteovejuna [e]l nombre. ¡Dadme unas armas [a] mí, pues sois piedras, pues soi[s] tigres...! Tigres no, porque feroces siguen quien roba sus hijos matando los cazadores antes que entren por el mar, y pos sus ondas se arrojen. Liebres cobardes nacisteis; bárbaros sois, n[o] españoles. ¡Gallinas! ¡Vuestras mujeres sufrís que otros hombres gocen! ¡Poneos ruecas e[n] la cinta! ¿Para qué os ceñís **estoques**? ¡Vive Dios, que ha de trazar que solas mujeres cobren l[a] honra de estos tiranos, la sangr[e] de estos traidores, y que os ha[n] de tirar piedras, hilanderas, maricones, amujerados, cobardes, [y] que mañana os adornen nuestras tocas y **basquiñas**, solimanes [y] colores! A Frondoso quiere y[a] sin sentencia, sin pregones, colgar el comendador del almen[a] de una torre; de todos hará l[o] mismo; y yo me huelgo, medio hombres, por que quede sin mujeres esta villa honrada, y torn[e] aquel siglo de **amazonas**, etern[o] espanto del orbe.

ESTEBAN. Yo, hija, no soy d[e] aquellos que permiten que lo[s] nombres con esos títulos viles. Iré solo, si se pone todo el mundo contra mí.

UAN ROJO. Y yo, por más que me asombre la grandeza del contrario.

REGIDOR. ¡Muramos todos! [...]

Vanse todos)

Después de muerto el Comendador, llega a Fuenteovejuna un juez para interrogar a todos. Laurencia y Frondoso, protagonistas de la obra, oyen cómo el juez aplica el tormento a los habitantes para encontrar la verdad.

UEZ. Decid, ¿quién mató a Fernando?

ESTEBAN. Fuenteovejuna lo hizo.

LAURENCIA. Tu nombre, padre, eternizo.

FRONDOSO. ¡Bravo caso!

UEZ. ¡Ese muchacho! Aprieta, perro, yo sé que lo sabes. Di quién fue. ¿Callas? Aprieta, borracho.

NIÑO. Fuenteovejuna, señor.

UEZ. ¡Por vida del Rey, villanos, que os ahorque con mis manos! ¿Quién mató al Comendador?

FRONDOSO. ¡Que a un niño le den tormento y niegue de aquesta suerte!

LAURENCIA. ¡Bravo pueblo!

FRONDOSO. Bravo y fuerte.

UEZ. Esa mujer al momento, en ese **potro** tened. Dale esa **mancuerda** luego.

LAURENCIA. Ya está de cólera ciego.

UEZ. Que os he de matar, creed, en ese potro, villanos. ¿Quién mató al Comendador?

PASCUALA. Fuenteovejuna, señor.

UEZ. ¡Dale!

FRONDOSO. Pensamientos vanos.

LAURENCIA. Pascuala niega, Frondoso.

FRONDOSO. Niegan niños, ¿qué te espantas?

JUEZ. Parece que los encantas. ¡Aprieta!

PASCUALA. ¡Ay, cielo piadoso!

JUEZ. ¡Aprieta, infame! ¿Estás sordo?

PASCUALA. Fuenteovejuna lo hizo.

JUEZ. Traedme aquel más rollizo; ese desnudo, ese gordo.

LAURENCIA. ¡Pobre **Mengo**! Él es sin duda.

FRONDOSO. Temo que ha de confesar.

MENGO. ¡Ay, ay!

JUEZ. Comienza a apretar.

MENGO. ¡Ay!

JUEZ. ¿Es menester ayuda?

MENGO. ¡Ay, ay!

JUEZ. ¿Quién mató, villano, al señor Comendador?

MENGO. ¡Ay, yo lo diré señor!

JUEZ. Afloja un poco la mano.

FRONDOSO. Él confiesa.

JUEZ. Al palo aplica la espalda.

MENGO. Quedo, que yo lo diré.

JUEZ. ¿Quién lo mató?

MENGO. Señor, Fuenteovejunica.

JUEZ. ¿Hay tan gran bellaquería? Del dolor se están burlando. En quien estaba esperando, niega con mayor porfía. Dejadlos; que estoy cansado.

FRONDOSO. ¡Oh, Mengo, bien te haga Dios! Temor que tuve de dos, el tuyo me lo ha quitado.

Lope de Vega
(español)
(fragmento)

Sobre el autor

Félix Lope de Vega y Carpio (1562-1635) fue un escritor español proveniente de una familia de artesanos, que cursó estudios en Alcalá de Henares. A los doce años, escribió su primera pieza teatral. Aunque cultivó una variedad de géneros literarios, su éxito radica en su propia composición del teatro. Creó el teatro nacional, con particularidades propias, cuya influencia alcanza hasta el siglo XX. Para Lope la obra tiene el fin primordial de entretener al público, al reflejar las costumbres de su sociedad. Sus obras teatrales tratan sobre el amor, el honor y los abusos de la nobleza.

Entre sus obras más destacadas se encuentran: las tragicomedias *Peribañez y el comendador de Ocaña,* y *Fuenteovejuna*; las comedias, *Los locos de Valencia*, *La dama boba*, *Las bizarrías de Belisa* y *El perro del hortelano;* y las obras cercanas a la tragedia clásica, *El caballero de Olmedo* y *El castigo sin venganza*. *Fuenteovejuna* es una obra teatral que representa el levantamiento armado por parte del pueblo frente a la tiranía y los atropellos del comendador, Fernán Gómez, en 1476.

- **potro** (sustantivo). Instrumento de tortura.
- **mancuerda** (sustantivo). Tipo de tormento con el que se obligaba a la gente a confesar.
- **Mengo** (sustantivo). Personaje cómico, el más fácil de amilanar.

Al comenzar

- ¿Has tomado decisiones basándote en los pronósticos del horóscopo o el movimiento de los astros? ¿Por qué?
- ¿Qué aspectos consideras que podrían motivar a un padre a romper la relación con su hijo?

Al leer

- Identifica los defectos que le atribuye el padre a Segismundo y por los cuales lo encarcela y le niega el derecho a regir en Polonia.
- Identifica los elementos con los que Segismundo compara a la vida.

Al concluir

- ¿Con qué propósito el ser humano sueña?
- ¿De qué depende la realización de los sueños de una persona?
- ¿Cuáles son tus sueños? ¿Son realistas? ¿Qué metas te has propuesto para alcanzarlos?

La vida es sueño

El vaticinio de los astros

Basilio, rey de Polonia, refiere los motivos que lo han llevado a encarcelar a su hijo Segismundo.

BASILIO. En Clorilene, mi esposa,
tuve un infelice hijo,
en cuyo parto los cielos
se agotaron de prodigios...
Yo, acudiendo a mis estudios,
en ellos y en todo miro
que Segismundo sería
el hombre más atrevido,
el príncipe más cruel
y el monarca más impío,
por quien su reino vendría
a ser parcial y **diviso**,
escuela de las traiciones
y academia de los vicios;
y él, de su furor llevado,
entre asombros y delitos,
había de **poner en mí**
las plantas, y yo rendido
a sus pies me había de ver.
(¡Con qué congoja lo digo!),
siendo alfombra de sus plantas
las canas del rostro mío.
¿Quién no da crédito al daño,
y más al daño que ha visto
en su estudio, donde hace
el amor propio su oficio?
Pues dando crédito yo
a los **hados**, que adivinos
me pronosticaban daños
en fatales vaticinios,
determiné de encerrar
la fiera que había nacido,
por ver si el sabio tenía
en las estrellas dominio.
Publicose que el infante
nació muerto y, prevenido,
hice labrar una torre
entre las peñas y riscos
de esos montes, donde apenas
la luz ha hallado camino,
por defenderle la entrada
sus rústicos obeliscos.
Las graves penas y leyes,
que con públicos editos
declararon que ninguno
entrase a un vedado sitio
del monte, se ocasionaron
de las causas que os he dicho.
Allí Segismundo vive
mísero, pobre y cautivo,
adonde solo Clotaldo
le ha hablado, tratado y visto.
Éste le ha enseñado ciencias;
éste en la ley le ha instrüido
católica, siendo solo
de sus miserias testigo.
Aquí hay tres cosas: la una
que yo, Polonia, os estimo
tanto que os quiero librar
de la opresión y servicio
de un rey tirano, porque
no fuera señor benigno
el que a su patria y su imperio
pusiera en tanto peligro.
La otra es considerar
que si a mi sangre le quito
el derecho que le dieron
humano fuero y divino,
no es cristiana caridad;
pues ninguna ley ha dicho
que por reservar yo a otro
de tirano y de atrevido,
pueda yo serlo, supuesto
que si es tirano mi hijo,
porque él delitos no haga,
vengo yo a hacer los delitos. [...

- **diviso** (voz antigua). Dividido.
- **poner en mí las plantas** (voz antigua). Someterme.
- **hados** (sustantivo). Destinos.

La vuelta a prisión

Tras años de encierro, el rey Basilio decide trasladar a Segismundo a palacio. Segismundo se comporta de forma despótica y es devuelto a su prisión, donde cree que todo ha sido un sueño.

SEGISMUNDO.
Supuesto que sueño fue,
no diré lo que soñé,
lo que vi, Clotaldo, sí.
Yo desperté y yo me vi
(¡qué crueldad tan **lisonjera**!)
en un lecho que pudiera,
con matices y colores,
ser el catre de las flores
que tejió la primavera.
Allí mil nobles, rendidos
a mis pies, nombre me dieron
de su príncipe, y sirvieron
galas, joyas y vestidos.
La calma de mis sentidos
tú **trocaste** en alegría,
diciendo la dicha mía;
que, aunque estoy de esta manera,
príncipe en Polonia era.

CLOTALDO.
Buenas **albricias** tendría.

SEGISMUNDO.
No muy buenas: por traidor,
con pecho atrevido y fuerte
dos veces te daba muerte. [...]

CLOTALDO.
Mas en sueños fuera bien
entonces honrar a quien
te crió en tantos empeños,
Segismundo, que aun en sueños
no se pierde el hacer bien. (*Vase.*)

SEGISMUNDO.
Es verdad; pues reprimamos
esta fiera condición,
esta furia, esta ambición
por si alguna vez soñamos.
Y sí haremos, pues estamos
en mundo tan singular
que el vivir solo es soñar,
y la experiencia me enseña
que el hombre que vive sueña
lo que es hasta despertar.
Sueña el rey que es rey, y vive
con este engaño mandando,
disponiendo y gobernando;
y este aplauso, que recibe
prestado, en el viento escribe,
y en cenizas le convierte
la muerte (¡desdicha fuerte!):
¡que hay quien intente reinar
viendo que ha de despertar
en el sueño de la muerte!
Sueña el rico en su riqueza,
que más cuidados le ofrece;
sueña el pobre que padece
su miseria y su pobreza;
sueña el que a medrar empieza,
sueña el que afana y pretende,
sueña el que agravia y ofende,
y en el mundo, en conclusión,
todos sueñan lo que son,
aunque ninguno lo entiende.
Yo sueño que estoy aquí,
de estas prisiones cargado,
y soñé que en otro estado
más lisonjero me vi.
¿Qué es la vida? Un frenesí.
¿Qué es la vida? Una ilusión,
una sombra, una ficción,
y el mayor bien es pequeño;
que toda la vida es sueño,
y los sueños sueños son.

Pedro Calderón de la Barca
(español)
(fragmento)

Sobre el autor

Pedro Calderón de la Barca (1600-1681) dramaturgo, militar y Capellán español que se educó en las universidades de Alcalá de Henares y de Salamanca. Dedicó su vida al teatro y fue capellán de honor de Felipe IV. Calderón escribió un teatro de ideas, que ahondaba en las preocupaciones morales y filosóficas de su época. Esto se manifiesta en sus obras más características: los autos sacramentales y los dramas. Su obra máxima es *La vida es sueño,* que presenta el tema de la libertad ante el destino. Dicha obra se publicó en la *Primera parte de las comedias de don Pedro Calderón de la Barca* y consta de tres actos. Esta pieza es una tragicomedia cuya intención es llegar tanto a un público popular como a uno culto.

- **lisonjera** (adjetivo). Halagadora.
- **trocaste** (verbo). Del verbo *trocar*. Cambiaste.
- **albricias** (sustantivo). Premio, recompensa.

IDENTIFICO

➤ **Completa** los diagramas, según corresponda.

a. **Identifica** el tema principal de cada uno de los poemas que leíste en este capítulo. Luego, **escribe** tres ideas presentes en el texto que apoyen tu selección. **Anota** tus respuestas en un diagrama como el siguiente:

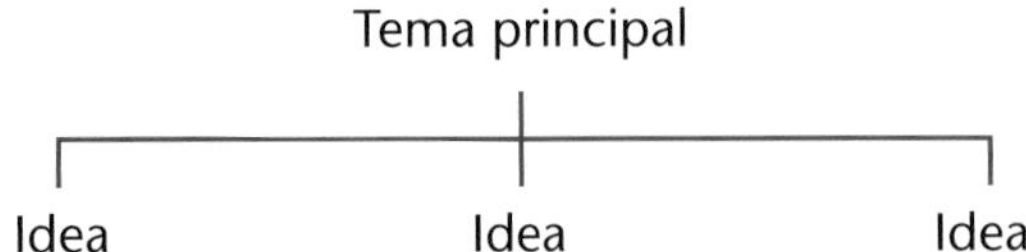

b. **Relee** los fragmentos de *El Buscón, Fuenteovejuna* y *La vida es sueño.* **Contesta** las preguntas del siguiente diagrama:

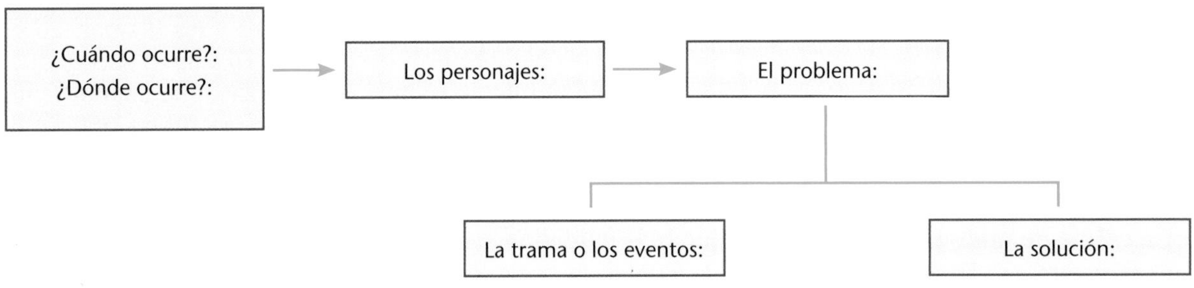

INFIERO

➤ **Contesta**:

a. ¿Cómo son Polifemo y Galatea?
b. ¿Quién es Acis?
c. ¿Cuál es el tono del poema "Miré los muros de la patria mía"?
d. ¿Qué le advierte Góngora a la hermosa mujer que describe en "Mientras por competir con tu cabello"?
e. ¿Cuáles son las metáforas referidas a la juventud, la vejez y la muerte en el soneto de Góngora?
f. ¿De qué acusa a los hombres la voz poética de "Hombres necios que acusáis"?
g. ¿Cuáles son las principales características físicas del licenciado Cabra? ¿Cuáles son las de carácter?
h. ¿De qué acusa Laurencia a los hombres en *Fuenteovejuna*? ¿Qué es lo que logra con su discurso?
i. ¿Por qué Basilio ha encarcelado a su hijo en *La vida es sueño*?
j. ¿Cómo llega Segismundo a la conclusión de que la vida es un sueño?

 © Santillana

ANALIZO

➤ **Contesta:**

a. **Explica** la función que desempeñan los verbos en primera persona del singular en la estructura del soneto "Miré los muros de la patria mía".

b. **Compara** y **contrasta** la poesía de Quevedo con la de Góngora.

c. La paradoja es una afirmación que parece absurda y extraña, pero que es cierta. **Explica** qué sentido tiene la expresión: "el hombre que vive sueña lo que es hasta despertar".

d. **Compara** y **contrasta** los fragmentos leídos de las novelas picarescas el *Lazarillo de Tormes* y *El Buscón.*

EVALÚO y VALORO

➤ **Comenta:**

a. **Reflexiona** acerca de las quejas de la voz poética de "Hombres necios que acusáis". ¿Te parece que son válidas hoy día? **Argumenta** tu respuesta.

b. **Valora** si en el texto de *Historia de la vida del Buscón, llamado don Pablos* predomina lo cómico o la crítica social y si crees que la sátira de Quevedo es útil para eliminar los vicios sociales.

c. **Expresa** tu opinión sobre el tema tratado en *La vida es sueño.*

EDUCACIÓN no sexista

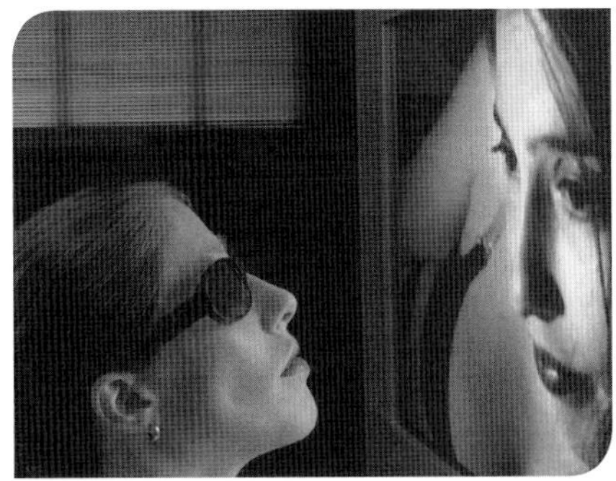

En *Fuenteovejuna,* Laurencia fue víctima de un ataque de índole sexual por parte del comendador Fernán González, quien la secuestró el día de su boda con Frondoso. Según la obra, este evento afectó mucho a la joven, física, emocional y psicológicamente. En la actualidad, cada día más mujeres son víctimas de la violencia de género en nuestro país. Muchas veces, los medios de comunicación fomentan los prejuicios sexistas que desembocan en este tipo de violencia. ¿De qué manera crees que la radio y la televisión contribuyan a agudizar este problema social? Argumenta tu respuesta.

EN el contexto

➤ **Completa** las oraciones con las siguientes palabras del vocabulario: *adusto, faunos, liviandad, cerbatana* y *trocaste.* **Procura** emplearlas de acuerdo con su contexto.

a. Su semblante ______ nos inspira temor.

b. Me encantan los mitos de ______ y ninfas.

c. ______ un buen amigo por un mal amor.

d. En el museo exhiben una magnífica ______ antigua.

e. Me preocupa la ______ con que manejas tus asuntos.

La literatura en el Barroco

La visión de mundo en el siglo XVII

Recordarás que la visión renacentista del mundo se caracterizaba por el culto a la vida, el humanismo, la concepción idealizada de la naturaleza, la armonía, la proporción y el equilibrio. Entrado el siglo XVII, comienzan a perfilarse actitudes diferentes en las manifestaciones artísticas y culturales, así como en los artistas y los pensadores. El Barroco es el término que se utiliza para designar esta cultura del siglo XVII en sus más diversas manifestaciones. Esta era se caracteriza por el desbordamiento de la forma, la ruptura de la armonía clásica y el desequilibrio espiritual. Surge cuando el Imperio español comienza a dar muestras de debilitamiento social y económico, que se manifiesta en:

- La devaluación de la moneda española, como consecuencia de la desmedida entrada de oro americano durante el siglo anterior.
- El empobrecimiento de los estamentos populares, proporcional a la regalada vida de los estamentos superiores.
- Las dificultades para mantener, mediante la Contrarreforma, la unidad religiosa en Europa.
- La pérdida de su hegemonía política.

La literatura barroca

La visión pesimista de la realidad se advierte en los temas habituales de la literatura barroca. Estos son la preocupación por las normas morales, la fugacidad de la vida, la presencia universal de la muerte y el desengaño. Además, son frecuentes los contrastes que manifiestan la naturaleza equívoca de la realidad y persiguen crear efectos sorprendentes, muy apreciados por el escritor barroco en su afán de originalidad. De ahí el uso de un estilo complejo en el que abundan los recursos retóricos. La distinta concepción de la lengua literaria da lugar a dos corrientes: el culteranismo y el conceptismo.

En el campo de la pintura, los motivos típicamente barrocos de la fugacidad de la vida y el desengaño de los bienes mundanos dieron origen a un género específico, del que es buena muestra este cuadro de Antonio de Pereda, titulado *Vanitas*.

El **culteranismo** busca la belleza formal mediante el uso de cultismos y la creación de un lenguaje artificioso. Su principal representante es Luis de Góngora. Algunas características fundamentales de esta poesía son:

- El uso atrevido de la metáfora, recurso que permite alterar los elementos de la realidad cotidiana para hacer que la boca, la hierba o el cabello rubio se transformen en clavel, esmeralda y oro, respectivamente. Predomina la metáfora pura, comparación en la que no se menciona el término evocado, de modo que su sentido resulta casi hermético. Se ha indicado que este recurso es un modo de evadir los aspectos desagradables de la realidad.
- La presencia de cultismos, así como de neologismos inventados a partir de raíces latinas y griegas. Esta dimensión culta enriqueció mucho el vocabulario y, además, le confería sonoridad al lenguaje. Algunos ejemplos son: *canoro, náutico, argentado.*
- El uso constante del hipérbaton: alteración del orden lógico-sintáctico de la oración o la frase poética.

El **conceptismo** se basa en el ingenio. En él son frecuentes la ironía, la paradoja, la caricatura, el doble sentido. La figura más destacada es Francisco de Quevedo.

Sus elementos fundamentales son:

- La utilización de conceptos e ideas con los que se juega para destacar el ingenio. Se recurre al juego de palabras mediante semejanzas fonéticas, paralelismos o retruécanos, o a la antítesis y la paradoja, entre otros procedimientos.
- La preferencia por el lenguaje común para transformarlo por medio de la sátira, así como la creación de palabras, esta vez, con significados arbitrarios.
- La concisión. Se procuran la eficacia poética y la economía expresiva, de modo que el lenguaje resulta conceptualmente cargado y denso.

El teatro del Siglo de Oro

La obra dramática de Lope de Vega y la de Pedro Calderón de la Barca representan, respectivamente, los dos momentos clave en la evolución del teatro popular y culto del Siglo de Oro. En el teatro prelopista habían predominado dos orientaciones: el teatro de corte religioso y popular, y el teatro cortesano. Aunque Lope de Vega cultivó la prosa y la poesía, es conocido, fundamentalmente, como el creador del teatro nacional español. En su arte nuevo de hacer comedias, definió las características del teatro de la época. Algunas de sus innovaciones son:

- Redujo la extensión de la tragedia clásica de cinco actos a tres.
- Elaboró un teatro fundamentalmente popular, mediante la creación de tipos (el gracioso, el noble opresor, el hombre de pueblo), con un diálogo animado y, en ocasiones, poético.
- Liberalizó las unidades clásicas del tiempo, del lugar y de la acción.

La crítica señala a Lope de Vega como el fundador del teatro nacional español y a Calderón de la Barca, como su culminador. Pedro Calderón de la Barca lleva el teatro al momento de su mayor refinamiento, complejidad formal y conceptual y, a diferencia del teatro de Lope, su producción se caracteriza por:

- El predominio de los temas morales y filosóficos sobre la acción, lo que le imprime una doble dimensión ética y estética a la obra.
- La grandiosidad y la sonoridad propias del Barroco, que se manifiestan en sus efectos maravillosos; la ornamentación cargada; la recurrencia de motivos de la mitología pagana; la fusión de la música, la poesía y el baile; y el uso de fuertes contrastes entre lo real y lo ideal.

ACTIVIDADES

1. **Compara** las características básicas del Barroco y del Renacimiento.
   - ¿En qué sentido se expresa una continuidad y una ruptura entre ambos movimientos?
2. **Menciona** y **explica** las dos corrientes literarias que surgen durante el Barroco.
3. **Identifica** los temas propios del Barroco en los poemas de Quevedo y Góngora.
4. **Explica** estas palabras de Quevedo:

> *La muerte no conocéis, y sois vosotros mismos vuestra muerte.*

La antonimia

Para EXPLORAR

El forzado

Dame ya, sagrado mar,
a mis demandas **respuesta**,
que bien puedes, si es **verdad**
que las aguas tienen lenguas,
pero, pues no me respondes,
sin duda alguna que es **muerta**,
aunque no lo debe ser,
pues que yo vivo en su **ausencia**;
pues he vivido diez años
sin **libertad** y sin ella,
siempre al remo condenado,
a nadie matarán penas.

➤ **Lee** el fragmento del poema de Luis de Góngora y **realiza** las siguientes actividades:

a. **Busca** un antónimo para cada palabra resaltada.

b. **Define** en tus palabras qué es un antónimo.

Para COMPRENDER

Palabras antónimas

Algunas palabras tienen significados opuestos, como es el caso de los términos *vida* y *muerte* o *alegría* y *tristeza*, que designan realidades enfrentadas entre sí y, por tanto, tienen significados contrarios. Estos vocablos de significado opuesto reciben el nombre de **palabras antónimas** o **antónimos**.

Clases de antónimos		
Antónimos binarios o complementarios	**Antónimos inversos**	**Antónimos de grado**
Son palabras incompatibles entre sí, de modo que la afirmación de una implica la negación de la otra. **Ejemplos:** *enfermo / sano* *apagado / encendido*	Son palabras que designan una misma acción o relación desde puntos de vista opuestos. **Ejemplos:** *dar / recibir* *padre / hijo*	Son palabras que se refieren a extremos de una escala en la que se dan diversos grados. **Ejemplos:** ***frío*** *- fresco- tibio- cálido-* ***caliente*** (*caliente / frío* son extremos de la escala de las temperaturas).

Para PRACTICAR

1. **Indica** los antónimos de estas palabras:

a. perfecto | d. regular | g. creíble
b. legal | e. acierto | h. moral
c. accesible | f. típico | i. lógico

- **Explica** qué procedimiento léxico permite formar esos antónimos.

2. **Explica** de qué clase son los antónimos que integran las siguientes parejas: complementarios, inversos o de grado.

a. tío / sobrino | e. alto / bajo | i. joven / viejo
b. eficaz / ineficaz | f. profesor / alumno | j. interior / exterior
c. cerrar / abrir | g. peor / mejor | k. oculto / visible
d. traer / llevar | h. simple / complejo | l. guerra / paz

3. **Encuentra** en la sopa de letras un antónimo de la palabra *húmedo* y uno de la palabra *felicidad,* y **anótalos** en tu libreta.

W	S	F	G	U	K	M	Q	Ñ	A	V	J
R	E	H	I	K	I	T	A	D	B	J	U
T	C	E	X	A	L	E	G	R	I	A	W
M	O	J	A	D	O	L	U	B	Z	T	E
A	G	F	O	P	K	N	R	D	H	Y	S
C	T	R	I	S	T	E	Z	A	S	T	O

4. **Completa** cada gradación de antónimos.

a. ninguno → ______ → demasiados
b. sucio → limpio → ______
c. éxito → derrota → ______
d. malo → ______ → benévolo
e. mejor → ______ → pésimo
f. grande → ______ → pequeño

5. **Escribe** un párrafo en el que utilices dos antónimos para cada una de las siguientes palabras:

a. ignorante | c. impopularidad
b. aburrido | d. tímido

Ortografía en el uso

Palabras que poseen varias formas de escritura

Para EXPLORAR

¿**Conque** tienes mucho que estudiar este fin de semana?
Sí, este es el libro **con que** estudiaré.

1. **Fíjate** en las palabras destacadas del texto y **contesta:**
   a. ¿Qué notas en las palabras destacadas? ¿Qué diferencia existe entre ellas?
   b. ¿Qué diferencia existe entre esas palabras y *con qué*?
   c. ¿Podrías dar un ejemplo en la que se use la palabra *conque*?
   d. ¿Podrías distinguir la diferencia entre *por qué, porque* y *porqué*?
2. **Cambia** el diálogo de los jóvenes de la foto usando *por qué, porque* y *porqué*.

Para COMPRENDER

Conque, con que y con qué

No debe confundirse la conjunción ***conque*** con las construcciones preposicionales ***con que*** y ***con qué:***

Conque equivale a *de manera que, así que*.

Ejemplo: ***Conque** no quieres ir conmigo al baile, ¿ah?*

En *con que, que* puede ser un relativo (equivalente a *el cual, la cual, los cuales, las cuales*) o una conjunción subordinante.

Ejemplos:
*Esa es la receta **con que** he hecho el postre.*
*Esas son las pinturas **con que** pintaron el cuadro.*

En *con qué, qué* es un adjetivo o un pronombre interrogativo.

Ejemplos:
*¿**Con qué** propósito le dijiste eso?*
*No sé **con qué** objetivo realizan este proyecto.*

Por qué, porque y porqué

No deben confundirse las formas ***por qué***, ***porque*** y ***porqué***:

Por qué es una construcción preposicional que introduce una pregunta.

Ejemplo: *¿**Por qué** has contestado tan rápido?*

Porque es una conjunción que tiene valor causal.

Ejemplo: *No iré **porque** estoy cansado.*

Porqué es un sustantivo que significa "razón, motivo".

Ejemplo: *Dinos el **porqué** de tu ausencia.*

Ortografía al día

La palabra *solo* puede ser un adjetivo o un adverbio. Se trata de una palabra llana terminada en vocal, por lo que no debe llevar tilde, según las reglas de acentuación. Puede prescindirse de la tilde incluso cuando existe riesgo de ambigüedad.

Para PRACTICAR

1. **Identifica** la opción correcta en cada oración.
   a. ¿(Con que / Conque) ahora vas a salir con ese chico?
   b. Él no sabe aún (con que / con qué) dinero va a comprarse un auto.
   c. Ya hemos llegado al punto de encuentro, (conque / con que) podemos descansar un rato.
   d. El papel (conque / con que) envolviste el regalo era mío.
   e. A Angelina le gusta la canción, (conque / con que) la sorprendiste.
   f. ¿(Con que / Con qué) vamos a reponer ese cuadro?
2. **Completa** las oraciones empleando *conque*, *con que* o *con qué,* según corresponda.
   a. Este es el teléfono ________ te he llamado.
   b. ¿________ vestido irás a la fiesta del salón?
   c. No sé ________ zapatos ir.
   d. ¿No hay una toalla ________ secarse las manos?
   e. Ya han llegado, ________ podemos empezar a comer.
   f. ¿________ proyecto estás de acuerdo?
3. **Completa** los siguientes enunciados con *por qué*, *porque* o *porqué*.
   a. ¿________ no vienes a comer a casa este domingo?
   b. No vendrán ________ no los han invitado.
   c. No sé ________ no te gustan los pasteles.
   d. El auténtico ________ no lo sabemos aún.
   e. Sabrina no entiende el ________ del enfado del maestro.
   f. A Danilo no le gusta la leche ________ le provoca malestar.

© Santillana

El verbo II

Para EXPLORAR

Cerrar podrá mis ojos la postrera
sombra que me llevare el blanco día,
y podrá desatar esta alma mía
hora a su afán ansioso lisonjera;

➤ **Lee** el fragmento del poema "Amor constante...", de Francisco de Quevedo y **realiza** las siguientes actividades:

a. **Identifica** los verbos que aparecen en el texto poético.

b. **Conjuga** esos verbos y **determina** si, en algún caso, su raíz cambia al conjugarse.

c. **Contesta**:

- ¿Cómo se denominan esos verbos?

Para COMPRENDER

Los **verbos auxiliares** son los que se utilizan para ayudar en la conjugación de todos los verbos. Pierden su valor semántico y prevalece el significado del verbo que se conjuga. Los verbos auxiliares son *haber* y *ser*. Con el verbo *haber* se forman los tiempos compuestos de todos los verbos: ***he*** *cantado*, ***había*** *cantado*, ***haya*** *cantado*, ***habrá*** *cantado*, etcétera.

La voz pasiva se forma con el verbo auxiliar *ser*: ***soy*** *enviado*, ***era*** *enviado*, ***fui*** *enviado*.

Los verbos regulares son los que se conjugan de acuerdo con los tres modelos: los terminados en *-ar*, *-er*, *-ir*.

Verbos modelo: *pintar*, *comer*, *vivir*.

Verbo en *-ar*	yo pinto	yo pinté	yo cantaré
Verbo en *-er*	yo como	yo comí	yo comeré
Verbo en *-ir*	yo vivo	yo viví	yo viviré

Los **verbos irregulares** son los que no siguen los tres modelos de conjugación. Pueden presentar alteraciones tanto en el lexema o en la raíz, como en los morfemas o en ambos. Por ejemplo, si el verbo *sentir* fuera regular, se diría *sento*, en vez de *siento*, que es la forma correcta.

La vocal *e* se ha convertido en el diptongo *ie*. Veamos otros casos:

- Si *morder* fuera regular, se diría *mordo*, en vez de *muerdo*. La *o* ha diptongado en *ue*.

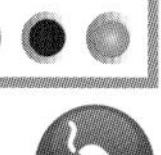

- Si *tener* fuera regular, se diría *teno*, en vez de *tengo*. En este caso, aparece un nuevo sonido: el sonido *g*.
- Para el pretérito perfecto simple de *poner* diríamos *poní*, en vez de *puse*, que es la forma correcta. Aquí solo se ha conservado la *p*.

Vemos, pues, que hay unos cambios con respecto a los verbos modelo.

Verbos irregulares totales o parciales

Hay verbos irregulares totales o parciales. Los verbos *ir* y *ser* son irregulares totales. Veamos:

- ir (voy, iba, fui, iré)
- ser (soy, era, fui, seré)

Los parciales cambian en algunas formas y en otras, no. El verbo *andar* es un ejemplo. Para el presente es regular: *yo* ***ando***. Pero el pretérito perfecto simple es irregular: yo ***anduve***. Para saber si un verbo es regular o irregular, recurrimos a conjugarlo en el presente de indicativo, en el pretérito perfecto simple y en el futuro simple. También se refleja la irregularidad en el participio pasivo. Por ejemplo, el del verbo *hacer* no es *hacido*, sino *hecho*.

Las perífrasis verbales

Hemos visto hasta ahora que el núcleo del predicado es un verbo en su forma simple (*leo*) o compuesta (*he leído*), pero es muy frecuente que aparezcan dos verbos para expresar una sola acción verbal, como: *Tengo que dormir. Debes comer menos. Empieza a estudiar.*

Los verbos *tengo, debes* y *empieza* pierden su significado para darles a *dormir, comer* y *estudiar un* sentido de obligación, de deber o de inicio de una acción. Las perífrasis se forman con un verbo conjugado + un nexo (*que, a, de, en...*) + un verbo principal en infinitivo, en gerundio o en participio. Fíjate en los siguientes ejemplos en lo que *estudiar* es el verbo principal.

Ejemplos:

Tengo que estudiar mucho. (estudiar / infinitivo)
Estoy estudiando bastante. (estudiando / gerundio)
Ya tengo estudiado el primer capítulo. (estudiado / participio)

Las perífrasis son muy frecuentes en el uso de la lengua, porque se pueden expresar matices más significativos que con las formas verbales simples. Algunas perífrasis verbales de uso común son:

- Tener que (hacer, decir, estudiar, escribir, irse...)
- Deber de (asistir, comprar, comer, viajar...)
- Ponerse a (reír, comer, llorar, fregar, trabajar...)
- Querer (cenar, ver, estudiar, redactar...)
- Andar (buscando, saliendo, husmeando...)
- Estar (leyendo, comiendo, saliendo, trabajando...)
- Venir (volando, corriendo, andando...)

En el español de América tendemos a preferir la perífrasis verbal de futuro que se forma con el verbo *ir* conjugado + a + infinitivo (*voy a estudiar*), en lugar del futuro (*estudiaré*).

Para COMPRENDER

Recuerda que la perífrasis verbal funciona como el núcleo del predicado. Veamos la siguiente oración:

Ejemplo:

GNS	GVP
Los estudiantes	*(se pusieron a reír) como locos.*
N	N

Clasificación de los verbos

Los **verbos transitivos** son los que generalmente llevan un complemento directo.

Ejemplo: *Los niños saborean un helado de chocolate.*

Si al verbo *saborear* no se le añade *un helado de chocolate*, el significado queda incompleto. Tomemos como ejemplo el verbo *volar*:

Ejemplos: *Volamos chiringas ayer.* *Las aves vuelan.*

En la primera oración, *chiringas* es el complemento directo (las volaron). El verbo *volar* se comporta como transitivo. En la segunda oración, no hay complemento directo, por tanto, el verbo *volar* no es transitivo. A veces, necesitamos conocer el contexto para identificar el uso.

Los **verbos intransitivos** son los que no necesitan un objeto en el que recaiga la acción. No llevan complemento directo.

Ejemplo: *Los animales nacen, crecen, se reproducen y mueren.*

Los **verbos pronominales** son los que se conjugan con un pronombre, como en la oración *José se arrepintió.*

Ejemplos: *Tú te peinas.* *Nosotros nos afeitamos.*

En el caso en que aparezca un complemento directo explícito, el pronombre pasa a ser complemento indirecto: *Yo me lavo las manos.* En este caso, *las manos* es el complemento directo y el pronombre *me* pasa a ser el indirecto.

Los **recíprocos** tienen siempre dos sujetos o más que realizan acciones que recaen mutuamente entre ellos: *Pedro y María se aman.* Quiere decir que Pedro ama a María y viceversa.

Los **verbos impersonales** son los que no tienen sujeto, como, por ejemplo:

- Los verbos que designan fenómenos atmosféricos.

Ejemplos: *llueve, truena, relampaguea*

- Los verbos como *haber* y *hacer* en su uso impersonal. Estos se conjugan únicamente en tercera persona singular.

Ejemplos: *Hubo muchos policías allí.* *Hace años que no te veía*

 © Santillana

Gramática al día

Se debe diferenciar entre los verbos reflexivos y los verbos pronominales (antes falsos reflejos o pseudoreflexivos). En los **reflexivos**, los pronombres átonos (me, te, se, nos, os) concuerdan con un antecedente, que es, generalmente, el sujeto de la oración, y desempeñan la función sintáctica de complemento directo. En las construcciones reflexivas, la acción ejecutada por el sujeto se ejerce sobre el sujeto mismo.

Los **verbos pronominales** contienen, como parte de su estructura, morfemas pronominales con rasgo de persona que, también, concuerdan con el sujeto de la oración, pero que no desempeñan funciones sintácticas de complemento directo.

Los verbos pronominales denotan cambios de estado (físicos, psíquicos o anímicos) experimentados por algún sujeto que no suele tener control directo sobre ellos. Esto los distingue de los reflexivos que necesitan un agente. Otros verbos pronominales son: *cansarse*, *hundirse*, *arrugarse*, *alegrarse*, *levantarse*, *irse*, *volverse*, etc.

Para PRACTICAR

1. **Completa** una tabla como la siguiente con las formas que faltan y **determina** si cada verbo es regular (R) o irregular (I).

• pensar • conducir • distribuir • acordar • romper • leer

Presente de indicativo	Pretérito perfecto simple	Futuro simple	Participio pasivo	Clasificación
yo pienso	yo pensé	yo pensaré	pensado	(I)

2. **Completa** las oraciones con los verbos irregulares de los verbos del recuadro.

reducir	reproducir	producir	introducir	conducir

a. La contraseña que ______ es incorrecta.

b. Mónica ______ el auto de mi mamá.

c. Las medidas tomadas el año pasado ______ los accidentes de tránsito.

d. Algunos estudiantes ______ ese cuadro de manera fiel.

e. Ayer se ______ cambios de última hora.

3. **Identifica** la perífrasis verbal en cada oración.

a. En el recreo, vamos a tener que ensayar.

b. Nosotros queremos que salgan debidamente preparados.

c. Ponte a comer, que necesitas energía.

4. **Identifica** si el verbo destacado es transitivo (T) o intransitivo (I).

___ a. Ellos pintan maravillosamente. ___ b. Cantaron con pocas ganas.

5. **Escribe** cinco titulares de noticias en los que utilices los verbos impersonales.

Produzco un texto

La escena dramática

OBSERVO

El burlador de Sevilla

Acto Primero

(En Nápoles en el palacio real)

Salen don Juan Tenorio e Isabela, duquesa.

ISABELA. Duque Octavio, por aquí salir más seguro.

JUAN. Duquesa, de nuevo os juro de cumplir el dulce sí.

ISABELA. ¿Mi gloria, serán verdades promesas y ofrecimientos, regalos y cumplimientos voluntades y amistades?

JUAN. Sí, mi bien.

ISABELA. Quiero sacar una luz.

JUAN. Pues, ¿para qué?

ISABELA. Para que el alma dé fe del bien que llego a gozar.

JUAN. Matarete la luz yo.

ISABELA. ¡Ah, cielo! ¿Quién eres, hombre?

JUAN. ¿Quién soy? Un hombre sin nombre.

ISABELA. ¿Qué no eres el duque?

JUAN. No.

ISABELA. ¡Ah de palacio!

JUAN. Detente. Dame, duquesa, la mano.

ISABELA. No me detengas, Villano. ¡Ah del rey! ¡Soldados, gente!

Tirso de Molina
(español)

➤ **Contesta:**

a. ¿Qué crees que haya sucedido entre Juan e Isabela?

b. **Describe** la escena que creas que deba seguir a esta.

¿QUÉ VOY A ESCRIBIR?

La **escena dramática** es cada una de las partes en las que se dividen los actos que componen una obra teatral. En una escena suelen participar los mismos personajes, y el cambio de una a otra ocurre cuando uno de ellos entra o sale del escenario. Estructuralmente, en la introducción, debe plantearse un conflicto, que llega a su clímax y se resuelve al final. Los elementos principales de la escena son los parlamentos y las acotaciones.

© Santillana

¿CÓMO LO ESCRIBO?

PLANIFICO mis ideas

1. Piensa en algún asunto que quieras representar. Podría ser algo serio de la vida humana, humorístico o risible de la personalidad humana o ambos, como sucede en la realidad.
2. Contempla varios conflictos que podrían contribuir a desarrollar el tono de la situación.
3. Piensa en qué valores podría aportar la pieza.

ELABORO mis ideas

1. Identifica a los personajes y asígnales una virtud o un defecto que te ayuden a representar el conflicto.
2. Piensa en el lugar donde se desarrollaría la escena dramática y describe cómo sería ese espacio.
3. Define el asunto y el tono de la escena.
4. Precisa el conflicto y cómo se resolverá.

ESCRIBO mis ideas

1. Inicia la escena con una breve descripción del espacio o la escenografía.
2. Desarrolla un antagonismo entre los personajes (representación de tendencias o formas de ser opuestas) o entre los personajes y el mundo exterior (una realidad que está en contra de sus sueños).
3. Escribe los parlamentos de tus personajes y anota, entre paréntesis, las acotaciones (indicaciones del autor acerca de la actuación de los actores).
4. Presenta una solución para el conflicto al final de la escena.
5. Revisa que la escena defina bien si el tono es humorístico, serio o ambos.

EDITO un texto

- ☑ La escena dramática describe una escenografía.
- ☑ El inicio plantea un conflicto y se resuelve, de alguna forma, al final.
- ☑ Se percibe antagonismo entre algún personaje y el protagonista o entre los personajes y el mundo exterior.
- ☑ Los personajes se relacionan o se complementan entre sí.
- ☑ El tono de la escena es congruente con las acciones de los personajes.

El sociodrama

El **sociodrama** es una representación breve de una situación real y conflictiva, hecha por dos o más personas, frente a un grupo mayor. Su objetivo es lograr que el grupo participe mediante el análisis crítico de la situación representada. Los actores deben moverse y hacer gestos para que las palabras no sean el único recurso de la representación. Como se trata de una actuación libre y espontánea, se pueden usar materiales fáciles de encontrar (mesas, sillas, libros), que contribuyan a darle más realismo a la actividad.

¿Cómo lo preparamos?

1. Elige a varios compañeros con quienes desees trabajar.
2. Precisen, entre todos, una situación real y conflictiva que deseen representar, así como el objetivo que persiguen con la actividad.
3. Dialoguen acerca de lo que conocen sobre la situación seleccionada.
4. Distribuyan los papeles entre los miembros del grupo y determinen aspectos prácticos como los siguientes: cuándo entrará cada uno a escena, si se usará algún objeto (sillas, mesas, libros) y otros.

¿Cómo lo presentamos?

1. Seleccionen al narrador para que describa el ambiente (puesto que no hay escenografía) y presente a cada personaje frente al grupo grande.
2. Representen sus respectivas partes del sociodrama con un tono apropiado, con claridad y con buena dicción. Pronuncien las eses finales y las que aparecen en las sílabas intermedias.
3. Respeten las pausas y el ritmo, y dénles énfasis a las partes que lo requieran.
4. Dividan al grupo grande en subgrupos, para analizar la situación representada.
5. Elaboren, junto al grupo, posibles soluciones a la situación expuesta y obtengan una conclusión general.

¿Cómo lo hicimos?

- ☑ ¿Expresamos las ideas con claridad y las apoyamos con argumentos?
- ☑ ¿Representamos con realismo la situación conflictiva?
- ☑ ¿Utilizamos movimientos corporales y desplazamientos adecuados?
- ☑ ¿Logramos, mediante el sociodrama, representar adecuadamente el conflicto seleccionado?

 © Santillana

Las Meninas de Velázquez y las de Picasso

Diego Velázquez y Pablo Picasso: dos genios del arte, dos visiones distintas.

Las Meninas (1656), cuadro que encabeza el presente capítulo, se considera la obra maestra de Diego Velázquez, pintor español del Siglo de Oro. A este trabajo, el cual corresponde a su último período estilístico, se le conocía en ese momento como *La familia de Felipe IV.* Se trata de un cuadro pintado en óleo sobre lienzo, en el que las figuras aparecen en tamaño natural. En este retrato cortesano aparece, en el centro, la infanta Margarita, atendida por sus doncellas, junto a otros sirvientes. Reflejados en la pared, están los reyes, Felipe IV y Mariana de Austria. A la derecha, se autorretrata el artista, lo que crea una ambigüedad que genera incertidumbre respecto a lo que verdaderamente se está contemplando. En esa sútil ilusión de transformar la ficción en realidad, se define la cultura simbólica de la España del Siglo de Oro.

Las Meninas es una obra propia del Barroco español y representa las concepciones complejas intelectualizadas de este período, mediante los contrastes de luz y sombra; lo bello y lo feo; lo refinado y lo grotesco; lo deforme y lo recargado. Todas estas características definen el término *barroco,* las cuales se manifiestan en esta pintura de la época.

El también pintor español, Pablo Picasso, atraído por *Las Meninas* de Velázquez, elaboró una serie con cincuenta y ocho interpretaciones de dicha obra (1957). En la primera interpretación, pintó la escena completa y sin color, solamente con grises. De esta obra, de estilo cubista, vale la pena resaltar la representación agrandada de la figura de Velázquez y los ganchos del techo que, aunque en la pintura de Velázquez casi no se advierten, Picasso los destaca dando la sensación de una sala de tortura. *Las Meninas,* de Velázquez es, sin duda, una de las obras más estudiadas e imitadas en el mundo del arte.

ACTIVIDADES

1. **Escribe** un antónimo para las siguientes palabras de la lectura: *agrandada, completa, complejas, enorme, natural, destaca, presente, contraste.* **Redacta** una oración con cada uno de ellos.
2. **Identifica** todos los verbos que encuentres en la lectura. Luego, **determina** si son verbos regulares o verbos irregulares.
3. **Busca** en Internet la primera interpretación de *Las Meninas*, de Picasso. Luego, **evalúa** las dos obras y **opina**, según lo que ves, si Picasso quería reproducir fielmente las formas observadas en el original o, si por el contrario, su obra se basa más en el contraste que en la similitud.
4. **Comenta** cuál de las creaciones de *Las Meninas,* de estos dos grandes artistas, te gusta más. ¿Por qué?

Los contrastes de luz y color en la pintura barroca

El contraste es uno de los recursos predilectos de los artistas barrocos. En *La fragua de Vulcano*, de Velázquez, se puede observar la presentación realista de los mitos clásicos frente a la idealización renacentista y, como recurso pictórico, la técnica del claroscuro.

El color, la luz y el movimiento definen el **Barroco**. Esto se debe a que los pintores de este período optaron por el color sobre la línea, es decir, juegan más con los tonos del color que con el dibujo. Los contrastes de luz se utilizan para crear perspectiva, profundidad y volumen. Asimismo, la luz es más que una técnica; es el eje que demarca el ambiente para perfeccionar el claroscuro renacentista. De igual forma, cada cuadro pretende transmitir movimiento o animación. Es en el Barroco donde veremos temas que se fijarán en la tradición pictórica: los bodegones, los paisajes, los retratos y las estampas costumbristas. Además, la iconografía religiosa y mitológica es reinterpretada con mayor dramatismo.

Las características de la pintura barroca, que también se aplican a otras manifestaciones plásticas, como la escultura, son:

- el naturalismo;
- el desdén por los temas de héroes y los sujetos, ya que son caracterizados como gente común y corriente;
- la sensación de movimiento;
- los escenarios complejos, a veces, con arquitectura clásica;
- los excesos en la incorporación de adornos, como columnas y pilastras que no sostienen nada, y las pinturas dentro de las pinturas;
- el uso de la luz para delimitar las formas;
- los claroscuros;
- el dramatismo;

- la preferencia, más por la escena completa que por los detalles centrales;
- la pérdida de la simetría y del equilibrio: un lado del cuadro se verá recargado.

Por otro lado, los temas que más tratan son los bodegones, las escenas religiosas, en el caso de los católicos; los de género o los costumbristas, en el caso de los protestantes; la mitología clásica; los retratos de la aristocracia, la realeza, la burguesía o los plebeyos.

Entre los pintores emblemáticos de este período, podemos mencionar a Michelangelo Merisi da Caravaggio (1571-1610, italiano), a quien se lo considera el primer pintor barroco; Rembrandt Harmenszoon van Rijn (1606-1669, holandés), pintor y grabador; Peter Paul Rubens (1577-1640, francés); Diego Velázquez (1599-1660, español), el máximo exponente del barroco español; Ribera (1591-1652, español); y Georges Latour (1593-1652, francés).

COMPRENDER

1. **Realiza** un mapa de conceptos para definir el estilo barroco. Puedes seguir el ejemplo a la derecha.
2. **Enumera** cinco pintores emblemáticos del Barroco.
3. **Explica** cómo la obra *La fragua de Vulcano* ejemplifica la estética del Barroco.

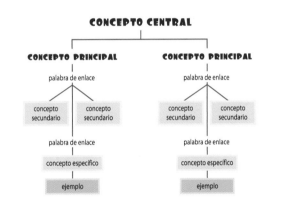

ANALIZAR

➤ **Busca** en un libro de arte o de historia, o en Internet, una obra perteneciente al Barroco. Luego, de acuerdo con la descripción del arte barroco que se lee en el texto, **examina** la pintura.

EVALUAR

➤ **Elige** otra obra que pertenezca al período Barroco y una que pertenezca al período renacentista. Luego, **compara** y **contrasta** los temas y las técnicas utilizadas en ambas piezas, según lo que has estudiado.

CONCIENCIA verde

La luz, el elemento central del Barroco, es una energía muy de moda actualmente. Los científicos han descubierto que la radiación solar puede ser absorbida por paneles que la convierten en energía eléctrica. Actualmente, es una de las fuentes energéticas menos contaminantes y más accesibles. Aunque todavía los Gobiernos están desarrollando medidas para incorporar este sistema o incentivar su uso, cada vez son más las personas y las compañías que buscan beneficiarse de ella. ¿Cómo crees que esta energía alternativa beneficie la salud de nuestro Planeta?

Estructura del género dramático

Fuenteovejuna, de Lope de Vega

(Fragmento de acto tercero)

FRONDOSO. ¿Qué es tu consejo?

ESTEBAN. Morir diciendo "Fuenteovejuna," y a nadie saquen de aquí.

FRONDOSO. Es el camino derecho. Fuenteovejuna lo ha hecho.

ESTEBAN. ¿Queréis responder así?

TODOS. Sí. [...]

ESTEBAN. ¿Quién mató al comendador?

MENGO. Fuenteovejuna lo hizo.

ESTEBAN. Perro, ¿si te martirizo?

MENGO. Aunque me matéis, señor.

ESTEBAN. Confiesa, ladrón.

MENGO. Confieso.

ESTEBAN. Pues, ¿quién fue?

MENGO. Fuenteovejuna.

ESTEBAN. Dadle otra vuelta. [...]

➤ **Contesta:**

a. ¿Cuántos personajes puedes identificar en el texto anterior?

b. ¿En qué se están poniendo de acuerdo?

c. ¿Cuál es elemento que se utiliza para desarrollar el texto?

PARA entender

El **género dramático** es una composición literaria que presenta una acción de la vida, mediante el diálogo de los personajes imaginados por el autor. Se estableció para ser representado y observado por un público. La obra dramática presenta una estructura externa y una estructura interna. La **estructura externa** es la que propone el autor al organizar el texto en actos o jornadas, cuadros y escenas.

Concepto	Definición
actos o jornadas	Es cada una de las partes de una obra teatral entre los descansos o entreactos.
cuadros	Son las partes continuas de acción desarrolladas en el mismo lugar.
escena	Están delimitadas por la entrada y la salida de los actores.
entreacto	Es el tiempo que va de un acto a otro.

La **estructura interna** es la que se desarrolla en la acción dramática o trama. Es la serie de acciones o sucesos determinados por el objetivo principal de la obra y enlazados entre sí. En ella suelen integrarse la exposición, el nudo o desarrollo y el desenlace.

Concepto	Definición
exposición	Presenta el estado de las cosas cuando comienzan los sucesos.
nudo o desarrollo	Presenta el desarrollo progresivo de los sucesos hasta llegar al punto de máximo.
desenlace	Presenta la solución a la situación planteada.

 © Santillana

ENTIENDO...

1. **Completa** las oraciones.
   a. El género dramático presenta la trama mediante el ______.
   b. La obra dramática tiene ______ estructuras.
   c. La estructura ______ es la que propone el autor.
   d. La estructura interna es la que se desarrolla en la ______.
2. **Identifica** la estructura a la que pertenece el concepto. Si pertenece a la interna, **escribe** una *I*, si es a la externa, una *E*.

   ______ a. nudo
   ______ b. actos
   ______ c. escena
   ______ d. cuadros
   ______ e. punto máximo
   ______ f. desenlace
3. **Describe** a los personajes que aparecen en la escena de *Fuenteovejuna* y **determina** el conflicto que exhibe dicha escena.

...luego escribo

1. Navega en Internet y busca libros electrónicos de obras dramáticas clásicas de la literatura española.
2. Observa cómo los distintos autores desarrollan los diálogos.
3. Analiza cómo el uso del lenguaje contribuye a transmitir el mensaje de la obra dramática.
4. Selecciona, de una de las obras, la escena que más te guste.
5. Piensa en cómo actualizar el asunto de la escena y cómo modernizar el lenguaje.
6. Organiza tus ideas y reescribe el diálogo.
7. Procura que tu escena sea coherente y que mantenga una relación entre los personajes.
8. Conserva el tono de la historia de forma consistente.
9. Determina en qué consiste el cambio de la trama que hiciste y evalúa si resulta eficaz.

Me evalúo	
☑ La escena incluye personajes realistas que existen en la vida cotidiana.	☑ El diálogo transmite el mensaje de forma clara.
☑ El asunto y el lenguaje del diálogo están actualizados.	☑ Las acciones se suceden unas a otras con fluidez.
☑ El diálogo establece claramente si es una comedia, una tragedia o un drama.	☑ La pieza es original.

6 Cervantes y el surgir de un nuevo género

Molinos de viento en Consuegra, Toledo, en la comunidad autónoma de Castilla-La Mancha, España

Estos molinos, que suman doce, son los mejor conservados de España. A cada uno se le ha nombrado con apodos relacionados a *El Quijote*.

Temas del capítulo

- Cervantes y la novela del Siglo de Oro
- La hiperonimia y la hiponimia
- Uso especial de las mayúsculas
- Los complementos del verbo
- El texto descriptivo
- La descripción oral de una pintura

Preámbulo

Como síntesis de las culturas del Renacimiento y el Barroco, surge la figura de Miguel de Cervantes Saavedra, con la publicación —en Madrid, en 1605— de la primera parte de la novela *El ingenioso hidalgo don Quijote de la Mancha.* Es posible que su propósito inicial fuera parodiar las novelas de caballerías, pero fue superado por la profunda humanidad de su héroe y por el valor universal de la novela, la cual, desde sus inicios, tuvo una amplia acogida. Esta obra se ha traducido a más de cincuenta idiomas, y su propio autor conoció dieciséis ediciones de la primera parte. Después de cinco siglos, la grandeza de esta novela no se ha agotado y sigue siendo la obra cumbre de la literatura española. Los grandes novelistas del siglo XIX —Gustave Flaubert (Francia), Charles Dickens (Inglaterra), León Tolstói (Rusia) y Benito Pérez Galdós (España)— consideraron a Cervantes el creador de la novela moderna. Podría decirse que ninguna obra escrita en español ha podido superar al Quijote.

¿Qué sabes sobre la novela de Cervantes?

- ¿Sabes en qué momento surge la novela en español como la conocemos hoy?
- ¿Qué conoces sobre el personaje del Quijote?
- ¿Qué elementos de la novela del Quijote identificas en la foto?
- ¿Qué sensaciones te provoca la foto?
- De acuerdo con lo que ves en la foto, ¿cómo imaginas la novela de Miguel de Cervantes?

Al comenzar

- ¿Quién crees que esté más cerca de la realidad: un cuerdo o un loco? Explica.
- Enumera las características del género de la novela. Compáralas con las del cuento y establece las diferencias fundamentales.

Al leer

- Fíjate cómo describen física y psicológicamente a don Quijote en el fragmento del Capítulo I.
- Identifica palabras o expresiones que ya no se utilizan y escríbelas en el español actual.
- Contrasta, en los dos primeros capítulos del texto, el lenguaje de don Quijote con el que emplea Sancho.
- Identifica qué tema del Renacimiento trata el primer fragmento.

Al concluir

- ¿Cómo te describirías a ti mismo(a)?
- A quién te pareces más: ¿a don Quijote o a Sancho? ¿Eres idealista o realista?

- **hidalgo** (sustantivo). Persona que por su sangre es de una clase noble y distinguida.
- **adarga** (sustantivo). Escudo de cuero, ovalado o de forma de corazón.
- **enjuto** (adjetivo). Delgado, seco o de pocas carnes.
- **fanegas** (sustantivo). Medida de superficie equivalente a 7,500 metros cuadrados.

El ingenioso hidalgo don Quijote de la Mancha

Capítulo I

Que trata de la condición y ejercicio del famoso hidalgo don Quijote de La Mancha

En un lugar de La Mancha, de cuyo nombre no quiero acordarme, no ha mucho tiempo que vivía un **hidalgo** de los de lanza en astillero, **adarga** antigua, rocín flaco y galgo corredor. Una olla de algo, más vaca que carnero, salpicón las más noches, duelos y quebrantos los sábados, *lantejas* los viernes, algún palomino de añadidura los domingos, consumían las tres partes de su hacienda.

[...] Tenía en su casa una ama que pasaba de los cuarenta, y una sobrina que no llegaba a los veinte, y un mozo de campo y plaza, que así ensillaba el rocín como tomaba la podadera. Frisaba la edad de nuestro hidalgo con los cincuenta años; era de complexión recia, seco de carnes, **enjuto** de rostro, gran madrugador y amigo de la caza [...]

Es, pues, de saber que este sobredicho hidalgo, los ratos que estaba ocioso, que eran los más del año, se daba a leer libros de caballerías, con tanta afición y gusto, que olvidó casi de todo punto el ejercicio de la caza, y aun la administración de su hacienda. Y llegó a tanto su curiosidad y desatino en esto, que vendió muchas **fanegas** de tierra de sembradura para comprar libros de caballerías en que leer [...] Con estas razones perdía el pobre caballero el juicio, y desvelábase por entenderlas y desentrañarles el sentido, que no se lo sacara ni las entendiera el *mesmo* Aristóteles, si resucitara para solo ello [...] En resolución, él se enfrascó tanto en su *letura*, que se le pasaban las noches leyendo de claro en claro, y los días de turbio en turbio; y así, del poco dormir y del mucho leer, se le secó el *celebro*, de manera que vino a perder el juicio. Llenósele la fantasía de todo aquello que leía en los libros [...] y asentósele de tal modo en la imaginación que era verdad toda aquella máquina de aquellas sonadas invenciones que leía, que para él no había otra historia más cierta en el mundo. [...]

En *efeto*, rematado ya su juicio, vino a dar en el más *estraño* pensamiento que jamás dio loco en el mundo; y fue que le pareció *convenible* y necesario, así para el aumento de su honra como para el servicio de su república, hacerse caballero andante, *y irse* por todo el mundo con sus armas y caballo a buscar las aventuras y a ejercitarse en todo aquello que él había leído que los caballeros andantes se ejercitaban, deshaciendo todo género de agravio, y poniéndose en ocasiones y peligros donde, acabándolos, cobrase eterno nombre y fama [...] y así, con estos tan agradables pensamientos, llevado del *estraño* gusto que en ellos sentía, se dio *priesa* a poner en *efeto* lo que deseaba.

Y lo primero que hizo fue limpiar unas armas que habían sido de sus bisabuelos, que, tomadas de **orín** y llenas de moho, **luengos** siglos había ue estaban puestas y olvidadas en un rincón. Limpiolas y aderezolas lo ıejor que pudo [...] Es verdad que para probar si era fuerte y podía estar al esgo de una cuchillada, sacó su espada y le dio dos golpes, y con el prime- ɔ y en un punto deshizo lo que había hecho en una semana; y no dejó de arecerle mal la facilidad con que la había hecho pedazos, y, por asegurarse *este* peligro, la tornó a hacer de nuevo, poniéndole unas barras de hierro or *de dentro*, de tal manera que él quedó satisfecho de su fortaleza [...]

Fue luego a ver su rocín, y, aunque tenía más cuartos que un real y más *ıchas* que el caballo de Gonela [...] le pareció que ni Babieca el del Cid on él se igualaban. Cuatro días se le pasaron en imaginar qué nombre le ondría [...]

Y así, después de muchos nombres que formó, borró y quitó, añadió, eshizo y tornó a hacer en su memoria e imaginación, al fin le vino a amar *Rocinante*, nombre, a su parecer, alto, sonoro y significativo de lo ue había sido cuando fue rocín, antes de lo que ahora era, que era antes y rimero de todos los rocines del mundo. Puesto nombre, y tan a su gusto, su caballo, quiso ponérsele a sí mismo, y en este pensamiento duró otros cho días, y al cabo se vino a llamar *don Quijote* [...] de La Mancha, con ue, a su parecer, declaraba muy al vivo su linaje y patria, y la honraba con ɔmar el sobrenombre *della*.

Limpias, pues, sus armas, hecho del **morrión celada**, puesto nombre a u rocín y confirmándose a sí mismo, se dio a entender que no le faltaba otra osa sino buscar una dama de quien enamorarse; porque el caballero andan- e sin amores era árbol sin hojas y sin fruto y cuerpo sin alma [...] Y fue, a ɔ que se cree, que en un lugar cerca del suyo había una moza labradora de nuy buen parecer, de quien él un tiempo anduvo enamorado, aunque, según e entiende, ella jamás lo supo, ni le **dio cata** *dello*. Llamábase Aldonza Lo- enzo, y a esta le pareció ser bien darle título de señora de sus pensamientos; , buscándole nombre que no desdijese mucho del suyo, y que tirase y se en- aminase al de princesa y gran señora, vino a llamarla *Dulcinea del Toboso*, orque era natural del Toboso, nombre, a su parecer, músico y peregrino y ignificativo, como todos los demás que a él y a sus cosas había puesto.

Capítulo VIII

Del buen suceso que el valeroso don Quijote tuvo en la espantable jamás imaginada aventura de los molinos de viento, con otros sucesos lignos de felice recordación

En esto, descubrieron treinta o cuarenta molinos de viento que hay en quel campo, y así como don Quijote los vio, dijo a su escudero:

—¡La ventura va guiando nuestras cosas mejor de lo que acertáramos a lesear; porque ves allí, amigo Sancho Panza, donde se descubren treinta, o ɔocos más, desaforados gigantes, con quien pienso hacer batalla y quitarles todos las vidas, con cuyos despojos comenzaremos a enriquecer; que esta

- **orín** (sustantivo). Óxido rojizo que se forma en la superficie del hierro por la acción del aire húmedo.
- **luengos** (adjetivo). Largos.
- **morrión** (sustantivo). Armadura de la parte superior de la cabeza, hecha en forma de casco, y que en lo alto suele tener un plumaje o adorno.
- **celada** (sustantivo). Pieza de la armadura, que servía para cubrir y defender la cabeza.
- **dio cata** (voz antigua). Percatarse de algo.

es buena guerra, y es gran servicio de Dios quitar tan mala **simiente** de sobre la faz de la tierra.

—¿Qué gigantes? —dijo Sancho Panza.

—¡Aquéllos que allí ves! —respondió su amo— de los brazos largos, que los suelen tener algunos de casi dos leguas.

—Mire vuestra merced —respondió Sancho— que aquéllos que allí se parecen no son gigantes, sino molinos de viento, y lo que en ellos parecen brazos son las aspas, que, volteadas del viento, hacen andar la piedra del molino.

—Bien parece —respondió don Quijote— que no estás cursado en esto de las aventuras: ellos son gigantes; y si tienes miedo, quítate de ahí, y ponte en oración en el espacio que yo voy a entrar con ellos en fiera y desigual batalla.

Y diciendo esto, dio de espuelas a su caballo Rocinante, sin atender a las voces que su escudero Sancho le daba, advirtiéndole que, sin duda alguna, eran molinos de viento, y no gigantes, aquéllos que iba a acometer. Pero él iba tan puesto en que eran gigantes, que ni oía las voces de su escudero Sancho, ni echaba de ver, aunque estaba ya bien cerca, lo que eran; antes iba diciendo en voces altas:

—¡Non **fuyades**, cobardes y viles criaturas; que un solo caballero es el que os acomete!

Levantóse en esto un poco de viento, y las grandes aspas comenzaron a moverse, lo cual visto por don Quijote, dijo:

—Pues aunque mováis más brazos que los del gigante Briareo, me lo habéis de pagar.

Y diciendo esto, y encomendándose de todo corazón a su señora Dulcinea, pidiéndole que en tal trance le socorriese, bien cubierto de su **rodela**, con la lanza en el **ristre**, arremetió a todo el galope de Rocinante y embistió con el primer molino que estaba delante; y dándole una lanzada en el aspa, la volvió el viento con tanta furia, que hizo la lanza pedazos, llevándose tras sí al caballo y al caballero, que fue rodando muy maltrecho por el campo. Acudió Sancho Panza a socorrerle, a todo el correr de su asno, y cuando llegó halló que no se podía menear: tal fue el golpe que dio con él Rocinante.

—¡Válame Dios! —dijo Sancho—. ¿No le dije yo a vuestra merced que mirase bien lo que hacía, que no eran sino molinos de viento, y no lo podía ignorar sino quien llevase otros tales en la cabeza?

—¡Calla, amigo Sancho! —respondió don Quijote—; que las cosas de la guerra, más que otras, están sujetas a continua mudanza; cuanto más, que yo pienso, y es así verdad, que aquel sabio Frestón que me robó el aposento y los libros ha vuelto estos gigantes en molinos por

- **simiente** (sustantivo). Semilla.
- **fuyades** (verbo). Del verbo *huir*. Escapar.
- **rodela** (sustantivo). Escudo redondo y delgado que cubría el pecho al que se servía de él peleando con espada.
- **ristre** (sustantivo). Hierro injerido en la parte derecha del peto de la armadura antigua, donde encajaba el cabo de la manija de la lanza para afianzarlo en él.

ıitarme la gloria de su vencimiento: tal es la enemistad que me tiene; ıas al cabo al cabo, han de poder poco sus malas artes contra la bondad e mi espada.

—Dios lo haga como puede —respondió Sancho Panza.

Y, ayudándole a levantar, tornó a subir sobre Rocinante, que medio espaldado estaba. Y, hablando en la pasada aventura, siguieron el camino el Puerto Lápice, porque allí decía don Quijote que no era posible dejar e hallarse muchas y diversas aventuras, por ser lugar muy pasajero, sino ıe iba muy **pesaroso**, por haberle faltado la lanza; y diciéndoselo a su cudero, le dijo:

—Yo me acuerdo haber leído que un caballero español llamado Diego érez de Vargas, habiéndosele en una batalla roto la espada, desgajó de ıa **encina** un pesado ramo o tronco, y con él hizo tales cosas aquel día, machacó tantos moros, que le quedó por sobrenombre Machuca, y así como sus descendientes se llamaron desde aquel día en adelante Vargas Machuca. Hete dicho esto porque de la primera encina o roble que se e depare pienso desgajar otro tronco, tal y tan bueno como aquél que e imagino; y pienso hacer con él tales hazañas, que tú te tengas por bien ortunado de haber merecido venir a vella, y a ser testigo de cosas que ɔenas podrán ser creídas.

—¡A la mano de Dios! —dijo Sancho—; yo lo creo todo así como ıestra merced lo dice; pero enderécese un poco; que parece que va de edio lado, y debe de ser del molimiento de la caída.

—¡Así es la verdad! —respondió don Quijote—; y si no me quejo del ɔlor, es porque no es dado a los caballeros andantes quejarse de herida guna, aunque se le salgan las tripas por ella.

—¡Si eso es así, no tengo yo qué replicar! —respondió Sancho—; pero ıbe Dios si yo me holgara que vuestra merced se quejara cuando alguna ɔsa le doliera. [...]

No se dejó de reír don Quijote de la simplicidad de su escudero; y así, declaró que podía muy bien quejarse como y cuando quisiese, sin gana o ɔn ella; que hasta entonces no había leído cosa en contrario en la orden de ıballería. Díjole Sancho que mirase que era hora de comer. Respondióle ı amo que por entonces no le hacía menester; que comiese él cuando se antojase. Con esta licencia, se acomodó Sancho lo mejor que pudo sobre ı **jumento**, y sacando de las **alforjas** lo que en ellas había puesto, iba caıinando y comiendo detrás de su amo muy de su espacio, y de cuando en ıando empinaba la bota, con tanto gusto, que le pudiera envidiar el más galado bodegonero de Málaga. Y en tanto que él iba de aquella manera ıenudeando tragos, no se le acordaba de ninguna promesa que su amo hubiese hecho, ni tenía por ningún trabajo, sino por mucho descanso, ıdar buscando las aventuras, por peligrosas que fuesen.

- **pesaroso** (adjetivo). Que tiene pesadumbre.
- **encina** (sustantivo). Árbol de madera muy dura y compacta.
- **jumento** (sustantivo). Burro.
- **alforjas** (sustantivo). Bolsas grandes y ordinariamente cuadradas, que se usan para cargar cosas.

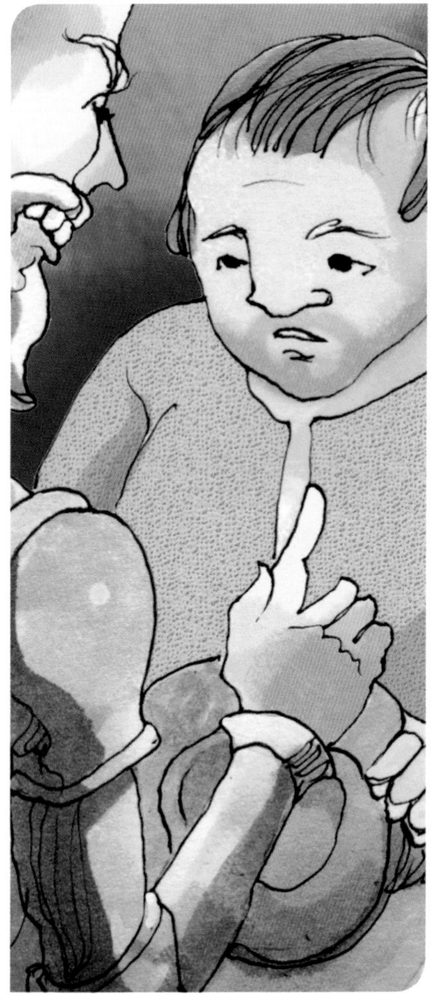

Capítulo XLIII

De los consejos segundos que dio don Quijote a Sancho Panza

—En lo que toca a cómo has de gobernar tu persona y casa, Sancho, lo primero que te encargo es que seas limpio, y que te cortes las uñas, sin dejarlas crecer, como algunos hacen, a quien su ignorancia les ha dado a entender que las uñas largas les hermosean las manos, como si aquel excremento y añadidura que se dejan de cortar fuese uña, siendo antes garras de cernícalo lagartijero: puerco y extraordinario abuso.

No andes, Sancho, desceñido y flojo; que el vestido descompuesto da indicios de ánimo **desmazalado**, si ya la descompostura y flojedad no cae debajo de socarronería, como se juzgó en la de Julio César.

Toma con discreción el pulso a lo que pudiere valer tu oficio, y si sufriere que des librea a tus criados, dásela honesta y provechosa más que vistosa y bizarra, y repártela entre tus criados y los pobres: quiero decir que si has de vestir seis pajes, viste tres y otros tres pobres, y así tendrás pajes para el cielo y para el suelo; y este nuevo modo de dar librea no la alcanzan los vanagloriosos.

No comas ajos ni cebollas, porque no saquen por el olor tu villanería.

Anda despacio; habla con reposo; pero no de manera, que parezca que te escuchas a ti mismo; que toda afectación es mala.

Come poco y cena más poco; que la salud de todo el cuerpo se fragua en la oficina del estómago. Sé templado en el beber, considerando que el vino demasiado ni guarda secreto, ni cumple palabra. Ten cuenta, Sancho, de no mascar a dos carrillos, ni de erutar delante de nadie.

—Eso de *erutar* no entiendo —dijo Sancho.

Y don Quijote le dijo:

—*Erutar*, Sancho, quiere decir, regoldar, y este es uno de los más torpes vocablos que tiene la lengua castellana, aunque es muy significativo; y así, la gente curiosa se ha acogido al latín, y al *regoldar* dice *erutar*, y a los ***regüeldos***, *erutaciones*; y cuando algunos no entienden estos términos, importa poco; que el uso los irá introduciendo con el tiempo, que con facilidad se entiendan; y esto es enriquecer la lengua, sobre quien tiene poder el vulgo y el uso.

—En verdad, señor —dijo Sancho—, que uno de los consejos y avisos que pienso llevar en la memoria ha de ser el de no regoldar, porque lo suelo hacer muy a menudo.

—*Erutar*, Sancho; que no *regoldar* —dijo don Quijote.

—*Erutar* diré de aquí adelante —respondió Sancho—, y a fee que no se me olvide.

- **desmazalado** (adjetivo). Caído, dejado.
- **regüeldos** (sustantivo). Gases.

 © Santillana

—También, Sancho, no has de mezclar en tus pláticas la muchedumre de refranes que sueles; que puesto que los refranes son sentencias reves, muchas veces los traes tan por los cabellos, que más parecen disarates que sentencias.

—Eso Dios lo puede remediar —respondió Sancho—; porque sé más efranes que un libro, y viénenseme tantos juntos a la boca cuando hablo, ue riñen, por salir, unos con otros; pero la lengua va arrojando los prieros que encuentra, aunque no vengan a pelo; más yo tendré cuenta de quí adelante de decir los que convengan a la gravedad de mi cargo; que n casa llena, presto se guisa la cena; y quien destaja, no baraja; y a buen alvo está el que repica; y el dar y el tener, seso ha menester. —¡Eso sí, ancho! —dijo don Quijote—. ¡Encaja, ensarta, enhila refranes; que nadie e va a la mano! ¡Castígame mi madre, y yo trómpogelas! Estóite diciendo ue excuses refranes, y en un instante has echado aquí una letanía dellos, ue así cuadran con lo que vamos tratando como por los cerros de Úbeda. Mira, Sancho, no te digo yo que parece mal un refrán traído a propósito; ero cargar y ensartar refranes a troche moche hace la plática desmayada baja.

Cuando subieres a caballo, no vayas echando el cuerpo sobre el arzón ostrero, ni lleves las piernas tiesas y tiradas y desviadas de la barriga del aballo, ni tampoco vayas tan flojo, que parezca que vas sobre el **rucio**; ue el andar a caballo a unos hace caballeros; a otros, caballerizos.

Sea moderado tu sueño; que el que no madruga con el sol no goza del ía; y advierte ¡oh Sancho! que la diligencia es madre de la buena ventura; la pereza, su contraria, jamás llegó al término que pide un buen deseo.

[...]

Tu vestido será calza entera, ropilla larga, **herreruelo** un poco más argo; **gregüescos**, ni por pienso; que no les están bien ni a los caballeros i a los gobernadores.

Por ahora, esto se me ha ofrecido, Sancho, que aconsejarte; andará el empo, y según las ocasiones, así serán mis documentos, como tú tengas uidado de avisarme el estado en que te hallares. —Señor —respondió ancho—, bien veo que todo cuanto vuesa merced me ha dicho son cosas uenas, santas y provechosas; pero ¿de qué han de servir, si de ninguna ne acuerdo? Verdad sea que aquello de no dejarme crecer las uñas y de asarme otra vez, si se ofreciere, no se me pasará del **magín**; pero esotros adulaques y enredos y revoltillos, no se me acuerda ni acordará más ellos que de las nubes de antaño, y así, será menester que se me den por scrito; que puesto que no sé leer ni escribir, yo se los daré a mi confesor ara que me los encaje y recapacite cuando fuere menester.

Miguel de Cervantes
(español)
(fragmento)

Sobre el autor

Miguel de Cervantes (1547-1616) fue un escritor español proveniente de una familia de judíos conversos. Para tratar de mejorar su precaria situación social, ingresó en la milicia, pero los problemas económicos lo condujeron a la cárcel en varias ocasiones. En medio de esa crisis, surgió en 1605 la primera parte de lo que se convertiría en la primera obra literaria considerada como novela moderna, *El ingenioso hidalgo don Quijote de la Mancha.* A través de su temática, esta obra presenta un contraste entre la realidad y la fantasía, la cordura y la locura, a la vez que convida a una reflexión en cuanto a conceptos tales como: el honor, la fidelidad y la justicia social. Su segunda parte se publicó en 1615. Desde su juventud, Cervantes cultivó, además de la novela, la poesía y el teatro. Aunque escribió una novela pastoril, *La Galatea*, y una novela bizantina, *Los trabajos de Persiles y Sigismunda*, en la producción narrativa de Cervantes descuellan las *Novelas ejemplares* y, sobre todo, el Quijote, que inaugura la novela moderna y constituye una de las obras maestras de la literatura universal.

El autor declara en el prólogo del Quijote, que ha escrito el libro para "deshacer la autoridad y cabida que en el mundo y en el vulgo tienen los libros de caballerías". Pero esta primera intención de Cervantes se ve ampliamente superada por el relato.

- **rucio** (adjetivo). Animal de color pardo claro, blanquecino o canoso.
- **herreruelo** (sustantivo). Capa corta con cuello y sin capilla.
- **gregüescos** (sustantivo). Pantalones antiguos.
- **magín** (sustantivo). Imaginación.

IDENTIFICO

➤ **Selecciona** a uno de los protagonistas de *El Quijote*. **Identifica** sus rasgos principales y ofrece ejemplos de la lectura para ilustrarlos. Luego, **completa** el siguiente diagrama:

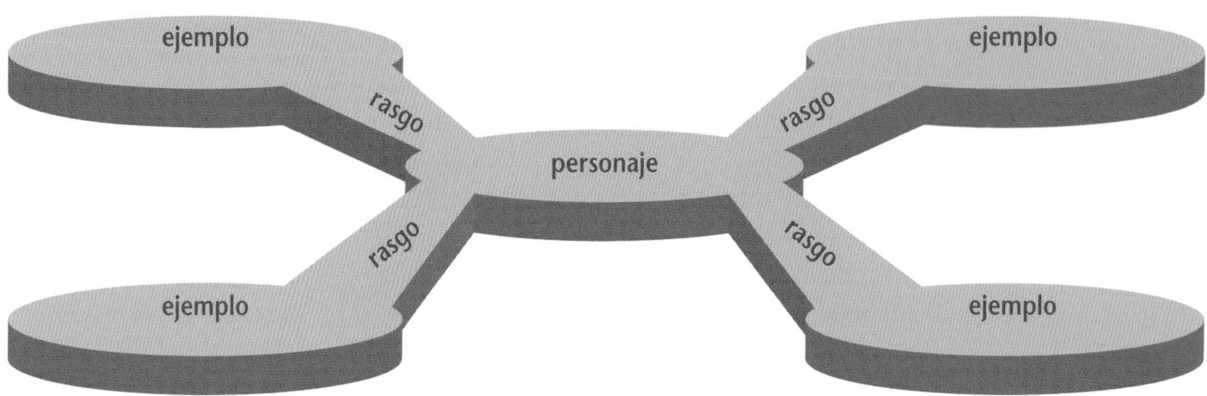

INFIERO

➤ **Contesta**:

a. ¿Cómo el narrador describe físicamente al hidalgo?

b. ¿Qué fue capaz de hacer don Quijote para comprar más libros de caballería? ¿Por qué se volvió loco don Quijote?

c. ¿Por qué razón decidió don Quijote convertirse en caballero andante?

d. ¿Por qué don Quijote nombró a su amada Dulcinea del Toboso?

e. ¿Por qué el hidalgo se nombró don Quijote de la Mancha?

f. ¿Qué pensaba don Quijote que eran los molinos de viento? ¿Por qué?

g. ¿Cómo finalizó esta batalla para el caballero?

h. ¿Cómo explica don Quijote que se tratara, en efecto, de molinos de viento?

i. ¿Cuáles son los consejos que le da don Quijote a Sancho?

j. Según Sancho, ¿por qué dice tantos refranes?

k. ¿Cuál es el significado de los refranes que emplea Sancho?

l. ¿Qué diferencia puede ver don Quijote entre *erutar* y *regoldar*? ¿Conoces otros términos que signifiquen lo mismo, pero suenen diferente?

m. A juzgar por sus consejos, ¿qué impresión te causa don Quijote?

n. ¿Cómo es la forma de hablar que emplea en el fragmento de los consejos don Quijote en comparación con la forma en que se expresa en sus aventuras?

ANALIZO

➤ **Contesta**:

a. Basándote en el episodio de los molinos de viento, **comenta** acerca del idealismo de don Quijote y el realismo de Sancho Panza.

b. **Compara** y **contrasta** los discursos de don Quijote y Sancho Panza.

c. **Explica** la importancia del diálogo en la novela.

d. **Comenta** acerca de la importancia de los rasgos físicos a la hora de caracterizar a don Quijote y a Sancho Panza.

EVALÚO y VALORO

➤ **Comenta**:

a. **Expresa** tu opinión acerca de la actitud que muestra don Quijote en los distintos textos seleccionados.

- ¿Crees que la locura de don Quijote represente algún tipo de modelo vital o piensas que se trate de una demencia sin más? **Razona** tu respuesta.

b. Don Quijote es una persona idealista que persigue el bien y lucha contra la injusticia, aunque muchas veces salga malparado. **Explica** en qué acciones podríamos reconocer, a tu juicio, a los quijotes (idealistas) actuales.

c. En la época en que se escribió *El Quijote,* la locura del caballero fue motivo de burla para los lectores. ¿Crees que el lector moderno piense de la misma forma? ¿Por qué?

EDUCACIÓN moral y cívica

El personaje de don Quijote constituye, hasta hoy, un modelo que debe seguirse; simboliza el idealismo y la caballerosidad, valores que poco a poco se han perdido. Por otro lado, don Quijote es el prototipo del hombre soñador y optimista a quien ningún obstáculo lo detiene, con tal de conseguir su objetivo. ¿Cuál de estos valores crees que se deba fomentar en la sociedad actual? ¿Por qué? ¿Qué harías para practicarlo?

EN el contexto

➤ **Completa** las oraciones con las siguientes palabras del vocabulario: *enjuto, pesaroso, simiente, encina* y *alforjas*. **Procura** emplearlas de acuerdo con su contexto.

a. Se comieron el almuerzo bajo la sombra de una _____.

b. Mi padre es un hombre alto y _____.

c. Sus _____ están repletas de dinero.

d. Si el _____ es bueno, el fruto lo será también.

e. Tus problemas te tienen _____.

Cervantes y la novela del Siglo de Oro

Como estudiaste en capítulos anteriores, durante el Siglo de Oro, se cultiva una considerable variedad de novelas, aparte de la picaresca. Entre ellas están la novela pastoril, la bizantina, la de caballerías, la morisca y la novela corta italiana. Miguel de Cervantes cultivó, de una u otra forma, todos estos tipos de novela, confiriéndoles un sello personal y novedoso. Aunque cultivó diversos géneros —lírico, dramático y narrativo—, lo más destacado de su producción literaria son las novelas. De las obras que componen la producción novelística cervantina, destacamos las siguientes:

- ***La Galatea.*** Es la primera novela publicada por Cervantes. Se trata de una novela pastoril que reproduce las situaciones características de este tipo de novelas: unos pastores idealizados exponen sus problemas amorosos en el marco de una naturaleza idílica.
- ***Novelas ejemplares.*** Son un conjunto de doce novelas cortas de cuya lectura puede extraerse, según Cervantes, una enseñanza moral. A ese propósito didáctico obedece el adjetivo "ejemplares". Entre las más célebres novelas ejemplares se encuentran *Rinconete y Cortadillo, La Gitanilla, El celoso extremeño* y *El licenciado Vidriera.*
- ***El ingenioso hidalgo don Quijote de la Mancha.*** Se publicó la primera parte en Madrid, en 1605, cuando Cervantes tenía ya cincuenta y siete años de edad. Hacía veinte años que Cervantes no publicaba obra alguna. El éxito fue inmediato: se hicieron seis ediciones más el mismo año de 1606, y muy pronto se tradujo al francés y al inglés. Incluso, se difundió rápidamente por América, a pesar del mandato que prohibía exportar libros a nuestro continente en esa época. Diez años más tarde, en 1615, se publicó la segunda parte.

La gran novela de Cervantes ha inspirado innumerables obras de arte de todo tipo: esculturas, pinturas, otras obras literarias de diferentes géneros, monumentos... En esta que presentamos —llamada *Puesto ya el pie en el estribo*—, se ve a don Quijote escribiendo su testamento; así se lo imaginó el creador del óleo, Antonio Muñoz Degrain (1840-1924).

Con esta obra, Cervantes funda la novela moderna. Su estilo se mueve entre dos polos: el idealismo y el realismo. Su riqueza idiomática abarca todos los niveles: el culto, el coloquial, el vulgar y el de las jergas. En sus obras, cada personaje emplea el nivel de habla que le corresponde. Así, como contraste con el lenguaje culto y arcaizante de don Quijote, Cervantes presenta el lenguaje simple de Sancho, construido sobre la base de refranes populares. Su prosa, trabajada a conciencia, es a veces armoniosa y sosegada; a veces, viva y pintoresca.

Aún en la actualidad, esta novela sorprende tanto a los lectores y a los estudiosos como a los escritores, no solo por la profundidad y la vigencia de sus temas y por los valores humanos que les infunde a sus personajes, sino también por la modernidad de los procedimientos narrativos que emplea.

Contribuciones

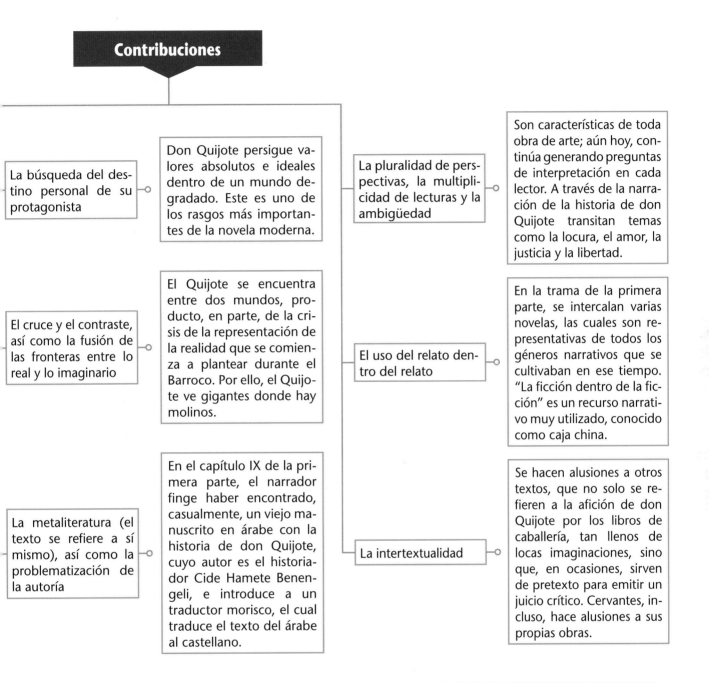

Contribución	Explicación
La búsqueda del destino personal de su protagonista	Don Quijote persigue valores absolutos e ideales dentro de un mundo degradado. Este es uno de los rasgos más importantes de la novela moderna.
El cruce y el contraste, así como la fusión de las fronteras entre lo real y lo imaginario	El Quijote se encuentra entre dos mundos, producto, en parte, de la crisis de la representación de la realidad que se comienza a plantear durante el Barroco. Por ello, el Quijote ve gigantes donde hay molinos.
La metaliteratura (el texto se refiere a sí mismo), así como la problematización de la autoría	En el capítulo IX de la primera parte, el narrador finge haber encontrado, casualmente, un viejo manuscrito en árabe con la historia de don Quijote, cuyo autor es el historiador Cide Hamete Benengeli, e introduce a un traductor morisco, el cual traduce el texto del árabe al castellano.
La pluralidad de perspectivas, la multiplicidad de lecturas y la ambigüedad	Son características de toda obra de arte; aún hoy, continúa generando preguntas de interpretación en cada lector. A través de la narración de la historia de don Quijote transitan temas como la locura, el amor, la justicia y la libertad.
El uso del relato dentro del relato	En la trama de la primera parte, se intercalan varias novelas, las cuales son representativas de todos los géneros narrativos que se cultivaban en ese tiempo. "La ficción dentro de la ficción" es un recurso narrativo muy utilizado, conocido como caja china.
La intertextualidad	Se hacen alusiones a otros textos, que no solo se refieren a la afición de don Quijote por los libros de caballería, tan llenos de locas imaginaciones, sino que, en ocasiones, sirven de pretexto para emitir un juicio crítico. Cervantes, incluso, hace alusiones a sus propias obras.

ACTIVIDADES

1. **Explica** qué relación existe entre las novelas de caballerías y *El Quijote*.
2. En la literatura renacentista española se pueden identificar dos corrientes contrapuestas: por un lado, la idealización de la realidad, que se observa en las novelas de caballerías; por otro, el realismo que critica la realidad. ¿En cuál de las dos corrientes puedes ubicar *El Quijote*? ¿Por qué?
3. **Cita** fragmentos del texto que ejemplifiquen el idealismo de don Quijote y el realismo de Sancho.

La hiperonimia y la hiponimia

Para EXPLORAR

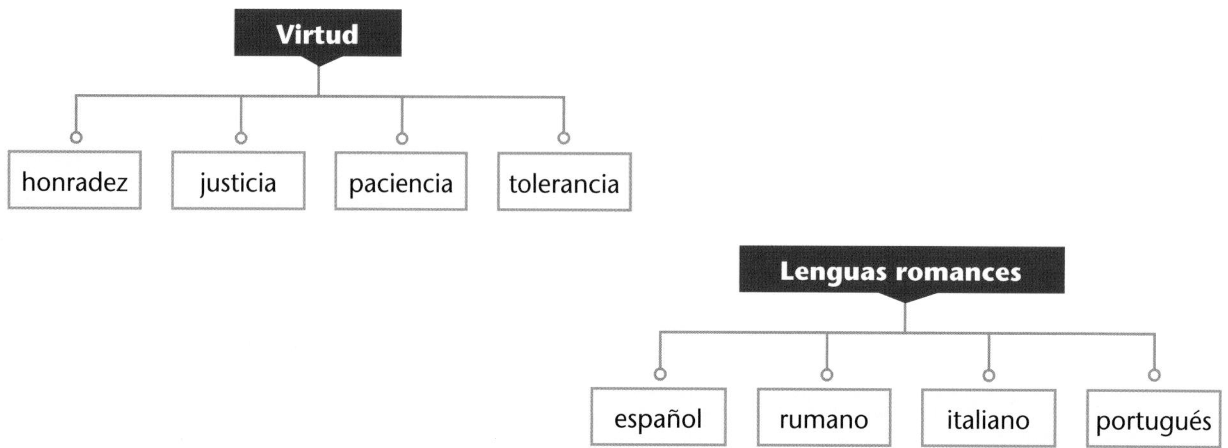

➤ **Estudia** los grupos de palabras anteriores y **contesta** las preguntas.

a. ¿Qué relación guarda la palabra destacada con las que la acompañan?

b. Si el prefijo *hiper-* significa "superioridad", ¿cuáles crees que serían los hiperónimos: las palabras que están abajo o las que están destacadas? ¿Por qué?

Para COMPRENDER

Términos hiperónimos y términos hipónimos

Entre algunas palabras de la lengua se establecen relaciones basadas en la extensión del significado, de modo que unas incluyen el significado de otras. Así ocurre, por ejemplo, con la palabra *flor*, cuyo significado abarca el campo de otras muchas palabras: *clavel, rosa, jazmín, margarita, azucena*... Este tipo de relación nos permite distinguir entre términos hiperónimos y términos hipónimos:

Hiperónimos	Hipónimos
Son términos que, por tener un significado de gran extensión, incluyen otros más concretos o específicos. La palabra *flor*, por ejemplo, es un hiperónimo respecto a palabras como *clavel, jazmín* o *margarita*.	Son palabras de significado restringido con las que se puede concretar la realidad a la que hacen referencia otras de significado más amplio. Las palabras *clavel, jazmín, margarita, azucena*... son hipónimos de *flor*.

Los hiperónimos en las definiciones

Con frecuencia, cuando definimos una palabra, empleamos un hiperónimo al que añadimos los rasgos específicos que distinguen al ser u objeto que se define de otros de su misma clase. De este modo, para definir el término *rosa*, emplearemos el hiperónimo *flor* y añadiremos sus rasgos distintivos: flor del rosal, muy aromática y de intenso colorido, formada por muchos pétalos superpuestos.

Este tipo de definición es habitual en los diccionarios, como se ve a continuación en la palabra *gato* tomado del *Diccionario de la Real Academia Española*:

Ejemplo:

> *gato.* s. m. *Mamífero carnívoro de la familia de los Félidos, digitígrado, doméstico, de unos cinco decímetros de largo desde la cabeza hasta el arranque de la cola, que por sí sola mide dos decímetros aproximadamente. Tiene cabeza redonda, lengua muy áspera, patas cortas y pelaje espeso, suave, de color blanco, gris, pardo, rojizo o negro. Es muy útil en las casas como cazador de ratones.*

Para PRACTICAR

1. **Escribe** en cada caso tres hipónimos.

asiento	mamífero	ave	planta

2. **Clasifica** estas palabras hipónimas, de acuerdo con los hiperónimos dados.

a. gaviota
b. helecho
c. azucena
d. abeja
e. calamar
f. víbora
g. girasol
h. romero
i. mangosta
j. abedul
k. raya
l. sábila

Flora	Fauna

3. **Escribe** cuatro hipónimos para cada hiperónimo siguiente:

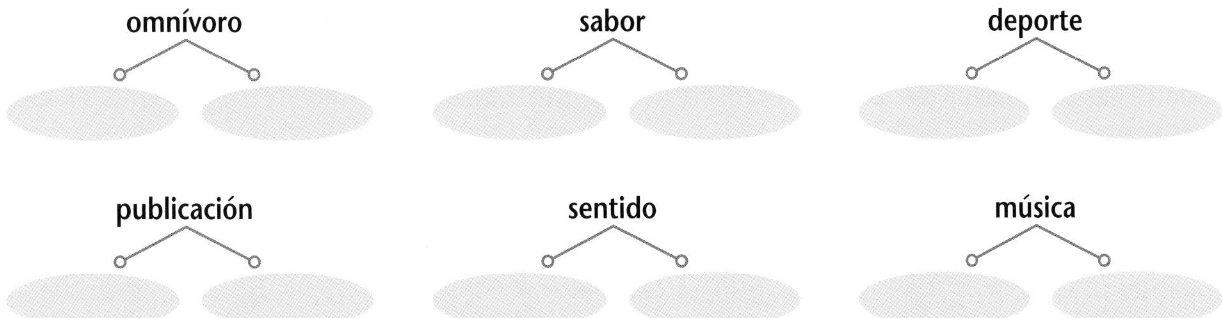

4. **Identifica**, para cada serie de hipónimos, el hiperónimo correspondiente.

a. cómoda, mesilla, aparador, escritorio, armario
b. alegría, tristeza, felicidad, melancolía, nostalgia
c. carruaje, auto, bicicleta, lancha, funicular
d. libro, revista, periódico, cuaderno, manual

- **Escribe,** para cada grupo de palabras, dos oraciones o una oración compuesta en la que uses un hipónimo y su hiperónimo.

Uso especial de las mayúsculas

Para EXPLORAR

Miguel de Cervantes se unió al ejercito y combatió en la batalla de Lepanto, en donde, a causa de las heridas recibidas, perdió para siempre el movimiento de la mano izquierda.

Por esto lo conocen también como el manco de Lepanto. En 1575, su galera fue atacada por el corsario Arnauti Mamí, que hizo prisioneros al escritor y a su hermano, y lo llevó a Argel. Allí estuvo cautivo durante cinco años. Esta información la aprendí en el Museo Casa de Cervantes.

➤ **Realiza** las siguientes actividades:

a. **Explica** por qué crees que se utilicen mayúsculas al escribir cada uno de los siguientes términos:
   - Miguel de Cervantes
   - Lepanto
   - Museo Casa de Cervantes

b. **Escribe** cuáles de los términos anteriores cumplen con la siguiente norma ortográfica: se escriben con mayúsculas los nombres que, por antonomasia, tienen algunos lugares y que se usan como alternativa a su nombre oficial.

Para COMPRENDER

Uso de las mayúsculas

Recuerda que, además del uso exigido por la puntuación, se utilizan mayúsculas en algunos casos especiales. Se escriben con mayúsculas:

- Los nombres que, por antonomasia, tienen algunos lugares y que se usan como alternativa al nombre oficial.

Ejemplos: *la **C**iudad **L**uz (París), la **I**sla del **E**ncanto (Puerto Rico)*

- Los nombres de vías y espacios urbanos. En este caso solo los nombres propios deben ir con mayúscula mientras que los nombres comunes que acompañan a este, como *avenida, calle,* etc., deben escribirse con minúscula.

Ejemplos: *avenida **C**ampo **R**ico, calle **S**an **S**ebastián*

- Los nombres genéricos de vías o espacios procedentes del inglés y de otras lenguas.

Ejemplos: ***A**shford **A**venue, **C**entral **P**ark,* etc.

- Los sustantivos y adjetivos que componen el nombre de entidades, organismos, departamentos o divisiones administrativas, monumentos, establecimientos públicos, etc.

Ejemplos: *el **D**epartamento de **H**acienda, la **C**asa de **E**spaña, el **M**useo **N**acional, la **U**niversidad de **P**uerto **R**ico, la **F**acultad de **C**iencias **S**ociales, el **Á**rea de **R**ecursos **H**umanos, el **T**eatro **M**unicipal, etc.*

- Los sustantivos y adjetivos que forman el nombre de disciplinas científicas, únicamente cuando nos referimos a ellas como asignaturas o cursos.

Ejemplos: *Voy a estudiar **D**erecho.*
*El profesor de **M**atemáticas es muy amable.*

- Los sobrenombres, los cuales siempre deben ir acompañados del nombre propio. Llevan mayúscula inicial y van precedidos de un artículo en minúscula.

Ejemplos: *Isabel la **C**atólica, Alfonso X el **S**abio.*

Ortografía al día

Los nombres de los días de la semana, de los meses y de las estaciones del año se escriben con letra minúscula a menos que inicien una oración. Solo se inician con mayúscula cuando forman parte de nombres que exigen la escritura de sus componentes con mayúscula inicial, como ocurre con los nombres de festividades, fechas o acontecimientos históricos, vías urbanas, etc. Ejemplos:

- *Viernes Santo*
- *Domingo de Pascua,*
- *plaza del Dos de Mayo.*

Para PRACTICAR

1. **Completa** las oraciones con palabras o expresiones que se escriban con mayúscula.
   a. Me gusta caminar por la calle ______.
   b. La Facultad de ______ de esta universidad es excelente.
2. **Identifica** la oración que no tiene errores en el uso de las mayúsculas.
   a. • El próximo jueves vamos a las fiestas de la Calle San Sebastián.
      • El próximo Jueves vamos a las fiestas de la calle San Sebastián.
      • El próximo jueves vamos a las fiestas de la calle San Sebastián.
   b. • Ana estudia derecho en la universidad de Puerto Rico.
      • Ana estudia Derecho en la Universidad de Puerto Rico.
      • Ana estudia derecho en la Universidad de Puerto Rico.
3. **Escribe**, con las siguientes palabras, una frase o una oración: una vez con letra mayúscula y otra, con letra minúscula.

señora	sábado	gobernador
príncipe	ciencias	universidad

Los complementos del verbo

Para EXPLORAR

Pablo, hay un león suelto en el vecindario.

➤ **Contesta**:

a. ¿Cuál es el grupo verbal de la oración que aparece en la tirilla? ¿Cuál es su núcleo?

b. ¿Cómo se le llama a la información que acompaña al verbo?

c. ¿Cuántos complementos verbales puedes identificar en esa oración?

Para COMPRENDER

Los complementos del verbo

Como ya sabes, el predicado verbal de la oración está constituido por un núcleo (verbo) y puede ir acompañado de uno o más complementos que completan o enmarcan la información aportada por el verbo.

Ejemplo:

GN sujeto	GV predicado		
Muchas personas	*han muerto*	*desde entonces*	*a causa de enfermedades infecciosas.*
	N	Compl.	Compl.

Los complementos que admite el verbo son de distinta naturaleza: algunos se refieren únicamente al verbo; otros se refieren al verbo y a un sustantivo.

El complemento directo

El **complemento directo (CD)** es un grupo sintáctico, argumento del verbo.

Ejemplo: *Más de seis mil millones de personas pueblan **la Tierra**.*

Reconocimiento del complemento directo			
Forma	**Pronominalización**	**Concordancia**	**Transformación en pasiva**
El complemento directo es un grupo nominal (introducido por la preposición *a* si se trata de una persona o ser animado), un pronombre personal átono (*me, te, lo, la, nos, os, los, las, se* y, entre algunos hablantes, *le* y *les*) u otro tipo de pronombre (*algo, nada, esos*...).	Si en un predicado verbal un grupo se puede sustituir por los pronombres *lo, la, los, las,* se trata de un complemento directo.	A diferencia del sujeto, el complemento directo permanece invariable cuando se cambia el número del verbo.	Cuando la forma verbal admite la sustitución por la perífrasis *ser + participio* (voz pasiva), el complemento directo pasa a ser sujeto.
Ejemplo	**Ejemplos**	**Ejemplo**	**Ejemplo**
*Tenemos **los instrumentos.** → **Nos** trajo los instrumentos.*	*Tenemos **los instrumentos.** → **Los** tenemos.*	*Tenemos **los instrumentos.** → Tengo **los instrumentos.***	*Los científicos resolverán **los problemas.** → **Los problemas** serán resueltos por los científicos.*

Para identificar el complemento directo existen algunos métodos, pero no todos son confiables. Descartaremos el preguntarle *¿qué?* al verbo, porque puede confundirnos. En cambio, sustituir el complemento directo por un pronombre personal átono puede ser más efectivo, aunque también presenta algunos problemas.

Ejemplo:

Mi madrina compró un regalo para mí.
(*un regalo*: CD)

Mi madrina lo compró para mí.
(*lo*: CD)

Un regalo se ha podido sustituir por ***lo***, quiere decir que, efectivamente, es el complemento directo. Los pronombres *lo, la, los, las, nos* pueden servir de prueba de sustitución.

El complemento indirecto

El **complemento indirecto (CI)** es el grupo sintáctico que designa al destinatario, al receptor, al beneficiario en una acción (*regalar algo **a alguien***).

Ejemplo: *La Unión Europea destinará el 0,4% de su PIB **a los países en vías de desarrollo**.*

El complemento indirecto puede darse también con determinados verbos que no admiten complemento directo, como *agradar, gustar, pertenecer...*

Ejemplo: *A nosotros no **nos** agradan las desigualdades económicas y sociales.*

Para COMPRENDER

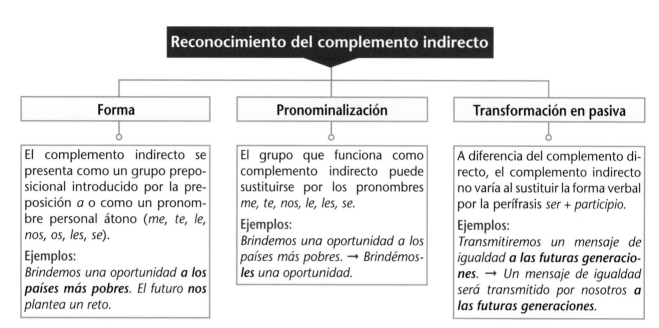

Reconocimiento del complemento indirecto

Forma	Pronominalización	Transformación en pasiva
El complemento indirecto se presenta como un grupo preposicional introducido por la preposición *a* o como un pronombre personal átono (*me, te, le, nos, os, les, se*). Ejemplos: *Brindemos una oportunidad* ***a los países más pobres****. El futuro* ***nos*** *plantea un reto.*	El grupo que funciona como complemento indirecto puede sustituirse por los pronombres *me, te, nos, le, les, se.* Ejemplos: *Brindemos una oportunidad a los países más pobres.* → *Brindémos****les*** *una oportunidad.*	A diferencia del complemento directo, el complemento indirecto no varía al sustituir la forma verbal por la perífrasis *ser + participio.* Ejemplos: *Transmitiremos un mensaje de igualdad* ***a las futuras generaciones****.* → *Un mensaje de igualdad será transmitido por nosotros* ***a las futuras generaciones****.*

El **complemento circunstancial** (CC) expresa las circunstancias (de lugar, tiempo, modo, causa, cantidad, compañía, instrumento, finalidad) que acompañan las acciones o los procesos verbales.

Ejemplo: *La mayoría de la población vivirá* ***en núcleos urbanos****.*

Reconocimiento del complemento circunstancial

Forma	Adverbialización	Supresión
El complemento circunstancial puede presentarse como un adverbio, como un grupo nominal o como un grupo preposicional: Ejemplos: *Vivamos* ***dignamente****.* *Millones de personas malviven* ***todos los días****.* *Actuaremos* ***en ese momento****.* *La población aumentará* ***en los países más pobres****.*	Muchos complementos circunstanciales pueden sustituirse por un adverbio de significado general, como *así, entonces, allí...* Ejemplos: *Vivamos* ***dignamente****.* → *Vivamos* ***así****.* *Actuaremos* ***en ese momento****.* → *Actuaremos* ***entonces****.*	Generalmente, el complemento circunstancial puede suprimirse sin alterar la gramaticalidad de la oración. Ejemplos: *Millones de personas malviven* ***todos los días****.* → *Millones de personas malviven.* *Actuaremos* ***en ese momento****.* → *Actuaremos.* *La población aumentará* ***en los países más pobres****.* → *La población aumentará.*

Para reconocer los complementos circunstanciales se puede preguntar al núcleo verbal lo siguiente: *¿dónde?, ¿cuándo?, ¿cómo?, ¿por qué?,* etc. Los complementos circunstanciales no se pueden sustituir por pronombres personales átonos como los complementos directos y los indirectos.

 © Santillana

Gramática al día

Lee las siguientes oraciones:

- *Le dio un regalo a Carlos.*
- *Le dio un regalo para Carlos.*

En cada caso, la persona a quien se le da el regalo es diferente. En el primero, se le da a Carlos y, en el segundo, a otra persona, por lo que las construcciones *a Carlos* y *para Carlos* no constituyen el mismo tipo de complemento. En la gramática tradicional, se consideraba complemento indirecto la estructura *para* + grupo nominal. Actualmente, es un **complemento circunstancial de finalidad**. Se distingue del complemento indirecto (CI) en que no puede sustituirse por el pronombre personal de complemento indirecto:

- *Les entregó los documentos para los funcionarios.* (Les: Pron. CI; para los funcionarios: Adjunto de finalidad)

Por tal razón, ya no se admite la prueba de preguntar al verbo *¿para quién?* con el propósito de identificar el complemento indirecto.

Para PRACTICAR

1. **Anota** el predicado de cada oración e **identifica** el núcleo y sus complementos.
   a. Los niños abrieron sus regalos antes de la medianoche.
   b. El ser humano aspira siempre a un futuro mejor.
2. **Identifica** en cada oración el complemento directo.
   a. Hemos recortado el césped para complacer a Papá.
   b. Antes de concluir la obra, Gabriel saludó al público.
   c. Le recomendé un doctor a Marta.
   - **Indica** qué forma adopta en cada caso el complemento directo. Luego, **sustituye** los complementos directos por el pronombre personal átono correspondiente.
3. **Localiza** en estas oraciones los grupos que funcionan como CD o como CI.
   a. Le pedí el radio a tu prima. b. Le envié unas rosas rojas a la maestra.
4. **Identifica** los complementos circunstanciales. Luego, **marca** la opción que mejor los describa.
   a. Todas las tardes ceno con mi familia.
      - causa y lugar
      - modo e instrumento
      - tiempo y compañía
   b. Ayer mis compañeros fueron invitados al cine.
      - tiempo y lugar
      - causa y compañía
      - lugar e instrumento
   c. Rápidamente, busqué el libro en la biblioteca.
      - causa y lugar
      - modo y compañía
      - modo y lugar
5. **Escribe** dos oraciones con cada verbo: una que lleve un complemento directo y otra que lleve un complemento indirecto.

reparar	confiar	cumplir	aspirar

El texto descriptivo

OBSERVO

Don Quijote de la Mancha

[...] Tenía en su casa un ama que pasaba de los cuarenta y una sobrina que no llegaba a los veinte, y un mozo de campo y plaza, que así ensillaba el rocín como tomaba la podadera. Frisaba la edad de nuestro hidalgo con los cincuenta años. Era de complexión recia, seco de carnes, enjuto de rostro, gran madrugador y amigo de la caza, Quieren decir que tenía el sobrenombre de "Quijada" o "Quesada", que en esto hay alguna diferencia en los autores que de este caso escriben, aunque por conjeturas verisímiles se deja entender que se llamaba "Quijana". Pero esto importa poco a nuestro cuento: basta que en la narración de él no se salga de punto la verdad.

Es, pues de saber que este sobredicho hidalgo, los ratos que estaba ocioso —que eran los más del año—, se daba a leer libros de caballerías, con tanta afición y gusto, que olvidó casi de todo punto el ejercicio de la caza y aun la administración de su hacienda; y llegó a tanta curiosidad y desatino en esto, que vendió muchas fanegas de tierra de sembradura para comprar libros de caballerías en que leer, y así, llevó a su casa todos cuantos pudo haber de ellos.

Miguel de Cervantes Saavedra
(español)
(fragmento)

➤ **Contesta:**

a. ¿Cuál crees que sea la forma discursiva que predomina en el fragmento anterior?

b. ¿Consideras que la descripción que se ofrece de don Quijote es objetiva? ¿Por qué?

¿QUÉ VOY A ESCRIBIR?

La **descripción** ofrece los rasgos característicos de objetos, personas, espacios o situaciones, pertenecientes al mundo real o a un mundo imaginado, con el propósito de que el lector se haga una idea fiel de cómo son. Los adjetivos calificativos, que expresan cualidades; los marcadores espaciales, que sitúan en el espacio lo descrito; y los recursos estilísticos, tales como los epítetos, los símiles y las metáforas, son los elementos clave en este tipo de texto. Las descripciones pueden ser objetivas, libres de valoraciones personales; o subjetivas, impregnadas de la percepción particular del narrador.

¿CÓMO LO ESCRIBO?

PLANIFICO mis ideas

1. Piensa en un objeto, una persona o un espacio que desees describir.
2. Consigue una imagen de aquello que deseas describir.
3. Observa atentamente la imagen.
4. Fíjate en aquellas cualidades como el color, la forma y el tamaño.
5. Imagina otros atributos, como pueden ser el olor, la textura, el sabor, etcétera.

ELABORO mis ideas

1. Elabora una lista de las características más importantes de aquello que deseas describir.
2. Piensa en otras características secundarias que sean importantes para completar la descripción e inclúyelas en tu lista.
3. Piensa en un título creativo.

ESCRIBO mis ideas

1. Escribe el título que elegiste para tu texto.
2. Menciona las cualidades de lo que decidiste describir.
3. Asegúrate de no utilizar únicamente adjetivos.
4. Utiliza metáforas y otras figuras retóricas que permitan que tu descripción sea más viva y rica literariamente.
5. Decide cómo organizarás tu texto descriptivo. Si te ocuparas de una persona, elige si empezarás por los atributos físicos o por los sicológicos; si es un espacio, escoge si mencionarás lo que está afuera o lo que está adentro; si es un objeto, pregúntate si te conviene empezar por las sensaciones que te despierta o por los rasgos visibles.

EDITO un texto

1. El texto fue releído.
2. Se puede hacer una idea cabal de aquello que se describe.
3. La descripción es lo suficientemente rica y elaborada.
4. No hay errores ortográficos ni gramaticales.

La descripción oral de una pintura

La **descripción oral** consiste en la presentación de las partes o los rasgos característicos de seres, lugares, ambientes, objetos, sentimientos o fenómenos. En este caso, para describir adecuadamente una pintura es necesario observarla minuciosamente con el propósito de advertir sus particularidades: forma, tamaño, textura, colores, figuras. Conocer algo acerca de su estilo o período artístico resulta de gran utilidad. Debido a que se trata de una descripción oral, que suele ser más informal que la escrita, se requiere de un orden para lograr una mayor efectividad.

¿Cómo lo preparamos?

1. Formen un grupo de tres miembros.
2. Investiguen acerca de la pintura del período Barroco y seleccionen una obra que les gustaría describir.
3. Fíjense cuidadosamente en sus detalles. Tomen en cuenta los rasgos de este tipo de pintura.
4. Hagan una lista de sus particularidades y organícenla, preferiblemente, de lo general a lo particular.

¿Cómo lo presentamos?

1. Presenten la descripción oral. Recuerden que deben mantener el orden preestablecido.
2. Eviten mencionar adjetivos muy vagos y comunes; en cambio, utilicen aquellos que les parezcan más precisos.
3. Utilicen símiles y metáforas para sugerir nuevos aspectos de la pintura descrita y ponerla en perspectiva.
4. Pronuncien correctamente las palabras y hablen en un tono apropiado. Eviten las muletillas y otros vicios de dicción.
5. Presenten una ilustración de la obra para que sus compañeros puedan apreciarla.

¿Cómo lo hicimos?

☑ ¿Hicimos una descripción oral eficaz?

☑ ¿Evitamos usar adjetivos muy comunes?

☑ ¿Establecimos comparaciones o símiles apropiadas?

☑ ¿Organizamos adecuadamente la descripción?

a ley de gravitación universal

Renacimiento fue una época de descubrimien- ɔs que se extendieron hasta la época del Barro- o, entre esos descubrimientos se encuentra la ley e la gravitación universal, propuesta por Isaac lewton en 1687. Dicha ley establece que todo uerpo que posee masa en el universo ejerce una ıerza gravitatoria de atracción hacia cualquier tro objeto con masa, que resulta proporcional producto de sus masas respectivas y al inverso el cuadrado de la distancia entre ellos. La ecua- ión que expresa esta fuerza es:

$$F = -G\frac{Mm}{r^3}r \; ; (1.3)$$

representa la fuerza ejercida por la masa *M* ɔbre *m*, y *r* es el vector que las une, con origen n *M* y extremo en *m*. Dejándonos guiar por sta fórmula, podemos interpretar que esta ley stablece que cuanto mayores sean las masas e ambos cuerpos, mayor será la fuerza con ue se atraigan. Además, a mayor distancia de eparación entre ellos, refiriéndonos a sus cen- os de gravedad, menor será dicha fuerza. Con sta fórmula, Newton fue el primero en explicar movimiento, tanto de los cuerpos celestes (el ıovimiento de los planetas en órbitas elípti- as), como de los terrestres (la famosa caída de manzana), a partir de una única ley para las ıerzas: la ley de la gravitación universal.

ACTIVIDADES

1. **Selecciona** tres oraciones de la lectura e **identifica** los complementos del verbo: directo, indirecto y circunstancial.
2. **Identifica** las palabras escritas con letra mayúscula inicial y **explica** el por qué de su uso.
3. **Investiga** un poco más a fondo acerca de la ley de la gravitación universal y **contesta**: ¿Por qué crees que sea importante esta ley?
4. **Investiga** cuáles son las otras dos leyes que conforman las leyes del movimiento de Newton.

La escultura barroca

Como habíamos señalado, el **Barroco** se define por los excesos de formas y adornos; los contrastes de luz y sombra; y la búsqueda de lograr la sensación de movimiento. También al Barroco le corresponde utilizar tipologías de lo cotidiano, costumbres, personas y vestimentas. Estos aspectos que vimos en la pintura también se dan en la arquitectura en la cual hay una exageración en la ornamentación: arcos, trabazones, elementos monumentales, líneas curvas, superficies onduladas, paredes recargadas, uso del dorado y cada edificio se presenta buscando la ilusión de que se vea más alto.

Por otro lado, en la escultura veremos también esa inclinación por lograr el movimiento. Las piezas cobran más dramatismo y se recrearán escenas en las que el sujeto esté atravesando el éxtasis religioso, la agonía, la furia, sentimientos superiores a los comunes; es decir, pasiones conflictivas. Se mantienen los mismos temas y materiales, pero se sobrecargan y adquieren un dinamismo impar.

Gian Lorenzo Bernini (1598-1680) fue un artista polifacético muy importante en este período, se desempeñó como arquitecto, diseñador, y fue el escultor que fijó el estilo Barroco. Realizó fuentes, iglesias, edificios y esculturas célebres como el *Éxtasis de Santa Teresa*. Se inspiró en las obras de Miguel Ángel, pero en su escultura veremos, sobre todo, un estudio fascinante a las expresiones del rostro, la plasticidad de la piel y al movimiento mismo.

Para poder ilustrar los rasgos definitorios de la escultura barroca, seleccionaremos su *David*. Vemos al futuro rey de Israel en el momento máximo de tensión: justo cuando lanza la piedra a Goliat. El rostro de David muestra la determinación y la concentración ante su misión, por medio del gesto de morder su labio. Todo esto apunta a la emoción colérica del instante. Al mismo tiempo, el cuerpo en pleno movimiento

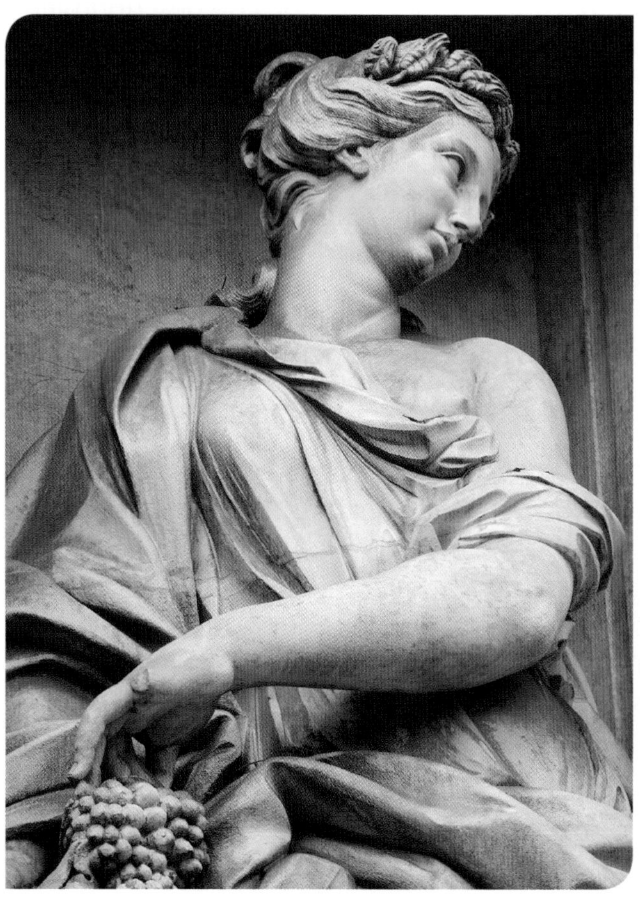

Detalle de la *Fontana de Trevi*, en Roma, Italia. En un principio, fue delegada a Bernini. Aunque su propuesta fue rechazada, la influencia del artista en la obra es notable.

muestra el dinamismo barroco. Contrario a la pieza de Miguel Ángel, Bernini recrea un momento lleno de violencia, no antes ni después del conflicto, sino en el preciso intervalo en que usa la honda para derribar a Goliat. Asimismo, la disposición del cuerpo obliga a que el espectador rodee la figura, ya que, por un lado, se ve el rostro y por el otro, se ven los brazos.

Entre los proyectos arquitectónicos de Bernini podemos destacar la *Iglesia de San Andrés del Quirinal*, una edificación típicamente barroca, por su juego de luces. Las líneas curvas y la planta ovalada crean una impresión estética que invitan al espectador a detenerse y mirar la fachada para percibir cada detalle.

 © Santillana

De igual forma hizo el *Baldaquino de San Pedro*. Esta obra se vale de la columna salomónica, lo que la distancia de la estética renacentista, que utilizaba las columnas clásicas. La columna salomónica, también conocida como *torsa* o *entorchada,* es una pilastra con fuste de forma helicoidal o de hélice (que da vueltas sobre su eje), y se consideraba que evocaba las columnas del templo de Salomón. El *Baldaquino de San Pedro* cubre la tumba del apóstol San Pedro y está en la nave central de la Basílica de San Pedro, en el Vaticano. Fue hecho en bronce y está lleno de detalles que lo recargan con suntuosidad. Frente a la Basílica de San Pedro, Bernini hizo una columnata muy conocida que rodea la plaza y la cierra, pero, a su vez, tiene un espacio abierto para recibir a los visitantes, esta forma recuerda los brazos de la Iglesia dispuestos para acoger a los piadosos.

La suntuosidad, el lujo, recargar de ornamentos las piezas y comunicar pasiones; todos estos elementos los vemos en las obras de Bernini, ejemplo del Barroco.

COMPRENDER

➤ **Realiza** las siguientes actividades:

a. **Haz** una lista de los rasgos característicos del Barroco en la escultura.

b. **Menciona** tres obras de Bernini y **señala** cómo ejemplifican la estética barroquista.

c. **Compara** y **contrasta** el *David* de Bernini con el de Miguel Ángel.

d. **Haz** una lista de los rasgos característicos del Barroco en la arquitectura.

APLICAR

➤ **Accede** a Internet o a una enciclopedia de arte y **selecciona** una escultura y una edificación del Barroco. **Señala** las semejanzas y las diferencias con las piezas renacentistas y con las hechas por Bernini.

ANALIZAR

➤ **Lee** la siguiente información y **contesta**:

Uno de los fines de la solemnidad en las obras religiosas en el Barroco era provocar un asombro y una actitud devota en el creyente. ¿Hay algún lugar arquitectónico que provoque un sentimiento similar en ti? ¿Cuál es? ¿Qué detalles de la edificación son los que más te atraen? ¿Por qué?

CONCIENCIA verde

Desde tiempos medievales se buscó crear centros en las ciudades de forma que la gente se reuniera y vivieran cerca, así podían realizar sus comercios, visitar las Iglesias y socializar. Lamentablemente el actual desparramo urbano lleva a las personas a depender del transporte para sus actividades diarias y a casi no frecuentar los espacios abiertos como las plazas de recreo o parques, lo cual contribuye a la congestión vehicular, el *smog,* y la segregación, entre otros malestares sociales. ¿Qué recomendaciones pudieras hacer para atender este problema?

Capítulo 5

1. **Identifica** los antónimos que representan los siguientes dibujos. **Clasifícalos** en binarios o complementarios, inversos o de grado.

calor
____

frío
____

luz encendida
____

luz apagada
____

lleno
____

vacío
____

tirar
____

atrapar
____

2. **Completa** las oraciones usando *conque*, *con que* o *con qué*, según corresponda. Luego, **redacta** una escena dramática en la que uses las oraciones. **Dramatiza** la pequeña pieza frente a tus compañeros.
   a. _______ estudies un poco saldrás bien en el examen.
   b. A ver _______ excusa viene hoy.
   c. Quiero saber _______ ropa vas a ir a la gira.
   d. ¿_______ no has parado de jugar?
   e. Ya me imagino la excusa _______ intentará convencerme.
3. **Busca** una o varias noticias en el periódico. **Identifica** oraciones en las que se usan *por qué*, *porque* y *porqué*. **Redáctalas** en tu libreta e **indica** su uso.
4. **Identifica** los verbos en las siguientes oraciones. **Clasifícalos** en auxiliar, regular, irregular o perífrasis verbal. Con la autorización de tu maestro o maestra, **realiza** la acción que se indica.
   a. Yo me sé el himno de Puerto Rico. Lo voy a cantar.
   b. Nosotros habremos de brincar tres veces.
   c. Tú llevarás mi bulto al siguiente salón de clases.
   d. Yo puedo escribir diez verbos regulares en treinta segundos.
   e. Seamos nosotros quienes barramos el piso.
   f. Te diré un trabalenguas.

 © Santillana

Capítulo 6

1. **Realiza** un dibujo para cada una de las siguientes palabras. **Busca** en el diccionario el significado de las que no conozcas. **Identifica** su hiperónimo.

a. descapotable c. plátano e. vicuña

b. galera d. Tierra

2. **Encuentra** la palabra de cada columna o fila, según indique la flecha en los siguientes palabragramas. **Revela** la oración que forman. **Escribe** con mayúscula las palabras que correspondan.

a. →

A	R	A	M	O	N	L
C	B	M	E	F	D	M
I	E	G	D	I	J	O
J	I	R	E	H	K	N
M	A	Ñ	A	N	A	O

b. →

B	M	E	F	G	J	K
E	N	C	A	N	T	O
A	C	D	L	A	I	H
L	N	O	V	E	L	A
E	C	L	I	P	S	E

c. →

A	V	B	G	P	E
Y	I	C	C	U	R
O	V	E	A	E	I
D	O	N	Y	R	C
F	K	I	E	T	O
G	L	J	Y	O	H

d. →

A	B	M	E	D	E	H	K	M
C	G	U	S	T	A	F	L	N
V	U	T	L	E	E	R	G	H
Q	E	L	S	R	N	P	O	I
P	E	R	I	O	D	I	C	O
Z	X	Y	E	L	P	A	I	S

e. →

A	V	O	G	D	I	V	N	X
B	I	E	M	E	A	W	U	R
A	S	L	U	H	R	Z	E	Y
Y	I	C	S	J	T	Q	V	O
E	T	F	E	K	E	D	A	R
R	E	D	O	L	M	E	O	K

3. **Completa** el siguiente mapa de conceptos:

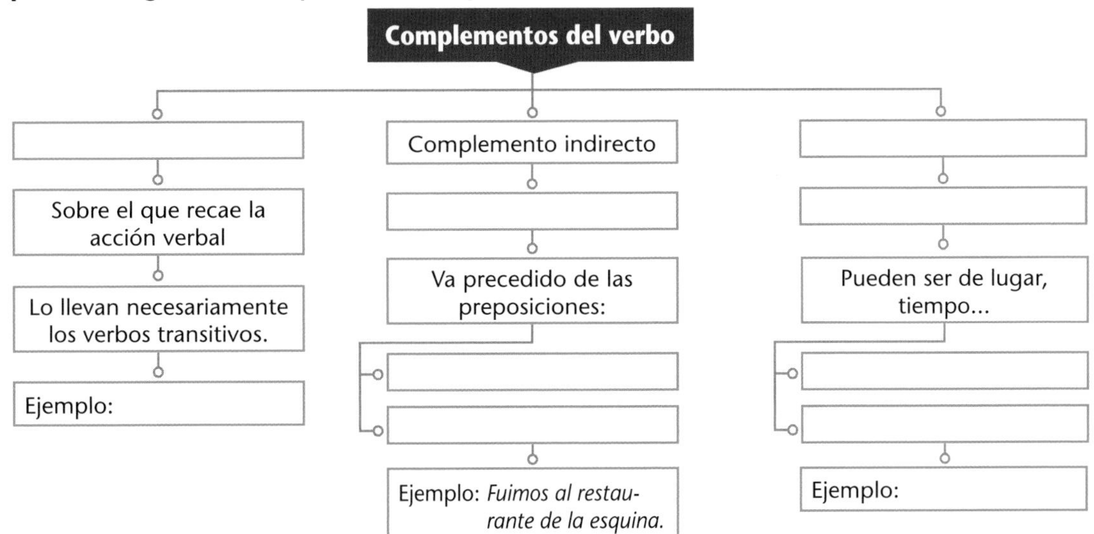
Complementos del verbo
Sobre el que recae la acción verbal
Lo llevan necesariamente los verbos transitivos.
Ejemplo:
Complemento indirecto
Va precedido de las preposiciones:
Ejemplo: *Fuimos al restaurante de la esquina.*
Pueden ser de lugar, tiempo...
Ejemplo:

La transformación del pensamiento

La pradera de San Isidro (siglo XVIII) (Museo del Prado, Madrid), de Francisco de Goya

En el siglo XVIII, la literatura y otras artes se inclinaron hacia lo cotidiano y lo costumbrista. Se sustituyó el Barroco por la armonía.

Temas del capítulo

- La literatura neoclásica
- La homonimia y la paronimia
- Palabras homófonas con *h* y sin *h* y con *b* y con *v*
- La oración compuesta
- El retrato
- El autorretrato oral

Preámbulo

En el siglo XVIII, se desarrolla un movimiento que tendría una profunda influencia en la sociedad de la época: la Ilustración. El pensamiento ilustrado, que se originó en Inglaterra y en Francia, a finales del siglo XVII, fue penetrando, paulatinamente, en toda Europa.

La Ilustración se caracterizó por la defensa de la razón frente a la fe y por la confianza en la ciencia y en la educación como medios para impulsar el progreso de la población. Por ese motivo, a esta centuria se la conoce como *Siglo de las luces* o *Siglo de la razón*. En efecto, uno de los objetivos de los ilustrados fue erradicar la superstición y la ignorancia, consideradas fuente de todo atraso. No en vano, en esta época es cuando se redacta la *Enciclopedia francesa*, una obra colosal que aglutina todos los saberes del momento.

En el terreno literario, se impuso el Neoclasicismo, que recupera los principios del arte clásico: la claridad del estilo, la necesidad de someter la creación a unas reglas y la finalidad didáctica de la literatura, que se pone al servicio de las ideas ilustradas.

¿Qué sabes sobre el Siglo de las Luces?

- ¿A qué se lo conoce como Neoclasicismo?
- ¿Por qué crees que al período que comprende el siglo XVIII se lo llamara el *Siglo de las luces*?
- ¿Qué diferencias puedes destacar entre la pintura barroca y el cuadro de Goya?
- ¿Qué elementos del arte clásico puedes identificar en la pintura de Goya?

Al comenzar

- Explica cuál crees que sea la razón principal para educarse y qué ventajas tendría una persona que cultiva el intelecto.
- Describe las actividades que realizas como parte de tu vida diaria.

Al leer

- Analiza el uso que hace el autor de las interrogaciones retóricas en la carta XXXIII.
- Determina cómo utiliza el autor del texto el recurso narrativo de la caja china. Explica cuáles son los géneros literarios que mezcla.

Al concluir

- Contrasta la descripción que ofreciste de tu vida diaria con la rutina descrita en la "Carta LXXXV" realizada por los burgueses a quienes el autor critica.
- ¿Cambiarías tus actividades por las que ellos hacen? ¿Por qué?

Cartas marruecas

La intención crítica de las *Cartas marruecas*

Las Cartas marruecas *son una obra inspirada en las* Cartas persas, *del ilustrado francés Montesquieu. Se trata de noventa cartas escritas por tres personajes: Gazel, un joven árabe que visita España, su preceptor Ben-Beley y Nuño, un español amigo del primero. Este recurso narrativo lo emplea Cadalso para desarrollar un análisis crítico de las creencias, costumbres y modos de ser de los españoles.*

Los textos que siguen permiten apreciar los procedimientos narrativos y estilísticos de que se vale el autor para llevar a cabo su crítica.

Carta I. De Gazel a Ben-Beley

He logrado quedarme en España después del regreso de nuestro embajador, como lo deseaba muchos días ha, y te lo escribí varias veces durante su **mansión** en Madrid. Mi ánimo era viajar con utilidad, y este objeto no puede siempre lograrse en la comitiva de los grandes señores, particularmente asiáticos y africanos. Estos no ven, digámoslo así, sino la superficie de la tierra por donde pasan; su **fausto**, los ningunos antecedentes por donde indagar las cosas dignas de conocerse, el número de sus criados, la ignorancia de las lenguas, lo sospechosos que deben ser en los países por donde caminan, y otros motivos, les impiden muchos medios que se ofrecen al particular que viaja con menos **nota**. [...]

Observaré las costumbres de este pueblo, **notando** las que le son comunes con las de otros países de Europa, y las que le son peculiares. Procuraré despojarme de muchas preocupaciones que tenemos los moros contra los cristianos, y particularmente contra los españoles. Notaré todo lo que me sorprenda, para tratar de ello con Nuño y después participártelo con el juicio que sobre ello haya formado.

Carta XIII. De Gazel a Ben-Beley

Instando a mi amigo cristiano a que me explicase qué es nobleza hereditaria, después de decirme mil cosas que yo no entendí, mostrarme estampas que me parecieron de **mágica**, y figuras que tuve por capricho de algún pintor demente, y después de reírse conmigo de muchas cosas que decía ser muy respetables en el **mundo**, concluyó con estas voces, interrumpidas con otras tantas carcajadas de risa:

—Nobleza hereditaria es la vanidad que yo fundo en que, ochocientos años antes de mi nacimiento, muriese uno que se llamó como yo me llamo, y fue hombre de provecho, aunque yo sea inútil para todo.

- **mansión** (sustantivo). Estancia.
- **fausto** (sustantivo). Lujo y pompa exterior.
- **nota** (sustantivo). Notoriedad.
- **notando** (verbo). Del verbo *notar*. Analizando, advirtiendo.
- **mágica** (sustantivo). Magia.
- **mundo** (sustantivo). Sociedad.

Carta XXXIII. De Gazel a Ben-Beley

En mis viajes por la Península me hallo de cuando en cuando con algu-as cartas de mi amigo Nuño, que se mantiene en Madrid. Te enviaré copia algunas y empiezo por la siguiente, en la que habla de ti sin conocerte: *opia*. Amado Gazel: [...] ¿Habrá cosa más fastidiosa que la conversación de quellos que pesan el mérito del hombre por el de la plata y oro que posee? stos son los ricos. ¿Habrá cosa más cansada que la compañía de los que estiman a un hombre por lo que es, sino por lo que fueron sus abuelos? stos son los nobles. ¿Cosa más vana que la **concurrencia** de aquellos que enas llaman racional al que no sabe el cálculo algebraico o el idioma aldeo? Estos son los sabios. ¿Cosa más insufrible que la concurrencia de s que vinculan todas las ventajas del entendimiento humano en juntar una olección de medallas o en saber qué edad tenía **Catulo** cuando compuso *Pervigilium Veneris*, si es suyo, o de quien sea, en caso de no serlo del cho? Estos son los eruditos. En ningún **concurso** de estos ha depositado aturaleza el bien social de los hombres. Envidia, rencor y vanidad ocupan emasiado tales pechos para que en ellos quepan la verdadera alegría, la onversación festiva, la chanza inocente, la mutua benevolencia, el agasajo ncero y la amistad, en fin, madre de todos los bienes sociables. Esta solo halla entre los hombres que se miran sin competencia.

Carta LXXXV. De Gazel a Ben-Beley

[...] Mi amigo Nuño dice que ya es demasiado el número de gentes que n España siguen el sistema de la indiferencia sobre **esta especie de fama**. ..]

Para confirmarme en ello, me contó la vida que hacen muchos, incapa-es de adquirir tal fama póstuma. No solo habló de la vida deliciosa de la orte y grandes ciudades, que son un lugar común de la crítica, sino de las illas y aldeas [...]:

—Son muchos millares de hombres los que se levantan muy tarde, to-nan chocolate muy caliente, agua muy fría, se visten, salen a la plaza, **ajus-an** un par de pollos, oyen misa, vuelven a la plaza, dan cuatro paseos, se nforman en qué estado se hallan los chismes y hablillas del lugar, vuelven casa, comen muy despacio, duermen la siesta, se levantan, dan un paseo l campo, vuelven a casa, se refrescan, van a la tertulia, juegan a la **malilla**, uelta a casa, rezan el rosario, cenan y se meten en la cama.

José Cadalso
(español)
(fragmento)

Sobre el autor

José Cadalso (1741-1782) fue un escritor y militar español quien durante su infancia vivió en diversos lugares de Europa. Así, se convirtió en un joven cosmopolita que dominaba varios idiomas. A los dieciséis años ingresó en el Seminario de Nobles de Madrid, por mandato de su padre, pero luego pasó a formar parte del ejército español. Las *Cartas marruecas* pertenecen al género epistolar y se publicaron tras su muerte. Los tres corresponsales que intervienen en estas noventa cartas son dos árabes y un español, quienes analizan los problemas que aquejaron a España hasta el punto de llevarla a su decadencia. En las cartas predomina el tono expositivo y el reflexivo.

- **concurrencia** (sustantivo). Conjunto de personas.
- **Catulo** (nombre). Poeta clásico romano.
- **concurso** (sustantivo). Grupo, agrupación.
- **esta especie de fama** (voz antigua). Se refiere a la fama póstuma.
- **ajustan** (verbo). Del verbo *ajustar*. Conciertan el precio.
- **malilla** (sustantivo). Juego de cartas.

Al comenzar

- ¿Te casarías por amor o por interés económico? Explica.

Al leer

- Indica qué comportamiento critica Fernández en el primer fragmento.
- Identifica los defectos que señala el autor en los padres y en las hijas.
- Señala las características que debía tener una mujer en el siglo XVIII para ser considerada "bien educada".
- Describe el tipo de lenguaje usado por Moratín en esta obra.

Al concluir

- Resume las escenas. Determina cuál es el conflicto en estos fragmentos.
- Explica cuál es la finalidad didáctica del texto.

- **pérfida** (adjetivo). Desleal, infiel.

El sí de las niñas

Acto III

Escena VIII

DON DIEGO. [...] Dígame usted: ¿no es cierto que usted mira con algo de repugnancia este casamiento que se le propone? [...]

DOÑA FRANCISCA. Haré lo que mi madre me manda, y me casaré con usted.

DON DIEGO. ¿Y después, Paquita?

DOÑA FRANCISCA. [...] Mientras me dure la vida, seré mujer de bien.

DON DIEGO. Eso no lo puedo yo dudar. Pero si usted me considera como el que ha de ser hasta la muerte su compañero y amigo, dígame usted: estos títulos ¿no me darán algún derecho para merecer de usted mayor confianza? [...] Y no para satisfacer una impertinente curiosidad, sino para [...] mejorar su suerte, en hacerla dichosa.

DOÑA FRANCISCA. ¡Dichas para mí!... Ya se acabaron.

DON DIEGO. ¿Por qué?

DOÑA FRANCISCA. Nunca diré por qué.

DON DIEGO. [...] Debe presumir que no estoy ignorante de lo que hay.

DOÑA FRANCISCA. Si usted lo ignora, señor Don Diego, por Dios no finja que lo sabe, y si en efecto lo sabe usted, no me lo pregunte.

DON DIEGO. Bien está. [...] Hoy llegaremos a Madrid, y dentro de ocho días será usted mi mujer.

DOÑA FRANCISCA. Y daré gusto a mi madre.

DON DIEGO. Y vivirá usted infeliz.

DOÑA FRANCISCA. Ya lo sé.

DON DIEGO. Esto es lo que se llama criar bien a una niña: enseñarla a que desmienta y oculte las pasiones más inocentes con una **pérfida** disimulación. Las juzgan honestas luego que las ven instruidas en el arte de callar y mentir. Se obstinan en que el temperamento, la edad ni el genio no han de tener influencia alguna en sus inclinaciones, o en que su voluntad ha de torcerse al capricho de quien las gobierna. Todo se las permite, menos la sinceridad. Con tal que no digan lo que sienten, con tal que finjan aborrecer lo que más desean, con tal que se presten a pronunciar, cuando se lo manden, un sí perjuro, sacrílego, origen de tantos escándalos, ya están bien criadas, y se llama excelente educación la que inspira en ellas el temor, la astucia y el silencio de un esclavo.

Escena XIII

Sale DON CARLOS del cuarto precipitadamente; coge de un brazo a DOÑA FRANCISCA, se la lleva hacia el fondo del teatro y se pone delante de ella para defenderla. DOÑA IRENE se asusta y se retira.

DON CARLOS. Eso no… Delante de mí nadie ha de ofenderla.

DOÑA FRANCISCA. ¡Carlos!

DON CARLOS. (*A DON DIEGO.*) Disimule usted mi atrevimiento… He visto que la insultaban y no me he sabido contener.

DOÑA IRENE. ¿Qué es lo que me sucede, Dios mío? ¿Quién es usted?…

DON DIEGO. Ése es de quien su hija de usted está enamorada... […] Carlos… No importa… Abraza a tu mujer. […]

DOÑA FRANCISCA. ¿Conque usted nos perdona y nos hace felices?

DON DIEGO. Sí, prendas de mi alma… Sí. […] Yo pude separarlos para siempre y gozar tranquilamente la posesión de esta niña amable, pero mi conciencia no lo sufre… […]

DON CARLOS. Si nuestro amor (*Besándole las manos.*), si nuestro agradecimiento pueden bastar a consolar a usted en tanta pérdida…

DOÑA IRENE. ¡Conque el bueno de Don Carlos! Vaya que…

DON DIEGO. Él y su hija de usted estaban locos de amor, mientras que usted y las tías fundaban castillos en el aire, y me llenaban la cabeza de ilusiones, que han desaparecido como un sueño… Esto resulta del abuso de autoridad, de la opresión que la juventud padece; estas son las seguridades que dan los padres y los tutores, y esto lo que se debe fiar en el sí de las niñas…

DOÑA IRENE. […] (*Abrazando a DON CARLOS, DOÑA FRANCISCA se arrodilla y besa la mano de su madre.*) […] ¡Vaya! Buena elección has tenido… Cierto que es un mozo muy galán… […]

DON DIEGO. […] (*Abraza a DOÑA FRANCISCA.*) Recibe los primeros abrazos de tu nuevo padre… No temo ya la soledad terrible que amenazaba a mi vejez… Vosotros (*Asiendo de las manos a DOÑA FRANCISCA y a DON CARLOS.*) seréis la delicia de mi corazón; el primer fruto de vuestro amor… […] Y cuando le acaricie en mis brazos, podré decir: a mí me debe su existencia este niño inocente; si sus padres […] son felices, yo he sido la causa.

DON CARLOS. ¡Bendita sea tanta bondad!

DON DIEGO. Hijos, bendita sea la de Dios.

Leandro Fernández de Moratín
(español)
(fragmento)

Sobre el autor

Leandro Fernández de Moratín (1760-1828) fue poeta y el más destacado dramaturgo de la época neoclásica española. Proveniente de una familia noble, se crió en un ambiente generador de amplias tertulias literarias, ya que su padre también fue escritor. En 1782, ganó el segundo premio en el concurso público de poesía convocado por la Real Academia Española. Moratín ocupó el cargo de secretario de Interpretación de Lenguas, en 1797, y fue bibliotecario mayor de la Real Biblioteca. Además, fue uno de los fundadores de la historiografía teatral española y un gran reformador teatral. *El sí de las niñas* es una comedia teatral cuyo carácter didáctico plantea la contradicción entre la teoría y la práctica, en relación con los padres que acordaban el matrimonio de sus hijos, sin el consentimiento de ellos, por conveniencia económica.

Al comenzar

- ¿Qué es una fábula? ¿Cuál es su objetivo?
- ¿Crees que los seres humanos y los animales tengan comportamientos parecidos? Ofrece ejemplos.
- ¿Conoces alguna fábula que defienda el valor de la amistad, de la prudencia o de algún otro? Compártela con tus compañeros.

Al leer

- Indica cómo se relacionan los personajes de estas fábulas con los defectos humanos que se critican.

Al concluir

- Redacta una breve fábula que contenga una enseñanza moral social.

El ruiseñor y el gorrión

Siguiendo el son del organillo un día
tomaba el ruiseñor lección de canto,
y a la jaula llegándose entretanto
el gorrión parlero así decía:
—¡Cuánto me maravillo
de ver que de ese modo
un pájaro tan diestro
a un discípulo tiene por maestro!
Porque al fin, lo que sabe el organillo
a ti lo debe todo.
—A pesar de eso —el ruiseñor replica—,
si él aprendió de mí, yo de él aprendo.
A imitar mis caprichos él se aplica:
yo los voy corrigiendo
con arreglarme al arte que él enseña,
y así pronto verás lo que adelanta
un ruiseñor que con escuela canta.
¿De aprender se **desdeña**
el literato grave?
Pues más debe estudiar
el que más sabe.

Nadie crea saber tanto, que no tenga más que aprender.

El oso, la mona y el cerdo

Un oso, con que la vida
ganaba un **piamontés**,
la no muy bien aprendida
danza, ensayaba en dos pies.
Queriendo hacer de persona,
dijo a una mona: —¿Qué tal?
Era perita la mona,
y respondiole: —Muy mal.
Yo creo, replicó el oso,
que me haces poco favor.
¡Pues qué! ¿Mi aire no es **garboso**?
¿No hago el paso con primor?
Estaba el cerdo presente,
y dijo: —¡Bravo! ¡Bien va!
Bailarín más excelente
no se ha visto ni verá.
Echó el oso, al oír esto,
sus cuentas allá entre sí,
y con ademán modesto
hubo de exclamar así:
—Cuando me desaprobaba
la mona, llegué a dudar:
mas ya que el cerdo me alaba,
muy mal debo de bailar.—
Guarde para su regalo
esta sentencia un autor:
si el sabio no aprueba, malo;
si el necio aplaude, peor.

Nunca una obra se acredita tanto de mala, como cuando la aplauden los necios.

- **desdeña** (verbo). Del verbo *desdeñar.* Menospreciar.
- **piamontés** (sustantivo). Natural de Piamonte, una región de Italia.
- **garboso** (adjetivo). Arrogante y bien dispuesto.

El buey y la cigarra

rando estaba el buey, y a poco trecho
. cigarra, cantando le decía:
Ay, ay! ¡Qué surco tan torcido has hecho!"
ero él la respondió: "Señora mía,
no estuviera lo demás derecho,
sted no conociera lo torcido.
alle, pues, la haragana reparona;
ue a mi amo sirvo bien, y él me perdona
ntre tantos aciertos, un descuido."
Miren quién hizo a quién cargo tan fútil!
Jna cigarra al animal más útil!
las ¿si me habrá entendido
l que a tachar se atreve
n obras grandes un defecto leve?

luy necio y envidioso es quien afea un pequeño descuido en una obra rande.

Los dos conejos

or entre unas matas,
eguido de perros,
-no diré corría—,
olaba un conejo.
De su madriguera
alió un compañero
le dijo: "Tente,
migo, ¿qué es esto?"
¿Qué ha de ser? —responde—;
in aliento llego...
Dos pícaros **galgos**
ne vienen siguiendo".
Sí —replica el otro—,
or allí los veo...;
ero no son galgos".
¿Pues qué son?" "**Podencos**."
¿Qué? ¿Podencos dices?
í, como mi abuelo.
Galgos y muy galgos;
ien visto lo tengo".
Son podencos, vaya,
ue no entiendes de eso".
Son galgos, te digo".
"Digo que podencos".
En esta disputa
llegando los perros,
pillan descuidados
a mis dos conejos.
Los que por cuestiones
de poco momento
dejan lo que importa,
llévense este ejemplo.

No debemos detenernos en cuestiones frívolas, olvidando el asunto principal.

Tomás de Iriarte
(español)

Sobre el autor

Tomás de Iriarte (1750-1791) fue uno de los escritores españoles de fábulas más importantes de su época. A los catorce años, se trasladó a Madrid para estudiar griego y francés bajo la tutela de su tío, Juan de Iriarte, quien fue un poeta de la Ilustración. Luego, en sustitución de su tío, ocupó el cargo de traductor de la Secretaría de Estado. También trabajó como archivero del Consejo de Guerra. Alcanzó gran fama con la publicación de sus *Fábulas Literarias,* en 1782. Estas narrativas se caracterizan por la sátira, la enseñanza moral, la variedad métrica, la sencillez y la claridad. Su rivalidad literaria con el escritor vasco, Félix María de Samaniego, se hizo sentir ampliamente en toda su esfera social.

- **galgo** (sustantivo). Perro galgo; casta de perro muy ligero, de cabeza pequeña, los ojos grandes, el hocico puntiagudo y patas largas.
- **podenco** (sustantivo). Perro podenco; casta de perro sagaz y ágil para la caza, por su gran vista, olfato y resistencia.

Interpreto el texto

IDENTIFICO

➤ **Identifica** el tema principal de cada uno de los fragmentos en prosa que leíste en este capítulo. Luego, **escribe** tres ideas del texto que apoyen tu selección. **Anota** tus respuestas en un diagrama como el siguiente:

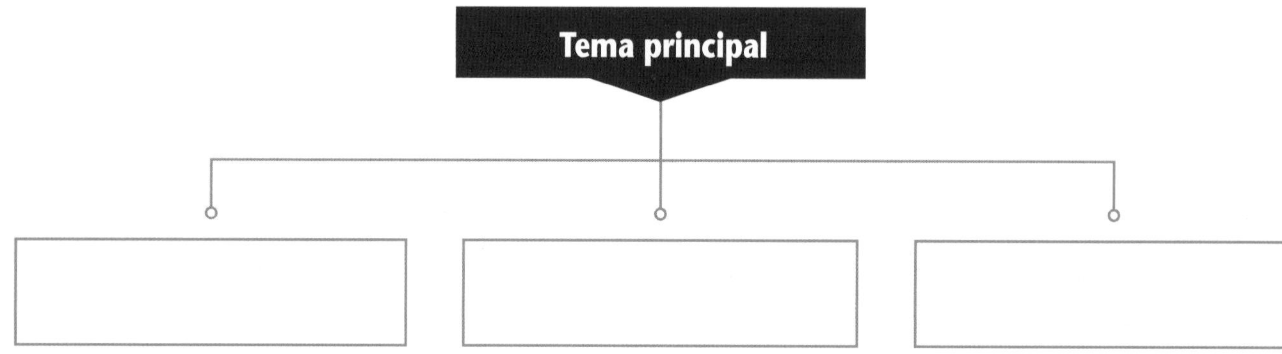

INFIERO

➤ **Contesta**:

a. ¿Qué es lo que se critica en las cartas XIII, XXXIII y LXXXV?

b. ¿Qué opinión parece tener Gazel de los españoles?

c. ¿Qué le pareció a Gazel la llamada nobleza hereditaria?

d. ¿Qué pensaba Nuño de los nobles?

e. ¿Por qué crees que Cadalso utilizara el género epistolar en su obra?

f. ¿Qué entiendes por el título de la obra teatral *El sí de las niñas*?

g. ¿Cuál es la visión del matrimonio que tiene doña Irene, la madre de doña Francisca?

h. ¿Cómo es la actitud de doña Francisca, según sus intervenciones en los fragmentos? ¿Por qué es una ironía tratarla de doña?

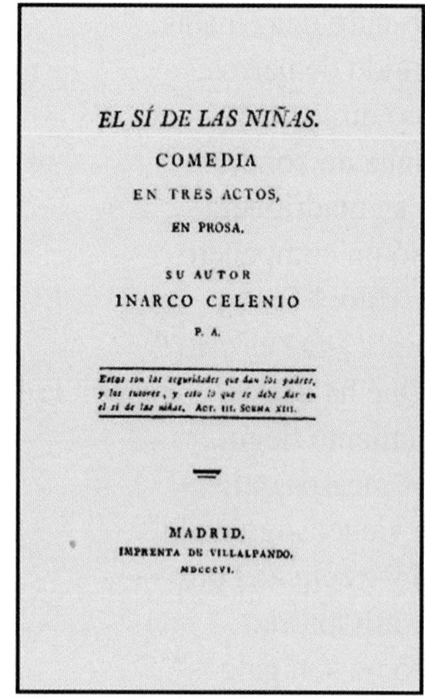

EL SÍ DE LAS NIÑAS.

COMEDIA

EN TRES ACTOS,

EN PROSA.

SU AUTOR

INARCO CELENIO

P. A.

Estas son las seguridades que dan los padres, y los tutores, y esto lo que se debe fiar en el sí de las niñas. ACT. III. SCENA XIII.

MADRID.

IMPRENTA DE VILLALPANDO.

MDCCCVI.

i. ¿Qué características le atribuirías a la personalidad de don Diego, a partir de la decisión que toma?

j. ¿Qué le cuestiona el gorrión al ruiseñor en la fábula "El ruiseñor y el gorrión"? ¿Por qué?

k. ¿Por qué en "El oso, la mona y el cerdo", el oso piensa que baila muy mal?

l. ¿Cuál es la ironía de la fábula "Los dos conejos"?

 © Santillana

ANALIZO

➤ **Contesta:**

a. Amistad, igualdad, tolerancia y educación son algunos de los principios que defendían los ilustrados. **Indica** de qué manera estos valores están representados en las *Cartas marruecas*.

b. **Analiza** cómo el autor usa las interrogaciones retóricas en la carta XXXIII.

c. **Explica** el propósito de Fernández de Moratín para componer la obra teatral *El sí de las niñas*.

d. **Comenta** por qué *El sí de las niñas* se convirtió en el modelo teatral del siglo XIX.

EVALÚO y VALORO

➤ **Comenta:**

a. **Valora** la imagen de España que ofrece Cadalso en las cartas reproducidas.

b. **Opina** acerca de la función didáctica de *El sí de las niñas*. ¿Crees que sea una enseñanza válida para la actualidad?

c. Aunque las fábulas de Iriarte datan de hace más de doscientos años, ¿crees que sus moralejas siguen vigentes? **Explica**.

d. **Selecciona** tu fábula favorita de Iriarte. Luego, **explica** por qué es tu favorita.

EDUCACIÓN no sexista

En la obra teatral *El sí de las niñas*, se concerta el matrimonio entre don Diego, un hombre mayor adinerado, y Francisca, una joven educada en un convento. Fernández de Moratín, al ridiculizar, en su obra, este enlace planificado, pretende denunciar ante la sociedad de su época esta práctica perjudicial para el libre albedrío de las mujeres e, incluso, de algunos hombres. En la actualidad, afortunadamente, esta costumbre ha caído en desuso en nuestra sociedad, aunque en otras sigue vigente. ¿Consideras adecuado que los padres decidan con quién debieran casarse sus hijos? ¿Crees que los hijos estén preparados para tomar ese tipo de decisión? Justifica tu respuesta.

EN el contexto

➤ **Completa** las oraciones con las siguientes palabras del vocabulario: *concurrencia, pérfida, fausto* y *galgo.* **Procura** emplearlas de acuerdo con su contexto.

a. El profesor ofreció un discurso ante la ____________.

b. Mi vecino celebró su boda con mucho ____________.

c. Su ____________ acción le trajo graves problemas.

d. Corrió como un ____________.

La literatura neoclásica

De vuelta al estilo clásico

La Ilustración fue un movimiento cultural que exaltó la primacía de la razón en todos sus ámbitos. Los ilustrados pensaban que la sociedad solo podía transformarse mediante la educación. Este afán didáctico influyó, decisivamente, en la finalidad de la literatura, que no se concebía como un medio de entretenimiento sino de divulgación de ideas. De ahí que se denomine **Neoclasicismo** al movimiento estético característico de la Ilustración.

El siglo XVIII fue una época en la que se produjeron grandes cambios tanto en lo político, lo social y lo religioso, como en el ámbito del pensamiento y de las actitudes vitales. El rasgo característico de esta época fue la confianza en la razón y, por lo tanto, en la recuperación de la fe en el ser humano. Este es el período cuando se generan, en España y en Europa, las ideas reformistas y las de cambio social, que se cuajan a finales del siglo XVIII y principios del XIX.

Aunque la literatura desarrollada en el siglo XVIII se tachó de extranjerizante o carente del mejor espíritu español, abrió paso a tendencias, lenguaje y sensibilidad, y a gran parte de lo que hoy consideramos moderno o contemporáneo.

Algunas tendencias predominantes del siglo XVIII son la sencillez, la naturalidad, el utilitarismo, la perspectiva racionalista, el interés en las ideas y el cultivo de la literatura filosófica y periodística. Las formas literarias que más se cultivaron en este período son afines a la sensibilidad y a las prioridades de la época. En la prosa, predominan los ensayos, los artículos y las cartas; y en el verso, las fábulas.

El Neoclasicismo acabó con la libertad creadora del Barroco e impuso unas reglas muy estrictas a las que debía someterse toda obra artística.

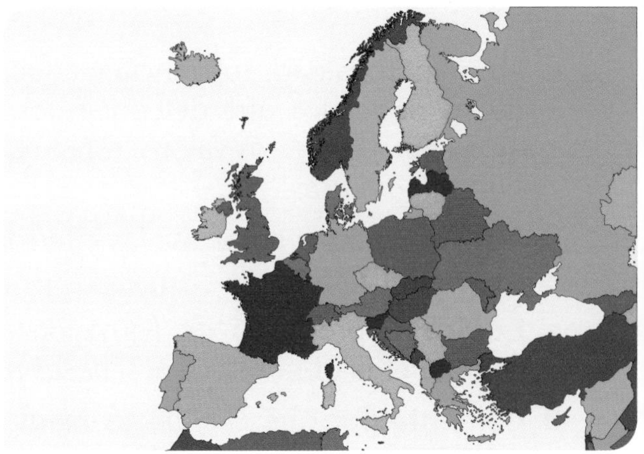

Durante el siglo XVIII, en España y en el resto de Europa se generan las ideas reformistas y las de cambio social, que se cuajan a finales del siglo XVIII y a principios del XIX.

Así, en la literatura se prohibía mezclar la prosa con el verso o lo trágico con lo cómico. Los autores neoclásicos escriben con un propósito didáctico: las obras han de servir para educar a los lectores. Esa es la razón por la que la literatura del siglo XVIII trata, sobre todo, temas reales, como ocurre con las *Cartas marruecas*.

La literatura neoclásica tiende a fijar en sus páginas los actos morales del ser humano, su vida interior. El dramaturgo, el poeta y el novelista tratan de ejercer una función formativa, al ofrecer al lector o al espectador formas de conducta que le permitan conocerse a sí mismos. Esta exigencia tuvo más de un inconveniente. El más grave fue que arruinó la poesía de esta época, ya que la sonoridad, la rima y las imágenes brillantes, características de este género, no se consideraban elementos didácticos. Es curioso que la actitud libre con que se criticaban las ideas y las instituciones se convirtiera, en el caso de la literatura, en una auténtica esclavitud para los escritores, sometidos a normas que dictaban que el arte y la literatura debían someterse a la razón.

 © Santillana

El Neoclasicismo

características

- La creación literaria se rige por la **razón**, que guía el **espíritu crítico** de los escritores ante el mundo que los rodea.
- La literatura debe tener una **intención didáctica**, ha de "enseñar deleitando".
- Los autores tienen que ajustarse a la **preceptiva** clásica, que imponía reglas a cada género, e imitar a los escritores grecolatinos.
- El estilo persigue la **claridad** y la **adecuación**, y rechaza la afectación y los excesos que se consideraban propios de la literatura barroca.
- Respetó la unidad de lugar, de tiempo y de acción. Es decir, solo debía haber una acción en la obra, que debía suceder en un máximo de un día y desarrollarse en un mismo lugar.

géneros neoclásicos

El ensayo

Género neoclásico por excelencia, pues permitía a los ilustrados exponer sus nuevas ideas y criticar directamente a la sociedad de su tiempo. Fue el género en prosa más importante del siglo XVIII porque permitió la divulgación del pensamiento ilustrado.

La lírica

El propósito didáctico de la literatura neoclásica no favoreció el desarrollo de la lírica. Sin embargo, la fábula tuvo muchos seguidores, ya que respondieron, plenamente, a la finalidad didáctica del arte neoclásico.

La narrativa

Durante el siglo XVIII, se escribieron numerosas novelas que, en su mayoría, contenían una dura crítica a la sociedad europea y, particularmente, a los aristócratas, a quienes se les censuraban sus expresiones rebuscadas y superficiales.

El teatro

Aquí, las normas grecolatinas se aplicaron con mayor rigor. Se impuso la normativa clásica y se rechazó la comedia barroca. El teatro se utilizó para difundir la ideología. Al igual que en la época clásica, hubo dos formas teatrales: la tragedia y la comedia.

ACTIVIDADES

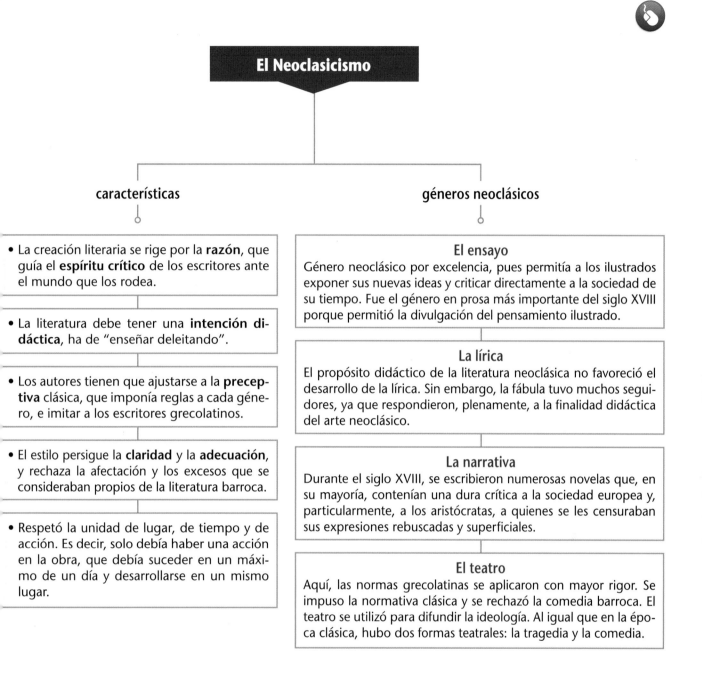

1. **Identifica** las características principales de la literatura neoclásica y **señala** cuáles de ellas están presentes en las *Cartas marruecas*, de José Cadalso.
2. **Contesta**:
   a. ¿Por qué el Neoclasicismo no fomentó la lírica?
   b. ¿En qué se diferencia y en qué se parece el pensamiento de los ilustrados al de los humanistas?
3. **Explica** la función que debía cumplir el teatro neoclásico. ¿Crees que el teatro contemporáneo debería retomar esa función? ¿Por qué?

La homonimia y la paronimia

Para EXPLORAR

Aquí está la lanza, hijo, para cuando te vayas a cazar.
No, papá, no me voy a cazar, sino que me voy a casar con mi novia.

¡Por eso! ¡Toma la lanza y váyanse a cazar!
¡No, papá! ¡Mi novia y yo nos vamos a casar! ¡A unirnos en matrimonio!

➤ **Contesta:**

a. ¿Por qué se produce la confusión entre los personajes? ¿Qué crees que entendiera el padre?

b. ¿Se habría producido esta confusión si el diálogo fuese por escrito?

Para COMPRENDER

La homonimia

Algunas palabras se escriben o se pronuncian igual, pero tienen significados distintos. Este es el caso de *canto* (1) (acción de cantar) y *canto* (2) (extremidad o lado), por ejemplo.

Estos términos reciben el nombre de **palabras homónimas**. En ocasiones, las palabras homónimas son **homófonas** (se pronuncian igual), pero no son **homógrafas** (se escriben de distinto modo). Así ocurre, por ejemplo, con las palabras *hola* y *ola* o *cazar/casar,* en la inmensa mayoría de las variedades hispanoamericanas. La homonimia no debe confundirse con la polisemia. La **polisemia** se produce cuando una misma palabra tiene diversos significados. A diferencia de lo que sucede en el caso de la polisemia, en la que solo existe una palabra, en la homonimia se trata de dos palabras de distinto origen o significado cuya forma oral y escrita coincide.

Las palabras homónimas en el diccionario

Una forma de saber si nos encontramos ante palabras homónimas o ante palabras polisémicas es buscando los términos en el diccionario. Las palabras polisémicas presentan una sola entrada en el diccionario. Por el contrario, las homónimas presentan entradas diferentes, como puede verse en el siguiente ejemplo:

hoz (1) (Del lat. *falx*). *s. f.* 1. Instrumento que sirve para segar mieses y hierbas.

hoz (2) (Del lat. *faux*). *s. f.* 1. Angostura de un valle profundo. 2. Angostura que forma un río entre dos sierras.

 © Santillana

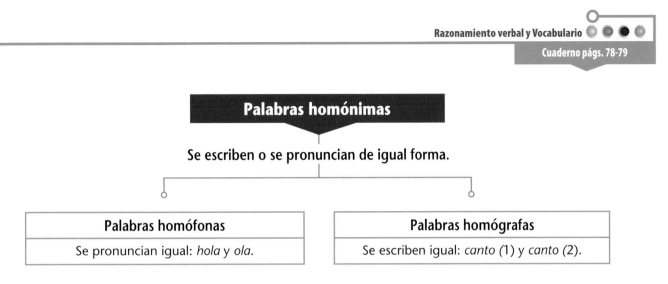

Palabras homónimas

Se escriben o se pronuncian de igual forma.

Palabras homófonas	**Palabras homógrafas**
Se pronuncian igual: *hola* y *ola*.	Se escriben igual: *canto* (1) y *canto* (2).

Por otro lado, hay palabras que se pronuncian de manera parecida a las que se conocen como **parónimas**, por ejemplo, *absorber* y *absolver*.

Para PRACTICAR

1. **Identifica** en el siguiente fragmento de *El sí de las niñas* qué palabras tienen algún homónimo.

> *Ve aquí los frutos de la educación. Esto es lo que se llama criar bien a una niña: enseñarla a que desmienta y oculte las pasiones más inocentes con una pérfida disimulación. Las juzgan honestas luego que las ven instruidas en el arte de callar y mentir. Se obstinan en que el temperamento, la edad ni el genio no han de tener influencia alguna en sus inclinaciones, o en que su voluntad ha de torcerse al capricho de quien las gobierna. Todo se las permite, menos la sinceridad. Con tal que no digan lo que sienten, con tal que no finjan aborrecer lo que más desean, con tal que se presten a pronunciar, cuando se lo manden, un sí perjuro, sacrílego, origen de tantos escándalos, ya están bien criadas, y se llama excelente educación la que inspira en ellas el temor, la astucia y el silencio de un esclavo.*

2. **Escribe** otra definición para las siguientes palabras:
   a. calle (verbo). Forma del verbo *callar*.
      calle. ____________
   b. llama (sustantivo). Mamífero rumiante propio de América del Sur.
      llama. ____________
3. **Escribe** una oración con cada una de las palabras homónimas que forman estos pares:
   a. sobre (1) / sobre (2)   b. papa (1) / papa (2)   c. celo (1) / celo (2)
4. **Consulta** un diccionario y **explica** cuáles de las siguientes palabras tienen algún homónimo:
   a. sierra   b. cala   c. cañón   d. haz
5. **Escribe** una oración con cada una de las siguientes palabras:

actitud-aptitud	vocal-bucal	prejuicio-perjuicio

Palabras homófonas con *h* y sin *h* y con *b* y con *v*

Para EXPLORAR

➤ **Contesta:**

a. ¿Qué hace el joven de la foto, hojea u ojea las páginas?

b. ¿La presencia de la *h* en esa palabra establece alguna diferencia? ¿Cuál?

c. ¿Has experimentado confusión al momento de escribir alguna palabra con o sin *h*? ¿Cuál o cuáles?

Para COMPRENDER

Los homófonos son palabras que, a pesar de ser distintas, se pronuncian igual. Un grupo importante de palabras homófonas se diferencian por escribirse con o sin ***h***. Las más usuales son las siguientes:

Con *h*	Sin *h*
¡ah! - exclamación, *ha* - forma del verbo *haber*.	*a* - Preposición.
¡eh! - exclamación, *he* - forma del verbo *haber*.	*e* - Conjunción copulativa.
¡oh! - Exclamación.	*o* - Conjunción disyuntiva.
hala - Forma del verbo *halar*.	*ala* - Parte del cuerpo de las aves; parte inferior de un sombrero; componente de un avión.
hasta - Preposición que indica un límite espacial o temporal.	*asta* - Palo de la lanza; mástil en el que se iza una bandera; cuerno.
herrar - Poner herraduras.	*errar* - No acertar; andar vagando de una parte a otra.
hojear - Pasar las hojas de un libro.	*ojear* - Mirar superficialmente algo; levantar y acosar la caza.
hola - Fórmula de saludo.	*ola* - Onda formada por el agua.
honda - Instrumento para arrojar piedras; profunda.	*onda* - Ondulación.
hora - Unidad de tiempo.	*ora* - Conjunción; forma del verbo *orar*.
horca - Artilugio para colgar a los condenados; herramienta agrícola.	*orca* - Animal marino.

Algunos homófonos se diferencian por escribirse con ***b*** o con ***v***. Estos son algunos de los más importantes:

Con *b*	Con *v*
acerbo - Áspero al gusto.	*acervo* - Patrimonio de una comunidad.
barón - Título nobiliario.	*varón* - Persona de sexo masculino.
baya - Tipo de fruto carnoso.	*vaya* - Forma del verbo *ir*.
bello - Que tiene belleza.	*vello* - Pelo corto y suave; pelusilla de algunos frutos.
botar - Arrojar; echar al agua un buque; lanzar una pelota contra algo para que retroceda con impulso.	*votar* - Dar un voto en un proceso de elección o de decisión.
grabar - Realizar una incisión sobre una superficie; registrar sonidos; fijar profundamente en el ánimo.	*gravar* - Imponer una carga o gravamen.
rebelarse - Desobedecer, oponer resistencia.	*revelarse* - Descubrirse lo ignorado o secreto; hacerse visible la imagen impresa en la película fotográfica.
sabia - Que posee sabiduría.	*savia* - Líquido que circula por los vasos de ciertas plantas.
tubo - Pieza hueca y cilíndrica.	*tuvo* - Forma del verbo *tener*.

Ortografía al día

La letra *v* tiene dos nombres: *uve* y *ve*. Los hispanohablantes que utilizan el nombre *ve* suelen acompañarlo de adjetivos, tales como *corta*, *chiquita* o *pequeña* para poder distinguir oralmente el nombre de esta letra. Sin embargo, se recomienda el nombre *uve*, ya que no necesita añadidos, lo que justifica su elección.

De la misma forma, se prefiere que a la letra *b* se denomine simplemente *be,* sin adjetivos, como *be larga*, *be grande* o *be alta*. Cabe aclarar, que esas variantes denominativas no se consideran incorrectas.

Para PRACTICAR

1. **Selecciona** la palabra más adecuada de la tabla de palabras homófonas con *h* y sin *h*.
   - a. ¿A qué __________ cierran el centro comercial?
   - b. El sombrero tenía el __________ descosida.
   - c. Llevaron al caballo a __________.
   - d. Todavía recuerda la bondad y la sabiduría del __________ de su infancia.
   - e. De tanto __________ los periódicos se pintó las manos con tinta negra.
   - f. Las clases de baile duran __________ el verano.
   - g. No temas equivocarte, __________ es de sabios.
2. **Escoge** la palabra adecuada en cada oración.
   - a. Su nombre está (grabado/gravado) en la placa que le regalaron.
   - b. Este año, Hacienda ha (grabado/gravado) la tenencia de una segunda vivienda.
   - c. Se ha pintado el (bello/vello) de los brazos.
   - d. Ya casi nadie (rebela/revela) fotos.
   - e. No me gusta ese medicamento, tiene un sabor (acerbo/acervo).

La oración compuesta

Para EXPLORAR

La poesía neoclásica huye de los excesos del Barroco y busca fuentes en el Renacimiento y en la Antigüedad grecolatina. La educación era un tema característico de la poesía ilustrada.

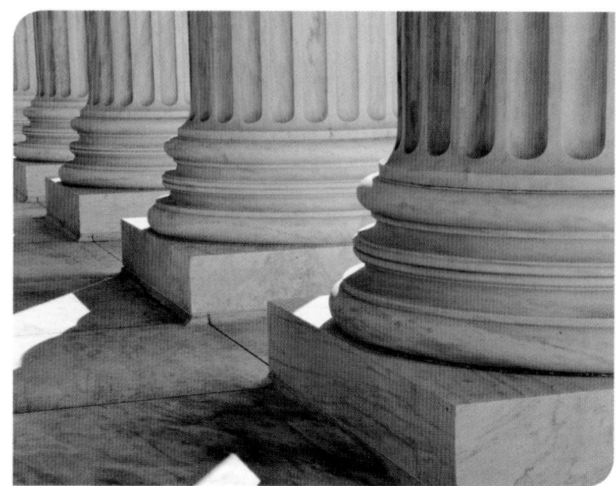

➤ **Contesta**:

a. ¿Qué oración contiene un solo verbo?

b. ¿Cuántos verbos personales hay en el primer enunciado?

c. ¿Cómo se llaman las oraciones que contienen más de dos verbos?

Para COMPRENDER

Hay oraciones que tienen un solo verbo en forma personal y otras que tienen más de uno. Este hecho nos permite diferenciar entre oraciones simples y oraciones compuestas. Las oraciones simples son aquellas que tienen una sola forma verbal simple (*cantaba*), compuesta (*había cantado*) o perifrástica (*tiene que cantar*) y, por tanto, un solo predicado.

Ejemplos: *Recoge tu cuarto. ¿Has recogido tu cuarto? Tienes que recoger tu cuarto.*

Las **oraciones compuestas** son aquellas que tienen dos verbos o más en forma personal y, por tanto, dos predicados o más.

Ejemplo: *Esas bombillas consumen menos que las tradicionales y duran más.*

También son compuestas las oraciones que tienen un verbo en forma personal y otro en forma no personal (infinitivo, gerundio o participio), siempre que los dos verbos no constituyan una perífrasis y la forma no personal admita complementos similares a los de cualquier otro verbo.

Ejemplo: ***Evite descongelar*** *los alimentos bajo la pluma.*

Formación de oraciones compuestas

Las oraciones compuestas se forman mediante dos procedimientos:

- Al unir dos ideas o más que puedan expresarse como otras oraciones simples. En este caso, cada oración mantiene su independencia sintáctica en el conjunto.

Idea 1 Idea 2

Ejemplo: *Fui al colegio* y *hablé con la directora.*

- Al insertar una idea expresada de forma oracional, como un constituyente de otra oración.

Ejemplo: *Utilicé esas bombillas. Esas bombillas duran ocho veces más.* → *Utilicé esas bombillas, que duran ocho veces más.*

En este caso, la idea que se inserta (*Esas bombillas duran ocho veces más*) tiene la función de ser, dentro del conjunto, un constituyente que complementa a un elemento de la otra oración (el segmento *esas bombillas*).

Los dos procedimientos, unión e inserción, pueden darse a la vez.

Ejemplo: *Utilicé esas bombillas, que duran ocho veces más, y aislé bien las paredes.*

Elementos de relación: los enlaces

Los **enlaces** son palabras con las que ponemos en relación dos partes cualesquiera de la oración (palabras, grupos sintácticos, segmentos).

Hay dos tipos de enlace: coordinantes y subordinantes.

Clases de enlaces	
Enlaces coordinantes	**Enlaces subordinantes**
Unen dos palabras o dos grupos de palabras equivalentes y sintácticamente independientes entre sí. **Ejemplo:** *Fui al colegio* **y** *hablé con la directora.* Esta clase de enlace está constituida por las conjunciones coordinantes (*y, o, pero…*).	Introducen una palabra o un grupo de palabras que convierten este segmento en un complemento de otra palabra u otro grupo de palabras. **Ejemplo:** *Las cocinas de gas son mejores.* Son enlaces subordinantes las preposiciones (*a, ante, bajo…*), las conjunciones subordinantes (*que, porque, si…*), los relativos (*que, quien…*) y los interrogativos y exclamativos (*qué, dónde, cómo…*).

Oración y segmento

Los segmentos de la oración compuesta se organizan alrededor de un verbo y presentan una estructura oracional.

En una oración, como, por ejemplo, *Las cocinas de gas ahorran energía y las bombillas compactas duran mucho más*, encontramos dos segmentos oracionales que están unidos por un enlace (la conjunción *y*):

Idea 1 Idea 2

Ejemplo: *Fui al colegio* y *hablé con la directora.*

Oración compuesta

Segmento 1 Segmento 2

Ejemplo: *Las cocinas de gas* *ahorran energía* y *las bombillas compactas* *duran mucho más.*

GN sujeto GV predicado GN sujeto GV predicado

Para COMPRENDER

A la hora de delimitar los segmentos, hay que tener en cuenta que un segmento puede insertarse en otro y funcionar como sujeto o como complemento de alguno de sus constituyentes.

Ejemplo:

Oración compuesta
Segmento 1 — Segmento 2 — Segmento 1
Los electrodomésticos que consumen menos energía son preferibles.

En este ejemplo, el segmento 2 desempeña la función de complemento del núcleo del grupo nominal sujeto del segmento 1 (el sustantivo *electrodomésticos*):

Ejemplo:

GN sujeto — GV predicado
Los electrodomésticos ***que consumen menos energía*** *son preferibles*
N — Compl. — N — Compl.

Las subordinadas

Se denominan así a aquellas que desempeñan una función gramatical dentro de la otra oración, que es la principal. La subordinada depende de la otra, es decir, de la principal.

La subordinada puede funcionar como un sustantivo.

Ejemplo:

Idea 1 — Idea 2
Te recomiendo que hables con la directora.

Ejemplo:

(El que miente mucho) recibirá muy pronto su merecido.
El mentiroso

La subordinada, en este caso, es el sujeto del verbo *recibirá*. Puede hacer todas las funciones de un sustantivo y se llaman **subordinadas sustantivas.**

Si desempeñan la función de un adjetivo, son adjetivas.

Ejemplo:

Los jóvenes (que estudian mucho) llegaran muy lejos.
estudiosos

Y, por último, las que funcionan como si fueran adverbios (complementos circunstanciales) se denominan **adverbiales** o **circunstanciales.**

Ejemplo: *Estudiaba ingeniería, (porque quería trabajar en la NASA).*

La subordinada, en este ejemplo, indica la causa. Funciona como un complemento circunstancial de causa.

Las oraciones compuestas que incluyen una subordinada reciben el nombre de **oraciones compuestas por subordinación.**

En resumen, las subordinadas pueden ser sustantivas, adjetivas o adverbiales.

 © Santillana

Gramática al día

Las **oraciones subordinadas** se introducen con una conjunción o una partícula conectora. Esta puede ser simple o puede estar compuesta de más de una palabra. Actualmente, se reconocen los siguientes tipos de conjunción subordinante:

- completivas (*que, si*)
- condicionales (*si, como* —con modo subjuntivo—)
- causales (*porque, como* —con modo indicativo—)
- concesivas (*aunque, si bien*)
- ilativas (*luego, conque*)
- temporales (*luego que, ni bien*)
- consecutivas (*que*)
- comparativas (*que, como*)
- exceptivas (*salvo*)

Aunque se repiten algunas conjunciones (*que, si, como*), en cada caso tienen distintos significados y establecen relaciones semánticas distintas entre la oración principal y la subordinada.

Para PRACTICAR

1. **Clasifica** como simples o como compuestas las siguientes oraciones:
   a. Las bodas me parecen aburridas.
   b. Mónica viajará hoy.
   c. Los candidatos han de presentar una solicitud antes del lunes.
   d. Pablo entona muy bien, pero no lo dejaron cantar.
   - **Especifica** el procedimiento (unión o inserción) por el que se han formado las oraciones compuestas.
2. **Determina** los segmentos que integran cada oración compuesta y **señala** el enlace que las vincula.
   a. La amiga de Sara estaba nerviosa y se veía tímida.
   b. Infórmale a todos donde será la actividad.
   c. Acompáñame o no voy contigo al cine.
   d. Vimos ayer la película que nos recomendaste.
3. **Identifica** las oraciones subordinadas que forman parte de estas oraciones compuestas:
   a. Quedamos en vernos donde trabaja Laura.
   b. La bufanda que me regalaste combina con mi cartera.
   c. Tomé las fotos porque tú me lo pediste.
4. **Encierra** entre paréntesis la oración subordinada en cada oración.
   a. ¿Dónde está el prendedor que te traje de Italia?
   b. ¿Viste a los chicos que iban en bicicleta?
   c. Las jóvenes cantaban y el público aplaudía.

Produzco un texto

El retrato

OBSERVO

Historia de la vida del buscón don Pablos

Supo que había en Segovia un licenciado Cabra, que tenía por oficio de criar hijos de caballeros, y envió allá el suyo, y a mí para que le acompañase y sirviese. [...] Él era un clérigo cerbatana, largo solo en el talle, una cabeza pequeña, pelo bermejo. [...] Los ojos, avecinados en el cogote, que parecía que miraba por cuévanos, tan hundidos y obscuros, que era buen sitio el suyo para tiendas de mercaderes; la nariz, entre Roma y Francia, porque se le había comido de unas búas de resfriado, que aún no fueron de vicio, porque cuestan dinero; las barbas, descoloridas de miedo de la boca vecina, que, de pura hambre, parecía que amenazaba a comérselas; los dientes, le faltaban no sé cuántos [...]; el gaznate, largo como avestruz, con una nuez tan salida, que parecía que se iba a buscar de comer, forzada de la necesidad; los brazos, secos; las manos, como un manojo de sarmientos. [...] Parecía tenedor, o compás con dos piernas largas y flacas; [...] la barba, grande, por nunca se la cortar por no gastar. [...] Traía un bonete los días de sol, ratonado, con mil gateras y guarniciones de grasa; era de cosa que fue paño, con los fondos de caspa. La sotana, según decían algunos, era milagrosa, porque no se sabía de qué color era. [...] Desde cerca parecía negra, y desde lejos, entre azul; llevábala sin ceñidor, no traía cuello ni puños; pareciá con los cabellos largos y la sotana mísera y corta. [...] Cada zapato podía ser tumba de un filisteo.

Francisco de Quevedo
(fragmento)

➤ **Contesta:**

a. ¿Qué tipo de discurso predomina en el fragmento anterior?

b. ¿Consideras que el humor sea un recurso eficaz para realizar un retrato?

¿QUÉ VOY A ESCRIBIR?

Un **retrato** es la descripción minuciosa de una persona. Normalmente, los rasgos externos revelan sus aspectos, tales como la forma de ser, los sentimientos o los hábitos. Dado que el discurso descriptivo es el que predomina en este tipo de texto, los sustantivos y los adjetivos abundan. El uso de otras figuras, como el símil y la metáfora, también es muy útil, sobre todo, si se quiere elaborar un retrato creativo y literariamente rico.

 © Santillana

¿CÓMO LO ESCRIBO?

PLANIFICO mis ideas

1. Busca la foto de una figura pública o imagina a un personaje literario.
2. Observa sus rasgos físicos con atención.
3. Investiga la forma de ser de la persona que has elegido, a qué se dedica, sus gustos, su vestimenta y lo que le disgusta.
4. Relaciona, de ser posible, sus rasgos físicos con su carácter.

ELABORO mis ideas

1. Haz una lista de los rasgos físicos de la personalidad seleccionada.
2. Elabora otra lista de los rasgos más destacados del carácter de esa persona.
3. Identifica qué recursos literarios tienes a tu disposición para elaborar de forma vívida y creativa un retrato del personaje escogido.

ESCRIBO mis ideas

1. Escribe, como título de tu texto, el nombre del personaje elegido.
2. Selecciona cuidadosamente los datos recopilados. Recuerda que no todos tienen la misma importancia. Elige solo rasgos peculiares que individualicen al personaje.
3. Sigue un orden determinado para escribir el retrato. Comienza por la cabeza, el rostro; luego, el resto del cuerpo, el vestido y el calzado; y finaliza con los rasgos del carácter.
4. Elige palabras adecuadas y utiliza recursos expresivos para una buena descripción.
5. Escribe tu retrato con letra legible y reprodúcelo para que lo compartas con tus compañeros.

EDITO un texto

☑ El retrato incluye una descripción de los rasgos físicos más destacados del personaje.

☑ En el texto se relacionan de algún modo los atributos físicos con la forma de ser.

☑ Los datos se presentan ordenada y coherentemente.

☑ El texto exhibe recursos tales como adjetivos, metáforas o comparaciones, para enriquecer el retrato.

☑ El tono de la redacción es cónsono con la intención que persigue el texto.

El autorretrato oral

El **autorretrato oral** es una descripción que una persona hace de sí misma frente a un público. En ella, se enfatizan los aspectos que mejor describan su personalidad y su carácter. Se ofrecen detalles, como el lugar y la fecha de nacimiento, los estudios formales, los intereses personales y las metas. A veces, una anécdota breve o jocosa transmite mucha más información que un largo discurso descriptivo. No hace falta una descripción física, pero es importante lucir una buena apariencia.

¿Cómo lo preparamos?

1. Reúnanse en grupos de cuatro y preparen sus autorretratos juntos.
2. Hagan, de forma individual, un resumen escrito de sus principales características personales y otros detalles que contribuyan a resaltar aspectos de sus personalidades.
3. Practiquen su autorretrato frente a su grupo y permitan que sus compañeros corrijan cualquier aspecto que afecte la emisión de su mensaje.
4. Procuren que sus descripciones duren una cantidad de tiempo prudente.
5. Cuiden su aspecto personal.

¿Cómo lo presentamos?

1. Presenten individualmente su autorretrato oral ante el resto de sus compañeros de clase.
2. Diríjanse al público de forma pausada y con un tono de voz adecuado.
3. Eviten el uso de muletillas, pausas muy largas y otros vicios de dicción que puedan dar una imagen de inseguridad o de incultura.
4. Procuren no excederse ni limitarse en el tiempo provisto para la descripción.
5. Mantengan una pronunciación clara y cuiden la selección del vocabulario.
6. Conserven una postura adecuada durante sus presentaciones.

¿Cómo lo hicimos?

☑ ¿Cuidamos nuestra apariencia personal?
☑ ¿Evitamos los vicios de dicción y las muletillas?
☑ ¿Hicimos un buen uso del tiempo?
☑ ¿Incluimos en el autorretrato los principales rasgos de nuestra personalidad?

 © Santillana

De la enciclopedia a Internet

Durante el siglo XVIII, aparecieron obras escritas de carácter general que pretendían cubrir enteramente los diferentes campos del conocimiento.

La más importante fue la enciclopedia, que se escribió en Francia entre los años 1751 y 1772. La dirección de esta gigantesca obra estuvo a cargo del pensador francés, Diderot. En su elaboración, participaron las más célebres figuras del pensamiento ilustrado. Con esta enciclopedia primeriza, se pretendió aglutinar el saber humano alcanzado hasta ese momento, y se establecieron gran parte de los principios de la ciencia actual.

La evolución de la tecnología ha logrado que medios como Internet nos permitan el acceso a todo tipo de información. No solo ha multiplicado la cantidad de información, sino que también nos ha permitido accederla inmediatamente. Asimismo, este medio facilita el acceso a enciclopedias. Un ejemplo de ello es *Kalipedia,* una enciclopedia virtual de consulta libre y adaptada a las necesidades de Puerto Rico y otros países hispanohablantes. El contenido de *Kalipedia,* escrita en colaboración por expertos en las materias, puede ser modificado por cualquier persona con acceso a la Red. Como podemos ver, la evolución de las enciclopedias se ha visto impactada por la red informática en los últimos años, ya que la adquisición del conocimiento se ha convertido en un factor esencial para nuestro desarrollo productivo y social.

ACTIVIDADES

1. **Identifica** en la lectura dos oraciones simples y dos oraciones compuestas.
2. **Determina** qué tipo de enlaces relacionan las partes de las oraciones compuestas que identificaste.
3. **Identifica** tres palabras homónimas en la lectura. Luego, **provee** otro significado para cada una de ellas.
4. **Comenta** qué importancia crees que haya tenido la creación de la enciclopedia.
5. **Examina** en Internet la enciclopedia virtual *Kalipedia.* Luego, **compárala** con una enciclopedia física y establece sus ventajas y sus desventajas.

La pintura del gran genio Francisco de Goya

En el siglo XVIII, los aristócratas y los cortesanos acostumbraban ir al campo como pasatiempo. En esas salidas campestres, se divertían con juegos populares de carnaval, lo que se refleja en la obra *El pelele*, de Francisco de Goya.

Francisco de Goya y Lucientes (1746-1828) fue un reconocido grabador y pintor español, a quien se le atribuye el inicio del Romanticismo español. Sin embargo, se considera el predecesor de las vanguardias pictóricas del siglo XX, y, por ello, de la pintura contemporánea. En un comienzo, Goya fue influenciado por el Neoclasicismo y, luego, por el Rococó, que unió con el costumbrismo en la pintura *El pelele*. Cuando enfermó, su pintura se volvió más sombría, lo que lo llevó a concebir un tipo de Romanticismo y lo convirtió en uno de los artistas españoles más estudiados hoy en día (junto con Diego Velázquez, Pablo Picasso y Salvador Dalí).

El pelele fue pintado para el gabinete del rey Carlos IV. Según los historiadores, Goya realizó muchas pinturas para los cartones utilizados en la fábrica de tapices del rey, a partir de 1789. También, indican que este cuadro, en particular, critica la figura del rey, quien tenía fama de dejarse manipular fácilmente por las mujeres.

El contexto social en que vivió Goya lo llevó a hacer grabados, como *Los desastres de la guerra*, en los que se denuncian las terribles percusiones, los ataques y los asesinatos ocurridos durante la guerra de independencia española. En ellos, se manifiesta el heroísmo de aquellos que lucharon y se sacrificaron por sus ideales. La pintura *Los fusilamientos del 3 de mayo* es un ejemplo de la temática de la guerra y del heroísmo.

Por otra parte, dos pinturas icónicas de Goya son *La maja desnuda* y *La maja vestida*. Se rumora que la maja es la decimotercera Duquesa de Alba y, entre tantas polémicas, que ella y el artista tuvieron un romance. No obstante, la mayor de las polémicas la causaron las llamadas *Pinturas negras* (también en el Museo del Prado), que consiste en catorce óleos y frescos que hoy se consideran precursoras del expresionismo pictórico.

El pelele (1791-1792), es un cartón para tapiz de Francisco de Goya y Lucientes (Museo del Prado).

Los biógrafos de Goya solo han logrado apuntar a una serie de factores que pudieron ser detonantes de este período intenso y oscuro en la carrera de este pintor español: la guerra, su sordera y su enfermedad, en 1819. Las obras *Saturno devorando a su hijo* y *El duelo a garrotazos* son emblemáticas de este período, pero es el *Perro semihundido* (un perro que sube una cuesta y del que solo puede verse la cabeza) la que más se adelanta en el tiempo. En *Saturno devorando a su hijo,* Goya reinterpreta un mito y se concentra en lo literal, es decir, en Saturno comiéndose a su hijo y en la expresión de dicho personaje. En *El duelo a garrotazos* reinterpreta la guerra en su forma más tétrica.

Pero no todas sus pinturas fueron tan macabras. Algunas fueron irónicas y otras recogieron momentos de la cotidianeidad. A sus setenta y tres años, Goya se mudó a una finca llamada La quinta del sordo. Al no tener que trabajar, se expresó libremente sobre el lienzo y realizó las *Pinturas negras*, lo que lo convirtió en el mayor precursor de la pintura contemporánea.

COMPRENDER

➤ **Realiza** las siguientes actividades:

a. **Contesta** en forma de ensayo, quién fue Francisco de Goya y cuál fue su mayor aportación al mundo del arte.

b. **Compara** y **contrasta** *El pelele* y *Saturno devora a su hijo.*

c. **Explica** el siguiente planteamiento: "Goya plasmó la diversidad de los aspectos que conformaron su momento histórico".

ANALIZAR

➤ *El pelele* propone una lectura que atienda los conflictos por género: cuatro mujeres —sexo débil— mantean caprichosamente un muñeco —un hombre que se supone que sea el sexo fuerte—. ¿Has escuchado expresiones como "los nenes no lloran" o "las nenas son para la casa"? ¿Qué prejuicios por género ves que existen a tu alrededor? ¿Qué métodos consideras que pudieran remediarlos?

EVALUAR

➤ **Investiga** en Internet o en alguna enciclopedia de arte los términos que aparecen a continuación. Luego, **distingue** y **explica** algunas obras de Goya que tengan aspectos de dichos conceptos.

- Neoclasicismo
- Rococó
- Romanticismo
- Vanguardias
- Expresionismo pictórico

CONCIENCIA verde

Además de los espantos de la guerra, el calentamiento global es uno de los horrores que enfrentamos en nuestro medioambiente. El **Protocolo de Kyoto** es el resultado de la **Convención Marco de las Naciones Unidas sobre el Cambio Climático**, y pretende reducir los gases de efecto invernadero en países desarrollados. Las naciones deberán reemplazar el uso de combustibles que emitan CO_2 a la atmósfera, como el gas natural, el carbón y el petróleo. Estados Unidos, el principal emisor, fue la única potencia que no firmó el Protocolo, ya que reduciría 35% de su crecimiento económico. La relación del ambiente y la economía puede ser, muchas veces, antagónica; ¿qué sugerirías para resolver esta disparidad?

El lenguaje figurado

En ningún **concurso** de estos ha depositado naturaleza el bien social de los hombres. Envidia, rencor y vanidad ocupan demasiado tales pechos para que en ellos quepan la verdadera alegría, la conversación festiva, la chanza inocente, la mutua benevolencia, el agasajo sincero y la amistad, en fin, madre de todos los bienes sociables. Esta solo se halla entre los hombres que se miran sin competencia.

José Cadalso
(fragmento de la "Carta XXXIII")

➤ Contesta:

a. ¿Cuál es el significado del sustantivo *madre* en este texto?

b. ¿Significa lo mismo ese sustantivo en la oración *Haré lo que mi madre me manda, y me casaré con usted*?

c. ¿Qué diferencias hay entre esos dos significados de *madre*?

PARA entender

El lenguaje recto

Las palabras tienen un significado original que denominamos **significado recto** o **literal**. En el siguiente fragmento, por ejemplo, la palabra *morir* tiene el significado de "llegar al término de la vida":

*... **murieron** en la batalla muchos de los suyos.*

El lenguaje figurado

En ocasiones, las palabras adquieren otros sentidos que se suman a su significado original. Estos nuevos significados nacen de usos expresivos o de asociaciones que se establecen entre el significado primitivo y otra realidad. Cada uno de estos sentidos desplazados recibe el nombre de **significado figurado**.

Esta alteración de significados es muy común en el lenguaje literario, ya que aumenta el valor expresivo de las palabras, amplía sus posibilidades significativas y resulta una fuente inagotable de bellas imágenes.

En la siguiente oración, la palabra *morir* se emplea con el significado figurado de "sentir muy intensamente algún deseo, afecto, pasión, emoción...":

*Los jóvenes se **morían** de la risa al mirar la película.*

Cuando uno de estos significados figurados está muy extendido, se recoge en el diccionario como cualquier otra acepción del término.

ENTIENDO...

1. **Indica**, en qué oración el término destacado se utiliza en sentido recto y en qué, en sentido figurado.
   a. Se formó una **avalancha** al pie de la montaña.
   Le cayó una **avalancha** de críticas cuando hizo esas declaraciones.
   b. El resultado de mi evaluación me **amargó** el día.
   El exceso de limón **amargó** el postre.
   c. Los expertos lograron desarmar la **bomba** a tiempo.
   El examen fue una **bomba**.
2. **Explica** el significado de las palabras o de las expresiones que estén usadas en sentido figurado.
   a. Marcos siempre está en la luna.
   b. A Clara siempre se le pegan las sábanas.
   c. Jorge es un lince para los negocios.
   d. No le des cuerda a Juan.
3. **Escribe** dos oraciones con cada palabra: una con su significado recto y otra, con uno figurado.
   a. gallina b. esponja c. oro d. as

...luego escribo

1. Visita la red social de tu preferencia y, en el apartado de compartir, pide a tus amigos que escriban lo que piensan de ti.
2. Compara las características que expusieron tus amigos con el autorretrato que hiciste en la sección *Nos comunicamos*.
3. Elige las características que te faciliten el uso del lenguaje figurado y organiza los rasgos físicos y psicológicos más destacados.
4. Utiliza el lenguaje figurado para crear algunas de tus descripciones.
5. Elige las palabras o las imágenes más sugerentes para maximizar el uso del lenguaje figurado. Puedes usar adjetivos o hacer comparaciones.
6. Escribe el autorretrato.

Me evalúo	
☑ El autorretrato muestra una organización clara en la información que presenta.	☑ El escrito exhibe relaciones entre palabras cuando es necesario.
☑ Las aportaciones de mis compañeros están expuestas en el escrito.	☑ El lenguaje figurado enriquece la descripción.
☑ El texto incluye el recurso de la adjetivación y de la comparación.	☑ La selección del vocabulario permite, de forma eficaz, el sentido figurado.

8 El mundo desde una nueva perspectiva

El pueblo de Beilstein, en el distrito de Heilbronn, en el estado de Baden-Württemberg, al sur de Alemania

En la primera mitad del siglo XIX se vivió un ambiente de exaltación de la libertad, del que se nutrió el Romanticismo.

Temas del capítulo

- La literatura del Romanticismo
- Procedimientos de formación de palabras y la parasíntesis
- La grafía *y* y *ll*
- Yuxtaposición y coordinación
- El texto expositivo
- El discurso

Preámbulo

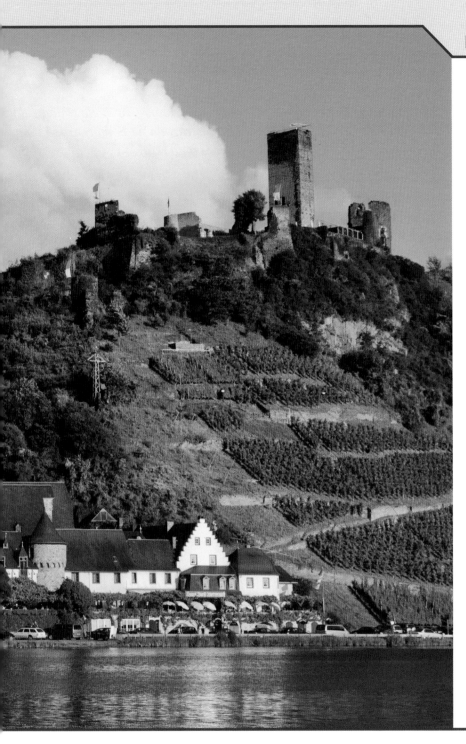

En la primera mitad del siglo XIX, el Romanticismo triunfó en Europa. Este se originó en Inglaterra y Alemania a finales del siglo XVIII, y fue una reacción contra el pensamiento ilustrado. Los románticos consideraban que el racionalismo de los ilustrados había fracasado en su pretensión de mejorar la sociedad. Esto provocó sentimientos de desengaño y pesimismo que motivaron la reivindicación de los sentimientos y la fantasía.

El Romanticismo se desarrolló en medio de grandes cambios sociales y políticos que liquidaron el antiguo régimen y crearon las sociedades modernas. La naciente Revolución Industrial trajo la organización de las clases sociales, según las riquezas, y a la burguesía como la clase más poderosa. En la política, la primera mitad del siglo XIX fue marcada por las revoluciones liberales que enfrentaban al poder absoluto del rey contra la democracia. Incómodos en la sociedad, los escritores románticos reivindicaban la libertad y los derechos individuales, y evocaban en sus obras tiempos pasados y lugares exóticos, para evadir un presente que les disgustaba.

¿Qué sabes sobre el Romanticismo?

- ¿Qué idea sugiere el término *romanticismo*?
- ¿Qué sensaciones te provoca la imagen?
- ¿Qué adjetivos emplearías para describir este paisaje? ¿Por qué?
- ¿Cómo relacionarías la imagen con el Romanticismo?
- ¿Cuál es el tono general del ambiente en la imagen?

Al comenzar

- ¿Cuál es tu visión de un héroe?
- ¿Qué virtudes tiene? ¿Cuáles son sus defectos?

Al leer

- Señala las características del héroe romántico que se manifiestan en don Álvaro.
- Comenta la función que desempeñan las distintas acotaciones.
- Indica los temas de la obra que confluyen en el desenlace de la escena X.

Al concluir

- ¿A qué le atribuyes las situaciones adversas de la vida: a la mala suerte o al destino? Explica.

- **irregular** (adjetivo). En pecado.
- **he hollado** (voz antigua). He pisoteado.

Don Álvaro o la fuerza del sino

(En la última escena de la obra don Álvaro hiere en duelo a don Alfons hermano de Leonor. Esta ha estado disfrazada de hombre tras la muer de su padre, y ha escogido una ermita como refugio.)

DON ALFONSO. Ya lo conseguiste... ¡Dios mío! ¡Confesión! Soy cristia no... Perdonadme... Salva mi alma...

DON ÁLVARO. *(Suelta la espada y queda como petrificado.)* ¡Cielos! ¡Dios mío!... ¡Santa Madre de los Ángeles!... ¡Mis manos tintas e sangre..., en sangre de Vargas!...

DON ALFONSO. ¡Confesión! ¡Confesión!... Conozco mi crimen y me arre piento... Salvad mi alma, vos que sois ministro del Señor...

DON ÁLVARO. *(Aterrado.)* ¡No, yo no soy más que un réprobo, presa infe liz del demonio! Mis palabras sacrílegas aumentarían vuestra con denación. Estoy manchado de sangre, estoy **irregular**... [...] Cerc vive un santo penitente..., podrá absolveros... Pero está prohibid acercarse a su mansión... ¿Qué importa? Yo, que he roto todos lo vínculos, que **he hollado** todas las obligaciones... [...]

(DON ÁLVARO corre a la ermita y golpea la puerta.)

DOÑA LEONOR. *(Dentro.)* ¿Quién se atreve a llamar a esta puerta? Res petad este asilo.

DON ÁLVARO. Hermano, es necesario salvar un alma, socorrer a un mor bundo: venid a darle el auxilio espiritual.

DOÑA LEONOR. *(Dentro.)* Imposible, no puedo; retiraos. [...]

DON ÁLVARO. Es indispensable; vamos. *(Golpea fuertemente la puerta.*

DOÑA LEONOR. *(Dentro, tocando la campanilla.)* ¡Socorro! [...] *(Ábres la puerta.)*

Escena X

Don Álvaro regresa a España y decide profesar como fraile en u apartado convento, donde será el padre Rafael. Pero hasta allí llega do Alfonso, el segundo hermano de Leonor, que resulta herido de muerte tra batirse en duelo con don Álvaro. Este acude a una ermita cercana a pedi ayuda, sin saber que allí se encuentra retirada Leonor.

Los mismos y DOÑA LEONOR vestida con un saco y esparcidos lo cabellos, pálida y desfigurada, aparece a la puerta de la gruta, y se oy repicar a lo lejos las campanas del convento.

DOÑA LEONOR. Huid, temerario; temed la ira del cielo.

DON ÁLVARO. *(Retrocediendo horrorizado por la montaña abajo.)* ¡Un mujer!... ¡Es un espectro!... Imagen adorada... ¡Leonor! [...]

ON ALFONSO. *(Como queriéndose incorporar.)* ¡Leonor! ¿Qué escucho? ¡Mi hermana!...

OÑA LEONOR. *(Corriendo detrás de DON ÁLVARO.)* ¡Dios mío! ¿Es don Álvaro?... Conozco su voz... Él es... ¡Don Álvaro!

ON ALFONSO. [...] Ella es... ¡Estaba aquí con su seductor! [...]

OÑA LEONOR. ¡Cielos!... ¡Otra voz conocida!... Mas ¿qué veo?...

Se precipita hacia donde ve a DON ALFONSO.)

ON ALFONSO. ¡Ves al último de tu infeliz familia!

OÑA LEONOR. *(Precipitándose en los brazos de su hermano.)* ¡Hermano mío!... ¡Alfonso!

ON ALFONSO. *(Hace un esfuerzo, saca un puñal, y hiere de muerte a LEONOR.)* [...] ¡Recibe el premio de tu deshonra! [...] *(Muere.)*

ON ÁLVARO. [...] ¿Qué hiciste?... ¡Leonor! [...] ¿Tan cerca de mí estabas? [...] (Sin osar acercarse a los cadáveres.) [...] Aún palpita aquel corazón todo mío... [...] Yo te adoro... [...] ¡Te hallé... muerta!

Queda inmóvil.)

Escena última

Hay un rato de silencio; los truenos resuenan más fuertes que nunca, crecen los relámpagos, y se oye cantar a lo lejos el ***Miserere*** *a la comunidad, ue se acerca lentamente.*

OZ DENTRO. ¡Aquí, aquí! ¡Qué horror!

DON ÁLVARO vuelve en sí y luego huye hacia la montaña. Sale el PADRE GUARDIÁN con la comunidad, que queda asombrada.)

ADRE GUARDIÁN. ¡Dios mío!... ¡Sangre derramada!... ¡Cadáveres!... ¡La mujer penitente!

ODOS LOS FRAILES. ¡Una mujer!... ¡Cielos! [...]

ON ÁLVARO. (Desde un risco, con sonrisa diabólica, todo convulso, dice.) Busca, imbécil, al padre Rafael... Yo soy un enviado del infierno, soy el demonio exterminador... Huid, miserables.

ODOS. ¡Jesús, Jesús!

ON ÁLVARO. ¡Infierno, abre tu boca y trágame! ¡Húndase el cielo, perezca la raza humana; exterminio, destrucción...! *(Sube a lo más alto del monte y se precipita.)*

L PADRE GUARDIÁN Y LOS FRAILES. *(Aterrados y en actitudes diversas.)* ¡Misericordia, Señor! ¡Misericordia!

Duque de Rivas
(español)
(fragmento)

Sobre el autor

Ángel María de Saavedra y Ramírez de Baquedano (1791-1865) fue un destacado escritor de teatro, poeta y político español, mejor conocido como Duque de Rivas. Como político, ocupó los siguientes cargos públicos: primer ayudante de Estado Mayor, ministro del Estado, senador y alcalde de Madrid, embajador y ministro en Nápoles y Francia, presidente del Consejo de Estado, entre otros. Como militar, fue alférez de la Guardia Real, capitán de la Caballería Ligera y participó del golpe de estado acontecido en Riego en 1820. Como literato, fue presidente de la Real Academia Española y del Ateneo de Madrid. Su obra teatral *Don Álvaro* o *la fuerza del sino,* pertenece al movimiento literario del Romanticismo. Esta obra presenta la visión del héroe romántico, a quien el destino lo vence.

- ***Miserere*** (sustantivo). Canto religioso que se inicia con esta palabra, cuyo significado es "ten piedad".

Al comenzar

- ¿Has oído hablar de don Juan Tenorio? ¿Qué sabes sobre él? ¿Por qué se caracteriza la fama de un donjuán?
- ¿Qué tipo de estrategias utiliza un donjuán para alcanzar sus objetivos?

Al leer

- Indica la relación que existe entre los personajes del primer fragmento.
- Señala con qué adjetivos increpa don Gonzalo a don Juan.
- Identifica los dos espectros con los que habla don Juan. Escribe los nombres de dichos espectros y explica qué quiere hacer cada uno con el alma de don Juan.

Al concluir

- ¿Qué cualidades debería tener la persona que conquiste tu amor?

- **avilantez** (sustantivo). Audacia, insolencia.

Don Juan Tenorio

Parte I

Acto IV

Escena IX

[...]

DON GONZALO. Vil eres hasta en tus crímenes.

DON JUAN. Anciano, la lengua ten,
y escúchame un solo instante.

DON GONZALO. ¿Qué puede en tu lengua haber
que borre lo que tu mano
escribió en este papel? [...]

DON JUAN. ¡Comendador!

DON GONZALO. ¡Miserable!
Tú has robado a mi hija Inés
de su convento, y yo vengo
por tu vida o por mi bien.

DON JUAN. Jamás delante de un hombre
mi alta cerviz incliné,
ni he suplicado jamás,
ni a mi padre, ni a mi rey.
Y pues conservo a tus plantas
la postura en que me ves,
considera, don Gonzalo,
que razón debo tener.

DON GONZALO. Lo que tienes es pavor
de mi justicia.

DON JUAN. ¡Pardiez!
Óyeme, Comendador,
o tenerme no sabré,
y seré quien siempre he sido
no queriéndolo ahora ser.

DON GONZALO. ¡Vive Dios!

DON JUAN. Comendador,
yo idolatro a doña Inés,
persuadido de que el cielo
me la quiso conceder
para enderezar mis pasos
por el sendero del bien.
No amé la hermosura en ella
ni sus gracias adoré;
lo que adoro es la virtud,
don Gonzalo, en doña Inés.
Lo que justicias ni obispos

no pudieron de mí hacer
con cárceles y sermones,
lo pudo su candidez.
Su amor me torna en otro hombre
regenerando mi ser,
y ella puede hacer un ángel
de quien un demonio fue. [...]
Yo seré esclavo de tu hija,
en tu casa viviré,
tú gobernarás mi hacienda
diciéndome esto ha de ser. [...]
Y cuando estime tu juicio
que la pueda merecer,
yo la daré un buen esposo
y ella me dará el Edén.

DON GONZALO. Basta, don Juan; no sé cómo
me he podido contener
oyendo tan torpes pruebas
de tu infame **avilantez**.
Don Juan, tú eres un cobarde
cuando en la ocasión te ves,
y no hay bajeza a que no oses
como te saque con bien. [...]
¡Nunca! ¡Nunca! ¿Tú su esposo?
Primero la mataré. [...]

DON JUAN. Míralo bien, don Gonzalo,
que vas a hacerme perder
con ella hasta la esperanza
de mi salvación tal vez. [...]

Escena X

Dichos y DON LUIS, soltando una carcajada de burla.

DON LUIS. Muy bien, don Juan.

DON GONZALO. ¿Quién es ese hombre?

DON LUIS. Un testigo
de su miedo, y un amigo,
Comendador, para vos.

DON JUAN. ¡Don Luis!

DON LUIS. Ya he visto bastante,
don Juan, para conocer
cuál uso puedes hacer
de tu valor arrogante;
y quien hiere por detrás
y se humilla en la ocasión,
es tan vil como el ladrón
que roba y huye.

DON JUAN. ¿Esto más?

DON LUIS. Y pues la ira soberana
de Dios junta, como ves,
al padre de doña Inés
y al vengador de doña Ana,
mira el fin que aquí te espera
cuando a igual tiempo te alcanza
aquí dentro su venganza
y la justicia allá fuera. [...]
Soy don Luis Mejía,
a quien a tiempo os envía
por vuestra venganza Dios.

DON JUAN. ¡Basta, pues, de tal suplicio! [...]
Y venza el infierno, pues.
¡Ulloa, pues mi alma así
vuelves a hundir en el vicio,
cuando Dios me llame a juicio
tú responderás por mí!

(Le da un pistoletazo.)

DON GONZALO. *(Cayendo.)* ¡Asesino!

DON JUAN. ¡Y tú, insensato,
que me llamas vil ladrón,
di en prueba de tu razón
que cara a cara te mato!

Antecedentes:

La acción comienza en Sevilla, en una noche de carnaval. Don Juan se ufana de sus conquistas amorosas y hace una apuesta con su rival, don Luis Mejía: en un mismo día conquistará a una novicia y a la prometida de don Luis. Don Juan consigue raptar del convento a la ingenua doña Inés y también embaucar a la novia de Luis Mejía. Pero, contra su costumbre, se enamora realmente de Inés y decide pedirla en matrimonio a su padre, don Gonzalo, el comendador.

Don Luis y don Gonzalo acuden juntos a la casa de Don Juan a pedirle cuentas por haber engañado a las dos jóvenes. Don Juan intenta evitar la pelea, pero, finalmente, acorralado, mata a ambos y huye a Italia abandonando a Inés. Cinco años más tarde, Don Juan vuelve a Sevilla y acude a visitar el palacio de su padre. Pero, en su lugar, encuentra edificado un cementerio en el que yacen sus víctimas, entre ellas, doña Inés, que ha muerto de pena por él. Don Juan habla con las estatuas de sus víctimas y rememora su amor por doña Inés. Cuando está sumido en sus pensamientos, la sombra de Inés se le aparece y le confía que ella le aguarda en el purgatorio y que sus destinos están unidos: se salvarán o se condenarán juntos. En esto, las estatuas de las demás tumbas cobran movimiento. Don Juan vuelve a desafiar a sus víctimas e invita a don Gonzalo a un banquete en su casa. Este acude a la cita y, a su vez, invita a Don Juan a otro banquete en el cementerio.

Parte II

Acto III

Escena II

DON JUAN. ¡Jesús!
ESTATUA. ¿Y de qué te alteras,
si nada hay que a ti te asombre [...]?
DON JUAN. ¡Ay de mí! [...]
ESTATUA. Eso es, don Juan, que se va
concluyendo tu existencia,
y el plazo de tu sentencia
fatal ha llegado ya.
DON JUAN. ¡Qué dices!
ESTATUA. Lo que hace poco
que doña Inés te avisó,
lo que te he avisado yo,
y lo que olvidaste loco. [...]
DON JUAN. ¿Y qué es lo que ahí me das?
ESTATUA. Aquí fuego, allí ceniza. [...]
DON JUAN. ¡Fuego y ceniza he de ser! [...]
¡Ceniza bien; pero fuego...!
ESTATUA. El de la ira omnipotente,
do arderás eternamente
por tu desenfreno ciego.
DON JUAN. ¿Conque hay otra vida más
y otro mundo que el de aquí? [...]
¡Fatal verdad que me hiela
la sangre en el corazón! [...]
¿Y ese reloj?
ESTATUA. Es la medida
de tu tiempo.
DON JUAN. ¿Expira ya?
ESTATUA. Sí; en cada grano se va
un instante de tu vida. [...]
DON JUAN. ¡Injusto Dios! Tu poder
me haces ahora conocer,
cuando tiempo no me das
de arrepentirme.
ESTATUA. Don Juan,
un punto de **contrición**
da a un alma la salvación,
y ese punto aún te le dan.
DON JUAN. ¡Imposible! ¡En un momento
borrar treinta años malditos
de crímenes y delitos!
ESTATUA. Aprovéchale con **tiento**,
(Tocan a muerto.)
porque el plazo va a expirar,
y las campanas doblando
por ti están, y están cavando
la fosa en que te han de echar.
(Se oye a lo lejos el oficio de difuntos.)
DON JUAN. ¿Y aquel entierro que pasa?
ESTATUA. Es el tuyo.
DON JUAN. ¡Muerto yo!
ESTATUA. El capitán te mató
a la puerta de tu casa.
DON JUAN. Tarde la luz de la fe
penetra en mi corazón,
pues crímenes mi razón
a su luz tan solo ve. [...]
¡Ah! Por doquiera que fui,
la razón atropellé,
la virtud **escarnecí**
y a la justicia burlé.
Y **emponzoñé** cuanto vi, [...]
y pues tal mi vida fue,
no, no hay perdón para mí.
¡Mas ahí estáis todavía
(A los fantasmas.)
Con quietud tan **pertinaz**!
Dejadme morir en paz
a solas con mi agonía. [...]
¿Qué esperáis de mí?
ESTATUA. Que mueras
para llevarse tu alma.
Y adiós, Don Juan; ya tu vida
toca a su fin, y pues vano
todo fue, dame la mano
en señal de despedida.
DON JUAN. ¿**Muéstrasme** ahora amistad?

ESTATUA. Sí; que injusto fui contigo,
y Dios me manda tu amigo
volver a la eternidad. [...]

DON JUAN. ¡Aparta, piedra fingida!
Suelta, suéltame esa mano,
que aún queda el último grano
en el reloj de mi vida.
Suéltala, que si es verdad
que un punto de contrición
da a un alma la salvación
de toda una eternidad,
yo, santo Dios, creo en ti;
si es mi maldad **inaudita**,
tu piedad es infinita...
¡Señor, ten piedad de mí!

ESTATUA. Ya es tarde.

(DON JUAN se hinca de rodillas, tendiendo al cielo la mano que le deja libre la ESTATUA. Las sombras, esqueletos, etc., van a abalanzarse sobre él, en cuyo momento se abre la tumba de DOÑA INÉS y aparece ésta. DOÑA INÉS toma la mano que DON JUAN tiende al cielo.)

DOÑA INÉS. ¡No! Heme ya aquí, don Juan;
mi mano asegura esta mano
que a la altura tendió tu **contrito** afán,
y Dios perdona a don Juan al pie de la sepultura.

DON JUAN. ¡Dios clemente! ¡Doña Inés!

DOÑA INÉS. Fantasmas desvaneceos: Su fe nos salva...,
volveos a vuestros sepulcros,
pues la voluntad de Dios es de mi alma,
con la amargura purifiqué su alma impura,
y Dios concedió a mi afán la salvación
de don Juan al pie de la sepultura.

DON JUAN. ¡Inés de mi corazón!

DOÑA INÉS. Yo mi alma he dado por ti,
y Dios te otorga por mí,
tu dudosa salvación.
Misterio es que en comprensión
no cabe de criatura,
y solo en vida más pura
los justos comprenderán
que el amor salvó a don Juan
al pie de la sepultura.

José Zorrilla
(español)
(fragmento)

Sobre el autor

José Zorrilla (1817-1893) fue un escritor español. Inició sus estudios en Derecho en la Universidad de Toledo. Trabajó durante un tiempo en la redacción de *El Español*. En México fue director del Teatro Nacional y formó parte de la Real Academia en 1882. Su obra romántica *Don Juan Tenorio*, publicada en 1844, emula las características propias de dicho movimiento literario: el amor imposible, el héroe solitario, el misterio, el predominio del sentimiento y el final trágico.

- **contrición** (sustantivo). Arrepentimiento.
- **tiento** (sustantivo). Prudencia.
- **escarnecí** (verbo). Del verbo *escarnecer*. Burlé.
- **emponzoñé** (verbo). Del verbo *emponzoñar*. Envenené.
- **pertinaz** (adjetivo). Obstinado.
- **muéstrasme** (voz antigua). Me expresas.
- **inaudito** (adjetivo). Insólito.
- **contrito** (adjetivo). Arrepentido.

Al comenzar

- Completa las siguientes aseveraciones:

  La poesía es…
  Cuando leo un poema siento…
  La poesía me lleva a imaginar…
  Escribir o leer un poema me sirve para…

Al leer

- Identifica el tema que prevalece en la mayoría de las *Rimas* de Gustavo Adolfo Bécquer presentadas en este capítulo.
- Identifica el objeto que describe el poeta en la rima VII. ¿Qué simboliza ese objeto?
- Indica en qué rimas se expresan sentimientos alegres y qué es lo que provoca esa alegría.

Al concluir

- ¿De dónde crees que los poetas obtienen su musa?
- Explica la idea del autor, quien concibe la existencia de la poesía por sí misma, aunque no haya poetas.

Rimas

IV

No digáis que, agotado su tesoro,
de asuntos falta, enmudeció la lira.
Podrá no haber poetas, pero siempre
¡habrá poesía!
Mientras las ondas de la luz al beso
palpiten encendidas,
mientras el Sol las desgarradas nubes
de fuego y oro vista,
mientras el aire en su regazo lleve
perfumes y armonías,
mientras haya en el mundo primavera,
¡habrá poesía!
Mientras la ciencia a descubrir no alcance
las fuentes de la vida,
y en el mar o cielo haya un abismo
que al cálculo resista,
mientras la humanidad siempre avanzando
no sepa a dó camina,
mientras haya un misterio para el hombre,
¡habrá poesía!
Mientras se sienta que se ríe el alma
sin que los labios rían,
mientras se llore sin que el llanto acuda
a nublar la pupila,
mientras el corazón y la cabeza
batallando prosigan,
mientras haya esperanzas y recuerdos,
¡habrá poesía!
Mientras haya unos ojos que reflejen
los ojos que los miran,
mientras responda el labio suspirando
al labio que suspira,
mientras sentirse puedan en un beso
dos almas confundidas,
mientras exista una mujer hermosa,
¡habrá poesía!

 © Santillana

VII

el salón en el ángulo oscuro,
e su dueña tal vez olvidada,
ilenciosa y cubierta de polvo,
eíase el arpa.
Cuánta nota dormía en sus cuerdas,
omo el pájaro duerme en las ramas,
sperando la mano de nieve
ue sabe arrancarlas!
Ay!, pensé, ¡cuántas veces el genio
sí duerme en el fondo del alma,
una voz, como Lázaro, espera
ue le diga "Levántate y anda"!

XXI

—¿Qué es poesía?, dices, mientras clavas
n mi pupila tu pupila azul.
Qué es poesía! ¿Y tú me lo preguntas?
oesía... ¡eres tú!

XXIII

or una mirada, un mundo;
or una sonrisa, un cielo;
or un beso... ¡Yo no sé
ué te diera por un beso!

XLI

ú eras el huracán y yo la alta
orre que desafía su poder.
Tenías que estrellarte o que abatirme!...
No pudo ser!
ú eras el océano y yo la **enhiesta**
oca que firme aguarda su vaivén.
Tenías que romperte o que arrancarme!...
No pudo ser!
ermosa tú, yo altivo; acostumbrados
no a arrollar, el otro a no ceder;
a senda estrecha, inevitable el choque...
No pudo ser!

Gustavo Adolfo Bécquer
(español)
(fragmento)

Sobre el autor

Gustavo Adolfo Bécquer (1836-1870) fue un poeta español que estudió Humanidades y pintura. Durante un tiempo se dedicó a redactar crónicas periodísticas y a escribir adaptaciones teatrales extranjeras. Dirigió la revista *La Ilustración de Madrid*. Sus *Rimas y Leyendas* fueron las que le dieron un gran reconocimiento dentro de la corriente literaria romántica de su época. Tanto su poesía como su prosa se caracterizaron por una gran musicalidad, sencillez y sensibilidad. En sus *Rimas* abordó temas como el amor, el desengaño, la muerte y la poesía. Sus *Leyendas* recrean lugares misteriosos y fantásticos.

- **enhiesta** (sustantivo). Erguida.

Leo un texto

Al comenzar

- ¿Has conocido a alguien que se haya enamorado de un imposible?
- ¿Qué les imposibilitaba a esos enamorados estar juntos? ¿Cómo reaccionaron ante esa imposibilidad?
- ¿Qué te sugiere el título del texto *El castellano viejo*?

Al leer

- Indica a quién le habla la voz poética en "Canto a Teresa".
- Expresa por qué le embarga la pena al poeta.
- Señala los modales burgueses que critica el autor Mariano José de Larra.

Al concluir

- ¿Puede el amor llegar a ser como una rosa que, aunque hermosa, tiene espinas? Explica.
- ¿Cuán cercana o distante están de tu realidad las actitudes y acciones criticadas por el autor en *El castellano viejo*? Explica.

- **impío** (adjetivo). No creyente.
- **losa** (sustantivo). Tumba (en sentido figurado).

Canto a Teresa

¿Por qué volvéis a la memoria mía,
tristes recuerdos del placer perdido,
a aumentar la ansiedad y la agonía
de este desierto corazón herido?
¡Ay! de aquellas horas de alegría,
le quedó al corazón solo un gemido,
¡y el llanto que al dolor los ojos niegan
lágrimas son de hiel que el alma anegan!

¿Dónde volaron, ¡ay!, aquellas horas
de juventud, de amor y de ventura,
regaladas de músicas sonoras,
adornadas de luz y de hermosura?
Imágenes de oro bullidoras,
sus alas de carmín y nieve pura,
al sol de mi esperanza desplegando,
pasaban, ¡ay!, a mi alrededor cantando.

Gorjeaban los dulces ruiseñores,
el Sol iluminaba mi alegría,
el aura susurraba entre las flores,
el bosque mansamente respondía,
las fuentes murmuraban sus amores...
¡Ilusiones que llora el alma mía!
¡Oh! ¡Cuán suave resonó en mi oído
el bullicio del mundo y su ruido!

¡Pobre Teresa! Al recordarte siento
un pesar tan intenso... Embarga **impío**
mi quebrantada voz mi sentimiento,
y suspira tu nombre el labio mío;
para allí su carrera el pensamiento,
hiela mi corazón punzante frío,
ante mis ojos la funesta **losa**,
donde, vil polvo, tu beldad reposa.

José de Espronceda
(español)

El castellano viejo

Colocáronme por mucha distinción entre un niño de cinco años, encaamado en unas almohadas [...] y entre uno de esos hombres que ocupan n el mundo el espacio y sitio de tres [...].

[...]

Interminables y de mal gusto fueron los cumplimientos con que para ar y recibir cada plato nos aburrimos unos a otros.

—Sírvase usted.

—Hágame usted el favor.

[...]

—Sin etiqueta, señores —exclamó Braulio, y se echó él primero con u propia cuchara.

Sucedió a la sopa un cocido surtido de todas las sabrosas impertinenias [...] cruza por aquí la carne; por allá la verdura; acá los garbanzos [...]. Mitad traídos de la fonda, [...] mitad hechos en casa por la criada de todos os días [...] y por el ama de la casa, que en semejantes ocasiones debe star en todo, y por consiguiente suele no estar nada.

—Este plato hay que disimularle —decía esta de unos pichones—; stán un poco quemados. [...] Me aparté un momento, y ya sabes lo que on las criadas.

[...]

—¿No les parece a ustedes que está algo ahumado este estofado?

—¿Qué quieres? Una no puede estar en todo.

[...]

—¿De dónde se ha traído este vino? [...] Es malísimo.

Estos diálogos cortos iban **exornados** con una infinidad de miradas urtivas del marido para advertirle continuamente a su mujer alguna negliencia, queriendo darnos a entender entrambos a dos que estaban muy al orriente de todas las fórmulas que en semejantes casos se reputan finura, que todas las torpezas eran hijas de los criados [...]. Pero estas negligenias se repetían tan a menudo, servían tan poco ya las miradas, que le fue reciso al marido recurrir a los pellizcos y a los pisotones; y ya la señora, ue a duras penas había podido hacerse superior hasta entonces a las perecuciones de su esposo, tenía la faz encendida y los ojos llorosos.

Mariano José de Larra
(español)
(fragmento)

Sobre los autores

José Espronceda (1808-1842) fue un poeta español, quien durante toda su vida alternó la literatura y la política por ser ambas sus más fervientes pasiones. Por sus ideas liberales, vivió constantes encarcelamientos y destierros. Este autor escribió comedias, un drama histórico y poesía. Su obra lírica se dio a conocer a través de publicaciones en periódicos y revistas, y reveló un romanticismo exaltado, lleno de colorido, fantasía y ritmo.

Mariano José de Larra (1809-1837) fue un escritor español que estudió Medicina en Madrid y, luego, Derecho en Valladolid y Valencia. Comenzó su carrera como escritor de artículos periodísticos en los que criticaba aspectos sociales y políticos de España. En sus artículos, Mariano José Larra va más allá de la descripción costumbrista: el análisis de los tipos y situaciones constituye un pretexto para denunciar los defectos nacionales. Más tarde escribiría la novela histórica *El doncel de don Enrique el Doliente* y la obra teatral *Macías*. En *El castellano viejo*, Larra criticó los modales de la clase social burguesa. Pese a su éxito literario, una profunda crisis sentimental e ideológica le condujo al suicidio en 1837.

- **exornados** (verbo). Del verbo *exornar*. Adornados, embellecidos.

Interpreto el texto

IDENTIFICO

➤ **Completa** los siguientes ejercicios, según se indica.

a. **Analiza** la evolución de los protagonistas de *Don Álvaro o la fuerza del sino* y de *Don Juan Tenorio.* **Completa** los recuadros con la información correspondiente.

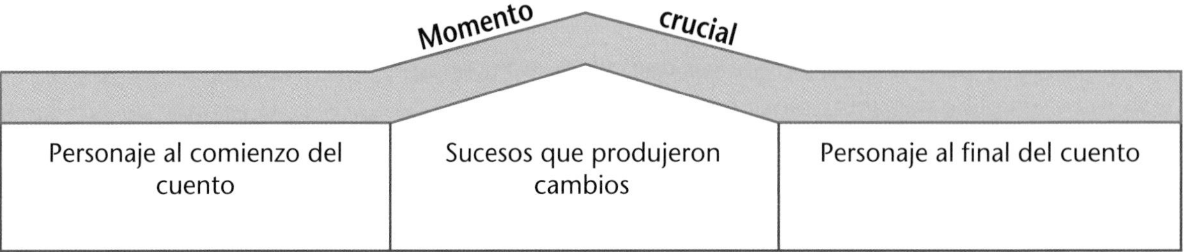

b. **Selecciona**, en cada poema del capítulo, el verso que consideres que resuma el tema principal.

INFIERO

➤ **Contesta**:

a. ¿Qué ocurre con don Álvaro al final de la obra?

b. ¿De qué intenta convencer don Juan Tenorio a don Gonzalo?

c. ¿En qué culmina el encuentro entre don Juan, don Luis y don Gonzalo?

d. ¿Qué salva el alma de don Juan tras su muerte? ¿Por qué perdonó Dios a don Juan?

e. ¿Qué te sugiere el famoso verso de Bécquer: "Poesía… ¡eres tú!"?

f. En la rima VII se establece un símil entre el genio dormido y Lázaro. ¿En qué se basa esa comparación?

g. ¿Cuál es el tema del poema "Canto a Teresa"?

h. ¿Qué sentimientos transmite el poeta? **Señala** algunos versos que te permitan sustentar tu respuesta.

i. ¿Qué objetivo tenía el autor del poema: dar un consejo, dejar una enseñanza o expresar sentimientos o pensamientos personales?

j. ¿Qué opinión tenía de la cena en que se encontraba el narrador de *El castellano viejo*?

k. ¿Cuál era la dinámica entre los esposos que ofrecían la cena?

 © Santillana

ANALIZO

➤ **Realiza** las siguientes actividades:

a. **Explica** por qué se considera a *Don Álvaro o la fuerza del sino* como el triunfo definitivo del Romanticismo en España.

b. **Relaciona** el tema del poema de Espronceda con el sentimiento de desengaño propio del Romanticismo. **Escribe** un comentario al respecto.

c. **Reflexiona** y **contesta**: ¿qué crees que sea "un castellano viejo" para Larra? ¿Qué aspectos de la mala educación se critican?

d. **Escribe** algún texto en el que censures alguna costumbre que te disguste de la sociedad actual. Para ello, puedes valerte de una anécdota real o ficticia para ejemplificarla.

EVALÚO y VALORO

➤ **Comenta**:

a. **Expresa** si crees que la figura del donjuán tiene vigencia en nuestros días. **Argumenta** si estás de acuerdo con el estilo de vida que caracteriza a un donjuán.

b. **Selecciona** tu rima favorita de Bécquer y **explica** por qué.

c. **Opina** sobre la imagen de la mujer, que se presenta en estas obras.

EDUCACIÓN moral y cívica

Como se puede apreciar en el fragmento de la obra teatral *Don Juan Tenorio,* el encuentro entre el protagonista, don Gonzalo, y don Luis tuvo un final trágico. La incapacidad de los personajes de comunicarse para llegar a acuerdos beneficiosos para todos provocó, en parte, ese desgraciado desenlace. ¿Crees que la opción de recurrir al diálogo sincero y respetuoso habría evitado la tragedia ocurrida? ¿Te parece que existan circunstancias en las que se justifique el uso de la violencia para resolver conflictos?

EN el contexto

➤ **Completa** las oraciones con las siguientes palabras del vocabulario: *emponzoñé, inaudito, tiento* y *pertinaz.* **Procura** emplearlas de acuerdo con su contexto.

a. Me aconsejó que hiciera las cosas con mucho ________.

b. ________ el corazón de mi esposo en contra de José.

c. Su comportamiento es ________.

d. Mi madre es la persona más ________ que conozco.

La literatura del Romanticismo

El Romanticismo nació en Alemania a fines del siglo XVIII, como una reacción contra el Neoclasicismo. Un grupo de jóvenes poetas se unió bajo el lema *Sturm und Drang*, que significa "tempestad e ímpetu" y plantearon lo siguiente:

- El arte no debía estar sujeto a las normas (en esa época, el arte se limitaba a las formas establecidas por los clásicos).
- El arte no debía perseguir ningún fin, excepto la belleza; por lo tanto, no debía tener una finalidad didáctica o moralista.

La razón, impuesta como un valor fundamental por el Neoclasicismo, fue negada y atacada. Así, para este grupo de jóvenes poetas, la genialidad del hombre no estaba en sus ideas, sino en el poder de su imaginación.

En un contexto de revoluciones y guerras, el Romanticismo surgió no solo como un movimiento artístico y literario, sino como una actitud ante la vida. Sus seguidores, con frecuencia jóvenes exaltados y combativos contrarios a la tradición, solían definirse políticamente como *liberales*, quienes consideraban la libertad como un derecho fundamental del individuo.

Por eso, defendían la libertad de la persona y de los pueblos, la primacía de los sentimientos sobre la razón, la subjetividad del individuo y el genio creador, y despreciaban las normas artísticas que tanta importancia tuvieron durante el siglo XVIII.

Características del Romanticismo

- La convicción de que la belleza no está en decir la verdad ni en lo razonable ni en lo útil ni en el consejo moral. La belleza es un placer en sí misma, y el artista alcanzará esta belleza a través de la imaginación.
- La convicción de que, para alcanzar la genialidad imaginativa, el artista debe expresarse con plena libertad y valorar la intuición sobre la razón.
- El individualismo, ya que se parte de la experiencia personal e individual como criterio de autenticidad y validez de la voz poética. El *yo* es el centro de atención del artista.
- El predominio de la pasión, la emoción y la intimidad. Sobresalen los tonos exaltados y los sentimientos de muerte, melancolía, desesperación y soledad.
- El tono —o actitud que asume el autor frente al asunto que trata— de incertidumbre, angustia y tristeza, que se refuerza con recursos expresivos, como los signos de interrogación y las interjecciones, y la presencia de vocablos que sugieren lo inestable, lo vago y transitorio: polvo, aire, sueño, gemidos, espumas.
- Sobresalen una variedad de temas, desde la lejanía exótica de los misterios que encierra

Rocas calcáreas (1818), de Caspar David Friedrich. Uno de los temas recurrentes de la pintura romántica fue la relación del ser humano con la naturaleza.

 © Santillana

el pasado (las épocas primitivas, las ruinas) hasta la búsqueda de lo autóctono, lo nacional y lo regional (las costumbres y los tipos populares), que desembocará en el costumbrismo, así como en temas de exaltación patriótica: la libertad y la historia nacional.

- El redescubrimiento de la naturaleza desde una óptica diferente, que la presentaba salvaje, en movimiento, y su identificación con el estado anímico del escritor.
- El folclore, la tradición popular y la oralidad como recursos que validaban el discurso.

Principales géneros literarios del Romanticismo

La lírica

Este es el género del que se produce la literatura más valiosa de este período. Como movimiento literario, el Romanticismo innovó la métrica: se recuperó el verso de arte menor, especialmente el octosílabo, que tiene un ritmo muy ágil. Los poetas españoles más representativos son Espronceda y Bécquer.

La narrativa

En esta época, adquiere una gran importancia el cuento, que hasta entonces había pertenecido, principalmente, a la tradición oral. De estos años son los cuentos de hadas, los cuentos fantásticos (de los hermanos Grimm y de E.T.A. Hoffmann) y los cuentos de terror del escritor estadounidense Edgar Allan Poe. Por otra parte, el interés por las épocas pasadas, en especial por la Edad Media, permitió el surgimiento de la novela histórica.

En España, se escribieron pocas novelas, pero se leían obras traducidas. La que tuvo mayor éxito fue *Ivanhoe*, novela de carácter histórico creada por el escritor inglés Walter Scott.

El teatro

El teatro romántico se rebela contra las unidades dramáticas de tiempo y lugar impuestas por los neoclásicos. Es decir, la acción de las obras teatrales románticas puede transcurrir en distintos días y también en diferentes lugares. Además, el teatro romántico empieza a combinar libremente el verso con la prosa.

El protagonista de los dramas románticos suele ser un héroe misterioso, marcado por un destino adverso que lo lleva a un final trágico, como es el caso de *Don Álvaro o la fuerza del sino*. Las obras dramáticas del Romanticismo recogen asuntos histórico-legendarios, situados en la Edad Media o en el Siglo de Oro español.

ACTIVIDADES

1. **Explica** qué actitud política adoptaron los románticos. ¿Crees que el Romanticismo sea una actitud ante la vida que se pueda encontrar en cualquier época histórica? ¿Por qué?
2. **Define** la palabra *romántico,* según la entendemos en la actualidad. **Indica** qué características del romántico de hoy son las mismas que las del ser humano del siglo XVIII y XIX. **Justifica** tu respuesta.
3. **Escribe** un breve ensayo en el que contestes esta pregunta:
   - ¿Resulta contradictoria la exaltación romántica del individuo, por una parte, y la de lo nacional, por otra? ¿Por qué?

Procedimientos de formación de palabras y la parasíntesis

Para EXPLORAR

El estudiante de Salamanca

Segundo don Juan Tenorio,
alma fiera e insolente,
irreligioso y valiente,
altanero y reñidor,
siempre el insulto en los ojos,
en los labios la ironía,
nada teme y todo fía
de su espada y su valor.

José de Espronceda
(español)

➤ **Lee** el fragmento del poema de Espronceda y **contesta**:

a. La palabra *reñidor* del poema proviene del verbo *reñir*. ¿Qué partícula se añade a la raíz de reñir para formar *reñidor*?

b. ¿Qué partícula se añade a *religioso* para formar *irreligioso*? ¿Cuál es la raíz de la palabra *religioso*? ¿Qué otra partícula se le ha añadido a esta palabra?

Para COMPRENDER

Composición, prefijación y sufijación

Entre los mecanismos que la lengua dispone para incrementar el vocabulario, se encuentran la composición, la prefijación y la sufijación.

Composición	Prefijación	Sufijación
Es la unión de dos raíces o palabras (en ocasiones, se trata de elementos compositivos griegos o latinos).	Consiste en anteponer un prefijo a una palabra.	Consiste en añadir un sufijo a la raíz de una palabra.
Ejemplos:	**Ejemplos:**	**Ejemplos:**
para + brisas → parabrisas *tele + visión → televisión*	***pos** + poner → **pos**poner* ***in** + creíble → **in**creíble*	*centr + **al** → centr**al*** *real + **izar** → real**izar***

Parasíntesis

Otro de los procedimientos de formación de palabras es la **parasíntesis**, que consiste en añadir a una raíz, simultáneamente, un prefijo y un sufijo u otra raíz y un sufijo. Las palabras formadas de este modo reciben el nombre de **palabras parasintéticas**.

Ejemplos:

- ***en** + dur + **ecer** → **en**dur**ecer***
- ***quince** + añ +**ero** → **quince**añ**ero***

Para PRACTICAR

1. **Identifica** los elementos que integran las siguientes palabras. Luego, **clasifícalas** de acuerdo con el modo de formación: sufijación, prefijación o composición.

   a. reponer
   b. rencoroso
   c. parachoques
   d. festividad
   e. enloquecer
   f. subconjunto
   g. altivez
   h. quitamanchas
   i. incapaz
   j. pelirrojo
   k. contraer
   l. hogareño
   m. moribundo
   n. armonizar
   ñ. enardecido
   o. palidecer
   p. reabrir
   q. engorrosísimo

2. **Separa** los componentes que integran estas palabras formadas por parasíntesis.

   a. apresamiento
   b. amoralidad
   c. apoderar
   d. despiadado
   e. sietemesino
   f. despedazar
   g. reutilizado
   h. enjuiciado
   i. apresar

3. La sufijación actúa a veces sobre palabras formadas ya por sufijación (*real* → *realizar* → *realización*) o sobre palabras parasintéticas (*acalor**ar*** → *acalor**ado***). **Analiza** las siguientes palabras y **explica** su formación.

   a. anticonstitucional
   b. nacionalizar
   c. intensificación

4. **Forma** una palabra parasintética con cada uno de los siguientes prefijos e **identifica** el sufijo que añadiste.

   a. in- ________
   b. pre- ________
   c. extra- ________
   d. micro- ________
   e. des- ________
   f. sobre- ________
   g. contra- ________
   h. re- ________
   i. tri- ________

5. **Escribe** una oración con dos palabras compuestas y otra, con dos palabras parasintéticas.

6. **Identifica** la palabra parasintética en cada oración.

   a. El famoso automovilista asistió a la gala benéfica.
   b. Tengo que encuadernar la tesis antes de entregarla.
   c. La repentina acción del equipo de baloncesto se vio como un acto de desesperación.
   d. Como parte de la renovación, quiero afrancesar la decoración de mi cuarto.
   e. Hoy habrá trabajos de repavimentación en la calle San Francisco.
   f. Camelia prefiere el café descafeinado.
   g. El tono anaranjado predomina en esta temporada.
   h. El especial del día es empanada de pollo con arroz y habichuelas.
   i. El pantalón se ve bastante descolorido.
   j. Hoy le llevaremos un enorme bizcocho al cumpleañero.

La grafía *y* y *ll*

Para EXPLORAR

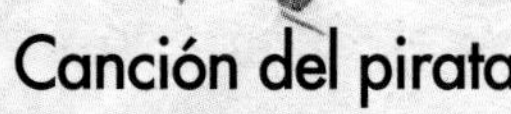

Canción del pirata

Allá muevan feroz guerra
ciegos **reyes**
por un palmo más de tierra;
que yo aquí tengo por mío
cuanto abarca el mar bravío,
a quien nadie impuso **leyes**.

José de Espronceda

➤ **Lee** el fragmento del poema de José de Espronceda. Luego, **contesta**:

a. ¿Qué palabras están destacadas en el texto?

b. ¿Cuál es el singular de esas palabras destacadas?

c. ¿Cómo cambia el sonido *y* en el singular de esas palabras?

d. ¿Qué otras palabras recuerdas cuyo plural contenga la *y*?

Para COMPRENDER

Usos de la *y*

- El sonido /**i**/ se escribe con *y* en la conjunción copulativa *y* (*sal* ***y*** *pimienta*). También en las palabras en las que el sonido vocálico /i/ ocupa la posición final y forma diptongo o triptongo con la vocal o las vocales precedentes, excepto en *bonsái*, *samurai* y *fui*. En el caso de sustantivos y adjetivos, la *y* se conserva cuando el plural se forma con *-es*.

  Ejemplos: *ley, Paraguay; ley → leyes*

- El sonido /**y**/ se escribe con *y* en las palabras que empiezan por la sílaba *yer*, en las que contienen la sílaba *yec* y en aquellas en las que el sonido *y* sigue a los prefijos *ad-*, *dis-* y *sub-*.

  Ejemplos: ***yer****mo*, ***yer****to*, *tra****yec****to*, *pro****yec****to*, ***ady****acente*, ***disy****unción*, ***suby****ugar*

- Se escriben con *y* las formas verbales que, sin tener *ll* ni *y* en su infinitivo, llevan el sonido /**y**/ (*huyan*, de *huir*; *oyeron*, de *oír*) y las palabras que pertenecen a la misma familia de una palabra con **y** (*enyesar*, de *yeso*; *rayado*, de *raya*). Esto también se aplica a algunas formas de los siguientes verbos: *caer, creer, haber, leer, poseer, proveer, raer* y *sobreseer*.

  Ejemplos: *cayeran, creyó, haya, leyendo, poseyera, proveyó, rayeron, sobreseyendo*

- También se escribe con *y* el gerundio del verbo *ir*.

  Ejemplo: *yendo*

Usos de la *ll*

- Se escriben con *ll* las palabras que empiezan por las sílabas *fa*, *fo*, *fu*, cuando estas van seguidas del sonido /ll/ (sonido /y/ para los yeístas).

  Ejemplos: *fa**ll**o, fo**ll**etín, fu**ll**ero*

- Se escriben con *ll* las palabras que terminan en *-illa*, *-illo*.

  Ejemplos: *sem**illa**, tom**illo**, tob**illo***

- Se escriben con *ll* los sustantivos acabados en *-alle*, *-elle*, *-ello*, *-ullo*, salvo *plebeyo* y *leguleyo*.

  Ejemplos: *v**alle**, fu**elle**, dest**ello**, arr**ullo***

- Se escriben con *ll* los verbos cuyo infinitivo termina en *-ellar*, *-illar*, *-ullar*, *-ullir*.

  Ejemplos: *s**ellar**, tr**illar**, a**ullar**, b**ullir***

- Se escriben con *ll* las palabras compuestas y las derivadas de otras que se escriben con *ll*.

  Ejemplos: *lanza**ll**amas, de **ll**amas; cami**ll**ero, de cami**ll**a*

Ortografía al día

La letra *y* se denomina *i griega* o *ye*. El nombre *i griega*, heredado del latín, es la denominación tradicional y más extendida de esta letra, y refleja su origen y su empleo inicial en préstamos del griego. El nombre *ye* se creó en la segunda mitad del siglo XIX por aplicación del patrón denominativo que siguen la mayoría de las consonantes, que consiste en añadir la vocal *e* a la letra correspondiente. La elección de *ye* como el nombre recomendado para esta letra se justifica por su simplicidad, ya que se diferencia, sin necesidad de especificadores, del nombre de la letra *i*.

Para PRACTICAR

1. Completa el texto con las grafías *ll* o *y*, según corresponda.

Desde entonces dicen que, cuando ▁ega la noche de difuntos, se o▁e doblar sola la campana de la capi▁a, y que las ánimas de los muertos, envueltas en jirones de sus sudarios, corren como en una cacería fantástica por entre las breñas y los zarzales. Los ciervos braman espantados, los lobos aú▁an, las culebras dan horrorosos silbidos, y al otro día se han visto impresas las hue▁as de los descarnados pies de los esqueletos. Por eso en Soria le ▁amamos el Monte de las Ánimas, y por eso he querido salir de él antes que cierre la noche.

La relación de Alonso conclu▁ó justamente cuando los dos jóvenes ▁egaban al extremo del puente que da paso a la ciudad por aquel lado. A▁í esperarían al resto de la comitiva, la cual, después de incorporarse de los dos jinetes, se perdió por entre las estrechas y oscuras ca▁es de Soria.

Gustavo Adolfo Bécquer
(fragmento de *Rimas y leyendas*)

2. Escribe una oración con cada uno de los siguientes homófonos:

a. arrollo / arroyo
b. callado / cayado
c. callo / cayo
d. halla / haya
e. rallar / rayar
f. vaya / valla

Yuxtaposición y coordinación

Para EXPLORAR

Los ilustradores no escribían para entretener, sino para divulgar las ideas. Por su parte, el Romanticismo apareció como reacción contra el Neoclasicismo.

➤ **Realiza** las siguientes actividades:

a. **Identifica** la oración compuesta.

b. **Identifica** los segmentos que forman la oración compuesta y **explica** cómo se vinculan entre sí. ¿Qué relación de sentido se da entre ellas?

Para COMPRENDER

La **yuxtaposición** es la unión de dos segmentos equivalentes y sintácticamente independientes entre sí —palabras o grupos que tienen la misma función— sin un enlace.

Ejemplo: *A Gustavo le gustan las carnes, los vegetales, el pescado, las legumbres.*

Las oraciones que presentan dos o más segmentos equivalentes yuxtapuestos son **oraciones compuestas por yuxtaposición**.

Ejemplo: *El auto giró, dio la vuelta, se detuvo.*

Las yuxtapuestas están relacionadas por el sentido y tienen la misma entonación; por eso constituyen una oración. Van separadas por coma, punto y coma o dos puntos. Las oraciones compuestas por yuxtaposición no llevan enlaces que hagan explícitas las relaciones de significado que se dan entre los fragmentos, pero esas relaciones existen. Las yuxtapuestas pueden estar ligadas por ideas de adición, de contraposición o de causa.

Ejemplos:

El auto giró, dio la vuelta, se detuvo. → adición

Las grandes masas no pueden seleccionar; las minorías ilustradas se defienden mejor de la influencia mediática. → contraposición

 © Santillana

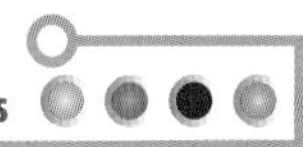

La **coordinación** es la unión mediante un enlace de segmentos equivalentes y sintácticamente independientes entre sí (palabras o grupos que cumplen la misma función).

Ejemplo: *La defensa de la libertad es la importancia que se concede a la originalidad y al individualismo.*
GPrep. (CN) — GPrep. (CN)

Las oraciones que presentan dos o más segmentos equivalentes coordinadas son **oraciones compuestas por coordinación.**

Ejemplo: *Juan es romántico, pero es desleal.*

Los segmentos que se coordinan para formar una oración pueden compartir el sujeto o algún complemento.

Ejemplo: *Los románticos rendían culto a la naturaleza y exaltaban la nacionalidad.*

Las **conjunciones coordinantes** son los elementos de enlace que coordinan palabras, grupos o segmentos. Su función es unir palabras o grupos equivalentes, o bien segmentos sintácticamente independientes. Se sitúan siempre entre las unidades que enlazan.

Ejemplo: *El modelo del donjuán de antes* **y** *el de la actualidad no ha cambiado mucho.*

Por la relación que establecen entre los elementos que coordinan, pueden ser copulativas, adversativas o disyuntivas.

Conjunciones coordinantes		
Clases	**Significado**	**Formas**
copulativas	Expresan suma o acumulación.	*y, e, ni*
adversativas	Dan idea de contraposición.	*pero, mas, sino, sino que*
disyuntivas	Expresan alternancia u opción.	*o, u*

Las **oraciones coordinadas copulativas** llevan como enlace las conjunciones coordinantes *y, e, ni*, y dan idea de suma o acumulación.

Ejemplo: *Los chicos de hoy leen poco* **y** *pasan horas delante del televisor.*

Los enlaces coordinantes	
La conjunción *y*	**La conjunción *ni***
Enlaza dos segmentos afirmativos, dos segmentos negativos o uno afirmativo y otro negativo. En palabras que comienzan por *i* (o *hi*), la conjunción *y* adopta la forma *e*. Si esa *i (*o *hi)* va seguida de otra vocal con la que forme diptongo, se mantiene la *y (limón y hielo).*	Aparece, normalmente, entre un segmento negativo —la primera— y una prepoposición afirmativa —la segunda—, que queda negada por la conjunción. También puede anteponerse a los distintos segmentos de la oración compuesta, para intensificar la negación.

Gramática en el uso

Para COMPRENDER

Los enlaces coordinantes	
La conjunción *y*	**La conjunción *ni***
Ejemplos:	**Ejemplos:**
Los románticos adoptaron una postura liberal y concibieron la literatura como un compromiso social. *Juan manipula la información e intenta salirse con la suya.*	*Juan no pidió perdón ni se arrepintió.* *Ni pidió perdón ni se arrepintió.*

Las **oraciones coordinadas adversativas** llevan los enlaces coordinantes *pero, mas, sino* o *sino que*, entre los segmentos que las integran, y dan idea de contraposición.

Ejemplo: *No me gusta Juan, pero no puedo prescindir de él.*

Las conjunciones *pero* y *mas* se utilizan cuando el segundo segmento expresa una limitación de lo dicho en el primero. El uso de *mas* es propio de la lengua literaria.

Ejemplos: *Mariano José de Larra nació en Madrid, pero se educó en Francia.*

La quiere, mas no lo demuestra.

Por otro lado, las conjunciones *sino* y *sino que* se emplean para unir un segmento negativo y otro afirmativo que expresan ideas que se excluyen mutuamente.

Ejemplo: *La vuelta a los modelos clásicos no significó una renovación creadora del arte,* ***sino*** *una implantación de preceptos y normas.*

Las **oraciones coordinadas disyuntivas** llevan como enlace la conjunción coordinante *o*, y dan la idea de opción o alternancia entre dos posibilidades.

Ejemplo: *La poesía expresa sentimientos* ***o*** *comunica una historia.*

Además, la conjunción coordinante *o* expresa disyunción y adopta la forma *u* ante palabras que comienzan por *o* u *ho*.

Ejemplos: *Los románticos no se interesaron en el desarrollo de la ciencia* ***o*** *en encontrar un lugar digno en la sociedad.*

Juan es sincero ***u*** *oculta la verdad.*

Con el fin de subrayar la incompatibilidad de las dos opciones que se presentan, se antepone, a veces, la conjunción *o* a cada una de estas.

Ejemplo: *O Juan cambia o cambiará el comportamiento de los hombres.*

Cuaderno págs. 94-97

Gramática al día

En la gramática tradicional se llamaban *conjunciones distributivas* a las que ahora se denominan **conjunciones discontinuas disyuntivas.** Estas se componen de dos elementos oracionales separados y encabezados por la misma conjunción. Expresan opción de manera semejante a las disyuntivas (*o*, *ni*); por esto han sido reclasificadas bajo esta misma categoría.

Las conjunciones discontinuas disyuntivas son *bien... bien*, *ora... ora*, *ya... ya*, *sea... sea*, *ya sea... ya sea*, *bien sea... bien sea* y *fuera... fuera*.

- *Los tóxicos se depositan en la tierra o en los ríos.* → *Los tóxicos* ***bien*** *se depositan en la tierra,* ***bien*** *en los ríos.*
- ***Ora*** *poco,* ***ora*** *mucho, lo importante es que sobre.*
- ***Sea*** *por amor,* ***sea*** *por odio, sigue siendo inaceptable.*
- *Consiguieron llegar,* ***fuera*** *por el campo,* ***fuera*** *por la autopista, a aquel lugar retirado.*

Para PRACTICAR

1. **Indica** *V* si la afirmación es verdadera y *F* si es falsa.
   a. Los segmentos que forman una oración compuesta siempre dependen sintácticamente unas de otras.
   b. Dos o más segmentos pueden formar distintas clases de oraciones compuestas.
   c. Las oraciones compuestas por yuxtaposición se forman al unir dos segmentos sintácticamente independientes, por medio de un enlace.
2. **Clasifica** las siguientes oraciones en compuestas por coordinación o compuestas por yuxtaposición.
   a. ¿Quieres ir al cine o prefieres quedarte en la casa?
   b. Estoy enfermo, pero iré al colegio.
   c. Estudiaré, prepararé la cena, veré una película.
   d. Va a comenzar el espectáculo: entremos.
   e. Llegamos tarde y ya no había entradas.
3. **Transforma** las siguientes oraciones en oraciones compuestas por yuxtaposición.
   a. Margarita vigilará la puerta y Esteban entrará.
   b. Lucía colaborará con nosotros porque ella también saldrá beneficiada.
4. **Convierte** estas oraciones en yuxtapuestas.
   a. Pásame ese libro; ______
   b. ______; estaba cansado.
5. **Escribe**, en tu libreta a partir de cada oración simple, tres oraciones coordinadas: una copulativa, una adversativa y una disyuntiva.
   a. Hagan la tarea.
   b. Nosotros fuimos a pie.

Produzco un texto

El texto expositivo

OBSERVO

La moral y el periodismo

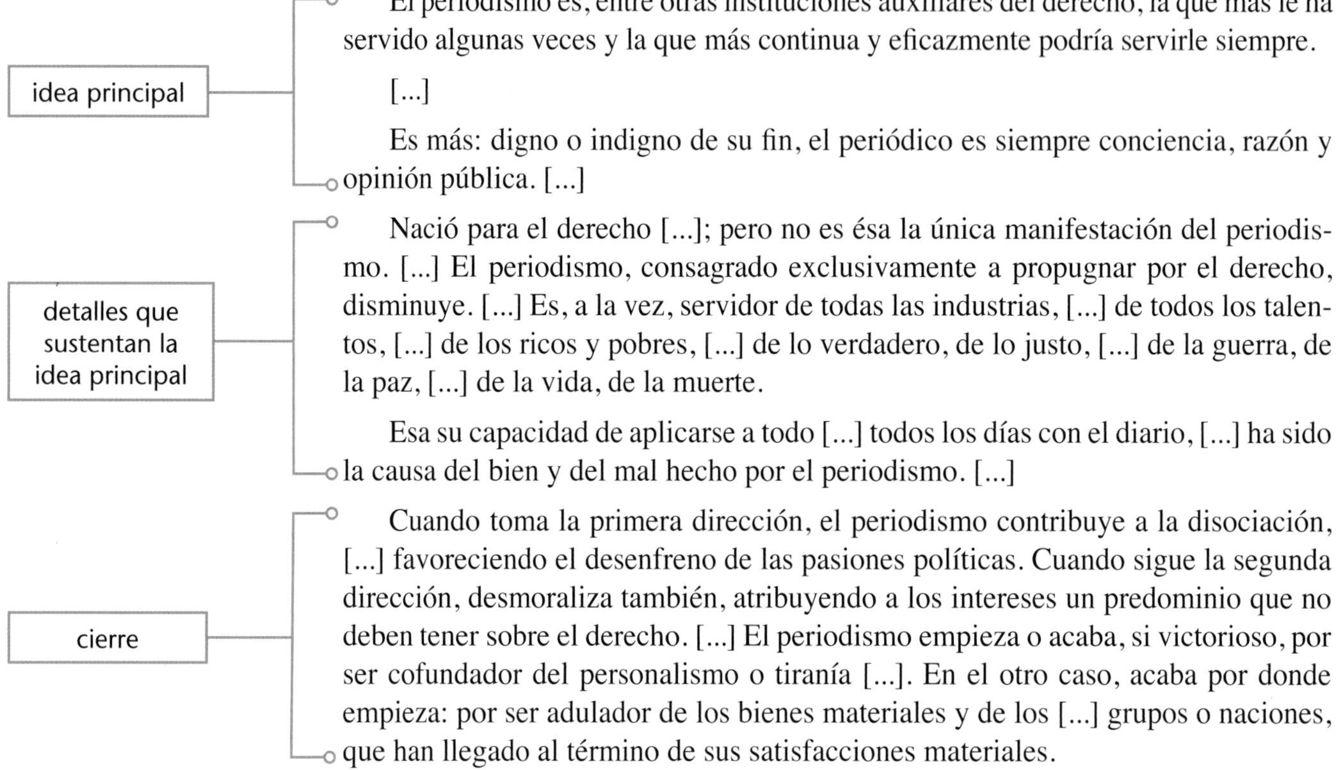

El periodismo es, entre otras instituciones auxiliares del derecho, la que más le ha servido algunas veces y la que más continua y eficazmente podría servirle siempre.

[...]

Es más: digno o indigno de su fin, el periódico es siempre conciencia, razón y opinión pública. [...]

Nació para el derecho [...]; pero no es ésa la única manifestación del periodismo. [...] El periodismo, consagrado exclusivamente a propugnar por el derecho, disminuye. [...] Es, a la vez, servidor de todas las industrias, [...] de todos los talentos, [...] de los ricos y pobres, [...] de lo verdadero, de lo justo, [...] de la guerra, de la paz, [...] de la vida, de la muerte.

Esa su capacidad de aplicarse a todo [...] todos los días con el diario, [...] ha sido la causa del bien y del mal hecho por el periodismo. [...]

Cuando toma la primera dirección, el periodismo contribuye a la disociación, [...] favoreciendo el desenfreno de las pasiones políticas. Cuando sigue la segunda dirección, desmoraliza también, atribuyendo a los intereses un predominio que no deben tener sobre el derecho. [...] El periodismo empieza o acaba, si victorioso, por ser cofundador del personalismo o tiranía [...]. En el otro caso, acaba por donde empieza: por ser adulador de los bienes materiales y de los [...] grupos o naciones, que han llegado al término de sus satisfacciones materiales.

Eugenio María de Hostos
(puertorriqueño)
(fragmento)

➤ **Contesta:**

a. ¿Qué características exhibe el tipo de texto que leíste?

b. ¿Qué intención comunicativa tiene ese texto?

¿QUÉ VOY A ESCRIBIR?

Un **texto expositivo** es un discurso cuyo propósito principal es transmitir información. Este presenta ideas en torno a una idea principal, de forma coherente, objetiva y organizada. Hay exposiciones divulgativas, dirigidas a lectores que no poseen conocimientos profundos sobre el asunto, y exposiciones especializadas, cuyo público es conocedor de la materia. Suele organizarse presentando el planteamiento en la oración temática, al principio del texto, y los detalles que lo sustentan. En el cierre, se recapitula el planteamiento inicial.

 © Santillana

¿CÓMO LO ESCRIBO?

PLANIFICO mis ideas

1. Elige un tema que sea de tu interés, sobre el que ya tengas algún conocimiento y sobre el que quisieras aprender un poco más.
2. Busca información acerca del tema elegido. Consulta variadas fuentes: libros, enciclopedias o Internet.
3. Organiza la información recopilada en fichas.

ELABORO mis ideas

1. Define las características de la exposición: intención comunicativa, tipo de destinatario, tono (especializado, divulgativo), entre otras.
2. Elabora un bosquejo que te sirva como guía para estructurar tu texto. Plantea una estructura encuadrada (introducción, desarrollo y conclusión), y sigue el orden que convenga para desarrollar la información.

ESCRIBO mis ideas

1. Desarrolla la idea central en el inicio del texto.
2. Emplea procedimientos que faciliten la comprensión. Puedes organizar los contenidos mediante esquemas de pregunta-respuesta o de problema-solución, definiendo los tecnicismos o aclarando los conceptos con ejemplos y comparaciones.
3. Utiliza el lenguaje adecuado:
   - Vocabulario preciso y específico de la materia
   - Conectores y marcadores que indiquen el orden
4. Completa el artículo con un título atractivo.

EDITO un texto

☑ La introducción expone la idea central del texto.

☑ El desarrollo emplea esquemas o recursos como la definición, la enumeración y la ejemplificación.

☑ Los contenidos están organizados de forma coherente.

☑ La conclusión retoma y resume el planteamiento central.

☑ El lenguaje o el léxico del texto es claro y preciso.

El discurso

El **discurso** es un texto escrito, de carácter formal, para pronunciarse ante un público en situaciones significativas: ceremonias, inauguraciones o clausuras. Sus palabras inician con un vocativo (queridos amigos, señores, etc.) y finaliza con una conclusión. El orador debe pronunciar su discurso de manera expresiva atendiendo la articulación de las palabras, la gestualidad y el énfasis en ciertas partes de su discurso para mantener la atención de quienes lo escuchan. Por lo general, el orador aspira a una respuesta de adhesión de parte de sus oyentes.

¿Cómo lo preparamos?

1. Reúnanse en grupos de cuatro y preparen sus discursos juntos.
2. Hagan una lista de las autoridades que asistirán a la ceremonia en la que van a leer el discurso.
3. Determinen el asunto central que da sentido y valor a la ceremonia.
4. Piensen qué elementos del asunto podrían provocar empatía en un auditorio.
5. Busquen una forma original de terminar: una recomendación, una cita, un reconocimiento, etc.

¿Cómo lo presentamos?

1. Desarrollen la estructura del discurso de la siguiente forma:
   - -Saludo
   - -Introducción
   - -¿Qué tema se va a desarrollar?
   - -Desarrollo
   - -¿Con qué ideas van a remarcar la importancia del asunto central y lograr la empatía del auditorio?
   - -Despedida
   - -¿Con qué cita o reflexión final van a terminar?
2. Decidan con cuáles palabras iniciarán el discurso. Para el saludo inicial, piensen en la jerarquía de las autoridades que saludarán. Determinen si el discurso será formal o informal y la persona gramatical, para enunciar la idea principal que desarrollarán en relación con el tema central de la ceremonia. ¿Buscarán ser más referenciales con el tema o más cercanos al auditorio?

¿Cómo lo hicimos?

☑ ¿Utilizamos un estilo formal para escribir el discurso?

☑ ¿Empleamos con coherencia la primera persona para escribir el discurso?

☑ ¿Expresamos una idea central con claridad definida acerca del sentido del evento?

☑ ¿Desarrollamos la idea central con convicción y con elementos que generan empatía?

 © Santillana

Daguerre y Niépce: genios creadores de la fotografía

En 1839, Louis Daguerre y Nicéphore Niépce inventaron la **fotografía**, la cual es un proceso en el que se capturan y almacenan imágenes, mediante la acción química de la luz u otra fuente de energía, en superficies preparadas. Desde sus inicios, la fotografía ha servido para preservar en imágenes diferentes circunstancias de la realidad. Este afán por conservar el testimonio de momentos, personas o acciones ha tenido diversos usos a través de la historia. Existen varios tipos de fotografía: la documental, la comercial, la íntima, la artística o pictorialista y la del periodismo fotográfico. La **fotografía artística** o **pictorialista** surgió, a finales de 1880, como reacción ante quienes restaban valor artístico a la fotografía por considerarla una actividad cotidiana que cualquiera podía realizar. Las primeras personas que se adscribieron a esta corriente consideraban que la fotografía se distanciaba de la pintura por su forma de acercarse a la realidad.

En la actualidad, algunos aspectos que hacen de la fotografía un trabajo artístico son la elaboraración de un boceto previo, un estudio de la composición y del diseño, la importancia del fotomontaje, la creatividad y la estética. Así, la fotografía puede considerarse como un arte, ya que exige un estudio adecuado y experimental para obtener resultados innovadores; y como un lenguaje, porque permite comunicar ideas, sentimientos y emociones.

ACTIVIDADES

1. **Identifica** palabras compuestas en la lectura.
2. **Indica** dos palabras parasintéticas que aparezcan en el texto y cinco palabras que se hayan formado por medio de la sufijación.
3. **Conversa** con tus compañeros de clase acerca de las implicaciones que surgen del hecho de que la fotografía sea una representación parcial y fragmentaria de la realidad.
4. **Escoge** un tipo de fotografía y **busca** una que lo represente. **Muestra** tu fotografía ante la clase y **explica** por qué pertenece a esa clase. Luego, **comenta** si crees que la fotografía sea un arte o no, y **argumenta** por qué.

Beethoven: la transición al Romanticismo en la música

Casi todas las personas en esta época han escuchado la música de Beethoven. Ya sea en anuncios, películas, algún documental o, incluso, en los restaurantes o salas de espera; la música de Ludwig van Beethoven (1770-1827) es parte del imaginario cultural de la humanidad. Pero ¿quién era él? La mayor paradoja conocida por todos es que se volvió sordo; ¡uno de los más grandes compositores en la historia era sordo! También se dice que era colérico, que nunca se casó y que con él cambió la música para siempre. ¿Cuál fue su gran aportación al mundo de la música? ¿Por qué aún escuchamos sus sinfonías?

"Antes de Beethoven se escribía música para lo inmediato: con Beethoven, se empieza a escribir música para la eternidad."
Albert Einstein

Primero, veamos el contexto de los compositores de la época. La mayoría —al igual que los pintores— eran contratados por las cortes y vivían regidos por las reglas y las costumbres de esas élites sociales. Beethoven, desde muy temprano, se distanció de las costumbres cortesanas. Él solamente se dedicó a componer música y eso, tal vez, lo hacía ver como un ser impropio. Sin duda, fue un ser ejemplar del Romanticismo, un romántico, y se dejaba llevar por sus impulsos y por su *yo* interior. Su música reflejaba esas emociones propias del ser humano. Beethoven fue de los primeros compositores en considerarse un artista y ver en la música un medio de expresar la belleza y la interioridad humana (rasgos característicos del Romanticismo).

Ahora bien, es importante que resaltemos los términos **romántico** y **romanticismo** porque cuando los utilizamos en arte, no nos referimos al romance típico *hollywoodense*, de enamorarse perdidamente, ni hablamos de la música suave y de tema amoroso. El Romanticismo es un movimiento que transcurrió en un período histórico (desde 1820 hasta 1910, aproximadamente, en la música, y de 1780 al 1840, en las letras y las bellas artes) y que marca la transición del clasicismo a una estética más subjetiva, a un cuestionamiento de lo intrínsecamente humano. Se cuestiona qué somos y qué es lo que nos rige.

El Romanticismo parte del *yo* como ente que, a través de los sentidos, podía llegar a la verdad. A través de los sentimientos, la emoción y la intuición, el ser humano podía lograr entender su lugar en el mundo. Así, la música del Romanticismo refleja tales subjetividades. De allí que cargue con tanta emoción y sea mucho más libre en la composición que la música que le precedía. También se dice que esta música fue producto de un cambio en la conciencia de los compositores al verse como creadores libres e independientes de protectores, dogmas y otros compromisos que no eran el arte mismo. Beethoven fue quien transformó las formas musicales del clasicismo para dar lugar a la expresión y al pensamiento románticos. Su obra inauguró la música del siglo XIX, rompió con el equilibrado clasicismo anterior e impuso un tipo de expresión más libre y enérgico.

Aunque Beethoven es de origen alemán, gran parte de su vida la pasó en Viena. A los ventiséis años comenzó a percatarse de su sordera, que fue definitiva a los cuarenta y nueve. Aunque se centró en ser compositor, también ofreció conciertos. Entre sus piezas más reconocidas se destaca la "Tercera Sinfonía", originalmente dedicada a Napoleón, pero cuando este se declaró emperador, dicen que Beethoven tachó, decepcionado, la dedicatoria. También su "Quinta sinfonía" y su "Novena Sinfonía" son íconos de lo que hoy llamamos *música clásica*.

Su mayor aportación fue "La oda a la alegría". Esta pieza integra la voz en una canción que alaba la unión, la naturaleza y la armonía. La integración de las voces y los coros en una pieza magistral hace de Beethoven uno de los compositores más estudiados entre los amantes de la música y uno de los más imitados entre los pianistas.

COMPRENDER

➤ **Resume** brevemente el texto anterior en tus propias palabras. **Considera** los siguientes aspectos:

- Beethoven como ser emblemático del Romanticismo
- Los rasgos del Romanticismo y cuáles de ellos vemos en el compositor alemán
- Las obras más conocidas de Beethoven y la importancia de su música

ANALIZAR

➤ **Lee** la siguiente información y **contesta**:

En el Romanticismo, la música jugaba un papel central dentro de la sociedad y se convirtió en un símbolo de estatus. La creciente burguesía quería tocar algún instrumento y entretener a sus invitados. Los músicos trabajaron como tutores y maestros, pero esto trajo como consecuencia que la música que compusieron fuera simplificándose para que pudiera ser interpretada por los *amateurs*. Luego de tanto tiempo, ¿cómo ves que haya evolucionado la música y el papel del músico?

CONCIENCIA verde

Otro de los rasgos del Romanticismo es hacer que la naturaleza refleje el mundo interior de las personas. Por eso, en las novelas, puede haber una lluvia en medio de un conflicto o un violento oleaje para mostrar la pasión de una pareja. Así vemos cómo se concebía la conexión entre las personas y la naturaleza. Según ves actualmente el medioambiente y según es tratado en el arte contemporáneo, ¿qué infieres de la relación de las personas con la naturaleza? ¿Cómo crees que la humanidad conciba su conexión con lo que la rodea?

CREA

➤ **Formen** grupos y **escuchen** una de las composiciones de Beethoven. Luego, **comuniquen** sus impresiones. ¿Qué les hizo sentir? ¿Qué creen que él quisiera decir? ¿Pudieron imaginar una historia o relato? **Decidan** un tema, una historia o un poema inspirado en la pieza; **redáctenla** en grupo o de forma individual y, luego, **léanla** con la música de fondo.

Capítulo 7

1. **Escribe** titulares de noticias que contengan los siguientes parónimos. **Sigue** los ejemplos.

apertura/abertura	perjuicios/prejuicios	aptitud/actitud
infectados/infestados	expirar/espirar	alma/arma

Aguas caribeñas infestadas de tiburones

Más de una veintena de personas infectadas con la gripe aviar

2. **Completa** el siguiente crucigrama con las palabras homófonas con *h,* sin *h,* con *b* y con *v,* que corresponden a cada definición.

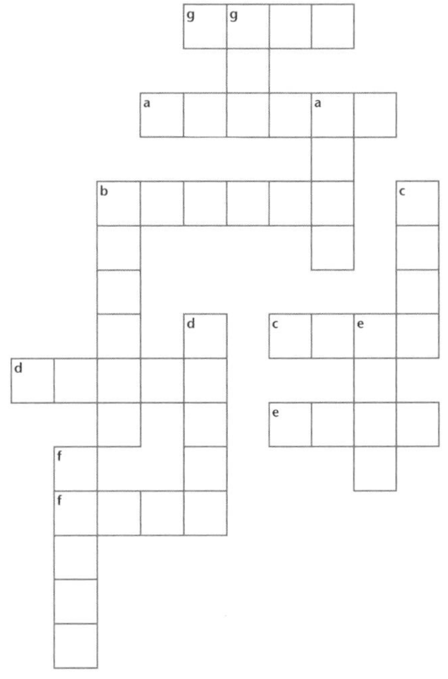

   a. **vertical:** casualidad
      horizontal: flor blanca
   b. **horizontal:** planta pequeña, pasto
      vertical: tercera persona singular presente del verbo *hervir*
   c. **vertical:** tercera persona singular, pretérito del verbo *tener*
      horizontal: pieza hueca, de forma cilíndrica, en metal o plástico (como PBC)
   d. **vertical:** persona que posee sabiduría
      horizontal: líquido que circula por los vasos de las plantas.
   e. **vertical:** portaequipaje
      horizontal: hembra del toro
   f. **vertical:** cosa profunda
      horizontal: movimiento que se propaga en un fluido.
   g. **vertical:** onda de gran amplitud que se forma en la superficie de las aguas.
      horizontal: salutación familiar

3. **Completa** el siguiente acróstico con las palabras *oraciones compuestas.* **Incluye** lo que son los tipos de segmentos y la información que aprendiste sobre ellas.

O
R
A
C
I
O
N
E
S

C
O
M
P
U
E
S
T
A
S

Capítulo 8

- **Nombra** las siguientes imágenes. Luego, **clasifícalas** de acuerdo con el modo de formación: sufijación, prefijación o composición.

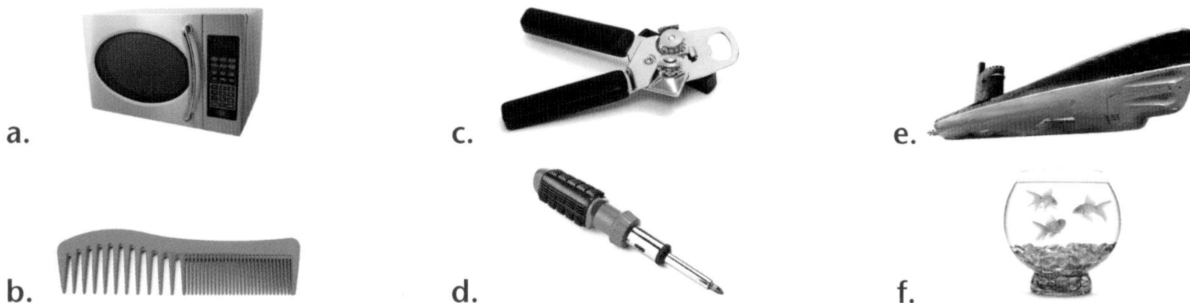

- **Identifica** en la sopa de letras las palabras que contengan las letras *y* y *ll*, que están escritas correctamente. **Debes** encontrar ocho palabras.

A	D	C	O	Y	E	G	A	R	L	E	N
B	B	E	L	G	Y	O	K	M	L	T	R
E	R	N	L	L	U	V	I	A	E	N	A
P	I	S	A	F	V	H	J	Y	G	A	L
R	L	A	S	X	I	I	H	E	A	Y	Y
W	L	Y	N	H	A	Y	A	M	R	I	A
X	A	O	E	B	Q	A	L	L	E	R	M
R	N	P	A	N	T	A	L	L	A	B	S
A	T	C	P	A	N	T	A	Y	A	E	E
D	E	S	M	A	Y	A	R	R	T	C	D

- **Prepara** un mapa de conceptos. **Organiza** en tu mapa todo lo que sepas sobre las clases de oraciones compuestas por yuxtaposición y por coordinación. Luego, **escribe**, al menos, dos ejemplos de cada clase de oración compuesta.

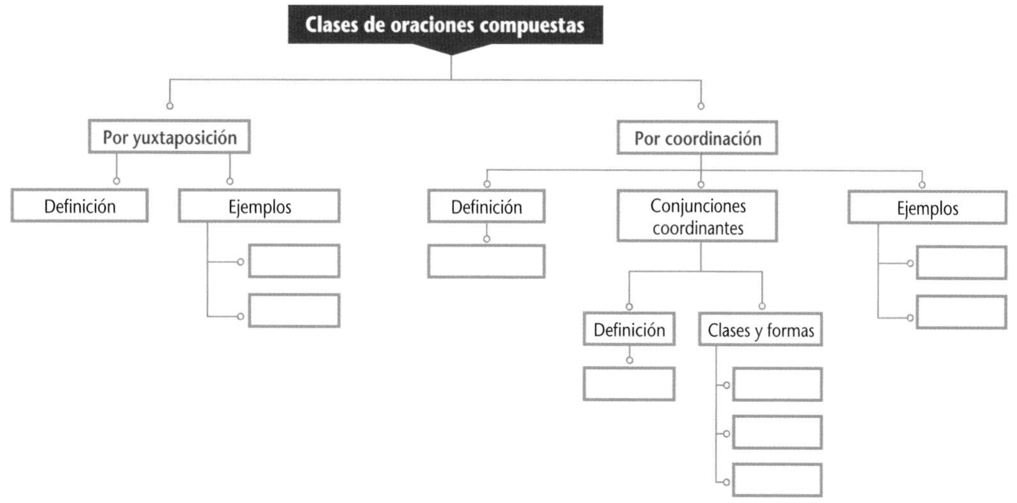

9 La conciencia de la libertad

Un gaucho a caballo en la Patagonia, Argentina

El gaucho se convirtió en uno de los personajes emblemáticos del Romanticismo hispanoamericano, ya que evoca a la naturaleza y lo nacional.

Temas del capítulo

- El Romanticismo hispanoamericano
- Préstamos lingüísticos y extranjerismos
- Ortografía dudosa *s* y *z*
- La subordinación y los enlaces subordinantes
- La redacción de un informe
- El informe oral

Preámbulo

En Hispanoamérica, el Romanticismo domina el siglo XIX. Es una actitud ante el mundo, y exalta la libertad, el yo individual, la supremacía de la emoción y la imaginación sobre la razón, lo concreto sobre lo abstracto y lo natural sobre lo artificial.

El Romanticismo fue un movimiento internacional de origen europeo, pero favoreció la intención de los hispanoamericanos de crear una literatura propia. Algunos de los rasgos predominantes del Romanticismo hispanoamericano son la búsqueda de lo criollo; la exaltación del indio, del mestizo y del negro; el interés en la historia local; el culto a la naturaleza y al paisaje; la descripción de las costumbres típicas; las ansias de libertad individual y colectiva; el gusto por lo popular; la incorporación de las lenguas regionales; y la afirmación del patriotismo y el espíritu nacional. Se manifiestan en la poesía lírica y en la poesía narrativa de inspiración popular; en la prosa costumbrista; en las novelas indigenista, histórica, sentimental y política; en el cultivo del cuento, la leyenda y la tradición; y en el ensayo de interpretación nacional y regional.

¿Qué sabes sobre el Romanticismo en Hispanoamérica?

- ¿Qué características del Romanticismo español crees que compartieran durante ese período en Hispanoamérica?
- ¿Qué relación crees que tenga lo que presenta la imagen con el Romanticismo hispanoamericano?
- ¿Qué conoces sobre el gaucho?

Al comenzar

- ¿Qué es un trovador? ¿Podrías ofrecer los nombres de trovadores conocidos en Puerto Rico? ¿Cuáles?

Al leer

- Identifica las dos civilizaciones que convergen en la República Argentina, según Faustino Sarmiento.
- Describe la vida del gaucho.
- Indica cómo se relacionan los historiadores y los cantores.

Al concluir

- ¿Se parece el cantor de la pampa al trovador puertorriqueño? Explica las semejanzas o las diferencias.

Facundo

Capítulo II

El Cantor

Aquí tenéis la idealización de aquella vida de revueltas, de civilización, de barbarie y de peligros. El **gaucho** cantor es el mismo bardo, el vate, el trovador de la Edad Media, que se mueve en la misma escena, entre las luchas de las ciudades y del feudalismo de los campos, entre la vida que se va y la vida que se acerca. El cantor anda de **pago** en pago, "de **tapera** en **galpón**", cantando sus héroes de la Pampa, perseguidos por la justicia, los llantos de la viuda a quienes los indios robaron sus hijos en un **malón** reciente, la derrota y la muerte del valiente Rauch, la catástrofe de Facundo Quiroga, y la suerte que cupo a Santos Pérez. El cantor está haciendo candorosamente el mismo trabajo de crónica, costumbres, historia, biografía que el bardo de la Edad Media; y sus versos serían recogidos más tarde como los documentos y datos en que habría de apoyarse el historiador futuro, si a su lado no estuviese otra sociedad culta con superior inteligencia de los acontecimientos, que la que el infeliz despliega en sus rapsodias ingenuas. En la República Argentina se ven a un tiempo dos civilizaciones distintas en un mismo suelo: una naciente, que sin conocimiento de lo que tiene sobre su cabeza, está remedando los esfuerzos ingenuos y populares de la Edad Media; otra que sin cuidarse de lo que tiene a sus pies, intenta realizar los últimos resultados de la civilización europea. El siglo XIX y el XII viven juntos; el uno, dentro de las ciudades, el otro en las **campañas**.

El cantor no tiene residencia fija: su morada está donde la noche le sorprende: su fortuna en sus versos y en su voz. Dondequiera que el **cielito** enreda sus parejas sin tasa, dondequiera que se apura una copa de vino, el cantor tiene su lugar preferente, su parte escogida en el festín. El gaucho argentino no bebe, si la música y los versos no lo excitan, y cada pulpería tiene su guitarra para poner en manos del cantor, a quien el grupo de caballos estacionados a la puerta anuncia a lo lejos dónde se necesita el concurso de su **gaya ciencia**.

El cantor mezcla entre sus cantos heroicos la relación de sus propias hazañas. Desgraciadamente el cantor, con ser el bardo argentino, no está libre de tener que habérselas con la justicia. También tiene que dar la cuenta de sendas puñaladas que ha distribuido, una o dos desgracias (¡muertes!) que tuvo, y algún caballo o una muchacha que robó. El año 1840, entre un grupo de gauchos y a orillas del majestuoso Paraná, estaba sentado en el suelo, y con las piernas cruzadas, un cantor que tenía azorado y divertido a su auditorio con la larga y animada historia de sus trabajos y aventuras.

- **gaucho** (sustantivo). Campesino diestro en trabajos ganaderos que habita en las llanuras de Argentina, Uruguay y parte del Brasil.
- **pago** (sustantivo). Lugar, pueblo, región.
- **tapera** (sustantivo). Rancho donde vive el gaucho.
- **galpón** (sustantivo). Lugar de reunión del gaucho peón de las estancias.
- **malón** (sustantivo). Ataque inesperado de indios.
- **campaña** (sustantivo). Campo.
- **cielito** (sustantivo). Cierta danza de los gauchos, acompañada de canto.
- **gaya ciencia** (sustantivo). Arte de la poesía.

Había ya contado lo del rapto de la querida, con los trabajos que sufrió;) de la desgracia, y la disputa que la motivó; estaba refiriendo su encuen- o con la partida y las puñaladas que en su defensa dio, cuando el tropel y s gritos de los soldados le avisaron que esta vez estaba cercado. La parti- a, en efecto, se había cerrado en forma de herradura; la abertura quedaba acia el Paraná, que corría veinte varas más abajo, tal era la altura de la arranca. El cantor oyó la grita sin turbarse: viósele de improviso sobre el aballo, y echando una mirada escudriñadora sobre el círculo de soldados on las **tercerolas** preparadas, vuelve el caballo hacia la barranca, le pone l poncho en los ojos y clávale las espuelas. Algunos instantes después e veía salir de las profundidades del Paraná, al caballo sin freno, a fin de ue nadase con más libertad, y el cantor tomado de la cola, volviendo la ara quietamente, cual si fuera en un bote de ocho remos, hacia la escena ue dejaba en la barranca. Algunos balazos de la partida no estorbaron que egase sano y salvo al primer islote que sus ojos divisaron.

Por lo demás, la poesía original del cantor es pesada, monótona, irre- ular, cuando se abandona a la inspiración del momento. Más narrativa ue sentimental, llena de imágenes tomadas de la vida campestre, del ca- allo y de las escenas del desierto, que la hacen metafórica y pomposa. uando refiere sus proezas o las de algún afamado **malévolo**, parécese al nprovisador napolitano, desarreglado, prosaico de ordinario, elevándose la altura poética por momentos, para caer de nuevo al recitado insípido casi sin versificación. Fuera de esto, el cantor posee su repertorio de oesías populares: quintillas, décimas y octavas, diversos géneros de ver- os octosílabos. Entre estas hay muchas composiciones de mérito, y que escubren inspiración y sentimiento.

Aún podría añadir a estos tipos originales muchos otros igualmente cu- iosos, igualmente locales, si tuviesen como los anteriores, la peculiaridad e revelar las costumbres nacionales, sin lo cual es imposible comprender uestros personajes políticos, ni el carácter primordial y americano de la angrienta lucha que despedaza a la República Argentina. Andando esta istoria, el lector va a descubrir por sí solo dónde se encuentra el **Rastrea- lor**, el **Baqueano**, el **Gaucho Malo** o el Cantor. Verá en los caudillos cu- os nombres han traspasado las fronteras argentinas, y aun en aquellos que enan el mundo con el horror de su nombre, el reflejo vivo de la situación nterior del país, sus costumbres y su organización.

Domingo Faustino Sarmiento
(argentino)
(fragmento)

Sobre el autor

Domingo Faustino Sarmiento (1811-1888) fue un escritor argentino, quien sufrió el exilio en repetidas ocasiones por sus ideales políticos. Trabajó como periodista en periódicos nacionales y fundó *El Zonda* y *El progreso*. Como político ocupó varios cargos públicos, incluido el de presidente de la República en 1868. Su creación literaria está cargada de mucha fuerza expresiva. Así, su obra *Facundo o Civilización y Barbarie* se destaca por el profundo análisis que hace de aquellos aspectos políticos, socio-económicos y culturales que dieron paso a la oposición entre la civilización y la barbarie en Argentina.

- **tercerolas** (sustantivo). Armas de fuego usadas por la caballería.
- **malévolo** (adjetivo). Significa "gaucho malo" en este contexto.
- **Rastreador** (adjetivo). Gaucho con gran destreza para seguir y distinguir las huellas de un animal.
- **Baqueano** (adjetivo). Gaucho que conoce la topografía de la llanura.
- **Gaucho Malo** (adjetivo). El que vive "fuera de la ley"; la justicia lo persigue.

Al comenzar

- Imagina la vida en el campo y trata de recrearla. ¿Qué observas? ¿Qué hueles? ¿Qué tocas?

Al leer

- Localiza en el texto citas que reflejen una visión idealizada de la realidad. ¿Cómo se trabaja el tema costumbrista en el fragmento de la obra *María*, de Jorge Isaacs?
- Explica qué función cumple la naturaleza en la atmósfera de estos fragmentos.

Al concluir

- ¿Cómo hubieses reaccionado si tus padres planificaran enviarte fuera del País, alejándote de todo lo que quieres?
- ¿Qué crees que haya sucedido entre el narrador y María? Escribe un final para su historia. Incluye descripciones detalladas, como las que aparecen en el texto.

- **vacadas** (sustantivo). Manadas de ganado vacuno.
- **sesteaderos** (sustantivo). Lugares donde sestea el ganado.
- **písamos** (sustantivo). Árboles.
- **higuerones** (sustantivo). Árboles.
- **Cauca** (sustantivo). Departamento de Colombia, en el suroeste del país. Tiene cultivos de cacao, caña de azúcar, plátanos, gran riqueza forestal y yacimientos de oro, petróleo y carbón.

María

II

Pasados seis años, los últimos días de un lujoso agosto me recibieron al regresar al nativo valle. Mi corazón rebosaba de amor patrio. Era ya la última jornada del viaje, y yo gozaba de la más perfumada mañana del verano. El cielo tenía un tinte azul pálido: hacia el oriente y sobre las crestas altísimas de las montañas, medio enlutadas aún, vagaban algunas nubecillas de oro, como las gasas del turbante de una bailarina esparcidas por un aliento amoroso. Hacia el sur flotaban las nieblas que durante la noche habían embozado los montes lejanos. Cruzaba planicies de verdes gramales, regadas por riachuelos cuyo paso me obstruían hermosas **vacadas**, que abandonaban sus **sesteaderos** para internarse en las lagunas o en sendas abovedadas por florecidos **písamos** e **higuerones** frondosos. Mis ojos se habían fijado con avidez en aquellos sitios medio ocultos al viajero por las copas de añosos graduales; en aquellos cortijos donde había dejado gentes virtuosas y amigas. En tales momentos no habrían conmovido mi corazón las arias del piano de U... ¡Los perfumes que aspiraba eran tan gratos comparados con el de los vestidos lujosos de ella; el canto de aquellas aves sin nombre tenía armonías tan dulces a mi corazón!

Estaba mudo ante tanta belleza, cuyo recuerdo había creído conservar en la memoria porque algunas de mis estrofas, admiradas por mis condiscípulos, tenían de ella pálidas tintas. Cuando en un salón de baile, inundado de luz, lleno de melodías voluptuosas, de aromas mil mezclados, de susurros de tantos ropajes de mujeres seductoras, encontramos aquella con quien hemos soñado a los dieciocho años, y una mirada fugitiva suya quema nuestra frente, y su voz hace enmudecer por un instante toda otra voz para nosotros, y sus flores dejan tras sí esencias desconocidas; entonces caemos en una postración celestial: nuestra voz es impotente, nuestros oídos no escuchan ya la suya, nuestras miradas no pueden seguirla. Pero cuando, refrescada la mente, vuelve ella a la memoria horas después, nuestros labios murmuran en cantares su alabanza, y es esa mujer, es su acento, es su mirada, es su leve paso sobre las alfombras, lo que remeda aquel canto, que el vulgo creerá ideal. Así el cielo, los horizontes, las pampas y las cumbres del **Cauca**, hacen enmudecer a quien los contempla. Las grandes bellezas de la creación no pueden a un tiempo ser vistas y cantadas: es necesario que vuelvan al alma empalidecidas por la memoria infiel.

Antes de ponerse el sol, ya había yo visto blanquear sobre la falda de la montaña la casa de mis padres. [...]

Respiraba al fin aquel olor nunca olvidado del huerto que se vio formar. Las herraduras de mi caballo chispearon sobre el empedrado del patio. Oí un grito indefinible; era la voz de mi madre: al estrecharme ella n los brazos y acercarme a su pecho, una sombra me cubrió los ojos: el ıpremo placer que conmovía a una naturaleza virgen.

Cuando traté de reconocer en las mujeres que veía, a las hermanas que ejé niñas, María estaba en pie junto a mí, y velaban sus ojos anchos párpaos orlados de largas pestañas. Fue su rostro el que se cubrió de más notable ıbor cuando al rodar mi brazo de sus hombros, rozó con su talle; y sus jos estaban humedecidos aún al sonreír a mi primera expresión afectuosa, omo los de un niño cuyo llanto ha acallado una caricia materna.

V

Habían pasado tres días cuando me convidó mi padre a visitar sus haiendas del Valle, y fue preciso complacerlo; por otra parte, yo tenía interés eal a favor de sus empresas. Mi madre se empeñó vivamente por nuestro ronto regreso. Mis hermanas se entristecieron. María no me suplicó, como llas, que regresase en la misma semana; pero me seguía incesantemente on los ojos durante mis preparativos de viaje.

En mi ausencia, mi padre había mejorado sus propiedades notablemene: una costosa y bella fábrica de azúcar, muchas fanegadas de caña para bastecerla, extensas **dehesas** con ganado vacuno y caballar, buenos ceaderos y una lujosa casa de habitación, constituían lo más notable de sus aciendas de tierra caliente. Los esclavos, bien vestidos y contentos hasta onde es posible estarlo en la servidumbre, eran sumisos y afectuosos para on su amo. Hallé hombres a los que, niños poco antes, me habían enseñado poner trampas a las **chilacoas** y **guatines** en la espesura de los bosques; us padres y ellos volvieron a verme con inequívocas señales de placer. [...]

Pude notar que mi padre, sin dejar de ser amo, daba un trato cariñoso a us esclavos [...].

Quedó mi padre satisfecho de mi atención durante la visita que hicimos las haciendas; mas cuando le dije que en adelante deseaba participar de us fatigas quedándome a su lado, me manifestó, casi con pesar, que se veía n el caso de sacrificar a favor mío su bienestar, cumpliéndome la promesa ue me tenía hecha de tiempo atrás de enviarme a Europa a concluir mis studios de medicina, y que debía emprender viaje a más tardar dentro de uatro meses. Al hablarme así, su fisonomía se revistió de una seriedad soemne sin afectación, que se notaba en él cuando tomaba resoluciones irreocables. Esto pasaba la tarde en que regresábamos a la sierra. Empezaba a nochecer, y a no haber sido así, habría notado la emoción que su negativa ne causaba. El resto del camino se hizo en silencio. ¡Cuán feliz hubiera yo uelto a ver a María, si la noticia de ese viaje no se hubiese interpuesto dese aquel momento entre mis esperanzas y ella!

Jorge Isaacs
(colombiano)
(fragmento)

Sobre el autor

Jorge Isaacs (1837-1895) fue un escritor colombiano que se desempeñó también como comerciante, secretario de Gobierno del Cauca y secretario de Hacienda. Promovió la educación en las regiones del Cauca y Tolima. Pasó su infancia, precisamente, en el valle del Cauca.

En el 1848, viajó a la capital, Bogotá, para iniciar sus estudios. Regresó a Cali cuatro años más tarde, en 1852.

Su padre poseía una hacienda llamada El Paraíso, donde se desarrollaría la acción de una de las más célebres novelas románticas: *María.* Con cierto carácter autobiográfico y en primera persona, la novela narra una historia de amor enmarcada en el espacio americano, y con la realidad social de los primeros años de la independencia colombiana como fondo. Sus otras obras literarias son: *Poesías*, de 1863 y *Camilo o Alma Negra*, comenzada en 1893.

- **dehesa** (sustantivo). Tierra, por lo general, destinada a pastos.
- **chilacoa** (sustantivo). Conocida también como *carrao*, es un ave de pico largo y plumaje pardo con rayas blancas, que vive en ciénagas y pantanos.
- **guatín** (sustantivo). Conocido también como *agutí*, es un mamífero roedor.

Al comenzar

- Ya has estudiado al personaje del gaucho. Ahora descríbelo en tus propias palabras. ¿Cuáles son los elementos básicos que lo caracterizan? ¿En qué destrezas se destaca? ¿Te parece que represente en algún sentido lo argentino? ¿En cuál?
- ¿Qué es la pampa en Argentina? ¿Por qué se caracteriza su geografía?

Al leer

- Observa las particularidades del lenguaje del poema. Luego, identifica regionalismos o palabras propias de los gauchos, expresiones, dichos o refranes populares, y sus significados y pronunciaciones diferentes de las que conoces.

Al concluir

- ¿Qué opinas de la vida al margen de la ley que en ocasiones lleva el gaucho matrero?
- La geografía de una región, ¿define el carácter y las costumbres de sus habitantes? Explica.

El gaucho Martín Fierro

El gaucho Martín Fierro decide contar el comienzo de sus desgracias. Recuerda la época en que vivía en su rancho con su mujer e hijos, y era feliz pese a los duros trabajos que realizaba para subsistir. Pero un día en que se encontraba en la pulpería, un juez de Paz lo recluta a la fuerza y lo envía a la frontera. Luego de tres años, logra huir del fortín y regresar al pago. Allí encuentra abandonado su rancho y descubre que su mujer se ha ido con otro hombre y que sus hijos trabajan en una estancia como peones.

Sin familia, ni rancho, ni dinero, una noche se entera de un baile y, desolado, decide ir. Al ver entrar a una mujer morena con su pareja, le hace una chanza. La mulata se ofende y Fierro termina trenzado en duelo con el compañero de la mujer, a quien mata. Convertido en gaucho desertor y matrero, se ve obligado a escapar de la justicia y refugiarse en la pampa.

La vuelta de Martín Fierro

Conscientes de que serán perseguidos por el enfrentamiento con la partida, Fierro y Cruz deciden huir juntos al desierto para vivir entre los indígenas. Al inicio de "La vuelta", ya se encuentran en las tolderías mapuches. Allí, Cruz muere de viruela y Fierro conoce a una mujer criolla, prisionera de la tribu, que es maltratada. Luego de un enfrentamiento con un aborigen en el que este muere, huye con la "cautiva", a quien deja a salvo en una estancia. Nuevamente solo, sigue camino hasta que accidentalmente encuentra a sus hijos.

XI

Refiere en qué circunstancias encontró a sus dos hijos.

[...]
Ansí me dejaba andar
haciéndome el chancho rengo,
porque no me convenía
revolver el **avispero**;
pues no inorarán ustedes
que en cuentas con el gobierno
tarde o temprano lo llaman
al pobre a hacer el arreglo.
Pero al fin tuve la suerte
de hallar un amigo viejo,
que de todo me informó,
y por él supe al momento
que el juez que me perseguía
hacía tiempo que era muerto.

Por culpa suya he pasado
diez años de sufrimiento,
y no son pocos diez años
para quien ya llega a viejo.
[...]
Me dijo, a más, ese amigo
que anduviera sin **recelo**,
que todo estaba tranquilo,
que no perseguía el gobierno;
que ya naides se acordaba
de la muerte del moreno,
aunque si yo lo maté
mucha culpa tuvo el negro.
Estuve un poco imprudente,
puede ser, yo lo confieso,

- **avispero** (sustantivo). Nido de avispas.
- **recelo** (sustantivo). Temor, desconfianza, sospecha.

ero él me precipitó
orque me cortó primero;
a más me cortó en la cara
ue es un asunto muy serio.
Ae aseguró el mesmo amigo
ue ya no había ni el recuerdo
e aquel que en la pulpería
o dejé mostrando el sebo.
...]
e me acercaron con armas,
sin darme voz de preso
ne amenazaron a gritos
e un modo que daba miedo:
ue iban arreglar mis cuentas,
ratándome de **matrero**,
no era el jefe el que hablaba
inó un cualquiera de entre ellos.
Y ese, me parece a mí,
o es modo de hacer arreglos,
i con el que es inocente,
i con el culpable menos.
Con semejantes noticias
o me puse muy contento
me presenté ande quiera
omo otros pueden hacerlo.
De mis hijos he encontrado
olo a dos hasta el momento;
de ese encuentro feliz
e doy las gracias al cielo.
...]
Casualmente el otro día
legó a mi conocimiento
le una carrera muy grande
ntre varios estancieros;
fui como uno de tantos
unque no llevaba un medio.
No faltaban, ya se entiende,
n aquel gauchaje inmenso
nuchos que ya conocían
a historia de Martín Fierro;
allí estaban los muchachos
uidando unos **parejeros**.
Cuanto me oyeron nombrar
e vinieron al momento,
liciéndome quiénes eran,
aunque no me conocieron
porque venía muy aindiao
y me encontraban muy viejo.
La junción de los abrazos,
de los llantos y los besos
se deja pa las mujeres,
como que entienden el juego;
pero el hombre que compriende
que todos hacen lo mesmo,
en público canta y baila,
abraza y llora en secreto.
Lo único que me han contao
es que mi mujer ha muerto;
que en procura de un muchacho
se fue la infeliz al pueblo,
donde infinitas miserias
habrá sufrido por cierto;
que por fin a un hospital
fue a parar medio muriendo,
y en ese abismo de males
falleció al muy poco tiempo.
Les juro que de esa pérdida
jamás he de hallar consuelo;
muchas lágrimas me cuesta
dende que supe el suceso.
Mas dejemos cosas tristes,
aunque alegrías yo no tengo;
me parece que el muchacho
ha templao y está dispuesto,
vamos a ver qué tal lo hace,
y juzgar su desempeño.
Ustedes no los conocen,
yo tengo confianza en ellos,
no porque lleven mi sangre,
eso fuera lo de menos,
sinó porque dende chicos
han vivido padeciendo;
los dos son aficionados,
les gusta jugar con fuego;
vamos a verlos correr;
son **cojos**... hijos de rengo.

José Hernández
(argentino)
(fragmento)

Sobre el autor

José Hernández (1834-1886) fue un militar y poeta argentino, quien sufrió el exilio en Brasil. Su educación fue autodidacta y logró ocupar varios cargos políticos, entre ellos diputado y senador de Buenos Aires. En 1872, de regreso al país, luego de su exilio en el sur de Brasil, José Hernández publica "El gaucho Martín Fierro", la primera parte del *Martín Fierro*. El folleto, vendido a módico precio, se agota en solo dos meses. Siete años después, momento en que Hernández se encuentra reintegrado a la vida política como diputado, llega al público la segunda parte, "La vuelta de Martín Fierro". Recién en 1910 ambas partes del poema se unen en forma de libro, pero es a partir de 1913 cuando se eleva a clásico nacional.

En dicha obra, Hernández resalta la figura del gaucho como representante de Argentina, a la vez que describe la sociedad y el momento histórico en que vive este personaje.

- **matrero** (adjetivo). Fugitivo y astuto.
- **parejeros** (sustantivo). Caballos adiestrados para correr carreras.
- **cojos** (adjetivo). Lisiados.

Leo un texto

Al comenzar

- ¿Puede el amor llevar al ser humano a cometer locuras? Explica.
- El amor obsesivo, ¿podría considerarse una enfermedad? ¿Por qué?

Al leer

- Identifica los temas que describe la autora Gertrudis Gómez de Avellaneda en su poema "A él".
- Identifica las características del Romanticismo vertidas en el poema "Nocturno a Rosario", de Manuel Acuña.
- Explica en qué consiste la paradoja de la cuarta estrofa de "Nocturno a Rosario".

Al concluir

- ¿Crees que las mujeres, actualmente, posean los mismos derechos que los hombres? Explica.
- ¿Cómo reaccionarías si amaras a alguien sin ser correspondido?

- **plúgole** (voz antigua). Le plació.

A él

No existe lazo ya: todo está roto:
plúgole al cielo así: ¡bendito sea!
Amargo cáliz con placer agoto:
mi alma reposa al fin: nada desea.

Te amé, no te amo ya: piénsolo al menos:
¡nunca, si fuere error, la verdad mire!
Que tantos años de amarguras llenos
trague el olvido: el corazón respire.

Lo has destrozado sin piedad: mi orgullo
una vez y otra vez pisaste insano...
Mas nunca el labio exhalará un murmullo
para acusar tu proceder tirano.

De graves faltas vengador terrible,
dócil llenaste tu misión: ¿lo ignoras?
No era tuyo el poder que irresistible
postró ante ti mis fuerzas vencedoras.

Quísolo Dios y fue: ¡gloria a su nombre!
Todo se terminó, recobro aliento:
¡Ángel de las venganzas!, ya eres hombre...
ni amor ni miedo al contemplarte siento.

Cayó tu cetro, se embotó tu espada...
Mas, ¡ay!, cuán triste libertad respiro...
Hice un mundo de ti, que hoy se anonada
y en honda y vasta soledad me miro.

¡Vive dichoso tú! Si en algún día
ves este adiós que te dirijo eterno,
sabe que aún tienes en el alma mía
generoso perdón, cariño tierno.

Gertrudis Gómez de Avellaneda
(cubana)

Nocturno a Rosario

¡Pues bien! Yo necesito
decirte que te adoro
decirte que te quiero
con todo el corazón;
que es mucho lo que sufro,
que es mucho lo que lloro,
que ya no puedo tanto
y al grito que te imploro,
te imploro y te hablo en nombre
de mi última ilusión.

Yo quiero que tú sepas
que ya hace muchos días
estoy enfermo y pálido
de tanto no dormir;
que ya se han muerto todas
las esperanzas mías,
que están mis noches negras,
tan negras y sombrías,
que ya no sé ni dónde
se alzaba el porvenir.

Comprendo que tus besos
jamás han de ser míos,
comprendo que en tus ojos
no me he de ver jamás,
y te amo y en mis locos
y ardientes **desvaríos**
bendigo tus desdenes,
adoro tus desvíos,
y en vez de amarte menos
te quiero mucho más.

A veces pienso en darte
mi eterna despedida,
borrarte en mis recuerdos
y hundirte en mi pasión
mas si es en vano todo
y el alma no te olvida,
¿qué quieres tú que yo haga,
pedazo de mi vida?
¿Qué quieres tú que yo haga
con este corazón?

Y luego que ya estaba
concluido tu santuario,
tu lámpara encendida,
tu velo en el altar;
el sol de la mañana
detrás del campanario,
chispeando las antorchas,
humeando el **incensario**,
y abierta allá a lo lejos
la puerta del hogar...
¡Bien sabe Dios que ése era
mi más hermoso sueño,
mi afán y mi esperanza,
mi dicha y mi placer;
bien sabe Dios que en nada
cifraba yo mi empeño,
sino en amarte mucho
bajo el hogar risueño
que me envolvió en sus besos
cuando me vio nacer!
Esa era mi esperanza...
mas ya que a sus fulgores
se opone el hondo abismo
que existe entre los dos,
¡adiós por la vez última,
amor de mis amores;
la luz de mis tinieblas,
la esencia de mis flores;
mi lira de poeta,
mi juventud, adiós!

Manuel Acuña
(mexicano)
(fragmento)

Sobre los autores

Gertrudis Gómez de Avellaneda (1814-1873) fue una escritora cubana de novelas y dramas, pero el género que más la caracterizó y la llevó a alcanzar importantes reconocimientos fue la poesía. Vivió por un tiempo en Francia y, más tarde, se instaló en España con su familia. En Cuba, dirigió la revista *Álbum cubano de lo bueno y lo bello,* y fue proclamada poeta nacional en el Liceo de La Habana. Vivió una vida tormentosa en el amor cargada de fuertes desilusiones, que se reflejó en algunas de sus composiciones. De su lírica destacan sus poemas "Al partir" y "A él", publicados en la colección de versos titulada *Poesías*.

Manuel Acuña (1849-1873) fue un poeta mexicano, quien inició sus estudios en Medicina, pero el suicidio a los veinticuatro años a causa, aparentemente, de su amor hacia una joven de nombre Rosario, le impidió completarlos. De este amor es que surge su famoso poema "Nocturno a Rosario". Fundó la Sociedad Literaria Nezahualcóyotl en la cual se inició en la poesía, y se perfilaba como un gran poeta por su gran ingenio. Entre sus poemas se destacan, además de "Nocturno a Rosario", "Misterio" y "Ante un cadáver". Varios de sus poemas se dieron a conocer en el periódico *La Iberia*.

- **desvaríos** (sustantivo). Dicho o hecho fuera de orden.
- **incensario** (sustantivo). Brasero pequeño con cadenillas y tapa, que sirve para incensar.

Al comenzar

- ¿En qué momentos de tu vida has sentido miedo? ¿Cuáles fueron esos motivos?
- ¿Cómo enfrentas tus miedos?

Al leer

- Indica las decisiones que tomó el oidor por culpa de sus tres motivos.
- Menciona y explica los recursos que empleó Palma en la tradición propuesta, para dotarla de gracia y picardía.

Al concluir

- ¿De qué forma nuestros miedos pueden afectar a otras personas?
- ¿Cómo cambiaría la historia si el oidor hubiese enfrentado sus miedos?

Los tres motivos del oidor

El 27 de octubre de 1544 estaban los vecinos de Lima que no les llegaba la camisa al cuello. Y con razón, eso sí.

Al levantarse de la cama y abrir puertas para dar libre paso a la gracia de Dios, se hallaron con la tremenda noticia de que Francisco de Carbajal, sin ser de nadie sentido, se había colado en la ciudad con cincuenta de los suyos, puesto en prisión a varios sujetos principales tildados de amigos del virrey Blasco Núñez, y ahorcado, no como quiera, a un par de pobres diablos, sino a Pedro del Barco y Machín de Florencia, hombres de **fuste**, y tanto que fueron del número de los primeros conquistadores, es decir, de los que capturaron a Atahualpa en la plaza de Cajamarca.

Carbajal previno caritativamente a los vecinos de Lima que estaba resuelto a seguir ahorcando prójimos y saquear la ciudad si esta no aceptaba por gobernador del Perú a Gonzalo Pizarro, quien, con el grueso de su ejército, se encontraba esperando la respuesta a dos leguas del camino.

Componían a la sazón la Real Audiencia los licenciados Cepeda, Tejada y Zárate, pues el licenciado Álvarez había huido el bulto, declarándose a favor del virrey. Asustados los oidores con la amenaza de Carbajal, convocaron a los notables en Cabildo. Discutiose el punto muy a la ligera, pues no había tiempo que perder en largos discursos ni en flores de **retórica**, y extendiose acta reconociendo a Gonzalo por gobernador.

Cuando le llegó turno de firmar al **oidor** Zárate que, según el Palentino, era un viejo chocho, empezó por dibujar una, y bajo de ella, antes de estampar su garabato, escribió: "Juro a Dios y a esta y a las palabras de los Santos Evangelios que firmo por tres motivos: por miedo, por miedo y por miedo".

* *

Vivía el oidor Zárate en compañía de una hija, doña Teresa, moza de veinte años muy lozanos, linda desde el zapato hasta la peineta, y que traía en las venas todo el ardor de su sangre andaluza, causa más que suficiente para barruntar que el estado de doncellez se la iba haciendo muy cuesta arriba. La muchacha, cosa natural en las rapazas, tenía su quebradero de cabeza con Blasco de Soto, alférez de los tercios de Carbajal, quien la pidió al padre y vio rechazada la demanda, que su merced quería para marido de su hija hombre de caudal saneado. No se descorazonó el galán con la negativa, y puso su **cuita** en conocimiento de Carbajal.

- **fuste** (sustantivo). Importancia, nervio y valor.
- **retórica** (sustantivo). Arte de saber expresarse correctamente por medio de la palabra.
- **oidor** (sustantivo). Antiguo juez que sentenciaba causas y pleitos en las audiencias del reino.
- **cuita** (sustantivo). Pena, tristeza.

—¡Cómo se entiende! —gritó furioso don Francisco—. ¡Un oidor de **mojiganga** desairar a mi alférez, que es un chico como unas perlas! Conmigo se las habrá el abuelo. Vamos, galopín, no te atortoles, que o no soy Francisco de Carbajal, o mañana te casas. Yo apadrino tu boda, y basta. Duéleme que estés de veras enamorado; porque has de saber, muchacho, que el amor es el vino que más presto se avinagra; pero eso no es cuenta mía, sino tuya, y tu alma tu palma. Lo que yo tengo que hacer es casarte, y te casaré como hay viñas en Jerez, y entre tú y la Teresa multiplicaréis hasta que se gaste la pizarra.

Y el maestre de campo enderezó a casa del oidor, y sin andarse con dibujos de escolar pidió para su ahijado la mano de la niña. El pobre Zárate se vio comido de gusanos, balbuceó mil excusas y terminó dándose a partido. Pero cuando el notario le exigió que suscribiese el consentimiento, lanzó el buen viejo un suspiro, cogió la pluma de ganso y escribió: "Conste por esta señal de la que consiento por tres motivos: por miedo, por miedo y por miedo".

* * *

Así llegó a hacerse proverbial en Lima esta frase: "Los tres motivos del oidor", frase que hemos recogido de boca de muchos viejos y que vale tanto como aquella de las noventa y nueve razones que alegaba el artillero para no haber hecho una salva: —"razón primera: no tener pólvora", guárdese en el pecho las noventa y ocho restantes.

A poco del matrimonio de la hija, cayó Zárate gravemente enfermo de **disentería**, y en la noche que recibió la extremaunción llegó a visitarlo Carbajal, y le dijo:

—Vuesa merced se muere porque quiere. Déjese de galenos y bébase, en **tisana**, una pulgarada de polvos de cuerno de unicornio, que son tan eficaces para su mal como huesecito de santo.

—No, mi señor don Francisco —contestó el enfermo—; me muero, no por mi voluntad, sino por tres motivos...

—No los diga, que los sé —interrumpió Carbajal, y salió riéndose del aposento del moribundo.

Ricardo Palma
(peruano)
(fragmento)

Sobre el autor

Ricardo Palma (1833-1919) fue un escritor peruano que dio inicio dentro de la corriente romántica. Trabajó como periodista durante algún tiempo y colaboró en la *Revista del Pacífico* y en *Revista de Sudamérica*. También, perteneció a la Sociedad Amigos de la Ilustración y fue presidente de la Academia Peruana de la Lengua. Por otra parte, participó en la defensa del Callao durante el combate del Dos de Mayo de 1866, y más tarde le tocó vivir la guerra del Pacífico, durante la cual los chilenos incendiaron su casa. Al terminar la guerra, se dedicó a la reconstrucción de la Biblioteca Nacional, que había quedado destruida. Su empeño por recuperar libros y documentos le valió el apodo de "El bibliotecario mendigo".

Palma cultivó el género dramático, el ensayo y la narrativa breve. Sin embargo, su obra cumbre la constituyen sus *Tradiciones Peruanas*, publicadas en 1872. Estas tradiciones dan muestra de su gran habilidad narrativa en la que los hechos históricos y el tono burlesco se unen para dar origen a un género particular.

- **mojiganga** (sustantivo). Farsa, bufonada.
- **disentería** (sustantivo). Enfermedad infecciosa que produce fiebre y diarrea.
- **tisana** (sustantivo). Bebida medicinal.

Interpreto el texto

IDENTIFICO

➤ **Haz** un diagrama de Venn, como el que se muestra, para cada caso.

a. **Compara** y **contrasta** la figura del gaucho en *Facundo* y *Martín Fierro.*

b. **Compara** y **contrasta** el tema del amor romántico en los poemas "A él" y "Nocturno a Rosario".

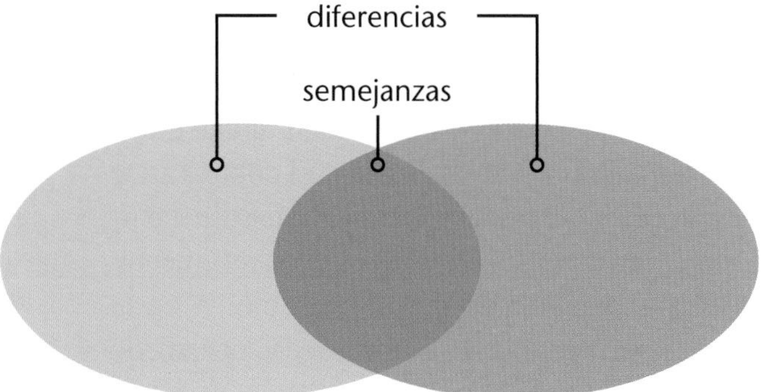

INFIERO

➤ **Contesta**:

a. ¿Cómo se describe la poesía original del cantor en *Facundo*?

b. Según el narrador, ¿a qué le canta el gaucho?

c. ¿Por qué crees que Sarmiento comparara al cantor de la pampa con el trovador? ¿Cuáles son sus semejanzas?

d. ¿Cuál es el estado de ánimo del narrador-protagonista a su regreso al hogar familiar, en *María*?

e. ¿Qué había decidido el padre del protagonista con respecto al futuro de su hijo? ¿Qué suponía esta decisión?

f. ¿Por qué crees que María no suplicara como las hermanas del narrador?

g. ¿En qué circunstancias ocurrió la muerte del negro en *Martín Fierro*?

h. ¿Qué ocurrió en el encuentro del gaucho con sus hijos?

i. ¿Cuáles son las circunstancias en que halla a sus hijos? ¿Por qué no se deja llevar por la emoción al verlos?

j. ¿Cuál es la actitud de la voz poética en "A él" con respecto al destinatario de sus versos?

k. ¿Cuál es el conflicto de la voz poética en "Nocturno a Rosario"?

l. ¿Qué sucesos ocurrieron en Lima el 27 de octubre de 1544?

m. ¿Por qué Zárate se oponía a la boda de su hija con Blasco de Soto?

ANALIZO

➤ **Realiza** las siguientes actividades:

a. **Comenta** acerca del manejo del tema amoroso en los poemas románticos que leíste en el capítulo.

b. El carácter épico del *Martín Fierro* ha sido un tema muy discutido. **Indica** si la siguiente afirmación te parece verdadera. **Explica.**

- El poema de Hernández no es épico porque su protagonista lucha por un arrebato o en defensa propia, jamás impulsado por una causa superior o colectiva.

c. **Explica** por qué crees que el Romanticismo tuviera tanto auge en Hispanoamérica.

EVALÚO y VALORO

➤ **Comenta**:

a. ¿Qué imagen del gaucho te gusta más: la que se presenta en *Facundo* o en *Martín Fierro*? **Justifica** tu selección.

b. **Reflexiona** acerca de la preferencia de varios escritores románticos por el personaje del gaucho.

c. **Juzga** el comportamiento de los dos personajes principales de *Los tres motivos del oidor*, Francisco de Carbajal y el oidor. **Sustenta** tu punto de vista.

d. **Opina** acerca del manejo del tema del amor por parte de los escritores románticos.

EDUCACIÓN para la salud

En los poemas "A él", de Gertrudis Gómez de Avellaneda y "Nocturno a Rosario", de Manuel Acuña, las voces poéticas sufren de desamor. Este tema es uno sobre los que más se ha escrito en la literatura, pero, sobre todo, en la poesía. Usualmente, esas historias tienen personajes que viven desdichados por el desamor y tienen un desenlace trágico. ¿Crees que sea saludable andar deprimido por largo tiempo o llegar a cometer un acto criminal por causa de un desamor? ¿Por qué? ¿Qué le sugerirías a un ser querido para que se sienta mejor luego de una separación?

EN el contexto

➤ **Completa** las oraciones con las siguientes palabras del vocabulario: *gaucho, disentería, tisana* y *recelo.* **Procura** emplearlas de acuerdo con su contexto.

a. María no disimulaba el __________ que le producía ese señor.

b. Si te tomas esta __________, te aseguro que te sentirás mejor.

c. Se dice que el __________ se caracteriza por su valentía y su lealtad.

d. El joven soldado murió de __________.

El discurso romántico hispanoamericano

Panorama del siglo XIX

El siglo XIX ha sido muy importante para todos los pueblos hispanoamericanos tanto en el ámbito histórico como en el literario. El fervor político y social que generan las guerras de independencia, con su ideología nacionalista y el afán por la libertad, traen consigo, posteriormente, un clima de anarquía y de luchas civiles entre grupos que aspiraban al poder.

Hasta 1880, aproximadamente, se nos presenta un panorama con las siguientes características:

- la urgencia por lograr organizaciones políticas estables, con la resultante desorientación social;
- los prolongados períodos de dictadura en algunos de los países;
- la inmigración europea en países como Argentina;
- los problemas de injusticia social y económica en los países con grandes poblaciones de indios y negros, como Ecuador, Perú y Cuba, entre otros;
- el debilitamiento del poder religioso frente a las ideas liberales, que habían llegado desde el siglo anterior;
- el auge de la educación, que pasó a ser obligatoria y gratuita en muchos países.

Características y temas

El Romanticismo es el primer movimiento literario de importancia que llega a los nuevos países hispanoamericanos desde Europa, tras su independencia política en el siglo XIX. Aunque llegó de Europa, y se dio con más fuerza en unos lugares que en otros, la realidad sociopolítica del momento era propicia para la propagación del discurso romántico en la sensibilidad de los escritores. El discurso romántico se caracteriza por los siguientes rasgos:

- destaca la fuerza de los sentimientos;
- prefiere los misterios que encierra el pasado;
- describe las costumbres y la historia nacional;
- se vale de tonos que pueden ir desde lo emotivo, lo íntimo y lo apasionado hasta la crítica y la sátira;
- hay rebeldía en sus personajes.

No es de extrañar que, en todos los géneros, fundamentalmente, se crucen las características de este discurso con el discurso de prédica y la intención reformadora que alentó al siglo XIX.

Temática romántica hispanoamericana

- **La historia** - En Hispanoamérica, los escritores proyectaron sus anhelos del presente, sus afanes de libertad política e intelectual en los hechos de la Conquista y la Colonización. Desde la novela se critica, se orienta a la sociedad y se adelanta el ideal de independencia.

- **El indígena** - Algunos románticos trataron el tema del indígena en un intento de volver idealmente al pasado precolombino; sus obras inauguraron la tradición indigenista. Los autores percibían en el pasado autóctono un mundo mítico pleno de armonía, pero, en el Descubrimiento, veían una empresa perturbadora.
- **El amor** - Prohibido y frustrado, era gozo de gran aprecio en el Romanticismo. Algunas novelas que abordaron el tema del indígena contaron trágicas historias de amor que enlazaban, generalmente, a un español y a una princesa indígena; otras, históricas o costumbristas, narraron las vicisitudes de amores condenados al fracaso porque impulsaban al amado a cometer acciones criminales o porque los prejuicios sociales se interponían entre los amantes.
- **Las costumbres** - El Romanticismo hispanoamericano se preocupó por la descripción de acontecimientos y situaciones concretas y domésticas. Simultáneamente, combatió todos aquellos aspectos cotidianos que pudieran significar oposición a los principios liberales. En la novela histórica, indigenista o sentimental, los escritores hispanoamericanos insertaron cuadros de costumbres: descripciones de tipos humanos, hábitos y modos de una región, sector social o nación. Tales textos cumplían una función de crítica social: a través de los cuadros, los autores reflejaban el choque entre los viejos usos sociales y políticos y los nuevos.
- **La naturaleza** - A partir del Romanticismo ingresa el paisaje en la narrativa: pampa, montaña, selva, desierto, río, según la región a la que pertenezca el artista. En *María*, la naturaleza alcanza una particular expresión, plena de significados.

Romanticismo y progreso

La anarquía no pudo detener el progreso en las nacientes repúblicas. Algunos cambios fueron:

- Reforma de la economía, de acuerdo con los principios liberales
- Abolición de la esclavitud y la servidumbre de los indios
- Modificación del sistema social por la transformación de los estamentos de la colonia
- Educación para todos
- Lucha contra las instituciones que impidan el progreso humano en cualquier ámbito

ACTIVIDADES

1. **Escribe** un breve ensayo en el que expliques por qué la realidad sociopolítica que vivía Hispanoamérica propició el desarrollo del discurso romántico.
2. **Discute** con tus compañeros cuál de los poemas que leíste en este capítulo presenta mejor el ideal romántico del amor prohibido y frustrado. **Expliquen** por qué.
3. **Investiga** en la biblioteca o en Internet sobre la única visita de Simon Bolívar a territorio puertorriqueño. Luego, **comparte** tus hallazgos en clase.

Préstamos lingüísticos y extranjerismos

Para EXPLORAR

Necesito información sobre el *ballet*.
Puedes buscar en **Internet**. Ahí encuentras todo tipo de información.

➤ Contesta:

a. ¿Crees que las palabras destacadas sean parte del español?

b. ¿De qué lenguas crees que procedan esas palabras?

c. ¿Cuál de ellas crees que aparezca en el *Diccionario de la lengua española*?

d. ¿Cuál crees que sea la diferencia entre un préstamo lingüístico y un extranjerismo?

Para COMPRENDER

Las palabras de procedencia extranjera

Además del léxico propio, las lenguas recogen con frecuencia palabras de otros idiomas.

El proceso de incorporación de voces de otras lenguas se produce de manera continua a lo largo de la historia.

En español, se han incorporado términos del árabe, como *alcázar*; de las lenguas germánicas, como *tregua*; de las lenguas indígenas, como *canoa* y *tomate*; del italiano, como *escolta*; del francés, como *garaje*... En la actualidad, la influencia más notable es la que ejerce el inglés. Palabras de uso frecuente, como *mouse* o *Internet*, provienen de la lengua inglesa.

Préstamos lingüísticos y extranjerismos

Según el grado de adaptación a las normas fonéticas y ortográficas de la lengua en la que se integran, podemos distinguir dos tipos de vocablos procedentes de otras lenguas: los préstamos y los extranjerismos.

Préstamos lingüísticos	Extranjerismos
Son las palabras de origen extranjero que se han incorporado al castellano, normalmente tras un proceso de modificación de la pronunciación y la ortografía. **Ejemplos**: *escáner* → *scanner* *fútbol* → *football* *carrusel* → *carrousel* *corsé* → *corsette*	Se trata de palabras extranjeras que no se han incorporado de forma definitiva a la lengua. Esto puede deberse a que compiten con otra palabra existente o a que su uso no está muy extendido. Normalmente, conservan su forma original. **Ejemplos**: *bungalow* (del inglés) *boutique* (del francés)

Para PRACTICAR

1. Con ayuda del diccionario, **clasifica** las siguientes palabras en préstamos o extranjerismos:

a. fútbol
b. hint
c. líder
d. matiné
e. bulevar
f. champán
g. capricho
h. buqué
i. surfear
j. hobby
k. adagio
l. sándwich
m. souvenir
n. ballet
ñ. spray

- **Identifica** la lengua de la que proviene cada una de las palabras anteriores.

2. **Indica** los préstamos lingüísticos a los que han dado lugar las siguientes palabras inglesas:

a. *baseball* b. *smoking* c. *magazine* d. *interview*

3. **Sustituye** estas palabras por otras equivalentes del español.

a. *parking*
b. *hamper*
c. *break*
d. *sponsor*
e. *training*
f. *cherry*
g. *burger*
h. *strike*
i. *counter*
j. *size*
k. *appointment*
l. *cash*

4. **Identifica** los extranjerismos en cada oración.

a. ¡Pruebe nuestro nuevo y delicioso pastelillo de pollo con beicon!
b. Ayer recibí un e-mail con ofertas de la librería.
c. Habrá que avisarle al staff que el show requerirá unos cambios.
d. Dicen que ahora él es todo un dandi.
e. Benito contrató a un disc-jockey para su party.
f. Necesito comprar kétchup, pan, queso mozzarella y jugo de uva.
g. La cantante de pop es constantemente retratada por los paparazzi.
h. El mundo del vodevil es fascinante.
i. Todavía conservo mis casetes de música de los años ochenta.
j. La cafetería de al lado tiene un buen bufé de almuerzo.

Ortografía dudosa de la *s* y la *z*

Para EXPLORAR

En el género gauchesco la vos del que ezcribe se apropia de la del gaucho, de los tonos de dezafío y lamento; así se produce una aliansa entre ambas voces.

➤ **Contesta**:

a. ¿Podrías identificar algunos errores ortográficos en el enunciado? ¿Cuáles?

b. ¿Por qué crees que esas palabras pudieran presentar dificultad al escribirlas?

Para COMPRENDER

Se escriben con *s*:

- Las palabras que llevan el fonema *s* antes de *p* y de *t*: *ra**sp**a, a**st**a...*
- Los diminutivos de las palabras que lleven *s*: *anisito* (aní**s**), *camisilla* (cami**s**a)...
- Las palabras terminadas en los siguientes sufijos:

-asco → *peñ**asco*** (sustantivo), *-asca* → *hojar**asca*** (sustantivo)	*-esco* → *burl**esco*** (adjetivo), *-esca* → *grot**esca*** (adjetivo)	*-ista* → *pian**ista*** (de profesión), *real**ista*** (adjetivo)
-astro → *politic**astro*** (despectivo), *padr**astro*** (sustantivo)	*-ésimo* → ***pésimo***, *-ésima* → *cent**ésima*** (superlativo, partitivo)	*-oso/a* → *mied**oso/a*** (adjetivo), *-oso/a* → *rep**oso/a*** (verbo)
-ense → *viequ**ense*** (gentilicio), excepto vascuence	*-isa* → *poet**isa*** (de profesión), *corn**isa*** (sustantivo)	*-sis* → *te**sis*** (sustantivo), *análi**sis*** (sustantivo)
-és → *franc**és*** (gentilicio), *burgu**és*** (adjetivo)	*-ísimo* → *valios**ísimo*** (adjetivo), *-ísima* → *bell**ísima*** (adjetivo)	*-sivo* → *corro**sivo*** (adjetivo), *persua**sivo*** (adjetivo)
-esa → *cond**esa*** (de dignidad), ***mesa*** (sustantivo)	*-ismo* → *social**ismo*** (sustantivo), *espej**ismo*** (sustantivo)	*-uso* → *des**uso*** (sustantivo), *-usa* → *conf**usa*** (adjetivo)

El seseo y la escritura

Por el fenómeno denominado *seseo*, los hispanoamericanos pronunciamos el sonido *z* como *s*. Este hecho puede dificultar la escritura, puesto que utilizamos un mismo sonido /s/ para tres grafemas: *s*, *c* (ante e, i) y *z*. Además, da lugar a infinidad de homofonías; por ejemplo: *cocer - coser, casado - cazado, etc.*

 © Santillana

Se escriben con *z*:

- Los sustantivos que terminan con los sufijos *-anza, -azgo, -azón, -ez, -eza, -iz*: *cri**anza**, lider**azgo**, quem**azón**, niñ**ez**, bell**eza**, actr**iz**...*
- Las palabras terminadas en *-azo* y *-aza*, al formar un aumentativo, como cuando significa "golpe": *cod**azo**, man**aza**...*
- Los adjetivos que terminan en *-az, -izo, -iza*: *aud**az**, enferm**izo**, plom**iza**...*
- Los verbos que terminan con *-izar*: *aterr**izar**...* (La *z* se convierte en *c* ante *e*: *aterri**c**e*).
- Los verbos irregulares que intercalan una *z* en el lexema de los tiempos presentes: *nazco, produzco, luzcan...*

Como norma general, se pone *z* ante *a, o, u* y al final de sílaba: **z**apato, **z**orro, **z**urdo, pa**z**, bi**z**cocho. Pero puede escribirse *z* ante *e, i*, en algunas palabras de origen extranjero, como ***ze**jel, **ze**pelin, **zi**nc*; también, en palabras onomatopéyicas, como ***zi**g-zag, **zi**gzaguear* y en nombres propios, como ***Z**egobia* y ***Z**enón*.

Ortografía al día

Aunque en Puerto Rico *has* y *haz* se pronuncian de la misma forma, deben distinguirse adecuadamente en la escritura. *Has* es la segunda persona singular del presente indicativo del verbo *haber* con el que se forman los tiempos compuestos de la conjugación. Así, la forma *has*, seguida del participo que se está conjugando, da lugar a la segunda persona del singular del pretérito perfecto simple del modo indicativo. Por otro lado, *haz* es el imperativo correspondiente al pronombre *tú* del verbo *hacer*.

- Has bailado hermosamente.
- Haz la tarea.

Para PRACTICAR

1. **Completa** estas palabras con *s* o *z*.

a. andan__a
b. i__ó
c. __amaritano
d. __afacón
e. tri__te
f. pade__co
g. triste__a
h. manota__o
i. amane__ca
j. vigé__imo
k. pere__o__a
l. ocio__a

2. **Escribe** una palabra que contenga cada uno de los siguientes sufijos:

a. -anza
b. -azo
c. -oso
d. -azgo
e. -az
f. -uso
g. -azón
h. -izo
i. -ísima
j. -ez
k. -iza
l. -ismo

3. **Identifica** la palabra mal escrita en cada grupo.

a. pajoso, alpinizta, rojizo, conduzcan
b. alabansa, poetizar, deduzco, esperanza
c. mudanza, parentesco, matizar, sacerdotiza
d. horrorozo, cantazo, culebrense, virazón

La subordinación y los enlaces subordinantes

Para EXPLORAR

La Revolución Industrial y la literatura

Entre 1800 y 1850, la industria editorial recibió un gran impulso debido a los avances técnicos que facilitaron la producción masiva de libros y periódicos.

Como consecuencia de ello, el público lector aumentó considerablemente.

Los periódicos y revistas se convirtieron en la tribuna más frecuente de los escritores, que empezaron a cobrar honorarios por sus colaboraciones.

➤ **Contesta**:

a. ¿Cuántas oraciones compuestas hay en el texto? ¿Cuáles son?

b. ¿De qué grupo forman parte los segmentos de cada oración compuesta, del sujeto o del predicado?

Para COMPRENDER

Oraciones compuestas por subordinación

La **subordinación** es la relación de dependencia que muestra una unidad lingüística (una palabra, un grupo, un segmento) respecto de otra.

En la siguiente oración, por ejemplo, el segmento *que me regalaron* depende del sustantivo *el libro*, al que complementa y está, por tanto, subordinado a él.

Ejemplo:

sujeto — predicado

*El libro **que me regalaron** es un "best seller".*

Subordinada adjetival o de relativo

Las oraciones que contienen un segmento subordinado son **oraciones compuestas por subordinación** u **oraciones complejas**. La **subordinada** depende sintácticamente de una *oración principal* o de alguno de sus componentes.

La **oración principal** expresa la idea básica que se pretende transmitir.

Ejemplo: *El libro es un "**best seller**".*

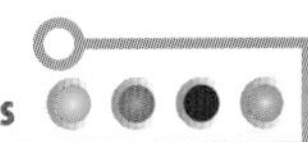

La subordinada o dependiente contiene un verbo conjugado que depende de algún elemento de la oración principal. Expresa una explicación o una circunstancia que completa o modifica a toda la oración principal o a un elemento de ella.

Ejemplo:

sujeto — predicado

*El libro **que me regalaron** es un "best seller".*

Subordinada adjetival

La subordinada se comporta como un elemento sintáctico más, un complemento o, incluso, el sujeto de la oración principal. En consecuencia, carece de la autonomía que sí puede tener, en cambio, la oración principal.

La subordinada puede funcionar como un sustantivo, un adjetivo o un adverbio. Este hecho permite distinguir tres clases de oraciones subordinadas: las sustantivas, las adjetivas y las adverbiales, que estudiarás en los próximos capítulos.

Enlaces subordinantes

Las **preposiciones** son elementos de enlace que se emplean para subordinar un grupo, generalmente nominal, o un segmento con el verbo en infinitivo o encabezada por las conjunciones *que* o *si*.

Ejemplos:

*Me dirigí **hacia el colegio**.*

*Los artistas tienen la capacidad **de reflejar los momentos históricos**.*

*Llegué a la conclusión **de que soy un romántico**.*

Las preposiciones actualmente en uso son estas: ***a, ante, bajo, con, contra, de, desde, durante, en, entre, hacia, hasta, mediante, para, por, según, sin, sobre, tras, versus*** y ***vía***.

Las **conjunciones subordinantes** son enlaces que subordinan un verbo en forma personal a otra forma verbal. Además, las conjunciones subordinantes introducen un segmento subordinado.

Ejemplo:

*Es irritante **que** la ignorancia y la pedantería dicten sus normas.*

Subordinada sustantiva

La conjunción subordinante más utilizada es ***que***. A veces, esta conjunción se une a otras palabras y forma con ellas una **locución conjuntiva**: *para que, puesto que, ya que...*

Según la relación que estos enlaces establecen, se distinguen varias clases de conjunciones y locuciones conjuntivas subordinantes.

Para COMPRENDER

Conjunciones y locuciones conjuntivas subordinantes	
Clases	**Ejemplos**
completivas	*Pienso* ***que*** *(Venezuela) es un gran atractivo turístico.*
temporales	*Te hablo* ***cuando*** *regrese.*
locales	*En Camuy se encuentran Las Cuevas de Camuy* ***donde*** *se practica rapel.*
modales	*Los románticos nos enseñan* ***cómo*** *valorar el individualismo.*
comparativas	*La pintura romántica es* ***más*** *interesante de lo que creía.*
consecutivas	*Las vacaciones son* ***tan*** *necesarias* ***que*** *son obligatorias en cualquier actividad.*
finales	*Almuerza* ***para que*** *tengas energía.*
causales	*Compartir con la familia es importante,* ***puesto que*** *estrecha nuestros lazos.*
concesivas	***Aunque*** *no queríamos estudiar, nos encantó descubrir los diferentes períodos literarios.*
condicionales	***Si*** *estudiamos, ampliaremos nuestros conocimientos.*

Los **relativos** (*que, cual, quien, cuyo, cuanto, como, donde* y *cuando*) son enlaces que introducen una subordinada a la vez que desempeñan una función en esta: el sujeto o el complemento directo.

Ejemplo: *La primera novela* ***que*** *se escribió en español fue* El ingenioso hidalgo don Quijote de la Mancha.

En este caso, el relativo *que* representa al sustantivo *novela* y desempeña en la subordinada (*que se escribió*) la función de sujeto.

Los relativos suelen hacer referencia a una palabra aparecida anteriormente en el enunciado, a la que llamamos **antecedente**. Este antecedente es el elemento del cual depende toda la subordinada.

Ejemplo:

Oración principal	Subordinada	
Las ***flores***	***que*** *compré*	*solo crecen en las áreas húmedas.*
Antec.	relativo	

En correlación con los enlaces relativos están los **interrogativos** y los **exclamativos** *qué, cuál, quién, cuánto, cuándo, dónde* y *cómo*, que también pueden desempeñar funciones subordinantes.

Ejemplos:

No sé ***quién*** *informará primero.*

Me sorprende ***cuántas*** *tonterías se introducen por medio de la publicidad.*

Gramática al día

La mayoría de las conjunciones subordinantes son **locuciones conjuntivas**. Una locución es un grupo sintáctico lexicalizado, es decir, un grupo de palabras con un sentido fijo que funciona como si fuera una categoría gramatical.

Gran parte de las locuciones conjuntivas se forman mediante la combinación de la conjunción *que* y preposiciones, adverbios, grupos nominales (grupos nominales) u otros: preposición + *que* (*porque, para que, conque, desde que*); adverbio + *que* (*aunque, bien que, siquiera que, ahora que, enseguida que, luego que, mientras que, ya que*); conjunción + *que* (*ni que*); participio + *que* (*puesto que, dado que*); sustantivo o grupo nominal + *que* (*cosa que, una vez que, toda vez que, cada vez que*); preposición + sustantivo + *que* (*a medida que, de forma que, de manera que, de suerte que*); preposición + grupo nominal + *que* (*a la vez que, a la par que, en lo que*); preposición + sustantivo + *de* + *que* (*a fin de que, en caso de que, con tal de que*).

Para PRACTICAR

1. **Identifica** el segmento subordinado e **indica** el enlace subordinante.
   a. Los estudiantes reclamaban que bajaran el costo de la matrícula.
   b. Nos trajeron el postre cuando ya era demasiado tarde.
   c. El chico que llegó nuevo a la escuela viene de Argentina.
   d. Haré un informe sobre el autor cuya obra me impactó.
2. **Indica** cuál es la oración principal y cuál, la subordinada en cada una de las siguientes oraciones:
   a. Recibí la información sobre la investigación que realizaste.
   b. Ese perro es el que encontró a mi gato.
   c. El diploma será recibido por los alumnos que se gradúan.
3. **Identifica** en las siguientes oraciones la subordinada e **indica** el relativo que la introduce:
   a. ¿Cómo se titula el libro que leyeron?
   b. Me gusta el restaurante donde comimos con Juan.
   - **Señala** cuál es en cada caso el antecedente del relativo.
4. **Explica** de qué manera se combinan coordinación y subordinación en las siguientes oraciones:
   a. Espero que llegues temprano y no des problemas.
   b. Fui a la librería y compré el libro que me pediste.
5. **Escribe** dos oraciones compuestas de cada tipo.
   a. por yuxtaposición   b. por coordinación   c. por subordinación

La redacción de un informe

OBSERVO

Estado mundial de la infancia 2011. La adolescencia, una época de oportunidades. Informe de la UNICEF.
(fragmento)

Nuestro planeta es el hogar de 1,200 millones de personas que tienen entre diez y diecinueve años. Todas ellas han vivido siempre, o la mayor parte de sus vidas, al amparo de la Declaración del Milenio, el pacto mundial sin precedentes que, desde el año 2000, se ha propuesto construir un mundo mejor para todos.

Innumerables adolescentes se han beneficiado de los progresos en materia de supervivencia infantil, educación, acceso a agua potable, y otros ámbitos del desarrollo [...]. Sin embargo, han llegado a un momento crucial de sus vidas, del mismo modo que el mundo está afrontando un momento crucial en este nuevo milenio.

[...] La confianza en la economía mundial se ha desplomado. El desempleo se ha incrementado notablemente y los ingresos reales de las familias han disminuido o han dejado de crecer. En el momento de escribir este informe —a finales de 2010— las perspectivas económicas mundiales siguen siendo en extremo inciertas [...].

En este contexto, y de acuerdo con el pensamiento clásico, la mayor parte de los recursos se deberían destinar a la primera década de la vida. Al fin y al cabo, en esos primeros años, los niños están más expuestos a morir, enfermarse y desnutrirse. Además, el agua insalubre y las malas condiciones de saneamiento ponen en peligro sus vidas; y la falta de educación, protección y atención tiene consecuencias altamente perniciosas que pueden durar toda la vida.

➤ **Contesta**:

a. ¿Acerca de qué es el informe y cuál es su objetivo?

b. ¿Qué conclusión plantea el informe?

¿QUÉ VOY A ESCRIBIR?

Un **informe** es un texto expositivo argumentativo que explica el desarrollo de un proceso de investigación o de lectura. Expone objetivamente hechos o datos comprobables sobre un asunto. Incluye un título extenso que expresa el tema; una introducción con el objetivo del estudio y lo contextualiza; un cuerpo, en el que se proveen de forma detallada y organizada los hallazgos; y una conclusión, donde se sintetiza y el autor hace sus recomendaciones.

© Santillana

¿CÓMO LO ESCRIBO?

PLANIFICO mis ideas

1. Piensa en temas que te interesen y que te parezcan importantes, como para elaborar un informe.
2. Define los objetivos de tu informe y determina por qué es relevante el tema.
3. Investiga sobre tu tema y recopila datos concretos.
4. Piensa en una recomendación para mejorar esa situación.

ELABORO mis ideas

1. Define la situación que describe tu informe.
2. Divide los subtemas que se abordan.
3. Prepara un plan y considera lo siguiente: el enfoque que darás al tema, el orden de exposición de ideas, si distribuirás o no la información en distintos apartados, la inserción de alguna cita significativa y si incluirás gráficos o tablas.

ESCRIBO mis ideas

1. Escribe la introducción del informe presentando el tema, los objetivos del trabajo y los autores en los que se basa la exposición.
2. Redacta el desarrollo y expón, en oraciones breves y claras, las ideas y los conceptos necesarios para dar cuenta del tema elegido.
3. Escribe la conclusión en dos o tres párrafos y retoma las ideas más importantes del desarrollo. Responde con una conclusión personal la interrogante abierta en la introducción. Busca e incluye un dato estadístico que apoye tus recomendaciones.
4. Escribe un título breve que refleje el contenido, y prepara la bibliografía en una hoja aparte.

EDITO un texto

- ☑ La introducción plantea con claridad el tema y los objetivos propuestos.
- ☑ La información está dividida en subtemas vinculados con el tema de la investigación.
- ☑ El lenguaje empleado es objetivo y referencial.
- ☑ El informe termina con una conclusión o una recomendación que se deriva lógicamente de los aspectos desarrollados.
- ☑ El título es breve y sirve al lector como guía sobre el tema que aborda.

El informe oral

Un **informe oral** consiste en informar a unos oyentes de lo que hemos leído o presenciado. Un buen informe oral debe seguir la misma organización que uno escrito: en la introducción, menciona el título y el autor de la obra, y haz un comentario general sobre el texto; en el cuerpo, resume las ideas fundamentales (evita leer pasajes extensos; si acaso, lee una o dos oraciones que te ayuden a ilustrar un punto); y en la conclusión, recapitulas la visión del autor o del director.

¿Cómo lo preparamos?

1. Formen un grupo de tres integrantes.
2. Investiguen acerca de las nuevas formas de comunicación que ofrece la Internet y del impacto que tienen en nuestro estilo de vida.
3. Escriban un guion para estructurar su informe oral y preparen unas tarjetas guía con información que crean necesario recordar.
4. Decidan qué recursos audiovisuales podrían utilizar para la presentación del tema.

¿Cómo lo presentamos?

1. Pronuncien su informe frente a sus compañeros de clase. Recuerden presentarse antes de comenzar su exposición.
2. Déjense llevar por el guion preparado y dependan de las tarjetas guía solo para echar un vistazo a ciertos datos.
3. Utilicen un léxico apropiado con su público.
4. Hablen de forma impersonal y objetiva, sin emitir opiniones.
5. Manejen adecuadamente el tiempo disponible, el cual no debe exceder los cinco minutos.
6. Presenten los recursos visuales que hayan preparado.

¿Cómo lo hicimos?

☑ ¿Reunimos información completa sobre el tema asignado?

☑ ¿Apoyamos la exposición con gráficos, mapas o cualquier otro tipo de ayuda visual?

☑ ¿Hicimos un guion en el que se ordenaron las ideas más importantes de la exposición?

☑ ¿Finalizamos la exposición con las conclusiones generales?

 © Santillana

Causas de la independencia de Hispanoamérica

En el primer tercio del siglo XIX, se independizaron casi todas las colonias españolas en Hispanoamérica. Las causas que motivaron su emancipación fueron muy complejas, porque no solo respondían a motivaciones y procesos internos de las propias colonias, sino también a influencias, presiones y corrientes ideológicas externas. La difícil situación de España tras la invasión francesa supuso la ruptura de su contacto directo con América. En las colonias, los criollos se encontraban descontentos por su postergación en el Gobierno local y el mantenimiento del monopolio comercial metropolitano. Además, los negros, mestizos e indios vivían en una fuerte tensión social por la explotación a la que los sometían los blancos. Por otro lado, el influjo de las ideas de la Ilustración europea, los ejemplos directos de la independencia norteamericana y de la Revolución francesa, así como la ayuda de países interesados en desplazar a España, como Inglaterra y Estados Unidos, contribuyeron decisivamente al desarrollo del proceso de independencia en las colonias.

Los países que surgieron tras la emancipación adquirieron la independencia política, pero no consiguieron establecer unas instituciones políticas, económicas y sociales estables, por lo que muchos de ellos se han debatido entre contradicciones internas y presiones externas que todavía configuran su situación actual.

La Revolución francesa, la independencia norteamericana, y la ayuda de Inglaterra y Estados Unidos (quienes estaban interesados en desplazar a España) contribuyeron al desarrollo del proceso de independencia en las colonias.

ACTIVIDADES

1. **Elige** cinco palabras del texto y busca su etimología en un diccionario. Luego, **determina** si alguna es un préstamo lingüístico e indica de dónde es su procedencia.
2. **Identifica** dos oraciones de la lectura que tengan enlaces subordinantes.
3. **Selecciona** un país hispanoamericano e **investiga** más a fondo acerca de sus luchas de independencia. **Elabora** un breve informe sobre su emancipación y **compártelo** con la clase.
4. **Busca** la biografía de uno de los líderes de la independencia hispanoamericana. Luego, **escribe** los cinco datos que más te impresionaron.

El Romanticismo en la danza

El foyer de la danza en la Ópera (1872), óleo sobre tela, de Edgar Degas. La obra se encuentra en el Museo de Orsay.

Mientras que en épocas anteriores se desarrollaban temas mitológicos, durante el Romanticismo surge el *ballet* como un baile que privilegia el movimiento de la mujer. Es aquí cuando comienza el uso del tutú de gasa blanca para mostrar el movimiento de las piernas y el baile de puntas, lo que otorgaba a la bailarina un aire de libertad y ligereza. Es por eso que, al dar sus pasos, la bailarina parece flotar levantada por el aire, lo que reduce el contacto con el suelo. A su vez, el hombre cede su lugar hegemónico para convertirse en el apoyo de las bailarinas.

Las ideas románticas de centrarse en la experiencia humana y de seguir las emociones llevan al *ballet* a crear la ilusión de amor y libertad. El *ballet* comenzó a poner en escena historias de príncipes, ninfas, magia y amores no correspondidos, temas representativos del Romanticismo. Además, la figura de la mujer cambia, deja de ser sensual y voluptuosa, y pasa a ser ligera, delgada y frágil (figura que veremos que coincide estéticamente con la heroína literaria romántica). También surge la dicotomía cuerpo y espíritu, puesto que en las tramas de los *ballets* se resaltan el alma y el espíritu de la mujer y su amor ante un hombre. El uso de las zapatillas para bailar en puntas le daba a la mujer ese carácter etéreo, pero el baile en compañía del hombre le daba sensualidad. Por otra parte, el Romanticismo brindó exotismo y colorido a los escenarios, lo cual les permitía a los espectadores escapar de su realidad.

Las dos escuelas principales de *ballet* fueron la francesa y la italiana. La primera buscaba interpretar la gracia y elegancia; y la segunda, la fuerza. En 1850, aunque ya el movimiento romántico decae, la figura de Piotr Illich Tchaikovsky (1840-1893) hace que la música de *ballet* mantenga su lugar privilegiado y ya no sea París el lugar central del *ballet*, sino Rusia.

La imagen que aparece en esta sección es de Hilaire Germain Edgar Degas (1834-1917), pintor y escultor impresionista francés que dedicó varios de sus cuadros al *ballet*. Ya fueran clases, ensayos o los bailes vistos desde el palco, no hay duda alguna de que Degas se sintió maravillado por la danza y pudo captar a través de ella el movimiento y la belleza del instante. Aunque el impresionismo ocurre a finales del siglo XIX como una reacción al Romanticismo, esto demuestra la popularidad que estaba logrando el *ballet* en ese momento.

COMPRENDER

1. **Identifica** las ideas principales del texto en un diagrama como el que se presenta a continuación:

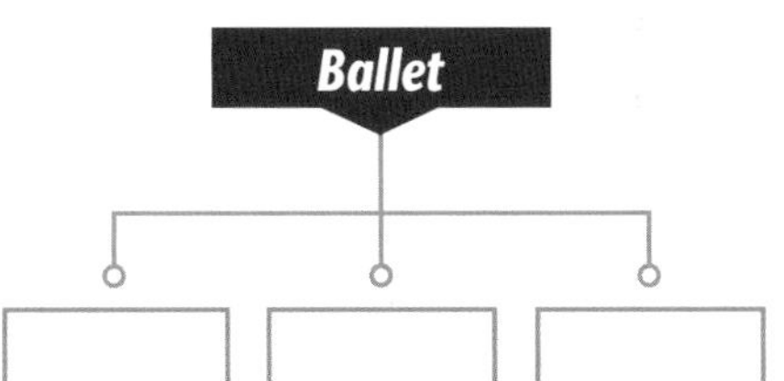

2. **Discute** brevemente:
   a. **Expresa** los cambios que trajo el Romanticismo en la danza.
   b. ¿Qué buscaba lograr el Romanticismo en el *ballet*? **Explícalo** en las coordenadas de las emociones, la figura de la mujer y los temas.
   c. **Describe** la importancia de Tchaikovsky en el *ballet*.

APLICAR

➤ **Observa** detenidamente el óleo de Degas que presentamos en esta sección. **Fíjate** en los detalles: la vestimenta, el escenario, y otros elementos. Luego, **redacta** un párrafo en el que **demuestres** cómo esa pintura ilustra la danza. ¿Te parece que lo hace de forma realista o idealista?

ANALIZAR

➤ La danza ocupó un lugar similar al del teatro durante el Romanticismo y, como parte de un proceso histórico, fue cambiando conforme se modificaba la visión sobre el arte y la vida misma. ¿Qué lugar ocupa en la actualidad el baile en nuestra sociedad? ¿Qué diferencias hay entre el *ballet* y la danza contemporánea? ¿A qué le atribuyes esas diferencias?

CONCIENCIA verde

Las culturas tribales de las Américas, África, Asia y hasta Groenlandia realizan desde tiempos ancestrales danzas en honor al medioambiente y al clima. Esto es debido a que sus creencias metafísicas les llevan a crear rituales para vincularse más con la naturaleza y obtener así sus favores. Aunque tal vez nuestra formación occidental nos lleve a ver esto como un simple mito, lo cierto es que nuestras acciones afectan en menor o mayor grado el medioambiente e incluso el clima. ¿Puedes brindar ejemplos o profundizar más sobre este planteamiento?

Las imágenes sensoriales en la prosa y en la poesía

Sab

...Bajo este cielo de fuego el esclavo casi desnudo trabaja toda la mañana sin descanso, [...] jadeando, abrumado bajo el peso de la leña y de la caña [...] y abrasado por los rayos del sol que tuestan su cutis [...]. Cuando la noche viene con sus brisas y sus sombras a consolar a la tierra abrasada, y toda la naturaleza descansa, el esclavo va a regar con su sudor y con sus lágrimas al recinto donde la noche no tiene sombras, ni la brisa frescura [...].

Gertrudis Gómez de Avellaneda
(fragmento)

➤ **Contesta**:

a. ¿Qué se describe en el texto?
b. ¿Qué sentidos se estimulan en esta descripción?
c. ¿Por qué se estimulan los sentidos en la descripción?

PARA entender

¿Has percibido un aroma que te recuerde algo o alguien, o has escuchado una canción que te recuerde un momento? A través de los sentidos el ser humano conoce el mundo y recibe información. Estos ofrecen una perspectiva interesante del mundo, pues nos dejan una imagen clara y fuerte de lo vivido o experimentado.

Cuando un escritor o una escritora utiliza la riqueza del lenguaje para crear imágenes literarias que apelen a nuestros sentidos, usa imágenes sensoriales. Las **imágenes sensoriales** son un recurso estético que logra una representación vigorosa y brillante de lo material o inmaterial para hacerlo perceptible a través de uno o varios sentidos. Se utilizan en la prosa y en la poesía.

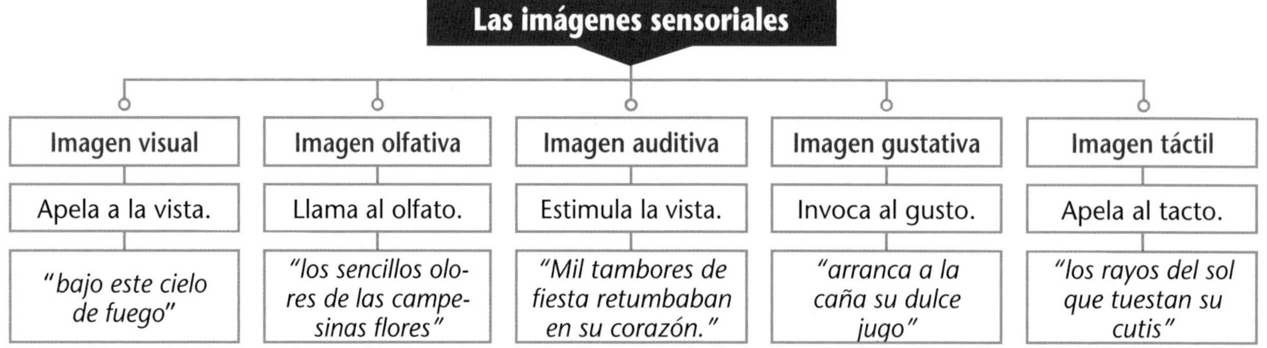
Las imágenes sensoriales
Imagen visual
Apela a la vista.
"bajo este cielo de fuego"
Imagen olfativa
Llama al olfato.
"los sencillos olores de las campesinas flores"
Imagen auditiva
Estimula la vista.
"Mil tambores de fiesta retumbaban en su corazón."
Imagen gustativa
Invoca al gusto.
"arranca a la caña su dulce jugo"
Imagen táctil
Apela al tacto.
"los rayos del sol que tuestan su cutis"

Cuando en una frase, una oración o un verso se mezclan dos o más imágenes sensoriales se llama **sinestesia**.

Ejemplo: *sinfonía azul*

ENTIENDO...

➤ **Identifica** las imágenes sensoriales en las siguientes oraciones. Luego, **clasifícalas** como visual (V), auditiva (A), gustativa (G), olfativa (O), táctil (T) o sinestesia (S).

- ___ a. Amargo cáliz con placer agoto
- ___ b. Voló la noche negra de murciélagos.
- ___ c. Del torpe engaño mil rivales ríen.
- ___ d. ...Requemando el labio.
- ___ e. Que cuando amor tan imperioso grita.
- ___ f. La rugosa piel se sentía helada.
- ___ g. Fue como tragar hiel.
- ___ h. Era piedra, hielo, nada.
- ___ i. El tierno hedor lo llenaba todo.

...luego escribo

1. Navega en Internet y busca fotografías digitales que muestren hermosos paisajes que involucren personas desconocidas, animales u objetos o un cuadro que pertenezca al Romanticismo.
2. Selecciona la foto digital más interesante, curiosa o divertida o un cuadro que llame tu atención.
3. Observa cuidadosamente la fotografía digital o la pintura, y realiza una lista de los elementos que la componen y sus características: color, formas, temas, emociones que emite, etc.
4. Piensa en cómo describir lo observado apelando a cada uno de los sentidos, y crea imágenes sensoriales.
5. Organiza las ideas para que expresen con claridad lo que se desea comunicar.
6. Escribe un párrafo que incorpore las imágenes sensoriales para describir lo que observas.

Me evalúo	
☑ El texto describe una foto interesante o una pintura romántica.	☑ El texto está escrito en prosa, pero las imágenes enriquecen la descripción.
☑ La descripción de la imagen incluye, al menos, una imagen que apela a cada uno de los cinco sentidos.	☑ Las ideas están organizadas de forma coherente.
☑ Las imágenes sensoriales logran trasnmitir las sensaciones que provoca la fotografía o la pintura.	☑ El texto logra captar la imagen por medio de los sentidos.

10 Un camino hacia la libertad

Teatro Tapia en San Juan, Puerto Rico

El teatro Tapia se fundó en 1832, y más tarde recibe su nombre actual en honor a uno de los máximos exponentes del Romanticismo en Puerto Rico, Alejandro Tapia y Rivera.

Temas del capítulo

- El discurso romántico en Puerto Rico
- Los tecnicismos
- Los dos puntos y las comillas
- La subordinación sustantiva
- El texto argumentativo
- El debate

Preámbulo

Nuestro Romanticismo se inicia en la década de 1840, y sus rasgos dominan el *Aguinaldo puertorriqueño* (1842), obra colectiva en verso y prosa que funda nuestras letras. Se manifiesta en la poesía lírica y produce nuestro primer poeta notable: Santiago Vidarte. Le sigue José Gautier Benítez, el poeta romántico más destacado. Otro gran lírico es Pachín Marín, poeta revolucionario que se mostró a favor de la libertad desde el exilio. No obstante, la figura dominante del Romanticismo en Puerto Rico es Alejandro Tapia y Rivera. En obras como *La cuarterona* y *La palma del cacique* indaga en nuestra historia y los problemas sociales. Por otro lado, Eugenio María de Hostos fue nuestra mayor figura intelectual. Autor de *La peregrinación de Bayoán*, fue sociólogo, educador, político revolucionario, jurista, crítico literario, periodista y ensayista. Con él, las letras puertorriqueñas adquieren amplia proyección internacional.

Por todo esto podemos decir que la literatura puertorriqueña, como la hispanoamericana, a la que pertenece, nace en el entorno del Romanticismo.

¿Qué sabes sobre el Romanticismo en Puerto Rico?

- De acuerdo con las características que ya conoces sobre el Romanticismo, ¿qué textos literarios de la literatura puertorriqueña crees que pertenezcan a este período? ¿Por qué?
- El teatro Tapia se construyó durante el período romántico en Puerto Rico. ¿Lo has visitado? ¿Has visto alguna obra? ¿Cuál?
- ¿Qué importancia crees que tenga el teatro para una comunidad?

Al comenzar

- ¿A quiénes se los conoce como *jíbaros*?
- ¿Cómo imaginas una boda jíbara? ¿Te gustaría que te invitaran a una?
- ¿Qué te viene a la mente cuando escuchas la palabra *aguinaldo*?

Al leer

- Identifica el habla campesina y las distintas vestimentas aludidas en el fragmento de "Un casamiento jíbaro".
- Menciona aquellos aspectos de una boda jíbara, que describe el autor.

Al concluir

- ¿Crees que existan jíbaros actualmente? ¿Dónde?
- ¿Cómo han cambiado las costumbres de las bodas y los aguinaldos puertorriqueños en el presente?

El Gíbaro

Un casamiento jíbaro

Escena IV

Cantando estaba ey pitirre
en la copa de una seyba,
cuando salen de una casa,
o mejoy, de ebajo de eya,
jasta unas treinta presonas
a cuay más toas compuestas.
Diban tóos a cabayo
(ey que menos diba en yegua).
Los hombres ensapataos
y casi toos con chaqueta,
yeban aygunos pañuelo
amarrao en la cabesa,
y sombrero e pelo negro,
tejío entero, o de empleyta,
camisas aymionáas,
y carsones e tapeta.
Las mujeres yeban gorras
de pelo con plumas negras,
guantes de algoón tejíos.
Y argunas, sayas e séa;
sapatos e marroquín
y tumbagas muy sobelbias,
de aqueyas de pocos riales
que briyan como las pieiras;
pañuelos y pañuelones
de too grandol y manera,
y argoyitas y sarsiyos,
y junquiyos y caenas.
[…]
Las tajarrias, asericos,
aparejos y aguaeras
eran tóos nobesitos
y jechos pa aqueya fiesta,
que era la boa de Peiro
hijo der Guajon Iglesias,
con Gilia, la muy pulía,
hija de Toño Ribera,
y aquey día se casaban
con grandísima querensia.
La mosa e cuando en cuando
bia ar nobio e manera,
que bien clarito le isia:
Peiro, tuya es esta prenda.
y er sortaba caa bufío
de gusto ar miral su jembra,
que ni con er susuncoyda
se cambiara aunque er quisiera.
Ey soy estaba una vara
más arriba de la tierra,
cuando pol medio ey Barrero
caminaban pa la iglesia;
habiéndose ya apeao
en caje de una parienta.
Yegan, y er cura, que estaba
asperándose a la pueita,
los espachó, y dijo misa
toyto en un requimeternan;
mas ar salil encontraron
abieytas ya toas las tiendas
de pulpería y de ropa,
bentorriyos y rancheras;
y los mosos, jumaseros;
los muchachos y las viejas.
Ey pueblo entero asperando
a que los novios salieran.
¡Bárgame Dios que sanfransia,
luego que estuvieron fuera,
de matracas y fotutos,
y con palos y con pieyras
pegando en los mostraores
y gorpeando las pueytas!
Er uno gritaba: juse,
carabuco bira y seja;
er otro: mira; atarraya
esa nobiya berrenda.
Y así bastante ajoraos
fueron a cojel las bestias,
y salieron dey Barrero
camino dey Aguabuena.

Aguinaldos

Escena XII

Las trullas de a pie se componen de gente pobre, que no por eso se di-ierten menos; maraca en mano y tiple y carracho bajo del brazo, caminan, guas enteras saltando barrancos, vadeando ríos y trepando cerros, hasta ue el sol les hallaba muchas veces a gran distancia de sus casas; pero esto o les importa: continúan su camino durante todo el día y la noche de Re-es, sin regresar de su peregrinación hasta el que sigue a este último; esto s, a los tres de haber abandonado sus **Penates**.

Dada la diferencia de educación, es sabida la que puede haber entre es-enas de estas trullas y las de a caballo: varían en los modales, las expresio-es, etc., pero en la esencia lo mismo pasa en unas que en otras. Los versos ue cantan en aquéllas con música variada y que son a veces buenos, en es-as últimas guardan el mismo aire siempre, y se transmiten de padres a hijos in alteración en las palabras. Tal es el antiguo y muy sabido estribillo:

Naranjas y limas,
imas y limones,
más vale la Virgen
que todas las flores.

Los aguinaldos en la capital están muy lejos de tener el carácter origi-al que los del campo: hay también trullas que van a algunas casas; pero on, como es fácil concebir, un remedo muy incompleto de aquellas agra-ables caravanas. Un determinado número de personas sale por las calles idiendo aguinaldo; mas, ¿acaso puede el eco de muchas voces reunidas roducir el mismo efecto en una calle o dentro de una habitación, que en l campo? [...]

No me detendré en las felicitaciones de las bandas de la guarnición las autoridades, y del sereno, alguacil, ahijados y otros que nombrarlos uera nunca acabar, a todo el que puede darles, no dulces ni cerveza, sino, lgunos realejos para celebrar los Santos Reyes, porque esto con distintos notivos y en diversos días del año pasa en muchos otros parajes, y no me-ece llamarse costumbre de Puerto Rico.

Vamos pues a cuentas, querido lector; ya tienes un artículo bueno o nalo sobre aguinaldos [...]; recíbelo tal cual es, sin exigir que me devane os sesos dando vueltas a un asunto acerca del que pienso lo que te dije al rincipio y repito ahora: los aguinaldos son de aquellas costumbres que nuy poco o nada tienen que tildar, y mucho que merece elogio.

Manuel A. Alonso
(puertorriqueño)
(fragmento)

Sobre el autor

Manuel Alonso (1822-1889) fue un escritor y médico puertorriqueño. Estudió en la Universidad de Barcelona, donde obtuvo su licencia de médico y cirujano. A lo largo de su carrera, combinó estas dos pasiones. Se inició en la corriente costumbrista con la publicación del *Aguinaldo Puertorriqueño*, en 1842, junto a otros jóvenes escritores, y un año más tarde, participó de la publicación *Álbum Puertorriqueño*. Trabajó como director del periódico *El Agente*. Sin embargo, su obra cumbre fue *El Gíbaro*, publicada en 1849, la cual resaltaba los rasgos del puertorriqueño, sus costumbres y el paisaje de su tierra natal. La segunda parte de esta obra vio la luz en 1883.

- **Penates** (sustantivo). Hogares.

Leo un texto

Al comenzar

- ¿Cómo definirías la patria?
- ¿Cuáles crees que sean las características que deba poseer una persona patriótica?

Al leer

- Explica la siguiente cita: "Para poder conocerla es preciso compararla, de lejos en sueños verla; y para saber quererla es necesario dejarla".
- Infiere por qué Lola Rodríguez de Tió señala que no tenemos patria.
- Explica el sentido que tiene el último verso del poema "Autógrafo".

Al concluir

- ¿Qué emociones sentiste cuando leíste el poema "A Puerto Rico" (Regreso)?
- ¿Compartes las ideas presentadas por la autora en su poema "¿Por qué no tenemos patria?" Explica.
- ¿Cuál es el sentimiento inmerso en el poema "Autógrafo"?

A Puerto Rico (Regreso)

Por fin, corazón, por fin,
alienta con la esperanza,
que entre nubes de carmín
del horizonte al confín,
ya la tierra a ver se alcanza.

Luce la aurora en Oriente
rompiendo pardas neblinas,
y la luz, como un torrente,
se tiende por la ancha frente
de verdísimas colinas.

Ya se va diafanizando
de la mar la espesa bruma;
el buque sigue avanzando,
y va la tierra brotando
como Venus de la espuma.

Y allá sobre el fondo obscuro
que sus montañas le dan,
bajo un cielo hermoso y puro,
cerrada en su blanco muro
mi bellísima San Juan.

Y aunque esa ciudad amada,
mis afecciones encierra,
con el alma entusiasmada,
yo no me acuerdo de nada,
sino de ver esa tierra.

Perdonadle al desterrado
ese dulce frenesí:
vuelvo a mi mundo adorado,
y yo estoy enamorado
de la tierra en que nací.

Para poder conocerla
es preciso compararla,
de lejos en sueños verla;
y para saber quererla
es necesario dejarla.

¡Oh! no envidie tu belleza,
de otra inmensa población
el poder y la riqueza
que allí vive la cabeza,
y aquí vive el corazón.

Y si vivir es sentir,
y si vivir es pensar,
yo puedo, patria, decir,
que no he dejado vivir
al dejarte de mirar.

Que aunque es templado y suave
no vive, no, en el ambiente
el pez de las ondas nave,
ni entre las ondas el ave,
ni yo, de mi patria ausente.

¡Patria! jardín de la mar,
la perla de las Antillas,
¡tengo ganas de llorar!
¡tengo ganas de besar
la arena de tus orillas!

Si entre lágrimas te canto,
patria mía, no te asombre,
porque es de amor ese llanto,
y ese amor es el más santo
de los amores del hombre.

Tuya es la vida que aliento,
es tuya mi inspiración,
es tuyo mi pensamiento,
tuyo todo sentimiento
que brote en mi corazón.

Que haya en ti vida primero,
cuanto ha de fijarse en mí,
y en todo cuanto venero,
y en todo cuanto yo quiero,
hay algo, patria, de ti.

No, nada importa la suerte,
si tengo que abandonarte,
que yo solo aspiro a verte,
a la dicha de quererte
y a la gloria de cantarte.

José Gautier Benítez
(puertorriqueño)

¿Por qué no tenemos patria?

Blanca María, hermana del coronel
evolucionario Enrique Malaret, voluntario
uertorriqueño en Cuba

ú sabes Blanca María,
por qué no tenemos patria,
hay solo tristes recuerdos
n nuestra tierra enlutada?

Tú sabes por qué Borinquen
a nueva Polonia esclava
obla la frente y oculta
a honda pena que la embarga?

Y por qué en vez de inscripciones
e risueñas esperanzas,
an solo ostenta epitafios
sepulturas blanqueadas?

No lo adivinas? Pues oye
o que escribo en esta página,
in soñar como poeta
on estrellas y con llamas.

De banderas que sostienen"
maginarias batallas
"continentes y mundos
ue no comienzan ni acaban".

Cómo ha de nacer un pueblo,
i levantarse una raza,
londe faltan corazones
ue dan su sangre y su savia,

por libertad la conciencia
y no soportar la infamia
del déspota miserable
que las oprime y degrada?...

¿Cómo ha de surgir con vida
el ideal de la patria
al respirar el ambiente
de una tierra esclavizada,

viendo sus hijos errantes
resistiéndose a ser **parias**,
regar con llanto el camino
de un destino que no acaba?...

Ya sabes Blanca, María,
porqué no tenemos patria,
y nos llamamos cautivos
¡de un dolor sin esperanza!

¡Ay, de los tristes que sueñan
—tras de **proscripción** tan larga—
con el río y con las lomas
donde corriera su infancia!

¡Pobres proscritos! En vano
quieren descolgar sus arpas,
¡si la tierra prometida
yace en el fondo del alma!

Autógrafo

Yo no me siento nunca extranjera:
En todas partes hogar y abrigo
Amplia me ofrece la azul esfera;
Siempre mis sienes un seno amigo
Hallan en una u otra ribera,
Porque la patria llevo conmigo.

Lola Rodríguez de Tió
(puertorriqueña)

Sobre los autores

José Gautier Benítez (1848-1880) fue un periodista y poeta puertorriqueño. Estudió en la Academia Militar de Toledo, pero decidió regresar a su tierra sin haber terminado sus estudios por la tristeza que le causaba estar lejos de su patria. Esa nostalgia se ve reflejada en su poema "A Puerto Rico (Regreso)". Fundó el periódico *El Progreso*, junto a Manuel Elzaburu, y la *Revista Puertorriqueña*.

Sus composiciones más representativas destacan la melancolía y el sentimiento del Romanticismo. Entre sus poemas se encuentran: "La barca", "A María" y "A Puerto Rico" (Ausencia y Regreso). Los sentimientos que mejor expresan su poesía son la ternura, la nostalgia, la tristeza y el dolor.

Lola Rodríguez de Tió (1843-1924) fue una poeta y revolucionaria puertorriqueña. Defendió los derechos de las mujeres y su ideal de una patria libre y soberana, lo que conllevó a su persecución política y al exilio. Formó parte del Partido Revolucionario Cubano y escribió la letra del himno revolucionario para la danza "La Borinqueña". Una vez radicada en Cuba, formó parte de la Academia de Artes y Letras y de la Sociedad de Escritores y Artistas. Sus poemas son el reflejo del profundo amor que le tenía a su patria, Puerto Rico. Murió en Cuba a los ochenta y un años.

- **parias** (adjetivo). Excluidos.
- **proscripción** (sustantivo). Destierro.
- **yace** (verbo). Del verbo *yacer*. Estar real o figuradamente en un lugar.

© Santillana

Al comenzar

- ¿Quién fue Segundo Ruiz Belvis? ¿Por qué ideales luchó durante toda su vida?
- ¿Qué opinas en relación con la igualdad social de ambos sexos?

Al leer

- Resume en una oración el argumento de Eugenio María de Hostos en el segundo ensayo.
- Identifica quiénes son los culpables de que las mujeres se equivoquen, según Hostos.
- Indica los beneficios que traería la educación científica de la mujer, según el autor.

Al concluir

- ¿Qué logros han alcanzado las mujeres actualmente en Puerto Rico gracias a su educación?

"En la tumba de Segundo Ruiz Belvis" (1873)

Descansaste a tiempo. Ni viste a Cuba martirizada, ni a Puerto Rico **escarnecida**, ni a los héroes clamando en vano por auxilios, ni a los esclavos bailando al son de las cadenas.

No viste a los republicanos españoles sancionando en nombre de la república el martirio de la Isla regenerada, ni a la Isla degenerada mendingando las migajas sobrantes del banquete de sus amos. No viste a la más grande de las repúblicas, a la más sólida de las democracias, al más fuerte de los pueblos, disputando su derecho de vida a la república naciente, negándose a reconocer la nueva democracia, pactando amistosamente con el verdugo el precio de la sangre **prodigada**. No viste a los pueblos hermanos olvidando en su fortuna al hermano infortunado. No viste un pueblo entero levantando al cielo sus brazos descarnados, en tanto que otro pueblo, aspirante a la misma forma de gobierno y al mismo goce de libertad y la justicia, descargaba sobre él los golpes más alevosos y más crueles, ni viste entre los dos, impasible a los gritos del hermano y disimulando las atrocidades del verdugo, al pueblo que nosotros preparábamos para el amor de la justicia. No viste a las naciones más civilizadas de la tierra enmudeciendo por cálculo ante la barbarie desenfrenada contra Cuba, ni viste a nuestra patria escarnecida sirviendo de prueba contra Cuba ante el mundo que la mira satisfecha. No viste a las naciones de este Continente en que reposas, erguirse en un momento de entusiasmo **fútil** en favor de Cuba, para adormecer después a una señal de estos gobiernos que lo pueden todo para hacerse daño, que nada saben poder para hacer un bien. No viste pisoteada la lógica. No viste repudiada la justicia. No viste encarnecido cuanto es bueno. No viste renegado cuanto es cierto. No viste fementidas las promesas de la razón universal, muertas las esperanzas más concienzudas, hechas cenizas las aspiraciones más puras del alma humana, reducidas a fangosas realidades las verdades más queridas. No viste la **bacanal** de la injusticia, el carnaval de la indignidad, la orgía de todos los errores, el galope infernal de todas las debilidades, la edad de oro de todos los egoísmos más repugnantes, la edad de hierro de todas las abnegaciones, la omnipotencia universal del oro, la impotencia absoluta del deber, la canonización de las pasiones más **abyectas**, el endiosamiento de todas las barbaries, el juicio final del sentido común en nuestra especie.

Hiciste bien en descansar, Segundo Ruiz. Descansa en paz.

- **escarnecida** (verbo). Del verbo *escarnecer*. Ofendida.
- **prodigada** (verbo). Del verbo *prodigar*. Despilfarrada.
- **fútil** (adjetivo). De poco aprecio o importancia.
- **bacanal** (adjetivo). Mucho desorden y tumulto.
- **abyectas** (adjetivo). Despreciables.

"La educación científica de la mujer"

Pero educar a la mujer para la ciencia es empresa tan ardua a los ojos de asi todos los hombres, que aquellos en quienes tiene luz más viva la razón más sana energía la voluntad, prefieren la tiniebla del error, prefieren la ciosidad de su energía, a la lucha que impone la tarea. [...] En el espíritu **rial** de la mujer, está probablemente el germen de la nueva vida social, del uevo mundo moral que en vano reclamáis de los gobiernos, de las costumres, de las leyes. [...] Aislada sistemáticamente como vive en la esfera de idealidad enfermiza, la mujer es una planta que vegeta, no una conciencia ue conoce su existencia; [...] no una entidad de razón y de conciencia que mparada por ellas en su vida, lucha para desarrollarlas, las desarrolla para ivirlas, las vive libremente, las realiza. [...]

[...] Ese peligro es obra nuestra, es creación nuestra; es obra de nuestros rrores, es creación de nuestras debilidades; y nosotros los hombres, los que nonopolizamos la fuerza de que casi nunca sabemos hacer justo empleo; los ue monopolizamos el poder social, que casi siempre manejamos con mano emenina; los que hacemos las leyes para nosotros, para el sexo masculino, ara el sexo fuerte, a nuestro gusto, prescindiendo temerariamente de la nitad del género humano, nosotros somos responsables de los males que ausan nuestra continua infracción de las leyes eternas de la naturaleza. Ley terna de la naturaleza es igualdad moral del hombre y de la mujer, porque a mujer, como el hombre, es obrero de la vida [...]. Reconstituyamos la ersonalidad de la mujer, instituyamos su responsabilidad ante sí misma, nte el hogar, ante la sociedad; [...] acatemos la igualdad moral de los dos exos, devolvamos a la mujer el derecho de vivir racionalmente; hagámosle onocer este derecho, instruyámosla en todos sus deberes, eduquemos su onciencia para que ella sepa educar su corazón. [...]

¿Cómo?

Ya lo sabéis: obedeciendo a la naturaleza. [...] La naturaleza previó que l ser a quien dotaba de la conciencia de su destino, no hubiera podido reignarse a tener por compañera a un simple mamífero; y al dar al hombre in colaborador de la vida en la mujer, dotó a esta de las mismas facultades le razón y la hizo colaborador de su destino. [...] No se demostrará jamás, siempre será base de la educación científica de la mujer la igualdad moral lel ser humano. Se debe educar a la mujer para que sea ser humano, para que cultive y desarrolle sus facultades para que practique su razón, para que viva su conciencia, no para que funcione en la vida social con las funciones rivativas de mujer. Cuanto más ser humano se conozca y se sienta, más nujer querrá ser y sabrá ser.

Eugenio María de Hostos
(puertorriqueño)
(fragmentos)

Sobre el autor

Eugenio María de Hostos (1839 -1903) nació en Mayagüez. Hizo sus estudios primarios y secundarios en la Isla y salió a España a realizar sus estudios en Derecho. Desde allí luchó fuertemente reclamando en la prensa la liberación del régimen colonial que reinaba en la Isla y la abolición de la esclavitud en las Antillas españolas.

Dedicó su vida a la reforma, a la educación y a la unidad de los pueblos hispanoamericanos.

Como literato, publicó tres novelas: *La peregrinación de Bayoán*, *La novela de la vida* y *La tela de araña*. Además, escribió varios relatos, piezas de teatro, poemas, entre otros. Su talento literario alcanzó los más altos niveles en el cultivo del ensayo, dedicado a la interpretación de la realidad de las Américas. Con motivo del centenario de su nacimiento, en 1939, la Conferencia de Estados Americanos celebrada en Lima, Perú, reconoció el alcance continental de este puertorriqueño proclamándolo Ciudadano de América.

- **erial** (adjetivo). Dicho de una tierra o de un campo: sin cultivar ni labrar.

Al comenzar

- ¿Qué es una *cuarterona*? ¿Qué te sugiere el título de esta obra? ¿Cuál crees que sea el tema de esta obra? ¿Por qué lo crees así?
- ¿Qué es el *prejuicio racial*? ¿Cuáles son sus implicaciones sociales?
- ¿Existe el prejuicio racial actualmente en Puerto Rico? Explica.

Al leer

- Señala las razones sociales por las cuales el amor entre Carlos y Julia no se puede concretar.
- Identifica los argumentos que utiliza Julia para convencer a Carlos de que acepte casarse con otra.
- Analiza los apartes del personaje de Julia y explica su significado. Determina cuál es la diferencia gráfica entre los paréntesis que aparecen en los parlamentos de Carlos y los de Julia.

Al concluir

- Si estuvieras en la posición de Carlos o de Julia, ¿qué harías, te irías del país con tu pareja o le darías cara a una sociedad que rechaza el amor entre ambos? Explica.
- Sugiere otro título para esta obra.

- **infundado** (adjetivo). Injustificado.
- **consorcio** (sustantivo). Compañía, sociedad.

La cuarterona

La escena en la Habana año de 186...

Acto primero

Habitación de Carlos cuya puerta del fondo guía a la calle. La de la izquierda del actor, al interior de la casa.

Escena IX

CARLOS, JULIA

JULIA. ¿La señora ha hablado a usted de lo que yo presumía?

CARLOS. Sí, pero no he querido aceptar. Insiste en suponer que el amor a alguna otra es causa de mi repulsa; tal vez sospecha la verdad y lo temo.

[…]

JULIA. Ha hecho usted mal.

CARLOS. Que, ¿desapruebas mi repulsa?

JULIA. Debo persuadir a usted que acepte.

[…]

CARLOS. […] Lo que dices me hiere el corazón; explícate por piedad.

JULIA. (¡Cielos, dame fuerzas! Mi deber, mi gratitud lo exigen. ¡Estoy resuelta!). Debe usted casarse; seré muy dichosa si lo hace.

[…]

CARLOS. Te burlas de mí, y esa burla es un martirio.

JULIA. (Insistamos; ¡destrózate, alma mía!) Seré dichosa, porque así terminará su loca pretensión. También será usted feliz.

CARLOS. ¡Oh! Sí, mucho.

JULIA. Las dulzuras del matrimonio con una joven rica y bella, porque su futura lo es, ¿no es verdad?, acabarán por borrar de su mente el **infundado** capricho que he tenido la desgracia de inspirarle.

CARLOS. ¡Capricho! ¿Qué estás diciendo?

[…]

JULIA. En cambio, la esposa que le preparan se halla en otro caso, pues su condición social es muy distinta […]. No sería justo que trastornase los proyectos de mi bienhechora, y solo me es dado aspirar a quien no tenga que ruborizarse por haberme amado. (Sí, soledad y muerte deben ser mi único **consorcio**).

CARLOS. ¿Pero a qué objeciones tan inoportunas? Si tú me amas, si yo estoy dispuesto a sacrificarlo todo por ti, ¿por qué ponerte ahora de parte de mi madre para darme consejos que rechazo? [...] Deja que triunfe un destino tan grato para mí: el de ser tu esposo, en otros países a donde no alcanzan las ruines preocupaciones del color y de razas que aquí nos mortifican.

ULIA. Pero aquí imperan y aquí vivimos.

ARLOS. ¿Qué importa lo que piense de nosotros una sociedad que te denigra, a ti, [...] que eres para mí de más precio que una reina? ¿Es este pobre país todo el universo?

ULIA. Por desgracia lo es hoy para nosotros.

ARLOS. Grande es el mundo y en él caben muy bien dos corazones generosos y puros que buscan y tienen derecho a la felicidad.

...]

ULIA. ¿Y qué es eso de amarme sin saber si me es **lícito** escuchar sus votos? ¿Sabe usted si me pertenezco?

ARLOS. Sin embargo, hace poco, cuando mi madre nos interrumpió, me dijiste que me amabas.

ULIA. ¿He podido decir tal cosa?

ARLOS. Vamos, el **lance** es **inaudito**.

ULIA. [...] Estaba usted tan exigente, la señora iba a sorprender nuestra conversación, y dije a usted lo que no sentía... Sí, lo que no podía menos de decir para salir del apuro... (¡Quisiera morir en este instante!)

...]

ARLOS. [...] ¡Qué infamia! ¡Oh! Te engañas, Julia; quieres atormentarme por gusto. Te suplico que cese tan horrible **chanza**.

ULIA. Óigame usted. (Estoy obligada y debo cumplir. Vaya, pues, y que Dios tenga piedad de mí).

ARLOS. ¿Qué piensas?... Habla, por Dios.

ULIA. No puedo ser de usted jamás; ya he dicho que no me pertenezco.

ARLOS. ¡No comprendo!

ULIA. [...] Estoy enamorada de otro.

ARLOS. ¡Qué dices!

...]

ULIA. (*Con afectada firmeza*). Basta, por Dios. (¡Cielos, ténmelo en cuenta! ¿Qué más exiges de mí?)

Alejandro Tapia y Rivera
(puertorriqueño)
(fragmento)

Sobre el autor

Alejandro Tapia y Rivera (1826 -1882) ha sido calificado como la figura más sobresaliente en la literatura puertorriqueña del siglo XIX, así como "patriarca de las letras insulares". Fue uno de los escritores más fecundos en la historia de nuestra cultura y cultivó todos los géneros literarios.

Entre sus obras se encuentran: *Bernardo de Palissy, La cuarterona, Camoens* y *La parte del león* (teatro); *Póstumo el trasmigrado, Póstumo el envirginiado, La sataniada* y *La leyenda de los veinte años* (novelas); *La palma del cacique* (leyenda histórica); y *Mis memorias.*

Alejandro Tapia y Rivera escribió durante la época del Romanticismo, y sus obras responden a los elementos característicos del momento: complicados conflictos emocionales, pasiones desbordantes y ansias de identificación con temas isleños o americanos.

- **lícito** (adjetivo). Permitido.
- **lance** (sustantivo). Suceso.
- **inaudito** (adjetivo). Increíble.
- **chanza** (sustantivo). Broma.

Interpreto el texto

IDENTIFICO

1. **Identifica** el tema principal de los fragmentos de "Aguinaldos", "La educación científica de la mujer", "En la tumba de Ruiz Belvis" y *La cuarterona*. Luego, **escribe** las ideas presentes en el texto, que mejor apoyen tu selección. **Dibuja** un diagrama, como el que está a la derecha, para cada obra y **anota** tus respuestas.
2. **Identifica** el tema principal de cada uno de los poemas que leíste en este capítulo. Luego, **selecciona** el verso que consideres que expresa mejor dicho tema.

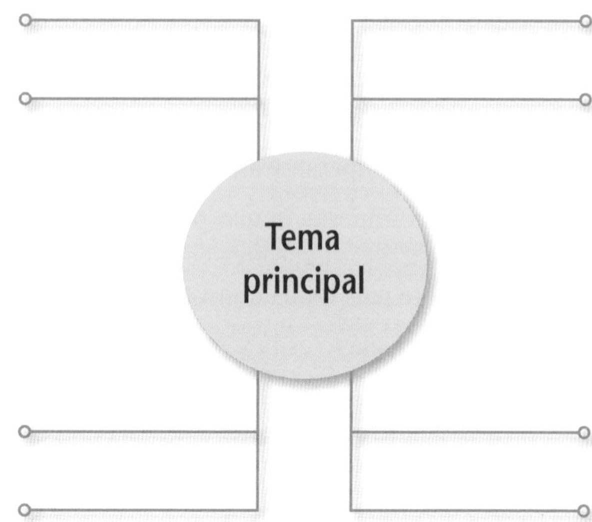

INFIERO

➤ **Contesta**:

a. ¿Por qué el autor utiliza el lenguaje jíbaro para describir la costumbre de una boda?

b. ¿Qué diferencia establece el autor entre los aguinaldos del campo y los de la ciudad?

c. ¿Cuál es el tono del poema "Regreso"?

d. ¿A quién se dirige el poema al principio y a quién, en las cinco últimas estrofas? ¿Qué le notifica?

e. ¿Qué verso de los poemas de Rodríguez de Tió crees que revele mejor la ideología política de la poeta?

f. ¿Por qué la voz poética de "Autógrafo" no se siente extranjera en ningún lugar? ¿Por qué se titula "Autógrafo" ese poema?

g. ¿Por qué afirma Eugenio María de Hostos que Segundo Ruiz Belvis descansó a tiempo?

h. ¿Qué sucede con la mujer si no se educa científicamente, según el ensayo de Hostos?

i. ¿Por qué los hombres se oponen a la educación científica de la mujer?

j. ¿Cuál es el principal obstáculo entre Julia y Carlos, en *La cuarterona*?

k. ¿Por qué insta Julia a Carlos a casarse con otra mujer?

l. ¿Qué piensa Julia de los problemas raciales de su época?

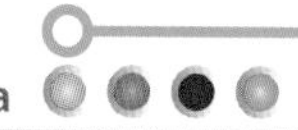

ANALIZO

➤ **Contesta:**

a. ¿Qué datos puedes inferir sobre la realidad social del Puerto Rico del siglo XIX, según el fragmento "Aguinaldos"? ¿Qué nuevas costumbres son particulares de la sociedad puertorriqueña?

b. ¿En qué se caracteriza la obra poética de José Gautier Benítez?

c. ¿Podrías identificar tres recursos literarios en el poema de Gautier? ¿Cuáles son? Establece la comparación indirecta o directa que hace el autor.

EVALÚO y VALORO

➤ **Comenta**:

a. **Compara** la boda que describe Manuel A. Alonso con las que se celebran actualmente en Puerto Rico.

b. **Opina** acerca de los argumentos de Hostos para defender la educación científica de la mujer. ¿Te parecen válidos? ¿Por qué?

c. **Reflexiona** acerca de los planteamientos que hace Carlos, en *La cuarterona*, de acuerdo con los prejuicios imperantes en la época. ¿Estás de acuerdo con él? ¿Por qué?

d. **Opina** acerca de las relaciones interraciales que ocurren en la actualidad en Puerto Rico. ¿Crees que se ha superado el prejucio que imposibilitó los amores entre Carlos y Julia, o aún quedan residuos?

EDUCACIÓN no sexista

En "La educación científica de la mujer", Eugenio María de Hostos defendió la necesidad de que las mujeres recibieran una educación formal, para que pudieran explotar al máximo su potencial en provecho propio y de la sociedad. En ese momento histórico, la educación de las mujeres se encontraba limitada a cuestiones esencialmente domésticas, ya que muchos hombres negaban la igualdad entre los géneros. Para Hostos, la igualdad era el estado natural de los seres humanos, y la educación científica de la mujer era imprescindible para alcanzarla. ¿Crees que en la actualidad queden residuos de esta postura machista? Argumenta tu punto de vista.

EN el contexto

➤ **Completa** las oraciones con las siguientes palabras del vocabulario: *chanza, lícito, abyectas* y *yace*. **Procura** emplearlas de acuerdo con su contexto.

a. No permitirá que le jueguen una ________.

b. En este momento, todo esfuerzo me parece ________.

c. Mi abuelo ________ en su tumba.

d. Sus ________ opiniones lo han dejado sin amigos.

El discurso romántico en Puerto Rico

Uno de los movimientos literarios más importantes de la primera mitad del siglo XIX fue el Romanticismo, el cual abarcó la producción literaria y artística de Europa y América. El Romanticismo privilegia la expresión del sentimiento, la pasión y la imaginación sobre la razón, porque, al ser manifestación del individualismo moderno, coloca al ser humano sobre las abstracciones generales. Por eso, el romántico está atento a su mundo inmediato, lo cual se manifiesta en su variante costumbrista y afirma lo nacional. Por otro lado, también privilegia la naturaleza, y concibe al ser humano como un ser esencialmente natural. En el paisajismo de nuestra poesía de la época, por ejemplo, se funden la afirmación nacional y la exaltación de la naturaleza. Por último, se aspira a la libertad, tanto individual como colectiva; tanto literaria como política y social.

Características del Romanticismo

Además de la exaltación de los temas nacionales, el Romanticismo se caracterizará por un sistema de convenciones literarias en el que predominan los siguientes rasgos importantes:

- El deseo de libertad política y literaria frente a España
- El tema de los símbolos patrios
- La vuelta a la naturaleza
- El predominio del sentimiento sobre la razón
- La mezcla de la prosa con el verso
- El desenlace generalmente trágico
- La abundancia de los temas amorosos y los de las pasiones humanas

La visión del mundo que propician estos temas tuvo acogida en los países de la América hispana, los cuales, a principios del siglo XIX, se encontraban en la etapa de formación y búsqueda de sus personalidades nacionales, tras su reciente emancipación política.

El Romanticismo en Puerto Rico muestra sus propios elementos, como el puertorriqueño de tierra adentro (el jíbaro), el palmar costanero, y las costumbres y tradiciones isleñas.

El costumbrismo: descripción, valoración y afirmación de lo nacional

Como parte del mundo hispanoamericano, Puerto Rico supo integrarse muy bien a la corriente romántica. La imprenta llega a la Isla a comienzos del siglo XIX, y con ella surge la prensa periódica, la cual dará un impulso inicial a nuestras letras.

Una de las primeras expresiones del deseo de crear una literatura propia es el cultivo del costumbrismo, tanto en prosa como en verso. El **costumbrismo** es una tendencia literaria dentro del Romanticismo, en la que se presentan, con sentido crítico o humorístico, los rasgos típicos y pintorescos del País. Presenta los tipos, las costumbres y el lenguaje popular característicos de la sociedad puertorriqueña, tanto rural como urbana.

En otras palabras, el Romanticismo en Puerto Rico tuvo su propio color: muestra los elementos que le son propios, como el puertorriqueño de tierra adentro (el jíbaro), el palmar costanero y las costumbres y tradiciones isleñas, así como también hace crítica de lo que cree que afecta negativamente el desarrollo de la Isla.

Ya en los periódicos de la primera mitad del siglo XIX, aparecen poemas en los cuales se imitan el lenguaje y la mentalidad del jíbaro. Luego, aparecen artículos en prosa, en los que se describen los tipos y costumbres de la época. Pero es en el *Álbum puertorriqueño* (1844) y en el *Cancionero de Borinquen* (1846), escritos por un grupo de estudiantes puertorriqueños en Barcelona, donde aparecen los primeros costumbristas notables, como Francisco Vasallo, hijo, y Manuel A. Alonso. Este último publica *El Gíbaro* (1849), primer clásico de nuestras letras, que incluye excelentes cuadros de costumbres, artículos en prosa y poemas narrativos en habla jíbara, dedicados a describir y valorar fiestas populares y diversiones, como las peleas de gallos, las corridas de caballo y los bailes. Alonso se distingue por su sentido del humor, su crítica amable y su mentalidad liberal y progresista. A él le siguen otros, como Alejandro Tapia y Rivera, José A. Daubon y Manuel Fernández Juncos. Este último se destaca por su abundante producción de relatos y artículos costumbristas, en los cuales nos presenta, con humor, agudeza e ironía, una extensa galería de tipos: el alcalde, el maestro, el curandero y el gallero, entre otros.

Características del costumbrismo

- Los temas criollistas, es decir, los elementos que definen la personalidad colectiva de los puertorriqueños. Los títulos de *El Gíbaro* son significativos: "La gallera", "Una pelea de gallos", "Carreras de caballo", "Aguinaldos"...
- Las fiestas del campesinado, su música, estampas de la vida isleña, las creencias religiosas y la psicología de los personajes típicos, como el jíbaro
- El detallismo, recurso estilístico reiterado y fundamental en sus descripciones

El Gíbaro, de Manuel A. Alonso, fue el primer clásico de nuestras letras. El mismo incluye excelentes cuadros de costumbres, artículos en prosa y poemas narrativos en habla jíbara, dedicados a describir y a valorar fiestas populares y diversiones, como las peleas de gallos, las corridas de caballo y los bailes.

ACTIVIDADES

1. **Contesta**:
   a. ¿Qué rasgos comparten las obras leídas del Romanticismo puertorriqueño?
   b. ¿Qué características costumbristas hay en la obra de Manuel A. Alonso?
   c. ¿A qué factores se debe el impulso de nuestras primeras letras?
2. **Escribe** un párrafo en el que **señales** la importancia de Alejandro Tapia y Rivera en la literatura puertorriqueña.
3. **Explica** la importancia de que Manuel Fernández Juncos presentara personajes del pueblo en sus obras.

Los tecnicismos

Para EXPLORAR

Hoy en día, no solo es posible conocer qué libros forman parte de los fondos de una biblioteca; es factible, también, acceder, por medio de Internet, a la versión digital de muchas obras que integran las llamadas *bibliotecas virtuales* o *ciberotecas*.

➤ **Contesta**:

a. ¿Qué palabras relacionadas con el campo de la informática puedes identificar en la lectura?

b. ¿Qué otras palabras relacionadas con ese campo podrías añadir?

c. ¿Cómo se llaman las palabras propias de un arte, una ciencia o un oficio?

Para COMPRENDER

Los **tecnicismos** son palabras propias del vocabulario técnico de un arte, ciencia u oficio. Dichos términos tienen un único significado. Por ejemplo, los siguientes términos son propios del campo cinematográfico:

director. Encargado de plasmar en imágenes el guion de la película, es decir, de la puesta en escena y del rodaje.

guion. Texto completo en el cual se describen todas las acciones, los personajes, las locaciones, los diálogos, entre otras cosas, para su posterior realización.

largometraje. Película de duración superior a una hora.

Ahora, ¿cómo se forman los tecnicismos?

- **Por derivación y composición a partir de las lenguas clásicas.** Históricamente, el latín y el griego han contribuido a la creación de términos científicos y técnicos.

Ejemplos:

herpetología - término de la zoología

hemodiálisis - término de la medicina

geométrico - término de las matemáticas

- **Por incorporación de neologismos.** Los descubrimientos e inventos enriquecen continuamente los tecnicismos.

Ejemplos:

F.M. - término de la radiofonía

sida - término de la medicina

CD-ROM (o cederrón) - término de la informática

 © Santillana

- **Por adquisición de préstamos**. El lenguaje científico toma términos de otras lenguas y de otras áreas de conocimiento. Estos préstamos pueden ser léxicos o semánticos.

Los **prestamos léxicos** son las palabras que una lengua toma de otra.

Ejemplos: *by-pass (o baipas), escáner, back-up...*

El **préstamo semántico** es el que se produce cuando una palabra de una lengua adopta un nuevo significado procedente del que tiene una palabra paralela en otra lengua.

Ejemplo: *del inglés "mouse", ratón*

- **Por medio del calco**. Es el compuesto o combinación de palabras que se han adoptado de otra lengua y mantienen el mismo significado que la combinación tenía en la lengua de origen.

Ejemplo: *del inglés "acid rain", lluvia ácida*

Para PRACTICAR

1. **Identifica** los tecnicismos que se encuentran en las siguientes oraciones. Luego, **indica** a qué ciencia, oficio o arte pertenecen.
   a. Escribe el número de la escena en la claqueta.
   b. La similicadencia consiste en utilizar dos palabras o más en el mismo accidente gramatical.
   c. El actual cancerbero del equipo jugará la temporada próxima.
   d. Las pruebas de ADN arrojaron un resultado positivo.
   e. Coloca la cámara en el dolly para acercarla a la actriz.
   f. La mayoría de los medicamentos modernos se obtienen mediante biotecnología.
   g. Necesito que me expliques mejor qué es la hipotenusa.
   h. El *bel canto* se desarrolló en Italia a fines del siglo XVIII y principios del XIX.
2. **Identifica** los tecnicismos propios del área de la matemática y los pertenecientes al área de ciencias. Luego, **escríbelos** en tu libreta en dos listas.

materia	decimales	fuerza	polinomios	magnetismo
cálculo	álgebra	racionales	onda	fracciones
geometría	entropía	matriz	temperatura	mitocondria

3. **Consulta** en una enciclopedia o en Internet cinco palabras propias de cada arte o ciencia y **escríbelas** en tu libreta.
   - literatura
   - geografía
   - música
   - arquitectura

Los dos puntos y las comillas

Para EXPLORAR

Eugenio María de Hostos escribió: "*Para que el hombre fuera hombre, es decir, digno de realizar los fines de su vida, la naturaleza le dio conciencia de ella, capacidad de conocer su origen, sus elementos favorables y contrarios, su trascendencia y relaciones, su deber y su derecho, su libertad y su responsabilidad...*".

➤ **Contesta:**

a. ¿Qué función tienen los dos puntos en el texto anterior? ¿Es la pausa de los dos puntos más larga o más corta que la de las comas?

b. ¿Qué función ejercen las comillas?

c. ¿Qué otros usos de esos signos conoces?

Para COMPRENDER

Los **dos puntos** representan una pausa mayor que la de la coma y menor que la del punto. Se emplean:

- para introducir una enumeración anunciada.

Ejemplo: *Mañana tengo solamente dos clases: Historia del cine y Francés.*

Es incorrecto escribir dos puntos entre una preposición y el sustantivo o sustantivos que esta introduce, y entre el verbo y sus complementos:

Ejemplos: *En mi salón hay estudiantes de: Venezuela, Nicaragua y San Salvador.*
Mis talentos son: bailar, cantar y pintar.

- para introducir una explicación, una consecuencia o un resumen.

Ejemplo: *Estoy contento: he aprobado el examen de conducir.*

- para introducir citas o palabras textuales que deben escribirse entre comillas e iniciarse con mayúscula.

Ejemplo: *Javier dijo: "Todos debemos reciclar".*

- en las fórmulas de saludo en el encabezamiento de cartas y documentos.

Ejemplo: *Estimado señor:*

Las **comillas** se emplean para:

- reproducir textualmente las palabras de una persona.

Ejemplo: *Eugenio María de Hostos dijo: "Hiciste bien en descansar, Segundo Ruiz. Descansa en paz".*

- Se emplean para indicar que una palabra tiene un sentido irónico o distinto del habitual.

Ejemplo: *Siento una inmensa "satisfacción" cuando hago las tareas del hogar.*

- Se utilizan para encerrar el título de un artículo, un cuento, etc.

Ejemplo: *Estamos leyendo "La educación científica de la mujer", de Eugenio María de Hostos.*

- Se emplean para destacar una palabra o expresión extranjera o un apodo o seudónimo.

Ejemplos: *Ese es su "modus operandi".*
Ayer leí un ensayo de Leopoldo Alas "Clarín".

Ortografía al día

Los extranjerismos y latinismos adaptados —aquellos que no presentan problemas de adecuación a la ortografía española o que han modificado su grafía o su pronunciación originarias para adecuarse a las convenciones gráfico-fonológicas de nuestra lengua— se escriben sin ningún tipo de resalte (letra cursiva o entre comillas) y se someten a las reglas de acentuación gráfica del español.

- Mi hermanita baila *ballet* clásico.
- Mi hermanita baila balé clásico.

Para PRACTICAR

1. **Escribe** dos puntos según sea necesario.
   a. La madre gritó "¡Cuidado con la plancha!".
   b. Recientemente hemos leído dos obras del Romanticismo puertorriqueño *El Gíbaro* y *La cuarterona.*
   c. El mantecado que compré tiene chocolate, fresa y vainilla.
   d. Tiene mucho trabajo no podrá ir de vacaciones.
   e. Están enfermos no saben qué tienen.
   f. El entrenador me ha dicho que me falta flexibilidad no estoy preparada.
   g. Julia exclamó "¡No permitamos injusticias!".
   h. Nos obligaron a salir hubo un fuego.
   i. Me ofrecieron dos opciones comprarlo o alquilarlo.
2. **Escribe** tres oraciones en las que introduzcas una explicación, una consecuencia o un resumen. **Recuerda** emplear el uso de los dos puntos, según sea necesario.
3. **Redacta** un párrafo en el que incluyas una palabra con sentido irónico, una cita directa y una palabra extranjera.

La subordinación sustantiva

Para EXPLORAR

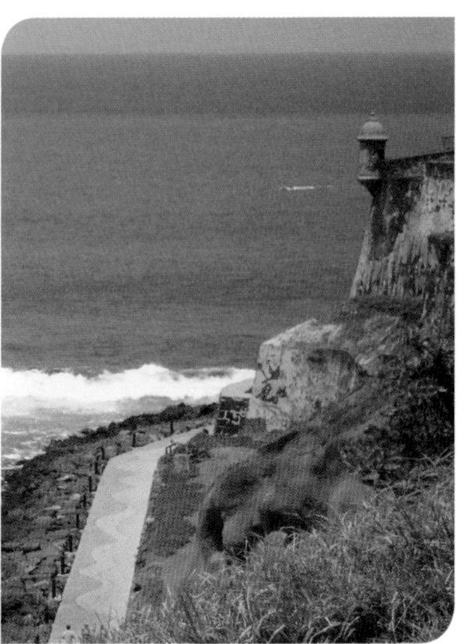

Pienso que deberías estudiar todo lo relacionado con el Romanticismo en Puerto Rico.

➤ **Realiza** las siguientes actividades:

a. **Identifica** la oración subordinada que contiene la oración anterior.

b. **Sustituye** esa oración por un pronombre personal átono.

c. **Contesta**:

- ¿A qué palabra complementa la oración subordinada?
- ¿Qué función sintáctica desempeña la oración subordinada?

Para COMPRENDER

Clases de oraciones subordinadas

Como ya sabemos, una oración está compuesta por subordinación cuando una oración, a la que se denomina oración subordinada, depende sintácticamente de otra oración o de un elemento de ella.

Ejemplo: *El profesor quiere* ***que todos vayamos a la excursión.***

Las oraciones subordinadas pueden comportarse en la oración compuesta como un sustantivo, como un adjetivo o como un adverbio.

Ejemplos:

Quisiera ***que colabores con nosotros.*** */ Quisiera* ***tu colaboración.*** (sustantivo)

Es un programa ***que aporta a la educación.*** */ Es un programa* ***educativo.*** (adjetivo)

La vimos ***cuando salíamos de casa.*** */ La vimos* ***entonces.*** (adverbio)

Este hecho permite distinguir tres clases de oraciones subordinadas: **sustantivas, adjetivas** y **adverbiales**.

Las **subordinadas sustantivas** son aquellas oraciones que se comportan como un grupo nominal.

 © Santillana

Ejemplos:

Diles ***que pronto estaremos allí.***

Me extraña ***que no nos hayan llamado todavía.***

Características de las oraciones subordinadas sustantivas

Función

Las oraciones subordinadas sustantivas desempeñan las funciones sintácticas propias de los grupos nominales: sujeto, complemento directo, complemento indirecto, complemento preposicional, complemento agente...

Ejemplos:

Me sorprende ***que Juan haya escrito eso.*** (sujeto)

Entiendo ***que todos iremos juntos.*** (CD)

Sustitución

Por lo común, las oraciones subordinadas sustantivas pueden sustituirse por un grupo nominal, por el pronombre personal átono *lo* o por un pronombre demostrativo o uno indefinido neutro.

Ejemplo:

Recuerdo ***que te opusiste a mi propuesta.***

→ *Recuerdo* ***tu oposición a mi propuesta. Lo*** *recuerdo. Recuerdo* ***eso.***

Forma

- Las oraciones subordinadas sustantivas van, generalmente, introducidas por las **conjunciones completivas** *que* o *si* o por un **interrogativo** (*quién, qué, cuál, cuánto, dónde, cuándo, cómo*).

Ejemplos:

Prefiero ***que se lo cuentes tú.***

Explica ***si el Romanticismo en Puerto Rico tiene características propias.***

No sé ***cómo llegar a su casa.***

- También se clasifican entre las sustantivas las oraciones introducidas por los **relativos** *quien* o *que* cuando estos carecen de antecedente.

Ejemplos:

Me asistirá ***quien haya estudiado el capítulo.***

Me sorprende ***que no me hayas llamado.***

Las oraciones destacadas en estas dos oraciones equivalen a un grupo nominal y desempeñan funciones propias de los grupos nominales (sujeto). De ahí que se consideren subordinadas sustantivas.

- Con frecuencia, el verbo de la oración subordinada sustantiva es un infinitivo.

Ejemplos:

Preferiría ***ayudar a los necesitados.***

Ellas se niegan a ***acatar las órdenes.***

Para COMPRENDER

Las subordinadas sustantivas se clasifican según la función sintáctica que desempeñan.

Clases de subordinadas sustantivas	
Clases	**Ejemplos**
de sujeto	***Que Silvia no quiera competir*** *es un evento inexplicable.* ***Que todos cumplan con sus tareas*** *es un sueño.*
de complemento directo	*Pienso* ***que ella ganará el certamen.*** *Los atletas dicen* ***que tú eres el más veloz.***
de complemento indirecto	*Repartieron los roles* ***a los estudiantes que estaban en el teatro.*** *Recitaré un poema* ***a los que quieran escucharme.***
de complemento preposicional	*No insistas* ***en que te acompañe al cine.*** *Valeria aspira* ***a dirigir la clase de cuarto año.***
de complemento agente	*El orador ha sido elogiado* ***por quienes presenciaron el seminario.*** *Suspendieron la excursión* ***por los que no quieren ir.***
de complemento circunstancial	*No comas nada* ***sin que nadie te lo ofrezca.*** *Baila* ***con quien te invite.***
de complemento del nombre	*Tengo la certeza* ***de que ellos no han sido los responsables.*** *Me extrañó su deseo* ***de venir con nosotros.***
de complemento del adjetivo	*Pablo es solidario* ***con el Consejo de estudiantes.*** *Mercedes es incapaz* ***de hacer una cosa así.***
de complemento del adverbio	*Lávate las manos antes* ***de que comas.*** *Te daré tu regalo después* ***de cantar "Cumpleaños feliz".***

Gramática al día

Existe un tipo de subordinada sustantiva que tiene como núcleo un verbo en infinitivo (forma no personal del verbo terminada en *-ar, -er* o *-ir*). Al igual que las otras, las **subordinadas sustantivas de infinitivo** se clasifican en declarativas o enunciativas (*Espero llegar temprano*); interrogativas directas totales (*No sabíamos si esperarla*) e interrogativas parciales o pronominales (*No sabe qué regalarle*).

La cláusula de infinitivo puede ejercer todas las funciones de argumento del sustantivo. Así, puede fungir como sujeto (*No le gusta bailar en público*), complemento directo (*Desea quedarse en casa*) y, también, como término de preposición (*Lo hice para demostrártelo*).

Cabe señalar que estas pueden complementar o modificar un nombre (*La insistencia en criticar su desempeño, El interés por adelantar la causa, Tuvo el detalle de traer un obsequio*). Además, pueden modificar adjetivos (*Es digno de recordar; Está seguro de haber enviado la carta*) y adverbios (*Después de escuchar las partes; Además de haberla ayudado en su tarea*).

 © Santillana

Para PRACTICAR

1. **Identifica** las oraciones subordinadas sustantivas. Luego, **analiza** la forma de las oraciones sustantivas. Debes indicar si van encabezadas por una conjunción completiva, un interrogativo o un relativo, o bien si constituyen una oración de infinitivo. Por último, **especifica** la función que desempeñan las subordinadas sustantivas.
   a. Lo haré si Marcos me lo pide.
   b. Quien lave los platos tendrá una recompensa.
   c. Agradecemos que vinieran a la actividad.
   d. No entiendo cómo se resuelve ese problema verbal.
   - **Sustituye** los segmentos que funcionan como complemento directo por el pronombre personal átono apropiado.
2. **Indica** *V* si la afirmación es verdadera y *F* si es falsa.
   a. ___ Todas las oraciones subordinadas son sintácticamente independientes.
   b. ___ Las oraciones subordinadas sustantivas van siempre encabezadas por una conjunción.
   c. ___ Todas las oraciones encabezadas por un relativo son sustantivas.
   d. ___ Algunas oraciones sustantivas van encabezadas por un relativo.
   e. ___ Una oración subordinada sustantiva puede tener como verbo un infinitivo.
3. **Observa** las siguientes oraciones. Luego, **reflexiona** e **intenta** explicar por qué en algunas de ellas se usa el infinitivo y en otras, no.
   a. Me gustaría bailar en el recital.
   b. Me gustaría que bailaras en el recital.
   c. Ellos quieren comer en ese restaurante.
   d. Ellos quieren que tus amigos coman en ese restaurante.
4. **Transforma** estas oraciones en oraciones compuestas que contengan una oración subordinada sustantiva encabezada por un interrogativo o por la conjunción completiva *si.*
   a. ¿Qué te pasa?
   b. ¿Cómo has resuelto el ejercicio?
   c. ¿Ha acabado ya el partido?
   d. ¿Cuándo ha ocurrido eso?
5. **Determina** cuál es la oración sustantiva y **especifica** su clase.
   a. Nos tomó por sorpresa que Jaime bailara así.
   b. El papel será interpretado por quien elija el director.
   c. Andrés insistió en que no faltáramos a la cena.
   d. Celebraremos después de que terminemos la prueba.
6. **Añade** en cada caso una oración subordinada sustantiva.
   a. Todos creíamos...
   b. Dime...
   c. Me gustó mucho...
   d. Tus amigos se quejan...

Produzco un texto

El texto argumentativo

OBSERVO

Las doctrinas y los hombres

Retrato de Eugenio María de Hostos, de Francisco Oller. Colección Museo de Historia, Antropología y Arte, Universidad de Puerto Rico

Uno de los deberes más sagrados del escritor de buena fe y de todo aquel que con ánimo recto y desinteresados propósitos aspira a ser útil a sus semejantes y servir la noble causa de la verdad consiste, sobre todo en épocas en que, como la presente, la anarquía moral lo invade todo, en poner de manifiesto con esa entereza que solo la convicción y la lealtad pueden inspirar lo que hay de verdadero o de imaginario en las declamaciones con que los explotadores de las calamidades públicas se proponen en todas épocas extraviar el juicio de la multitud, siempre más impresionable que reflexiva.

Error muy grave y sistemáticamente difundido por los que en la involucración de las nociones de lo bueno, lo justo y lo útil cifran su medro es creer presto que los males públicos no se remedian, antes bien, van en aumento, y de día en día parece más difícil su correctivo; esto consiste únicamente en la maldad intrínseca de las ideas que se proclaman en el orden científico, o se aplican a la gobernación de los estados, confundiendo así lastimosamente lo que en las doctrinas hay de provecho con lo que en los hombres hay de egoísmo, torpeza o mala voluntad. [...]

Educar, desarrollar por la educación esas cualidades, secundar los esfuerzos de la naturaleza, preparar para su próximo destino al que ha de ser pueblo de esta sociedad, ese es el deber.

Eugenio María de Hostos
(puertorriqueño)
(fragmento)

➤ **Contesta**:

a. ¿Cuál es el asunto del texto?

b. ¿Cuántos puntos de vista se presentan?

c. ¿Cómo es el cierre del ensayo? ¿Qué reitera?

¿QUÉ VOY A ESCRIBIR?

El **texto argumentativo** tiene como fin probar una idea o una postura ante un hecho o situación. Estructuralmente, se divide en la introducción, que contiene el problema o tesis; el desarrollo, donde se presentan los argumentos; y la conclusión, donde se refuerza la tesis y se invita a los lectores a actuar de una forma u otra. Hay, principalmente, dos tipos de argumentos: los de tipo racional, que valoran los hechos apelando al raciocinio del lector, y los emotivos, que apelan a los sentimientos.

¿CÓMO LO ESCRIBO?

PLANIFICO mis ideas

1. Piensa en temas del Romanticismo en Puerto Rico y elige uno sobre el cual te gustaría argumentar a favor.
2. Investiga qué se ha dicho a favor y en contra del tema de tu elección.
3. Toma nota de los argumentos que pueden respaldar tu postura y selecciona los más pertinentes para defender tu tesis.
4. Define si privilegiarás los argumentos racionales o los emotivos.

ELABORO mis ideas

1. Elabora un bosquejo.
2. Resume en una oración tu tesis principal.
3. Decide el orden en que será más efectivo plantear los argumentos.
4. Identifica la mejor forma de concluir.
5. Elige un título apropiado para tu texto argumentativo.

ESCRIBO mis ideas

1. Redacta una introducción en la que presentes el tema que vas a tratar, así como los objetivos principales de tu argumentación y la tesis que vas a defender.
2. Redacta tu argumentación en varios párrafos. Incluye razonamientos, a partir de las definiciones que propusiste del término seleccionado.
3. Escribe dos datos para reforzar cada argumento que apoye tu tesis.
4. Utiliza conectores discursivos, como *primero, segundo, también, además, incluso, mas, aún, en cambio, por eso, por tal razón, de modo que, en otras palabras* u otros que necesites.
5. Sintetiza las ideas que has expuesto en el texto, en la conclusión.

EDITO un texto

- ☑ La tesis está planteada claramente.
- ☑ Los argumentos se basan en conceptos o teorías investigadas.
- ☑ La argumentación es coherente y condujo a una conclusión.
- ☑ Los argumentos son pertinentes y contundentes para defender la tesis.
- ☑ La conclusión cierra, refuerza e invita al lector a actuar.

El debate

Un **debate** es una discusión organizada sobre un tema. Su objetivo es convencer, mediante argumentos sólidos y bien documentados, tanto al deponente contrario como al público. Un moderador dirige la discusión entre los deponentes y las preguntas del público al final. Un debate se organiza en turnos de exposición y refutación, sin interrupir a los deponentes. Este tipo de discusión es óptimo para analizar problemas: promueve el intercambio de ideas y el respeto a la opinión de los demás.

¿Cómo lo preparamos?

1. Organicen un debate en clase acerca de la legalización de las drogas en Puerto Rico.
2. Formen un grupo de tres personas. Asignen los papeles que llevarán a cabo durante el debate (participante a favor, participante en contra y moderador).
3. Investiguen a fondo acerca del tema. Analicen con cuidado los puntos a favor y en contra.
4. Definan el tiempo para cada parte del debate (la presentación del tema, las exposiciones y las refutaciones, las conclusiones a cargo del moderador y las preguntas del público).
5. Planifiquen la presentación del debate.

¿Cómo lo presentamos?

1. Lleven a cabo el debate según lo acordado.
2. Precisen las opiniones en relación con el tema.
3. Expresen, con cortesía, el desacuerdo.
4. Presenten las opiniones lo más objetivamente posible y no impongan sus puntos de vista. Recuerden que sus argumentos tienen la obligación de convencer, no de imponer.
5. Sean tolerables con los puntos de vista de otras personas.
6. Intervengan solo para hacer avanzar la discusión y solicítenle la palabra al moderador. Manejen el tiempo adecuadamente en cada parte del debate.

¿Cómo lo hicimos?

☑ ¿Investigamos a fondo el tema de discusión?

☑ ¿Elaboramos argumentos sólidos para defender nuestros puntos de vista?

☑ ¿Escuchamos respetuosamente la opinión de los demás participantes?

☑ ¿Nos desenvolvimos adecuadamente frente al público?

 © Santillana

Morse construye el telégrafo eléctrico

A la par que los artistas acudían a los sentimientos y a la fantasía, durante el Romanticismo, los científicos no se alejaban de la realidad, por lo que surgieron grandes descubrimientos en esa época. Uno de ellos fue la invención del telégrafo. Samuel Morse, artista e inventor estadounidense, creó el telégrafo en 1835. Este aparato transmitía información a distancia por medio de impulsos eléctricos y mediante un código basado en puntos y rayas. El que emitía el mensaje, a través de la presión de sus dedos, permitía el paso de la corriente eléctrica durante un lapso determinado y, luego, la anulaba. Quien recibía el mensaje, por su parte, tenía un puntero, controlado electromagnéticamente, que dibujaba trazos en una cinta de papel que giraba sobre un cilindro donde se representaban los puntos y las rayas. Morse continuó perfeccionando su invento hasta que consiguió que la Corte Suprema de Estados Unidos reconociera su sistema de comunicación en 1854.

Curiosamente, Morse utilizó su invento por primera vez en Puerto Rico, en el pueblo de Arroyo, en 1859. El inventor se encontraba de visita en casa de su hija y aprovechó su estadía para establecer una línea telegráfica entre la hacienda familiar, los almacenes de su yerno y el muelle. En su honor, el pueblo de Arroyo designó su calle principal con el nombre de este científico.

ACTIVIDADES

1. **Identifica** los tecnicismos relacionados con la telegrafía, que aparecen en la lectura.
2. **Identifica** las oraciones con subordinación sustantiva que aparecen en la lectura.
3. El código Morse sirvió de gran ayuda a las embarcaciones para mantenerse comunicadas con las personas que permanecían en tierra. **Explica** qué importancia crees que haya tenido este descubrimiento.
4. **Investiga** en qué consiste la clave Morse. Luego, **trata** de comunicarte por medio de ella con tus compañeros de clase.

Una pincelada de romanticismo en la pintura de Campeche

José Campeche y Jordán (1751 - 1809) fue nuestro primer gran pintor de profesión y una figura que ejemplifica la realidad de los puertorriqueños de mediados del siglo XVIII. Fue el hijo de Tomás Campeche, un esclavo liberto que compró su libertad, dorador de oficio, adornista y pintor de los padres dominicos y de quien Campeche obtuvo sus primeras influencias estéticas.

Según registran los historiadores, para 1771 Luis Paret y Alcazar se reubicó en Puerto Rico tras haber sido deportado. Él fue un pintor español que, al igual que Goya, trabajó como pintor de las Cortes, y a quien se le consideraba que le sucedía en técnica y destreza. Se cree que fue la influencia más grande que tuvo Campeche y quien lo llevó a practicar el rococó.

Campeche fue el primer pintor puertorriqueño en retratar esclavos, aunque solamente fue en su obra titulada *Exvoto de la Sagrada Familia.* En la pintura, tres esclavos acompañan a una monja que hace los votos del convento. Campeche logró retratar a los esclavos con mucho detalle en las vestimentas y las flores que cargaban como parte de la ofrenda a la Sagrada Familia, pero sus rostros están algo difuminados y, curiosamente, no tienen el mismo rigor.

Como retratista, Campeche pintó gobernadores, obispos, mujeres de sociedad y militares. Uno de sus aciertos es captar la psicología de los retratados, por lo que algunos de los cuadros guardan información histórica tan solo por el gesto y los objetos del retratado. También se le describe como un pintor fiel a la imagen, puesto que no idealizaba los sujetos que pintaba. De allí que sus cuadros se consideren históricos y minuciosos en el detalle, como *Dama a caballo, Capitán D. Ramón de Carvajal* y *María de los Dolores Martínez de Carvajal.*

Por otro lado, parte del sincretismo de Campeche lo llevó a ir añadiendo elementos propiamente puertorriqueños. Por ejemplo, en el retrato del *Gobernador D. Ramón de Castro* (1800), pueden verse El Condado y la Puerta de Tierra colonial, con los soldados vestidos en su uniforme y los cañones de la defensa; y la pintura del *Gobernador Ustáriz* (1790) tiene de fondo el paisaje de la ciudad de San Juan, según iba siendo edificada por los esclavos.

Las hijas del Gobernador D. Ramón de Castro (1797), óleo sobre lienzo, de José Campeche.

En esa línea, la obra *Las hijas del Gobernador D. Ramón de Castro* (1797) presenta lo que se considera como la antesala del Romanticismo, ya que la imagen se nacionaliza al colocar elementos propios de la Isla: una maraca de higüera y una piña: dos frutos autóctonos y un instrumento de los arauacos aborígenes. A pesar de seguir una "fórmula" (el retrato con el sujeto en el centro, cortinaje, elementos decorativos y objetos iconográficos para indicar su relevancia u oficio), Campeche fue alterando un poco los elementos de la composición y hace que la niña mayor sostenga una maraca —hermosamente laborada— y no, un abanico, y que también haya en el suelo una piña y no, una muñeca o un libro. De esta forma, los estudiosos, incluido Alejandro Tapia y Rivera, consideran a Campeche un emblema de la identidad puertorriqueña. Esto lo acerca al Romanticismo, pues integra el tema nacionalista, característico de este.

Campeche no mostró ni el costumbrismo ni el realismo que veremos más adelante en Francisco Oller. Sin embargo, en su caracterización de los cuadros religiosos y su arte como retratista, aportó con paisajes y artículos propiamente puertorriqueños, los cuales nos muestran cómo, poco a poco, se va gestando un sentir nacional que se concretará en el Romanticismo.

RECORDAR

➤ **Contesta:**

a. ¿Quién fue José Campeche?

b. ¿Cómo Campeche estuvo relacionado con la esclavitud?

c. ¿Por qué fue importante Luis Paret y Alcazar en la vida de Campeche?

d. ¿Cuáles son los rasgos característicos de las piezas de Campeche?

e. ¿Por qué se dice que se acerca al Romanticismo en su obra artística?

ANALIZAR

➤ **Escribe** un texto argumentativo en el que defiendas uno de dos postulados: los elementos nacionales que incorpora Campeche en algunos de sus cuadros eran una forma de expresar la identidad puertorriqueña o si, por el contrario, esos elementos son objetos decorativos que no aportan significado patriótico. ¿Con qué objetivo crees que haya pintado la piña y la maraca en el cuadro de *Las hijas del Gobernador D. Ramón de Castro*?

EVALUAR

➤ **Investiga** en Internet sobre las obras de Campeche y **elige** tres de ellas. **Identifica** su valor en términos pictóricos e historiográficos y **señala** cómo responden a la estética de la época.

CONCIENCIA verde

Aparte de los valores apuntados en el texto sobre las obras de Campeche, las alusiones al paisaje puertorriqueño nos ofrecen datos sobre el desarrollo de la ciudad de San Juan. Podemos ver la arquitectura, la disposición de los soldados y el proceso de construcción. ¿Qué comparaciones puedes hacer entre ese tiempo y el de ahora, con respecto al manejo de los recursos? En términos de la planificación colonial, ¿cuáles son los aciertos y los desaciertos? ¿Se han remediado en la actualidad los desaciertos y nos hemos beneficiado por los aciertos? ¿Por qué?

Capítulo 9

1. **Realiza** un *collage* con imágenes que ejemplifiquen, por lo menos, cinco préstamos lingüísticos y cinco extranjerismos. Debajo de cada imagen, **escribe** la palabra que lo represente.
2. **Descifra** las letras que comprenden los siguientes símbolos, con ayuda de la leyenda que aparece a continuación. **Completa** la palabra con el símbolo que representa la *z* o la *s*. Luego, **indica** la regla que aplica. **Escribe** el acento ortográfico a las palabras que lo lleven.

a. ✤♏___
b. ♒♋___♉♋
c. ♐♓___♓🙖♊
d. ♍♋✤♋___
e. 🙖🙰♋___🙖🙴
f. ♉⊙♋___♋⊙
g. ♏🙴♉♓♈♓___♉♋
h. ✤♋♊___♋

a. ♋	h. ♒	ñ. ✪	u. ☼
b. ♌	i. ♓	o. 🙖	v. ❖
c. ♍	j. 🙰	p. ✤	w. ☆
d. ♎	k. &	q. ❑	x. ☯
e. ♏	l. ♈	r. ⊙	y. ⍓
f. ♐	m. ❍	s. 🙴	z. ⌘
g. ♑	n. ♊	t. ♉	

3. **Completa** las siguientes oraciones. **Traza** una línea por el laberinto para unir la oración principal con su oración subordinada y formar la oración compuesta por subordinación. **Identifica** el enlace subordinante y su tipo (preposición, conjunción o relativo). Luego, **redacta** otras tres oraciones compuestas por subordinación. **Dibuja** un laberinto para cada una y **comparte** cada uno con tus compañeros.

Me encanta	Nos dirigimos	No entendí la pregunta
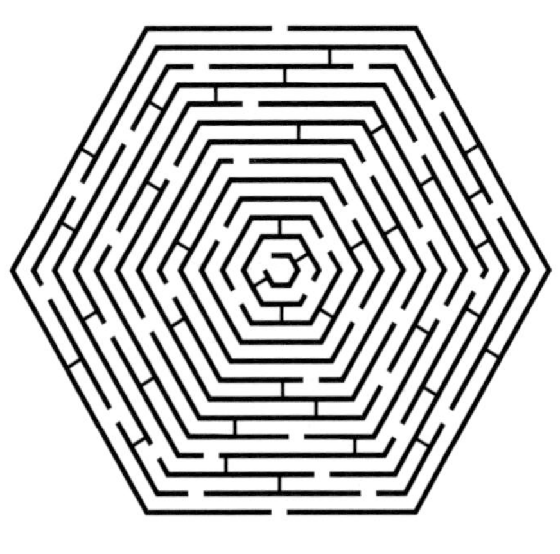		
que hayas venido con tu hermano.	hacia la pizzería.	cuyo vocabulario era muy elevado.

 © Santillana

Capítulo 10

. **Lee** una noticia de cada una de las siguientes secciones de un periódico: *Deportes*, *Cultura* y *Economía*. Luego, **recorta** los tecnicismos que encuentres en cada sección y **pégalos** en un papel de construcción para cada tema.

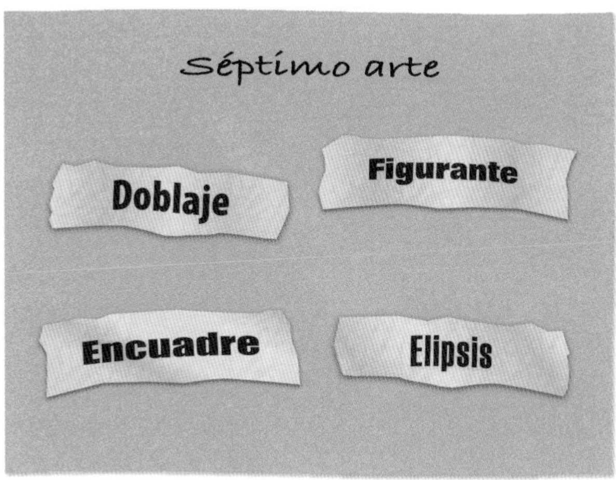

. **Escoge** un tema. Luego, **busca** en un libro, Internet, revista o periódico, entre otras fuentes, diez citas o frases relacionadas con el tema seleccionado. **Prepara** un mural o cartel con las citas o frases. **Usa** las comillas y los dos puntos para presentar tus mensajes. **Acompaña** tus escritos con una imagen o dibujo relacionado con el tema.

. **Busca** fotos y **forma** oraciones con subordinación sustantiva, como se ve en los modelos.

11 La sociedad ante su realidad

Ensayo de un ballet en el escenario (1874), óleo sobre lienzo, de Edgar Degas

El realismo surgió como reacción contra el exceso de subjetividad y de imaginación del Romanticismo.

Temas del capítulo

- El realismo y el Naturalismo
- Analogías
- La raya y el paréntesis
- La subordinación adjetiva
- El artículo de opinión
- El panel

Preámbulo

Los importantes cambios sociales y económicos del siglo XIX dieron inicio a un nuevo movimiento literario en toda Europa: el realismo. Durante este período, la burguesía se consolidó como la clase dominante, mientras que los trabajadores exigieron mejoras laborales y sociales. Esta situación dio lugar a una literatura más apegada a la realidad, ya que el Romanticismo no respondía al nuevo entramado social. Paulatinamente, se impuso una visión objetiva de la realidad.

Los escritores realistas concibieron la novela como el género más adecuado para sus fines, pues en ella podían representar la sociedad de manera veraz. Los lectores de novelas eran mayormente burgueses, por lo que los autores les prestaron atención especial.

La formulación de las teorías de Darwin, las leyes de la herencia de Mendel y los avances de la medicina influyeron en la evolución del realismo en las últimas décadas del siglo XIX hacia un nuevo movimiento literario: el Naturalismo. Los escritores naturalistas se proponían analizar los aspectos más sórdidos de la sociedad, de forma científica.

¿Qué sabes sobre el realismo y el Naturalismo?

- ¿En qué piensas cuando escuchas la palabra *realismo*?
- ¿Qué elementos de la imagen muestran una observación objetiva de la realidad?
- De acuerdo con esta pintura, ¿qué características crees que tengan las obras realistas?
- ¿Cuál de los personajes que se ven en la escena puede clasificarse como un personaje-observador? ¿Por qué?

Al comenzar

- ¿Qué tipos de película te gusta ver? ¿Cómo son?
- ¿Cuáles películas son más atractivas para ti: las que muestran la realidad tal y como es o las que muestran un lugar utópico o irreal? ¿Por qué prefieres esas?

Al leer

- Indica las características que atribuye el autor a cada uno de los personajes de la obra *Fortunata y Jacinta*.
- ¿Qué tienen en común Jacinta y Fortunata? ¿Qué las distingue?

Al concluir

- ¿Podemos encontrar a Juanito, Jacinta y Fortunata en nuestra sociedad actual? Explica.

Fortunata y Jacinta

Juanito Santa Cruz

Juanito Santa Cruz es un joven de buena familia acostumbrado al éxito fácil.

Tenía Juanito entonces veinticuatro años. Le conocí un día en casa de Federico Cimarra, en un almuerzo que este dio a sus amigos. Se me ha olvidado la fecha exacta; pero debió de ser esta hacia el 69. [...] Era el hijo de don Baldomero muy bien parecido, y además muy simpático, de estos hombres que se recomiendan con su figura antes de cautivar con su trato, de estos que en una hora de conversación ganan más amigos que otros repartiendo favores positivos. Por lo bien que decía las cosas y la gracia de sus juicios, aparentaba saber más de lo que sabía, y en su boca las paradojas eran más bonitas que todas las verdades. Vestía con elegancia y tenía tan buena educación que se le perdonaba fácilmente el hablar demasiado. Su instrucción y su ingenio agudísimo le hacían descollar sobre todos los demás mozos de la partida, y aunque a primera vista tenía cierta semejanza con Joaquinito Pez, tratándolos se echaban de ver entre ambos profundas diferencias, pues el chico de Pez, por su ligereza de carácter y la **garrullería** de su entendimiento, era un verdadero **botarate**.

Barbarita estaba loca con su hijo; mas era tan discreta y delicada, que no se atrevía a elogiarle delante de sus amigas, sospechando que todas las demás señoras habían de tener celos de ella. Si esta pasión de madre daba a Barbarita inefables alegrías, también era causa de zozobras y cavilaciones. Temía que Dios la castigase por su orgullo; temía que el adorado hijo enfermara de la noche a la mañana y se muriera como tantos otros de menos mérito físico y moral. Porque no había que pensar que el mérito fuera una inmunidad. Al contrario, los más brutos, los más feos y los perversos son los que se hartan de vivir, y parece que la misma muerte no quiere nada con ellos. Del tormento que estas ideas daban a su alma se defendía Barbarita con su ardiente fe religiosa. [...] Los cuidados que al chico prodigaba eran esmeradísimos; pero no tenía aquella buena señora las tonterías dengosas de algunas madres, que hacen de su cariño una manía insoportable para los que la presencian, y corruptora para las criaturas que son objeto de él. No trataba a su hijo con mimo. Su ternura sabía ser inteligente y revestirse a veces de severidad dulce.

¿Y por qué le llamaba todo el mundo y le llama todavía casi unánimemente Juanito Santa Cruz? Esto sí que no lo sé. Hay en Madrid muchos casos de esta aplicación del diminutivo o de la fórmula familiar del nombre, aun tratándose de personas que han entrado en la madurez de la vida.

- **garrullería** (sustantivo). Simpleza.
- **botarate** (adjetivo). Tonto, necio.

Juanito conoce a Fortunata

Doña Bárbara, la madre de Juanito, dispone la boda de su hijo con na prima suya llamada Jacinta. Antes del matrimonio, Juanito va a bus- ar a Estupiñá, un dependiente de su padre, y así conoce a Fortunata, con uien comienza una relación amorosa.

Juanito reconoció el número 11 en la puerta de una tienda de aves huevos. [...] Al pasar junto a la puerta de una de las habitaciones del ntresuelo, Juanito la vio abierta y, lo que es natural, miró hacia dentro, ues todos los accidentes de aquel recinto despertaban en sumo grado su uriosidad. Pensó no ver nada y vio algo que, de pronto, le impresionó: na mujer bonita, joven, alta. [...] La moza tenía un pañuelo azul claro por a cabeza y mantón sobre los hombros, y en el momento de ver al ***Delfín*** se nfló con él, quiero decir que hizo ese característico arqueo de brazos y al- amiento de hombros con que las madrileñas del pueblo se agazapan den- ro del mantón, movimiento que les da cierta semejanza con una gallina ue esponja su plumaje y se ahueca para volver luego al volumen natural. uanito no pecaba de corto, y al ver a la chica y observar lo linda que era y o bien calzada que estaba, diéronle ganas de tomarse confianzas con ella.

—¿Vive aquí —le preguntó— el señor de Estupiñá?

—¿Don Plácido?... En lo *más último de arriba* —contestó la joven, ando algunos pasos hacia fuera.

Y Juanito pensó: "Tú sales para que te vea el pie. Buena bota..." Pen- ando esto, advirtió que la muchacha sacaba del mantón una mano con **nitón** encarnado y que se la llevaba a la boca. La confianza se desbordaba el pecho del joven Santa Cruz, y no pudo menos de decir:

—¿Qué come usted, criatura?

—¿No lo ve usted? —replicó, mostrándoselo—. Un huevo. [...]

—No sé cómo puede usted comer esas babas crudas —dijo Santa Cruz, o hallando mejor modo de trabar conversación.

—Mejor que guisadas. ¿Quiere usted? —replicó ella, ofreciendo al *)elfín* lo que en el cascarón quedaba...

—No, gracias.

Ella entonces se lo acabó de sorber, y arrojó el cascarón, que fue a strellarse contra la pared del tramo inferior. Estaba limpiándose los dedos on el pañuelo, y Juanito discurriendo por dónde pegaría la hebra, cuando onó abajo una voz terrible, que dijo:

—¡*Fortunaaá*!

Entonces la chica se inclinó en el pasamanos y soltó un *Yia voy* con hillido tan penetrante que Juanito creyó que se le desgarraba el tímpano.

- ***Delfín***. Primogénito del rey de Francia; Galdós se refiere así al heredero de los Santa Cruz.
- **mitón** (sustantivo). Guante que deja los dedos al descubierto.

Los pensamientos de Jacinta

Jacinta sospecha del comportamiento de su marido.

A poco de acostarse notó Jacinta que su marido dormía profundamente. Observábale desvelada, tendiendo una mirada tenaz de cama a cama. Creyó que hablaba en sueños; pero no, era simplemente quejido sin articulación que acostumbraba a lanzar cuando dormía, quizá por causa de una mala postura. [...] El pérfido guardaba tan bien las apariencias que nada hacía ni decía *en familia* que no revelara una conducta regular y correctísima. Trataba a su mujer con un cariño tal que..., vamos, se le tomaría por enamorado. Solo allí, de aquella puerta para adentro, se descubrían las trastadas; solo ella, fundándose en datos negativos, podía destruir la aureola que el público y la familia ponían al glorioso *Delfín*.

Fortunata y Maximiliano Rubín

Fortunata lleva una vida disipada hasta que conoce a Maximiliano Rubín, quien se enamora de ella y, tras buscarle un piso para alojarla, le pide matrimonio.

[...] Muchas tardes, mientras estaba en la cocina, Maximiliano estudiaba sus lecciones, tendido en el sofá de la sala. Si no fuera porque el espectro de la **hucha** se le solía aparecer de cuando en cuando, anunciándole el acabamiento del dinero extraído de ella, ¡cuán feliz habría sido el pobre chico!

A pesar de esto, la dicha le embriagaba. Entrábale una embriaguez de amor que le hacía ver todas las cosas teñidas de optimismo. [...] El dinero ya vendría de alguna parte. Fortunata era buena, y bien claros estaban ya sus propósitos de decencia.

Todo iba a pedir de boca, y lo que faltaba era concluir la carrera y... Al llegar aquí, un pensamiento que desde el principio de aquellos amores tenía muy guardadito, porque no quería manifestarlo sino en sazón oportuna, se le vino a los labios. [...]

—Fortunata, yo me caso contigo.

Ella se echó a reír con incredulidad; pero Rubín le repitió el *me caso contigo* tan solemnemente que Fortunata lo empezó a creer.

—Hace tiempo —añadió él— que lo había pensado... Lo pensé cuando te conocí, hace un mes... Pero me pareció bien no decirte nada hasta tratarte un poco... O me caso contigo o me muero. Este es el dilema.

—*Tie* gracia... Y ¿qué quiere decir *dilema*?

—Pues esto: que o me caso o me muero. Has de ser mía ante Dios y los hombres. ¿No quieres ser honrada? Pues con el deseo de serlo y un hombre, ya está hecha la honradez. [...]

• **hucha** (sustantivo). Alcancía.

 © Santillana

Fortunata se sentó a su lado, dejando la mesa a medio poner y la co-
ıida a punto de quemarse. Maximiliano le dio muchos abrazos y besos, y
lla estaba como aturdida..., poco risueña en verdad, esparciendo miradas
e un lado para otro. La generosidad de su amigo no le era indiferente, y
ontestó a los apretones de manos con otros no tan fuertes, y a las caricias
e amor con otras de amistad. Levantose para volver a la cocina, y en ella
ı pensamiento se balanceó en aquella idea del casorio, mientras maqui-
almente echaba la sopa en la sopera... "¡Casarme yo!... *¡Pa chasco!*... ¡Y
on este encanijado!... ¡Vivir siempre, siempre con él, todos los días..., de
ía y de noche!... ¡Pero calcula tú, mujer...; ser honrada, ser casada, señora
e tal..., persona decente!..."

La soledad de Juanito

Tras su boda con Maximiliano, Fortunata retoma la relación con uanito. Finalmente, Juanito la abandona y se busca una nueva amante. 'ortunata enferma y muere, dejando una carta para Jacinta. Esta, harta e tanto engaño y sufrimiento, habla gravemente con su esposo, al que ımás volverá a amar.

Cuando se quedaron solos los ***Delfines***, Jacinta se despachó a su gusto on su marido, y tan cargada de razón estaba y tan firme y valerosa que penas pudo él contestarle, y sus **triquiñuelas** fueron armas impotentes y ısibles contra la verdad que afluía de los labios de la ofendida consorte. ;sta le hacía temblar con sus acerados juicios, y ya no era fácil que el abilidoso caballero triunfara de aquella alma tierna, cuya **dialéctica** solía ebilitarse con la fuerza del cariño. Entonces se vio que la continuidad de)s sufrimientos había destruido en Jacinta la estimación a su marido, y ruina de la estimación arrastró consigo parte del amor, hallándose por n este reducido a tan míseras proporciones que casi no se le echaba de er. [...] Ante el desdén no disimulado, sino real y efectivo, que su mujer mostraba, el pobre hombre padecía horriblemente, porque era para él ıuy triste que a la víctima no le doliesen ya los golpes que recibía. No ser adie en presencia de su mujer, no encontrar allí aquel refugio a que pe-iódicamente estaba acostumbrado, le ponía de malísimo **talante**. Y era tal ı confianza en la seguridad de aquel refugio que al perderlo experimentó or vez primera esa sensación tristísima de las irreparables pérdidas y del acío de la vida, sensación que en plena juventud equivale al envejecer ..]. Claramente se lo dijo ella, con expresiva sinceridad en sus ojos, que unca engañaban:

—Haz lo que quieras. Eres libre como el aire. Tus **trapisondas** no me fectan nada.

Benito Pérez Galdós
(español)
(fragmento)

Sobre el autor

Benito Pérez Galdós (1843-1920) nació en el seno de una familia de clase media en España. Dejó huellas como escritor de novelas, obras de teatro y artículos periodísticos. Comenzó sus estudios en Derecho, mas no los terminó. A lo largo de toda su vida combinó su carrera literaria con la política, ya que desde muy joven se vio atraído por las ideas liberales. Incluso, llegó a ser nombrado diputado de Puerto Rico y elegido por la coalición republicano-socialista. Su obra *Fortunata y Jacinta* pertenece a la corriente naturalista, que muestra minuciosa y científicamente cada detalle de la realidad descrita por el autor. Considerada la obra maestra de Galdós, *Fortunata y Jacinta* relata la historia de dos mujeres de distinta clase social, que aman al mismo hombre: Juanito Santa Cruz.

- ***Delfines***. Juanito y Jacinta.
- **triquiñuelas** (sustantivo). Evasivas.
- **dialéctica** (sustantivo). Serie ordenada de razonamientos.
- **talante** (sustantivo). Carácter.
- **trapisondas** (sustantivo). Bullas o riñas con voces o acciones.

eo un texto

Al comenzar

- ¿Sabes quiénes pertenecían a la clase aristocrática?
- ¿Y quiénes eran considerados como plebeyos?

Al leer

- Anota las actitudes y las acciones de la clase aristocrática que critica la autora en el fragmento de la obra *Los pazos de Ulloa*.
- Identifica los personajes que intervienen en este fragmento y expresa si se comportan con naturalidad.
- Compara la actitud de Rita con la conducta de Nucha.
- Delimita los pasajes descriptivos, y di qué elementos se emplean para retratar a los personajes.

Al concluir

- ¿Consideras correcto que un padre arregle la boda de su hija, sin su consentimiento, solo por interés económico-social?

Los pazos de Ulloa

Capítulo IX

Como ya dos veces había repicado la campanilla y los criados no llevaban trazas de abrir, las señoritas de la Lage, suponiendo que a horas tan tempranas no vendría nadie de cumplido, bajaron en persona y en grupo a abrir la puerta, sin peinar, con bata y chinelas, hechas unas fachas. Así es que se quedaron voladas al encontrarse con un arrogante mozo, que les decía campechanamente:

—¿A que nadie me conoce aquí?

Sintieron impulsos de echar a correr; pero la tercera, la menos linda de todas, frisando al parecer en los veinte años, murmuró:

—De fijo que es el primo Perucho Moscoso.

—¡Bravo! —exclamó don Pedro—. ¡Aquí está la más lista de la familia!

Y adelantándose con los brazos abiertos, fue para abrazarla; pero ella, hurtando el cuerpo, le tendió una manecita fresca, recién lavada con agua y colonia. Enseguida se entró por la casa gritando:

—¡Papá!, ¡papá! ¡Está aquí el primo Perucho!

El piso retembló bajo unos pasos elefantinos. Apareció el señor de la Lage, llenando con su volumen la antesala, y don Pedro abrazó a su tío, que le llevó casi en volandas al salón. [...]

Viéndoles juntos, se observaba extraordinario parecido entre el señor de la Lage y su sobrino carnal: la misma estatura **prócer**, las mismas proporciones amplias, la misma abundancia de huesos y fibra, la misma barba fuerte y copiosa; pero lo que en el sobrino era armonía de complexión titánica, fortalecida por el aire libre y los ejercicios corporales, en el tío era exuberancia y **plétora**: condenado a una vida sedentaria, se advertía que le sobraba sangre y carne [...].

Mostró admirarse de la buena presencia del sobrino y le habló llanotamente, para inspirarle confianza.

—[...] Ya habrás visto a tus primas, ¿eh? [...]

—¿Qué me dicen? Me han recibido como a la persona de más cumplimiento... A esta le quise dar un abrazo, y ella me alargó la mano muy fina.

—¡Qué borregas! ¡Marías Remilgos! A ver cómo abrazáis todas al primo, inmediatamente.

La primera que se adelantó a cumplir la orden fue la mayor. Al estrecharla, don Pedro no pudo dejar de notar las bizarras proporciones del bello bulto humano que oprimía. ¡Una real moza, la primita mayor!

- **prócer** (adjetivo). Eminente, elevada.
- **plétora** (sustantivo). Exceso, sobreabundancia.

—¿Tú eres Rita, si no me equivoco? —preguntó risueño—. [...]

—Rita, para servirte —respondió con igual amabilidad la prima—. Y esta es Manolita, y esta es Carmen, y aquella es Nucha...

Allá entre los pliegues de una cortina de damasco se escondía la tercera, como si quisiese esquivar la ceremonia afectuosa; pero no le valió la treta, antes su retraimiento incitó al primo a exclamar:

—¿Doña Hucha, o como te llames?... Cuidadito conmigo..., se me debe un abrazo...

—Me llamo Marcelina, hombre... Pero estas me llaman siempre Marcelinucha o Nucha...

Costábale trabajo resolverse, y permanecía refugiada en el rojo dosel de la cortina, cruzando las manos sobre el peinador de **percal** blanco, que rayaban con doble y largo trazo, como de tinta, sus sueltas trenzas. El padre la empujó bruscamente, y la chica vino a caer contra el primo, toda ruborizada, recibiendo un apretón en regla, amén de un frote de barbas que la obligó a ocultar el rostro en la pechera del marqués.

Hechas así las amistades, entablaron el señor de la Lage y su sobrino la imprescindible conversación referente al viaje, sus causas, incidentes y peripecias. No explicaba muy satisfactoriamente el sobrino su impensada venida: pch... ganas de espilirse... Cansa estar siempre solo... Gusta la variación... [...]

Y se frotaba las manos colosales, sonriendo a una idea que, si acariciaba tiempo hacía allá en su interior, jamás se le había presentado tan clara y halagüeña como entonces. ¡Qué mejor esposo podían desear sus hijas que el primo Ulloa! [...] Porque aquel hidalgo de cepa vieja sentía a la vez gana ardentísima de casar a las chiquillas y un orgullo de raza tan exaltado, bajo engañosas apariencias de llaneza, que no solo le vedaba descender a ningún **ardid** de los usuales en padres casamenteros, sino que le imponía suma rigidez y escrúpulo en la elección de sus relaciones y en la manera de educar a sus hijas, a quienes traía como encastilladas y aisladas, no llevándolas sino de pascuas a ramos a diversiones públicas. Las señoritas de la Lage, discurría don Manuel, deben casarse, y sería contrario al orden providencial que no apareciese tronco en que injertar dignamente los retoños de tan noble estirpe; pero antes se queden para vestir imágenes que unirse con cualquiera, [...] las señoritas de la Lage solo pueden dar su mano a quien se les iguale en calidad. Así pues, don Manuel, que se desdeñaría de tender redes a un ricachón plebeyo, se propuso inmediatamente hacer cuanto estuviese en su mano para que su sobrino pasase a yerno, como el Sandoval de la zarzuela.

Emilia Pardo Bazán
(fragmento)
(adaptación)

Sobre la autora

Emilia Pardo Bazán (1851-1921) fue una escritora española criada dentro de una familia pudiente, quien cultivó diversos géneros literarios: poesía, cuento, novela y ensayo. Esta autora fue la más destacada defensora del Naturalismo en España. Su novela *Los pazos de Ulloa* (1886) recrea la decadencia de la vida campesina y aristocrática gallega. Dicha obra fue adaptada en 1985, para la televisión española. Al final de su carrera, su estilo fue tornándose más simbólico y espiritual.

- **percal** (sustantivo). Tela.
- **ardid** (sustantivo). Astucia.

Al comenzar

- ¿Cuál es la diferencia entre *heredar* y *conquistar*?
- ¿Cuál crees que tenga más valor? ¿Por qué?

Al leer

- Señala las cualidades que caracterizan a Fermín de Pas.
- Explica cómo es el narrador y qué técnicas emplea para reflejar el pensamiento de sus personajes.
- Identifica dos símiles en el texto *La soledad de Ana Ozores* y explica su significado.
- Fíjate con qué personaje literario se puede comparar a don Álvaro Mesía.

Al concluir

- ¿Pueden algunas costumbres tradicionales llegar a ser perjudiciales para una sociedad? Ofrece ejemplos concretos.

La Regenta

Don Fermín de Pas, el Magistral

La Regenta es una extensa novela ambientada en Vetusta, una capital de provincia que representa la ciudad de Oviedo. En ella se narra el proceso de degeneración moral de su protagonista, Ana Ozores, que, casada con un hombre mayor que ella, don Víctor Quintanar, Regente *de la ciudad de* Vetusta*, es pretendida por el seductor de dicha ciudad, don Álvaro Mesía, y objeto del amor de su confesor, don Fermín de Pas.*

Ana es una mujer joven y bonita. La obra desarrolla el drama de su insatisfacción. Pero Clarín no se limita al análisis de su espíritu delicado, sino que la rodea de un ambiente rico y complejo, poblado principalmente por la clase media-alta de la ciudad, a la cual retrata —y a veces caricaturiza— con sus formas de vida, sus vicios, su mentalidad superficial y sus mezquinos intereses.

Uno de los recreos solitarios de don Fermín de Pas consistía en subir a las alturas. Era montañés, y por instinto buscaba las cumbres de los montes y los campanarios de las iglesias. [...]

Cuanto más subía, más ansiaba subir [...]. Llegar a lo más alto era un triunfo voluptuoso para De Pas. Ver muchas leguas de tierra, **columbrar** el mar lejano, contemplar a sus pies los pueblos como si fueran juguetes, imaginarse a los hombres como **infusorios**, [...] mirar las nubes desde arriba, eran intensos placeres de su espíritu altanero [...]. Entonces sí que en sus mejillas había fuego y en sus ojos dardos. En Vetusta no podía saciar esa pasión; tenía que contentarse con subir algunas veces a la torre de la catedral. [...]

Vetusta era su pasión y su presa. Mientras los demás le tenían por sabio teólogo, filósofo y jurisconsulto, él estimaba sobre todas su ciencia de Vetusta. La conocía palmo a palmo, por dentro y por fuera, por el alma y por el cuerpo, había escudriñado los rincones de las conciencias y los rincones de las casas. [...]

La soledad de Ana Ozores

Ana Ozores, la Regenta, está casada con Víctor Quintanar, a quien no ama.

Estaba Ana sola en el comedor. Sobre la mesa quedaban la cafetera de estaño, la taza y la copa en que había tomado café y anís don Víctor [...]. Sobre el platillo de la taza yacía medio puro apagado, cuya ceniza formaba repugnante **amasijo** impregnado del café frío derramado.

Todo esto miraba la Regenta con pena, como si fuesen ruinas de un mundo. La insignificancia de aquellos objetos que contemplaba le partía

- **Regente** (sustantivo). Gobernante.
- **Vetusta** (sustantivo). Clarín utiliza este nombre para encubrir a Oviedo.
- **columbrar** (verbo). Divisar.
- **infusorios** (sustantivo). Microorganismos.

el alma; se le figuraba que era símbolo del universo, que era así, ceniza, frialdad, un cigarro abandonado a la mitad por el hastío del fumador. Además, pensaba en el marido incapaz de fumar un puro entero y de querer por entero a una mujer. Ella era también como aquel cigarro, una cosa que no había servido para uno y que ya no podía servir para otro. [...]

Ana aquella tarde aborrecía más que otros días a los vetustenses; aquellas costumbres tradicionales, respetadas sin conciencia de lo que se hacía, sin fe ni entusiasmo, repetidas con mecánica igualdad como el rítmico volver de las frases o los gestos de un loco; aquella tristeza ambiente que no tenía grandeza, que no se refería a la suerte incierta de los muertos, sino al aburrimiento seguro de los vivos, se le ponían a la Regenta sobre el corazón, y hasta creía sentir la atmósfera cargada de hastío, de un hastío sin remedio, eterno. Si ella contara lo que sentía a cualquier vetustense, la llamaría romántica; a su marido no había que mentarle semejantes penas; en seguida se alborotaba y hablaba de régimen, y de programa y de cambiar de vida. Todo menos apiadarse de los nervios o lo que fuera.

Don Álvaro Mesía

Don Álvaro Mesía es el galán de Vetusta. Ana acaba siendo seducida por don Álvaro y la sociedad vetustense, envidiosa y cruel, la rechaza y condena por ello.

Ana vio aparecer debajo del arco de la calle del Pan, que une la plaza de este nombre con la Nueva, la arrogante figura de don Álvaro Mesía, jinete en soberbio caballo blanco, de reluciente piel, crin abundante y ondeada, cuello grueso, poderosa cerviz, cola larga y espesa. [...]

El estrépito de los cascos del animal sobre las piedras, sus graciosos movimientos, la hermosa figura del jinete llenaron la plaza de repente de vida y alegría, y la Regenta sintió un soplo de frescura en el alma. ¡Qué a tiempo aparecía el galán! Algo sospechó él de tal oportunidad al ver en los ojos y en los labios de Ana dulce, franca y persistente sonrisa. [...]

Ana se sentía caer en un pozo, según ahondaba, ahondaba en los ojos de aquel hombre que tenía allí debajo; le parecía que toda la sangre se le subía a la cabeza, que las ideas se mezclaban y confundían, que las nociones morales se deslucían, que los resortes de la voluntad se aflojaban; y viendo como veía un peligro, y desde luego una imprudencia en hablar así con don Álvaro, en mirarle con deleite que no se ocultaba, en alabarle y abrirle el arca secreta de los deseos y los gustos, no se arrepentía de nada de esto y se dejaba resbalar, gozándose en caer, como si aquel placer fuese una venganza de antiguas injusticias sociales, de bromas pesadas de la suerte, y sobre todo de la estupidez vetustense.

Leopoldo Alas "Clarín"
(español)
(fragmento)

Sobre el autor

Leopoldo Alas, que escribió con el seudónimo de Clarín, nació en Zamora en 1852, y se trasladó a Oviedo con su familia, en 1863. Estudió Derecho y ejerció como profesor en la Universidad de Oviedo desde 1883 hasta su muerte, en 1901. También fue un reputado periodista y crítico literario. Es autor de dos novelas: *La Regenta* y *Su único hijo*, así como de numerosos cuentos y relatos breves. Entre estos destacan títulos como: *Pipá*, *Doña Berta* o *¡Adiós, Cordera!* Su obra más importante es *La Regenta*, una de las mejores novelas del siglo XIX. El texto presenta numerosos elementos naturalistas, como la presión determinista del entorno o la importancia del físico de los personajes, para explicar su conducta. En cuanto al estilo, Clarín emplea, brillantemente, procedimientos como el monólogo interior, mediante el cual se reproducen los pensamientos de los personajes y el estilo indirecto libre, que permite insertar en tercera persona las palabras o los pensamientos del personaje sin un verbo de habla.

- **amasijo** (sustantivo). Mezcla.

Interpreto el texto

IDENTIFICO

➤ **Relee** los fragmentos de este capítulo y **contesta** las preguntas del siguiente diagrama:

El cuento tiene lugar en... ¿Cuándo ocurre? ¿Dónde ocurre?

Los personajes:

El problema:

La trama o los eventos:

La solución:

INFIERO

➤ **Contesta**:

a. ¿Qué impresión te produce Juanito Santa Cruz? ¿Qué importancia crees que tengan los rasgos que presenta el autor sobre Juanito, para comprender el argumento de la novela?
b. ¿Cuál era la actitud de Barbarita con respecto a su hijo?
c. ¿Cómo se comportan Juanito y Fortunata en su primer encuentro. ¿Pertenecen a la misma clase social? ¿Qué aspectos del relato te permiten saberlo?
d. ¿Cuál era el refugio de Juanito? ¿Qué significaba para él perder ese refugio?
e. ¿Qué tipo de narrador hay en *Los pazos de Ulloa*? ¿Relata los hechos de manera objetiva y neutral?
f. ¿Qué plan albergaba el señor de Lage con respecto a su sobrino? ¿Por qué?
g. ¿Qué actitud tiene Nucha con respecto a su primo?
h. ¿Qué impresión te produce el personaje de don Fermín de Pas, en *La Regenta*?
i. ¿Qué valor simbólico tiene la mirada de don Fermín de Pas sobre Vetusta?
j. ¿Qué opinión tenía Ana Ozores de los vetustenses? ¿Con qué compara el universo?
k. ¿Qué emociones le producía a Ana la figura de don Álvaro Mesía?
l. ¿Cómo el narrador describe a don Álvaro Mesía?

ANALIZO

➤ **Realiza** las siguientes actividades:

a. **Analiza** cómo es el narrador de *Fortunata y Jacinta* y compáralo con el del texto *Los pazos de Ulloa.* ¿Qué semejanzas y diferencias encuentras entre uno y otro?

b. **Relaciona** las clases sociales a las que pertenecen los personajes de la novela *Fortunata y Jacinta* y el espacio en el que suceden los hechos con los rasgos característicos del realismo.

c. **Describe** cómo es el lenguaje de cada uno de los personajes de *Fortunata y Jacinta.* **Indica** si se plasman con habilidad las diferencias entre unos y otros, y **explica** qué doble función cumplen los diálogos en esta obra.

EVALÚO y VALORO

➤ **Comenta:**

a. En el útlimo texto de *Fortunata y Jacinta*, el autor expresa directa e indirectamente sus opiniones acerca de los personajes. **Resume** las opiniones del autor y **realiza** tu propia valoración.

b. **Opina** si el autor de *La Regenta* consigue retratar a los personajes de forma creíble. **Justifica** tu respuesta.

c. **Explica** qué papel juega el matrimonio en los textos leídos y **compáralo** con la actualidad. ¿Crees que hoy día existan los matrimonios arreglados? **Valora** este aspecto de la sociedad.

EDUCACIÓN moral y cívica

En los fragmentos de las novelas estudiadas en este capítulo, se aborda el tema de la diferencia de estratos sociales. Esta situación divide enormemente a las sociedades. ¿Crees que en Puerto Rico exista la diferencia de estrato social? ¿Crees que una persona que pertenezca a una posición social diferente de la tuya sea mejor o peor persona que tú? ¿Cómo te sientes en relación con las personas indigentes? ¿De qué manera podrías ayudarlos? Explica cómo enfocarías una campaña educativa en ese sentido.

EN el contexto

➤ **Completa** las oraciones con las siguientes palabras del vocabulario: *plétora, trapisondas, columbrar, botarate* y *mitón.* **Procura** emplearlas de acuerdo con su contexto.

a. No soporto a tu amigo; es un ________.

b. Se perdió un ________ de mi par favorito.

c. Tus ________ nos tienen hartos.

d. Sandra pudo ________ tu figura desde su balcón.

e. Cada año surge una ________ de productos para el cabello.

El realismo y el Naturalismo

La transformación de la sociedad

Las transformaciones sociales y económicas que trajo consigo la Revolución Industrial marcaron la segunda mitad del siglo XIX, en toda Europa. Estas transformaciones supusieron la consolidación de la burguesía y la aparición de movimientos obreros y sindicales como el socialismo, el marxismo y el anarquismo.

Al llegar a las estructuras del poder político, social y económico, la burguesía promueve grandes avances tecnológicos y científicos, que se cristalizan durante la segunda mitad del siglo XIX. A medida que esta clase se consolida en el poder, se van transformando no solo la sociedad, sino también el pensamiento y los gustos artísticos. El idealismo romántico va cediendo paso a una sensibilidad más realista.

En la pintura, también se manifestó el movimiento realista. En la imagen, *Las espigadoras* (1848) de Jean-François Millet, se representa la pobreza de unas mujeres campesinas. El interés de Millet estriba en mostrar la verdadera cara del trabajo rural. El cuadro se encuentra en el Museo de Orsay, en París.

El realismo literario

El realismo social que prevalece en el pensamiento práctico, incide también en la literatura. Los escritores y los artistas denuncian los problemas que conlleva el progreso tecnológico e industrial. Se deja a un lado el subjetivismo intimista romántico, para observar y analizar, con un afán de objetividad, problemas tales como: la situación del obrero en el trabajo, la dura vida de las ciudades, la desigualdad y los conflictos entre las clases sociales.

Las características generales del discurso realista

- **Interés por la realidad y lo cotidiano.** Los novelistas sustituyeron los motivos históricos y exóticos del Romanticismo por ambientes y personajes actuales.
- **Tratamiento de temas propios de su tiempo.** Se abordaron los conflictos sociales y políticos coetáneos, las diferencias sociales entre clases, las condiciones de vida de la clase obrera, el caciquismo, entre otros.
- **Búsqueda de la objetividad y el verismo.** La intención del autor realista era construir un mundo literario que fuera fiel representación de la realidad.
- **Presencia crítica del autor.** El autor expresa sus opiniones a través del narrador.
- **Empleo del narrador omnisciente.** De este modo, se podían analizar los pensamientos y las emociones de los personajes.
- **Caracterización de los personajes a partir de la realidad y de su lenguaje cotidiano.** El autor caracteriza a los personajes y representa su extracción social a partir de la oralidad y de su lenguaje cotidiano.
- **Estilo sobrio y sencillo.** Se busca un lenguaje objetivo, preciso y claro, al igual que el de los científicos.

- **Afán costumbrista.** Algunos novelistas en España, como José María de Pereda y Fernán Caballero —seudónimo de Cecilia Bohl de Faber—, enlazaron los cuadros de ambientación, los tipos y las costumbres regionales a la trama narrativa, para destacar rasgos de la vida española.

En lo que se refiere al estilo y a la técnica, se destaca el hecho de que el escritor realista emplea un lenguaje cercano al cotidiano. La intención de embellecer el lenguaje y elaborarlo estéticamente pasa a un segundo plano. Para el narrador realista, el lenguaje es más bien un instrumento para captar e interpretar la realidad.

De ahí que prefiera un estilo llano, que imite las variantes lingüísticas de la oralidad como un medio de retratar con exactitud la realidad lingüística.

La visión sociológica de la novela realista

La novela es el género literario característico del siglo XIX, y cobra auge con el movimiento realista, en el cual se relacionan, intrínsecamente, los conceptos *literatura* y *sociedad*. El interés del novelista por analizar y exponer los males de su entorno vital lo lleva, como al sociólogo —que estudia las relaciones del ser humano en la sociedad—, a la observación y a la documentación. Por ello, la crítica literaria ha destacado la visión sociológica de la novela realista. Se considera a Benito Pérez Galdós la figura cumbre del realismo español y a su novela *La Fontana de oro*, la primera novela realista.

El Naturalismo en España

Del realismo pasamos al Naturalismo cuando, sobre la base de lo expresado, se agrega el elemento sórdido y lo miserable de la condición humana y de la sociedad. Los temas centrales de este tipo de narraciones serán los problemas de los bajos fondos: prostitución, enfermedades, degeneración de la persona, etc. Los aspectos más deprimentes de la sociedad y la descripción detallada de ambientes y personas son característicos de la narrativa naturalista.

En España, no hubo mucha creación naturalista. Este movimiento, que había llegado hacia el 1882, ya en el 1890 se fue mezclando con otras corrientes nuevas. La técnica literaria naturalista produjo una fuerte polémica con los sectores conservadores, ya que fue considerada inmoral y opuesta al catolicismo.

ACTIVIDADES

1. **Contesta**:
   a. ¿Cómo se reflejaron los cambios sociales del siglo XIX, en la literatura?
   b. ¿Qué nuevas técnicas aportaron los realistas a la narrativa?
2. **Explica** la diferencia entre el realismo y el Naturalismo. Luego, **señala** detalles naturalistas en el fragmento que leíste de *Fortunata y Jacinta*.
3. **Piensa** en películas que hayas visto recientemente, que tengan rasgos realistas. **Comparte** con el grupo cuáles son esas películas y **explica** por qué las consideras realistas.

Las analogías

Para EXPLORAR

1. **Lee** la siguiente analogía e **indica** la opción que la complete:

Ensayo es a prosa como poesía es a (estrofa, verso, símil).

2. **Contesta**:
   a. ¿Qué relación existe entre las palabras a colores?
   b. ¿Qué opción reproduce la misma relación con la palabra en azul? ¿Por qué?
   c. ¿Qué es una analogía? ¿Que tipos de analogía conoces?

Para COMPRENDER

Una **analogía** es una relación de equivalencia entre dos parejas de palabras.

Ejemplo:

pareja base — pareja análoga
Botarate es a necio como *cavilación es a preocupación.*
relación de sinonimia — relación de sinonimia

Aunque las relaciones análogas resultan prácticamente infinitas, a continuación te presentamos las de uso más frecuente. Recuerda que la relación entre las palabras también puede plantearse a la inversa.

Relación	Ejemplos
sinónimos	*evasiva / escape*
antónimos	*aversión / simpatía*
agente / característica	*mar / salado*
continente / contenido	*bulto / libro*
parte / todo	*habitación / casa*
causa / efecto	*tormenta / inundación*
género / especie	*mamífero / león*
objeto / lugar	*estufa / cocina*

 © Santillana

Método para resolver analogías

1. Determinar la relación que existe entre las palabras que forman la pareja base.
2. Buscar la pareja análoga que reproduzca la relación que existe entre la pareja base.
3. Si hubiera más de una respuesta, considerar otro tipo de relaciones complementarias: según el tema que se trata, la categoría gramatical, etc.

Para PRACTICAR

1. **Escribe** la relación entre las siguientes parejas de palabras y **explícala**. **Recuerda** que podría estar a la inversa.
   a. segundo / hora
   b. mesa / mueble
   c. parque / tiovivo
   d. cortar / tijeras
   e. brincar / sudar
   f. roble / árbol
2. **Determina** la relación entre las palabras de la pareja base y **escoge** la opción con una relación igual.
   a. suave / algodón
   - cemento / hormigón
   - frío / caliente
   - caliente / lava
   - endeble / robusto

   b. fruta / semilla
   - miel / colmena
   - verdura / malanga
   - sembrar / cosecha
   - estiércol / fertilizante

   c. peroné / pierna
   - radio / televisión
   - radio / antebrazo
   - radio / locutor
   - metatarso / esternón

   d. crustáceo / cangrejo
   - San Juan / La Habana
   - delfín / ballena
   - estrecha / angosta
   - anfibio / sapo

   e. despilfarro / ahorro
   - alcancía / moneda
   - estudio / conocimiento
   - diluvio / sequía
   - religión / catolicismo

   f. ahíto / vacío
   - finado / muerto
   - ahijado / padrino
   - virtud / obediencia
   - vulgar / culto
3. **Escribe** una analogía para cada relación.
   a. sinónimos → ______
   b. antónimos → ______
   c. agente / característica → ______
   d. continente / contenido → ______
   e. parte / todo → ______
   f. causa / efecto → ______
   g. especie / género → ______
   h. objeto / lugar → ______

La raya y el paréntesis

Para EXPLORAR

Émile Zola, escritor francés y padre del Naturalismo. (Retrato de Edouard Manet en óleo sobre lienzo, 1868)

A partir de las ideas del positivismo —corriente filosófica imperante en la época, que afirmaba que el único método para estudiar la realidad era el método científico—, surge el Naturalismo.

Esta tendencia novelística propone que el escritor actúe como un científico, que describa a sus personajes con exactitud científica, mostrando que su conducta obedece a la influencia de la herencia biológica y al ambiente social donde viven.

➤ **Contesta**:

a. ¿Qué función ejercen las rayas en el texto anterior?

b. ¿Qué otros signos podrían sustituir a las rayas en ese caso?

c. ¿Qué otra función de la raya conoces? **Ofrece** ejemplos.

Para COMPRENDER

La **raya** es un signo de puntuación representado por un trazo horizontal (—) de mayor longitud que el correspondiente al guion (-), con el cual no debe confundirse. Sus usos son los siguientes:

- Se emplea en los diálogos para introducir las palabras de cada personaje y para separar los comentarios o acotaciones del narrador.

Ejemplo: *—¿Qué come usted, criatura?*

Se escriben dos rayas para delimitar la intervención del narrador, cuando este interrumpe las palabras del personaje.

Ejemplo: *—¿No lo ve usted? —replicó, mostrándoselo—. Un huevo.*

- Se emplea para encerrar incisos.

Ejemplo: *Los lectores —de todas las edades— elogiaron el libro.*

- Para enmarcar los comentarios del transcriptor, en medio de una cita textual.

Ejemplo: *"Es importante —señaló el gobernador— proveerles computadoras y herramientas educativas a las escuelas".*

Los **paréntesis** constituyen un signo ortográfico doble ( ). Tienen los siguientes usos:

- Se emplean para encerrar incisos.

Ejemplo: *A mitad del recorrido (unos cinco kilómetros) hicimos un descanso.*

Aunque también las comas y las rayas se utilizan para enmarcar incisos, el uso de los paréntesis implica menor relación con el enunciado que se inserta.

- Para insertar en el texto datos aclaratorios.

Ejemplo: *Él trabaja con la ONU (Organización de las Naciones Unidas).*

- Para encerrar, en las obras teatrales, las acotaciones del autor o los apartes de los personajes.

Ejemplo: *DOÑA LEONOR. (Dentro, tocando la campanilla.) ¡Socorro! ¡Socorro!* (Duque de Rivas: *Don Álvaro o la fuerza del sino*).

Ortografía al día

En español, las siglas son invariables en la lengua escrita, es decir, no modifican su forma cuando designan más de un referente. El plural se manifiesta en las palabras que las introducen o que las modifican: varias ONG europeas, unos DVD, las PC. Por eso, es recomendable utilizar siempre un determinante para introducir la sigla cuando esta ha de expresar pluralidad.

- *Tengo varios CD de música bailable.*

Para PRACTICAR

1. **Emplea** la raya para delimitar los incisos de estas oraciones:
   a. Los pintores realistas que venían de varios países llevaron a cabo la exhibición.
   b. Las pruebas las cuales fueron el mismo día fueron fáciles.
   c. Los alumnos cuatro en total tuvieron que rehacer la prueba.
   d. Para mí la honradez valor que todos debemos poseer es sagrada.
   e. En la casa la compramos recientemente hay averías en las tuberías.
2. **Completa** con paréntesis o rayas estas oraciones:
   a. Este periodista he leído todos sus artículos es realmente bueno.
   b. El recital un espectáculo de más de dos horas fue divertidísimo.
   c. María llamó en voz baja al gato.
   d. Mirando hacia la ventana. ¡Qué bello está el día!
3. **Elige** una situación y **redacta** un diálogo en el que puedas poner en práctica lo aprendido sobre la raya y los paréntesis.

La subordinación adjetiva

Para EXPLORAR

El realismo se expresó sobre todo a través de la novela, el género más apto para describir la realidad social.

➤ **Realiza** las siguientes actividades:

a. **Identifica** el segmento subordinado contenido en esta oración compuesta.

b. **Contesta**:

- ¿A qué palabra complementa la subordinada?
- ¿Qué función desempeña esa subordinada? ¿De qué clase de palabras es característica esa función?

Para COMPRENDER

Son **subordinadas adjetivas** aquellas oraciones que equivalen a un adjetivo.

Características de las oraciones adjetivas		
Función	**Sustitución**	**Forma**
Las subordinadas adjetivas desempeñan la función, típicamente, adjetiva de complemento del nombre. Ejemplo: *La novela* (N) ***que me has prestado*** (CN) *es apasionante.*	Normalmente, las subordinadas adjetivas pueden sustituirse por un adjetivo calificativo o por un adjetivo posesivo o demostrativo en función de complemento. Ejemplo: *El arte que se hizo en la* ***Edad Media*** *estaba impregnado de religión. → El arte* ***medieval*** *estaba impregnado de religión.* *El arte* ***aquel*** *estaba impregnado de religión.*	Las subordinadas adjetivas van, generalmente, introducidas por un relativo que tiene un antecedente explícito. Ese antecedente es el núcleo sustantivo al que la oración adjetiva complementa. Ejemplo: *Las herramientas* (Antec.) ***que buscas*** (sub. adjetiva) *están en el desván.*

Las formas de los **relativos en la oración subordinada**, como hemos visto en el capítulo 8, son *que, cual, quien, cuyo, cuanto, donde, como* y *cuando*. Estas formas, además de introducir la subordinada, desempeñan en ella una función sintáctica: sujeto, complemento directo o complemento circunstancial.

Ejemplos:

Compraré ropa ***que me guste.***
Suj.

La película ***que vimos ayer*** *es muy divertida.*
CD

La sala ***donde representan esa obra*** *está muy lejos.*
CC

Las subordinadas adjetivas pueden ser de dos clases: **explicativas** o **especificativas.**

- Las **subordinadas explicativas** designan una cualidad o circunstancia del sustantivo al que se refieren, sin limitar su extensión. Están acotadas por pausas en el habla y por comas, en la escritura.

Ejemplos:

Los niños, que se encontraban enfermos, no pudieron ir a clase.

Los trajes, que estaban en especial, se vendieron rápido.

Las bailarinas, que ofrecerán su recital hoy, posaron para el fotógrafo del periódico.

- La subordinada explicativa puede suprimirse sin que el significado básico de la oración varíe.

Ejemplos:

Los niños no pudieron ir a clase.

Los trajes se vendieron rápido.

Las bailarinas posaron para el fotógrafo del periódico.

- Las **subordinadas especificativas** limitan la extensión del sustantivo al seleccionarlo por la posesión de una cualidad.

Ejemplos:

Los niños que se encontraban enfermos no pudieron ir a clase.

Los trajes que estaban en especial se vendieron rápido.

Las bailarinas que ofrecerán su recital hoy posaron para el fotógrafo del periódico.

- En el primer caso, la subordinada adjetiva *que se encontraban enfermos* está concretando o especificando a qué niños se hace referencia en la oración.
- Las subordinadas adjetivas especificativas van unidas directamente al núcleo, sin pausas ni comas, y no pueden suprimirse sin que se vea alterado el significado básico de la oración.

Para COMPRENDER

Subordinadas adjetivas con verbo en forma no personal

Algunas oraciones subordinadas adjetivas pueden tener el verbo en infinitivo.

Ejemplos:

Todos necesitamos a alguien (en quien confiar).
Buscaba un sitio (donde pasar la noche).
Aquí hay mucho trabajo (que hacer).

El significado de este tipo de subordinadas adjetivas es semejante al de las oraciones finales, es decir, aquellas que expresan finalidad (*Buscaba un sitio para pasar la noche allí*). Estas oraciones son siempre especificativas y se refieren a personas o cosas inconcretas o indeterminadas.

Diferencia entre subordinadas sustantivas y adjetivas

Tanto las oraciones sustantivas como las adjetivas pueden ser introducidas por los relativos *que* o *quien*.

Para comprobar si la oración introducida por los relativos *que* o *quien* es sustantiva o adjetiva, hay que buscar el antecedente del relativo.

- Si el relativo no tiene antecedente expreso en la oración, entonces el segmento es sustantivo.

Ejemplo:

Los que fueron detenidos eran, en su mayoría, menores de veinticinco años.
(Los que fueron detenidos: sub. sustantiva)

- Si el relativo tiene antecedente expreso en la oración (un sustantivo), entonces es subordinada adjetiva.

Ejemplo:

Los detenidos que se negaron a hablar aún no se han identificado.
(detenidos: Antecedente; que se negaron a hablar: sub. adjetiva)

Gramática al día

Las oraciones que ejercen una función puramente adjetival son las **subordinadas relativas con antecedente expreso**. Estas poseen el referente del relativo en la misma oración: ***La mujer*** *que me atendió* (*La mujer* es el antecedente del relativo *que*). Pueden tener valor adjetivo especificativo o explicativo. Se diferencian de las relativas libres, que no poseen el antecedente en la oración, que está en el significado del relativo: *Quienes llegaron temprano salieron antes del mediodía* (*Quienes* no posee antecedente y el propio relativo incorpora el sentido de "las personas que"). Como no tiene un referente que modificar, no se consideran adjetivas. En el ejemplo, funge como un argumento de sujeto. También pueden funcionar como complemento directo o indirecto, como ocurre con las subordinadas sustantivas.

Las subordinadas de relativo con antecedente expreso con función adjetival pueden construirse con los relativos simples *que, quien, cuyo, cuanto*, y con relativos complejos (*el cual, el que*).

 © Santillana

Para PRACTICAR

1. **Indica** la subordinada adjetiva en las siguientes oraciones:
   a. El atleta que salga primero será descalificado.
   b. El ave, que estaba herida, siguió volando.
   c. La bandera que tenía franjas blancas y azules no cesaba de ondear.
   d. Gabriela, la más inteligente de la clase, participará en la oratoria nacional.
   e. Le regalaremos el libro que elija.
2. **Sustituye** el elemento destacado por una oración subordinada adjetiva.
   a. He visto una película muy **cómica**.
   b. Ita cuenta historias **inverosímiles**.
3. **Explica** en términos gramaticales la diferencia que hay entre estas dos oraciones:
   a. El perfume, que tú me regalaste, me encanta.
   b. El perfume que tú me regalaste me encanta.
   - **Contesta**:
     a. ¿En qué se diferencian, desde el punto de vista de la interpretación, las dos oraciones?
     b. ¿En qué oración se puede sustituir *que* por *el cual*?
4. **Identifica** en cada oración la subordinada y **especifica** su clase: sustantiva o adjetiva.
   a. Jaime confirmó que Luis llegaría.
   b. La casa que tiene el tejado es la mía.
   c. Quien llegue primero avisará a los demás.
   d. La revista que me gusta no la venden en esa tienda.
5. **Sustituye** los adjetivos de estas oraciones por subordinadas adjetivas.
   a. He comprado un vestido espectacular.
   b. Encontré un perrito con ojos tristes.
   c. Esta vez te prestaré unos zapatos cómodos.
   d. El año pasado le ganamos a un equipo buenísimo.
6. **Identifica** la oración que no contenga una subordinación adjetiva.
   a. Elaboró un informe que carecía de investigación.
   b. Este es el informe que le había pedido.
   c. Hizo el informe eficazmente.
7. **Escribe** cuatro oraciones subordinadas adjetivas especificativas y cuatro explicativas.

El artículo de opinión

OBSERVO

Observaciones sobre la novela contemporánea en España

El gran defecto de la mayoría de nuestros novelistas es el haber utilizado elementos extraños, [...] impuestos por la moda, prescindiendo por completo de lo que la sociedad nacional y coetánea les ofrece con extraordinaria abundancia. Por eso no tenemos novela; la mayor parte de las obras [...] tienen una vida efímera determinada [...] por unos cuantos millares de personas, que únicamente buscan en el libro una distracción fugaz [...]. Es imposible que [...] en ninguna época se haga un ensayo más triste y de peor éxito que el que los españoles hacen de algunos años a esta parte para tener novela. En vano algunos editores diligentes han acometido la empresa con ardor, empleando en ello todos los recursos de la industria librera; [...] prefiriendo algunas obras muy débiles de escritores nuestros a las extranjeras, relativamente muy buenas; en vano la Academia ofrece un premio pecunario y honorífico a una buena novela de costumbres. Todo es inútil. Los editores han inundado el país de un ráfago de obrillas [...].

Este fenómeno es singular atendiendo a lo que la poesía lírica ha producido en este siglo, y el brillante período del teatro contemporáneo. Pero tal vez se encuentre una explicación satisfactoria fijándose en la especialísima índole de la novela de costumbres, y relacionándola con nuestro carácter y nuestra educación literaria.

Benito Pérez Galdós
(español)
(fragmento)

➤ **Contesta**:

a. ¿Qué opina este autor sobre el estado del género novelesco en la España de su época?

b. ¿Cuál es la razón fundamental por la cual la novela en España se encuentra en el estado que el autor describe?

¿QUÉ VOY A ESCRIBIR?

El **artículo de opinión** es un texto periodístico en el que el autor, quien debe ser un conocedor experto y acreditado, defiende una determinada opinión. Algunos periódicos tienen una sección de opinión. Sin embargo, no necesariamente lo que en ella se expone sea una opinión compartida por la editorial del periódico. El propósito de este tipo de artículo suele ser influir en la opinión del público lector. Estructuralmente, debe constar de una introducción, un cuerpo y una conclusión que reafirmen los postulados y la opinión del autor. El lenguaje de este tipo de escrito debe ser referencial.

¿CÓMO LO ESCRIBO?

PLANIFICO mis ideas

1. Busca en un periódico dos artículos de opinión y léelos.
2. Identifica las posturas de los autores y fíjate en aspectos como su estructura y la organización de las ideas.
3. Consulta un periódico y elige una noticia o un reportaje sobre un tema que te interese. Luego, selecciona la información fundamental.
4. Establece cuáles son las opciones que el problema plantea.

ELABORO mis ideas

1. Forma una opinión sobre el tema.
2. Decide qué postura vas a asumir respecto al tema que elegiste.
3. Plantea argumentos de distintos tipos: argumentos de apoyo y contraargumentos, argumentos basados en distintos temas o argumentos lógicos y argumentos afectivos.
4. Busca pruebas que justifiquen tu opinión.

ESCRIBO mis ideas

1. Escribe un título para tu artículo en el que, brevemente, recojas la idea principal.
2. Redacta tu escrito siguiendo la siguiente estructura:
   a. Introducción: presenta el tema sobre el cual opinarás y establece las opciones que el problema plantea.
   b. Desarrollo: expresa tu opinión acerca del tema. Expón los argumentos que apoyan tu opinión e intercala ideas implícitas sobre tu tema.
   c. Conclusión: elige el aspecto de tu opinión que reforzarás.

EDITO un texto

- ☑ El artículo expresa con claridad el tema o el hecho sobre el cual se opina.
- ☑ La estructura del texto es clara: introducción, desarrollo y conclusión.
- ☑ La opinión sobre el tema planteado está expresada con claridad.
- ☑ La opinión está apoyada con argumentos congruentes.
- ☑ El texto presenta las ideas en un lenguaje referencial.

© Santillana

El panel

El **panel** es una técnica de expresión oral mediante la cual un grupo, de cuatro a seis personas, analiza un tema desde diferentes puntos de vista, frente a un auditorio. Los participantes discuten entre sí el tema propuesto y exponen sus opiniones. El panel se caracteriza por las intervenciones objetivas y coherentes de los panelistas sobre un tema propuesto previamente. Ellos intervienen según un orden acordado con anterioridad. Se reconocen dos modalidades del panel: la conversación informal entre los panelistas y la asignación de turnos con tema definido y tiempo fijo.

¿Cómo lo preparamos?

1. Formen un grupo de cinco compañeros de clase, para desarrollar un panel.
2. Seleccionen un tema de discusión.
3. Investiguen a fondo acerca del tema.
4. Reúnanse con los integrantes del panel y tracen un plan de trabajo en el cual se incluya la finalidad del panel, cómo se va a desarrollar el tema, quién será el coordinador y el tiempo del cual dispondrá para participar cada panelista.

¿Cómo lo presentamos?

1. Lleven a cabo el panel frente a la clase.
2. Pidan al coordinador que presente el tema y a los panelistas.
3. Expongan sus opiniones y puntos de vista como panelistas. Recuerden que sus intervenciones deben ser objetivas, coherentes y limitadas al tema propuesto.
4. Escuchen atentamente las intervenciones de sus compañeros.
5. Provean de un espacio, para que el público haga observaciones o preguntas a los panelistas.
6. Soliciten al coordinador que cierre la actividad, destacando las conclusiones más importantes.

¿Cómo lo hicimos?

☑ ¿Expusimos nuestras opiniones y puntos de vista de forma objetiva, coherente y limitada al tema propuesto y profundizamos sobre el tema desarrollado?

☑ ¿Escuchamos respetuosamente las intervenciones de los demás participantes?

☑ ¿Adoptamos un punto de vista crítico frente al tema trabajado?

 © Santillana

Darwin y el origen de las especies

En 1859, Charles Darwin publicó *El origen de las especies*, libro que tuvo un gran impacto en el pensamiento europeo de la segunda mitad del siglo XIX. Además de considerarse como el fundamento de la biología evolutiva, también fue un texto precursor de la literatura científica (como habíamos mencionado, la formulación de las teorías de Darwin influyeron en la evolución del realismo, en las últimas décadas del siglo XIX, hacia otro movimiento literario: el Naturalismo). Los mecanismos evolutivos propuestos por Darwin se resumen en las siguientes ideas:

- **No todos los individuos de una especie son idénticos.** Existe una variabilidad de la descendencia que se transmite genéticamente.
- **Entre los individuos hay una lucha por la existencia, y solo sobreviven aquellos cuyas variaciones los hacen más aptos (supervivencia del más apto).** De esta manera, las variaciones favorables se preservan. Esta idea fue denominada como **selección natural**.
- La acumulación de diferencias adaptativas producirá el cambio de unas especies a otras.

Esta teoría se formuló sin fundamentos genéticos que explicaran el origen de la variabilidad y los mecanismos de transmisión hereditaria de esta.

La publicación de *El origen de las especies* provocó grandes controversias. Los pensadores religiosos se opusieron a sus ideas porque cancelaba la teoría creacionista. Ese texto convenció a los científicos y al público educado de que los seres vivos cambian con el tiempo.

Además de este libro, el científico evolucionista escribió dos más: *Variaciones en plantas y animales domesticados* (1868) y *La descendencia del hombre y la selección en relación al sexo* (1871).

ACTIVIDADES

1. **Determina** la razón del uso de los paréntesis en la lectura.
2. **Escoge** un concepto de la lectura con el que puedas crear una analogía.
3. El evolucionismo de Charles Darwin afirmaba que las especies vivas son el resultado de un proceso evolutivo. En él, la selección natural ha desempeñado un papel determinante y en el que solo las especies que han evolucionado para adaptarse a su medio han sobrevivido. **Debate** si estás de acuerdo con esta teoría o no.
4. **Discute** cómo crees que esta teoría aplica a la supervivencia del ser humano.

Movimiento pictórico del realismo

Los campesinos de Flagey volviendo de la feria, óleo sobre lienzo (1850-55), de Gustave Courbet.

Entre los documentalistas hay un refrán que dice: "cuando la realidad supera la ficción es momento de hacer documentales", y bajo esa premisa debemos acercarnos al tema de este capítulo: el realismo pictórico. Esto es así porque el realismo pictórico parte de una concepción de la realidad como algo que puede superar los artificios humanos. Así, el realismo es un movimiento que comienza a mitad del siglo XIX, y pretende describir lo más objetivamente posible al ser humano y su entorno. Expresa las cosas tal cual son, sin idealizarlas como ocurre con los románticos. Además, tiene un fuerte compromiso social que documenta la realidad, e intenta ser lo más inclusivo posible.

En la pintura realista se puede apreciar el uso del claroscuro en un estudio de luces y sombras que recuerda al Barroco, pero se aleja del estilo neoclásico. En esa búsqueda por imponer la realidad o limitar la naturaleza, se centra en el lado físico más que en el sentimental, lo que lo aleja del Romanticismo. Sus temas más comunes son la cotidianeidad y el retrato de la gente común y de todos los estratos sociales: los campesinos trabajando, la gente rica reunida, las criadas, etc.

La pintura realista transmite la realidad a través del detallismo, que es su mayor aportación, ya que, en técnica y estilo, sigue a las escuelas anteriores. La burguesía, el nuevo censor estético durante este período, gustaba de un arte con mayores idealizaciones y temas más míticos. Por lo tanto, prefería la belleza de lo pedestre, lo que resulta subversivo y provocador.

Por eso conviene detenernos en Gustave Courbet (1819-1877), un artista rebelde y singular;

un pintor emblemático y fundador del realismo. Sus obras se derivan de su mirada analítica hacia la sociedad. En ellas, expone sencilla y objetivamente lo que ve. En su pieza *Los campesinos de Flagey volviendo de la feria*, Courbet eleva lo cotidiano a lo histórico. El padre del pintor, quien está montado en un caballo, justo en el centro de la composición, es el protagonista de la pintura. Los campesinos reflejan autenticidad, ya que sus expresiones faciales delatan su cansancio. La tarde sirve de fondo en esta obra, y crea unos efectos lumínicos. Courbet retoca el lienzo en 1855 al añadir al hombre que está en primer plano, fumando una pipa y sujetando un cerdo, para añadir equilibro a la perspectiva.

En síntesis, el realismo presenta una nueva sensibilidad más integradora y consciente del todo social. Es una postura que le brinda al artista la responsabilidad de servir como portavoz de la realidad misma.

COMPRENDER

1. **Completa** un diagrama como el que aparece a continuación. **Incluye**, donde correspondan, los aspectos de cada movimiento. **Coloca** en el centro las similitudes entre todos.
2. **Elige** uno de los siguientes temas y **preséntalo** oralmente.
   a. El realismo pictórico
   b. Courbet como ejemplo de un pintor realista

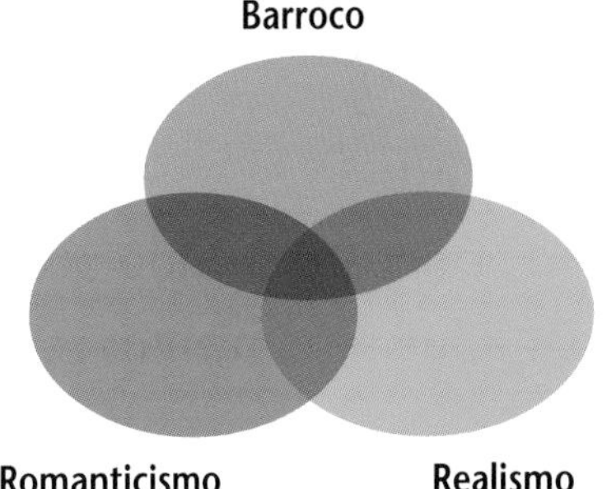

ANALIZAR

➤ **Lee** la siguiente información y **contesta** las preguntas.

Para el tiempo de Courbet, había una gran desigualdad social. Los artistas y los escritores tuvieron la necesidad de exponer la realidad porque, en cierta medida, tenían la esperanza de que la gente actuaría sobre lo que denunciaban. ¿Consideras que actualmente tenemos problemas similares o situaciones que deban señalarse? ¿Por qué? De ser el caso, ¿cuáles? ¿Qué opinas sobre el siguiente enunciado: el arte es un medio para transmitir belleza, no miseria o fealdad?

CREA

➤ **Visita** diferentes lugares y **observa** el ambiente. **Elige** un panorama o una situación que necesite atención. Luego, **dibuja** esa situación que quisieras denunciar y **explica** a tus compañeros por qué seleccionaste esa realidad y por qué necesita que se revele.

CONCIENCIA verde

Durante el realismo, la gente no se cuestionaba la disponibilidad de los recursos. Había suficiente tierra, agua y animales. Además, no se generaba la gran cantidad de basura que hoy, y no se utilizaban los combustibles fósiles. Uno de los desechos más dañinos es el plástico. Aunque se habla mucho del reciclaje, todavía no hay programas reales que atiendan este problema en su magnitud. ¿Sabes qué tipo de plástico se recicla en Puerto Rico y cómo se hace? ¿Qué otros métodos sugieres para aminorar el exceso de desechos dañinos en el ambiente?

El ambiente y la atmósfera

La Tribuna

La fábrica ha recobrado su Tribuna. [...] Vuelve herida y maltrecha [...]; mas no por eso se ha desprestigiado. [...] Los momentos en que empezó a conocerse su desdicha fueron para Amparo de una vergüenza quemante. [...] Si alguna envidia excitaban antaño la hermosura, garbo [...] de la chica, ahora se volvió lástima. [...]

¡Esos señores, que se divierten en hacer daño! ¡Ay, si alguien se portase así con sus hermanas, [...] quien los vería abalanzarse como perros! [...] ¡Solo que ya se ve; la justicia la hay de dos maneras: una a rajatabla para los pobres, y otra de manga ancha, muy complaciente, para los ricos!

Emilia Pardo Bazán
(española)
(fragmento)

➤ **Contesta:**

a. ¿Dónde y cuándo ocurre la acción del texto?

b. ¿Qué sentimientos te provocan la lectura?

PARA entender

Cuando leemos un cuento o una novela es importante considerar uno de los ingredientes indispensables: el ambiente o marco escénico donde los personajes se mueven. El **ambiente** de un texto literario es el **lugar** donde ocurre la acción, el **tiempo** (fecha, hora, estación del año, etc.) cuando ocurre la acción de una narración y la **atmósfera**. Es decir, es el escenario de la narración. Este puede identificarse en un lugar geográfico real o, por el contrario, podría ser un lugar imaginario.

La **atmósfera** es el sentimiento que se produce en el lector al leer la obra literaria. A la creación de la atmósfera contribuyen la conducta de los personajes, el ambiente y el tipo de vocabulario que se utiliza en el texto.

Ejemplos:

lugar → *La fábrica*
tiempo → *El regreso de la Tribuna a la fábrica*
atmósfera → *De inconformidad y enojo*

Un autor puede presentar el ambiente de forma directa o indirecta. En la forma **indirecta**, se proporcionan pequeños datos para que el lector cree el ambiente; mientras que en la **directa**, el escenario se describe de forma clara y precisa.

 © Santillana

ENTIENDO...

1. **Determina** si cada enunciado es cierto o falso:
   a. Al leer un texto literario, no es importante considerar el ambiente. ______
   b. La atmósfera es el sentimiento que se produce en el lector al leer la obra literaria. ______
   c. La atmósfera se puede presentar de forma directa o indirecta. ______
   d. El ambiente de un texto literario consiste en el lugar, el tiempo y la atmósfera. ______
   e. La conducta de los personajes no contribuye a la atmósfera. ______
2. **Relee** los fragmentos de *Los pazos de Ulloa*. Luego, **identifica** el ambiente y la atmósfera de esa novela. **Determina** si el ambiente está presentado de forma directa o indirecta y **cita** ejemplos del texto, para apoyar tus respuestas.

...luego escribo

1. Busca en Internet microcuentos y lee algunos de ellos. Identifica el ambiente y la atmósfera de esos textos. Fíjate cómo sus autores los desarrollan.
2. Piensa en una anécdota o en un sueño que te inspire para el asunto de tu cuento.
3. Define el lugar y el momento donde los sucesos van a tener lugar y determina cuál es el sentimiento general que deseas transmitir con tu relato.
4. Utiliza el recurso de la adjetivación para describir el lugar y la atmósfera, y procura que el vocabulario sea variado.
5. Mantén la estructura y el orden del cuento: el marco narrativo con la situación espacial y temporal del relato, la presentación de los personajes y la descripción de la situación inicial, el desarrollo de la acción con el suceso que rompe el equilibrio inicial y la situación final con una nueva situación de equilibrio que sea resultado de las acciones de los personajes.

Me evalúo	
☑ El texto exhibe claramente la estructura del cuento: marco narrativo, desarrollo y situación final.	☑ El uso de los tiempos verbales contribuye a situar la acción en el tiempo.
☑ La acción está compuesta por un conjunto de hechos situados en el tiempo y en el espacio.	☑ El vocabulario y el ambiente apoyan la atmósfera de la historia.
☑ La historia define el lugar y el momento donde ocurren los hechos del microcuento.	☑ Abundan los adjetivos calificativos con los que se expresan las cualidades de lo descrito (*bueno, alto, generoso, brillante, temible*...).

12 La sociedad puertorriqueña del siglo XIX

El velorio (1893), de Francisco Oller. Colección Museo de Historia, Antropología y Arte, Universidad de Puerto Rico

Francisco Oller plasmó en sus obras de arte escenas de gran realismo, que ilustran aspectos sociales de nuestra cultura. La obra *El velorio* es considerada una crítica social.

Temas del capítulo

- El realismo y el Naturalismo en Puerto Rico
- La coherencia
- La coma y el punto y coma
- La subordinación adverbial
- El *blog*
- El foro

Preámbulo

Para la década de los ochenta, del siglo XIX, se debilita el Romanticismo, y la literatura puertorriqueña se vuelve más realista. El realismo analizó el mundo social contemporáneo y la psicología de sus personajes. Los realistas retrataron fielmente su época al recurrir a la observación y al análisis minucioso. En 1884, Francisco del Valle Atiles publica la novela realista *Inocencia*, y en 1890, Salvador Brau, *La pecadora*, enfocando con realismo el mundo campesino.

Se recibe también el influjo del Naturalismo, que extrema algunos rasgos ya presentes en el realismo. En Puerto Rico, esto contribuyó a una presentación más crítica y precisa del País. Matías González García vio en el Naturalismo la posibilidad de crear una auténtica novelística puertorriqueña, y aportó obras como *Cosas* (1892), *El escándalo* (1894) y *Carmela* (1903). Pero fue Manuel Zeno Gandía, nuestro primer gran novelista, quien logró con sus *Crónicas de un mundo enfermo*, pintar un vasto mural naturalista del Puerto Rico colonial de la época, con sus lacras sociales y su miseria humana.

¿Qué sabes sobre el realismo y el Naturalismo en Puerto Rico?

- ¿Crees que la realidad que enfrentaba Puerto Rico durante el siglo XIX era la misma que se vivía en España? Según tu respuesta, ¿cómo crees se diferencie o se asemeje la literatura puertorriqueña de esa época a la literatura española?
- ¿Cómo era la realidad de Puerto Rico según lo que ves en la pintura de Oller?
- ¿Qué aspectos culturales puedes deducir de lo que ves en la imagen?

Al comenzar

- Cuando piensas en la mujer campesina, ¿qué imágenes, asociadas con ella, vienen a tu mente?
- Intenta recrear en tu imaginación lo que una mujer campesina podría hacer, pensar o decir.

Al leer

- Define el carácter, el temperamento y la idiosincrasia de la mujer campesina proletaria, según el autor.
- Enumera las costumbres que practican las campesinas, según el fragmento.

Al concluir

- ¿Cómo contrasta la mujer proletaria descrita por Salvador Brau en este fragmento con la mujer puertorriqueña actual?

La campesina

Conviene precisar un poco las condiciones en que se determina el carácter, el temperamento, la idiosincrasia de esa pobre mujer de nuestros campos. Y entiéndase bien que me contraigo a la proletaria, exclusivamente.

Los propietarios acomodados educan sus hijas en los pueblos; cuando no acuden a ese medio, utilizan los auxilios del maestro del barrio, en las horas que le deja libres el aula; si no hay escuela cercana, llena ese deber el padre, la madre o algún hermano; de modo es que la distancia del poblado no entorpece en estas familias la instrucción. Además, las traslaciones al pueblo por temporadas, el cumplimiento de los deberes religiosos en la parroquia, las relaciones sociales, los negocios mismos fomentan el canje de ideas, manteniendo latentes sentimientos tradicionales, por fortuna, en Puerto Rico.

No es, pues, a tan respetable grupo a quien me refiero en este ligero estudio, ni fue a sus miembros a los que pudo atenerse el general Despujol, al manifestar que la familia no se hallaba moralmente constituida en los campos de Puerto Rico.

[...] Cuando la palabra jíbaro, cuya definición corresponde en nuestros días a las voces rústico, gañán o paleto, usadas en la Península —según se ocupara en demostrarlo, con acopio de fundamentos, el ilustrado José Pablo Morales— se oye aplicar, en nuestra culta capital, y no por labios europeos, a todo el que ha nacido fuera de sus viejas murallas, bien es evitar que, con igual perturbación de criterio, se aprecie, por el género que someto al análisis, toda la especie, en la cual ha de hallar el observador no escasos ejemplos de virtud doméstica y de cultura social.

La mujer que inspira estas líneas es aquella que vegeta en mísera cabaña, enclavada a veces en propio **pegujar**, pero, con más frecuencia levantada al arrimo de heredad ajena, cuyos límites o sembrados tiene nuestro tipo el encargo de custodiar, a veces sola, a veces en compañía del padre, del marido o... del amante.

Comúnmente se llama a esa pobre mujer indolente y sensual, pero se alaba su sobriedad y sobre todo sus arraigados sentimientos religiosos.

[...]

Pasando ahora a la religiosidad de los sentimientos, se me viene a mientes la teoría racionalista, que establece el comienzo de la religión en el límite donde la ciencia concluye. Según esta teoría, el sentimentalismo religioso de nuestras campesinas tendría que ser profundo, puesto que reconocería por fundamento su absoluta ignorancia. No necesito apoyarme en tales principios; bástame para apreciar esa pretendida religiosidad, atenerme al estudio de sus manifestaciones.

- **pegujar** (sustantivo). Terreno pequeño.

Y empiezo por preguntar: ¿Podría alguien decirme, en conciencia, ué religión profesan nuestras campesinas? Para ellas, Dios es un señor ue vive encima de ese cielo raso azul que se llama cielo, por donde se asean el sol y la luna, y al que está adherida una especie de cucuba- os, que solo vierten luz por la noche. Ese Dios tiene un carácter muy **ascible**, y se entretiene en atormentar a las criaturas en sus accesos de al humor. Él envía las lluvias que hacen desbordar los ríos, las sequías ue calcinan las plantaciones, los gusanos que roen las sementeras, los uracanes que arrasan los árboles y derriban las casas, el rayo que estre- iece la tierra y las enfermedades que exterminan a los hombres. Estas ıanifestaciones coléricas de la Divinidad las producen los pecados, en ue se incurre por instigación del demonio; otro señor extraordinario, on cuernos, rabo y pezuñas, que vive en el infierno situado en lo más ondo de la tierra, pero que posee la facultad de hallarse en todas partes, se dedica al oficio, poco envidiable, de sonsacar a las criaturas para ue pongan de mal humor al Ser Supremo. Para calmar la irritabilidad e este último, son muy eficaces los rosarios cantados, los velorios y romesas, no dedicados a Él sino a una infinidad de procuradores que ambién habitan en el cielo, y a cada uno de los cuales corresponde un egociado especial en la administración del Universo.

Esto de los procuradores es muy ingenioso: por ejemplo, si se pierde na gallina el encargado de hacerla aparecer es San Antonio; si se sufre fección oftálmica, no se necesitan **colirios** para curarla, basta ofrecer nos ojos de plata a Santa Lucía [...]. Olvidábaseme otro abogado, mejor icho todo un colegio, pues que se trata de las benditas ánimas del pur- atorio, cuya influencia a favor de los mortales es muy valiosa, aunque or lo visto, de nada les sirve a ellas para obtener un **indulto** o amnistía n provecho propio, que no habría de venirles mal para salir de sus que- rantos.

Coincidiendo con estas prácticas, tienen nuestras campesinas otros arios procedimientos piadosos, como el de las hogueras en la víspera le San Blas para ahuyentar las brujas; la palma bendita el Domingo de Ramos, quemada en días de tempestad, para evitar las descargas eléctri- as; las santiguadas en el abdomen, para curar los infartos del bazo; la ela encendida por la extremidad posterior en sufragio al demonio, y los ıuevos estrellados en un vaso en la velada de San Juan, para adivinar el orvenir.

Salvador Brau
(puertorriqueño)
(fragmento)

Sobre el autor

Salvador Brau (1842-1912) fue un escritor, historiador y político puertorriqueño, quien a pesar de tener que sostener a su familia desde temprana edad, luego de la pérdida de su padre, siempre se esforzó por cultivar su intelecto. Su educación fue autodidacta. Fundó el Círculo Popular de Enseñanza Mutua, que ofrecía clases de Idiomas y Ciencias. Se distinguió como periodista, poeta, historiógrafo y dramaturgo.

Colaboró con diversos periódicos del País, incluso llegó a ser Jefe de redacción de *El Agente*. Como ensayista, escribió sobre diversos temas de la sociedad puertorriqueña: "Las clases jornaleras de Puerto Rico" (1882) y "La herencia devota" (1886). También publicó obras de interés histórico, como *Puerto Rico y su historia* (1894) e *Historia de los primeros cincuenta años de colonización en Puerto Rico*. Es también autor de la novela realista *La pecadora* (1890) y del poemario *Hojas caídas*. Entre sus dramas podemos mencionar: *Héroe y mártir*, de 1871; *De la superficie al fondo*, de 1874; *La vuelta al hogar*, de 1877; y *Los horrores del triunfo*, de 1887. Su obra *La campesina* trata sobre el derecho de la mujer campesina a la educación.

- **irascible** (adjetivo). Irritable.
- **colirios** (sustantivo). Medicamento para ojos irritados.
- **indulto** (sustantivo). Perdón.

Al comenzar

- ¿Qué es un convite?
- ¿Qué esperas que ocurra cuando alguien te invita a un convite?

Al leer

- Explica por qué el convite del compadre Baltasar fue un verdadero "finómino".
- Señala los detalles que ofrece el autor para describir el modo de vida y costumbres de los jíbaros puertorriqueños.
- Define cuál es la función de la palabra *finómino* a lo largo del cuento. Explica con qué propósito lo utiliza el autor.

Al concluir

- Comparte con tus compañeros alguna anécdota en la que tú, algún familiar o amigo cercano hayan sido invitados a un convite que no resultara según lo que esperaban.

El convite del compadre Baltasar

Cierto día me tropecé en la calle con el compadre Baltasar.

—[...] Compadre Baltasar... ¿Y la comadre Rosa...? ¿Y el ahijado...?

—Toítos buenos, mi compadre Matías. [...] ¿Y cuándo piensa usté dir por allá...?

—Cualquier día, compadre Baltasar.

—Pues convídese a un amigo, y el domingo entrante nos comeremos una lichona... Precisamente tengo una tan buena y tan buena, que es un mesmo finómino...

—Perfectamente: pues entonces, espérenos usted el domingo, compadre Baltasar.

—Pa nojotros será de gran satisfacción, compae Matías.

Y el domingo por la mañana, a eso de las ocho, ya estábamos mi amigo y yo montados en nuestros respectivos **jamelgos** y en disposición de emprender el camino de la cuchilla.

[...] El compadre Baltasar vivía en el barrio de Masas, a tres horas de la población y con unos caminos infernales.

Pero, de todos modos, la idea de pasar un alegre día en aquellas alturas, y más que nada, la de saborear un trozo del clásico lechón asado, comido en yagua, con sus correspondientes plátanos, bajo un cielo azul y sobre la verde alfombra de nuestra hermosa campiña, halagaba nuestro corazón, por no decir nuestro apetito, que ya empezaba a manifestarse con solo pensar en tan agradable convite.

Repechamos, pues, por la cuesta del Pimiento, y anda que te anda, escurriéndonos en ciertas ocasiones por la **grupa** del animal, [...] pudimos distinguir por fin la morada del compadre Baltasar, allá sobre una elevada loma y casi oculta por unos guayabales.

Lo primero que se me ocurrió observar fue si salía algún humo de la citada casa o de sus cercanías, pues es ya probado que el consabido lechón, si no se asa en la cocina, por lo regular se asa en el batey.

Pero nada divisábase [...].

—Antonio —le dije yo a mi amigo—, paréceme que mi compadre Baltasar no tiene mucha prisa y que el almuerzo estará tarde, pues ni humo veo por estos alrededores.

—No digas eso, hombre, que con el apetito que tengo sería capaz de comerme hasta a tu propio compadre... [...]

Lo primero que se presentó a nuestra vista fue un chiquillo como de diez o doce años, sucio de pies a cabeza, medio desnudo, y que saliendo del guayabal próximo, corrió a esconderse dentro de la casa.

- **jamelgos** (sustantivo). Caballos flacos y desgarbados por hambre.
- **repechamos** (verbo). Del verbo *repechar*. Subimos.
- **grupa** (sustantivo). Anca de un caballo.

Por lo demás, tanto fuera, como en el interior de la misma reinaba un lencio, tan profundo, tan solo interrumpido por el cacarear de las gallinas el ladrido de un perro flaco y tiñoso que nos salió al encuentro, aunque rminando por esconder el rabo entre las patas y meterse también en la ivienda.

Tal recibimiento nos produjo un efecto terrible.

—¡Compadre Baltasar...! —grité con todos mis pulmones. Nadie con-stó.

[...]

Entonces se entreabrió la puerta de la casa, apareciendo nuevamente l muchacho sucio y haraposo, que mirándonos con sus ojillos de pillastre, os dijo:

—Les manda a isir mamá, que papá no está aquí.

—¿Y en dónde está?

—En el sercao.

—Pues vete al cercado y avísale que aquí está su compadre.

Al oír esta última palabra, el chiquillo se acercó a mí y quitándose la orra, me saludó humildemente:

—¡La bendición, pailino...!

Mi amigo Antonio soltó una carcajada y yo iba también a correspon-erle, cuando a la puerta de la casa se presentó una mujer, que si no fea, ues aún demostraba en su rostro cierta juventud, aparecía pálida y ojero-a, mostrando al sonreír, unos dientes sucios y amarillos.

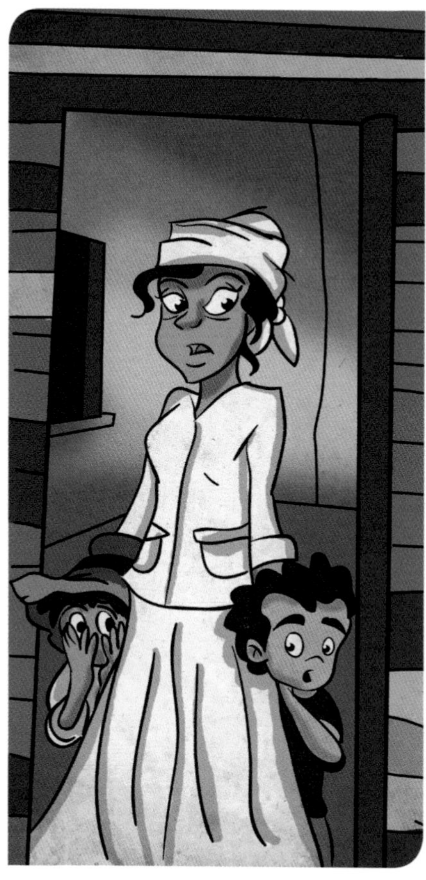

Detrás de ella, dos niños de corta edad se agarraban a su **saya**, tratando e ocultarse como si les infundiéramos miedo.

—Dentren, señores, dentren... —dijo la doña, con voz dulce, aunque o exenta de temor—, dentren, que aunque mi marío no está en la casa, ya asimo lo fue a buscar.

[...]

Como habrá comprendido el lector, esta entrada no podía ser menos **alagüeña**.

La idea del lechón se había esfumado en nuestras mentes.

[...]

Por fortuna, al poco rato, se presentó el compadre Baltasar.

[...]

Me saludó con la mayor frescura... y se atusó el bigote para decirme:

—¡Juro a nengún Dios, compae Matías...! ¿Y qué finómino le ha echao or esta casa?

- **saya** (sustantivo). Falda.
- **halagüeña** (adjetivo). Que halaga.

Mi amigo y yo nos miramos con la expresión que ya ustedes podrán figurarse.

—Pues venía a cumplirle lo ofrecido... —le contesté.

—¿Cómo lo ofresío?

—¿Pero usted no me invitó a comernos una lechona...?

—¡Compae...! —exclamó el jíbaro, dándose una palmada en la frente— ¡tie usted rasón...!

Pero esto ha sío un finómino y me he equivocao, creyendo que fuese el otro domingo. Ahora bien, compae, si no una lichona, será otra cosa... —y dirigiéndose a su mujer, continuó—: A ver, Rosa, hay que matar una gallina y jaser un arrós para estos señores; pero de esos arroses que tú sabes... que sea to un finómino...

[...]

—Casimo... —dijo mi compadre al ahijado—, vete con tu mae para que le jagas los encargos.

[...]

Pero ni mi amigo ni yo veíamos movimiento alguno dentro de la casa.

[...]

Como que era la una de la tarde.

No habría transcurrido media hora, cuando se presentó el ahijado, y dirigiéndose al compadre, le dijo:

—Dise siño Román que en la tienda se le acabó el arrós y que le mande a pagar los seis riales que le debe.

Me figuré yo que mi compadre se iba a enfurecer, pero concluyó por sonreír, diciendo:

—Ese siño Román es un finómeno... y un sinvergüenza... Pero, no hay que apurarse... tomarán ustedes un poco de café.

—¿Y el asúcar...? —preguntó el ahijado.

—Si no la hay, que la vayan a buscar.

—Siño Román dise que no fía.

Mi compadre, sin disimular ya su enojo, levantóse para castigar al muchacho; pero yo me interpuse, y sacando una peseta, le dije:

—Anda y no te detengas, **galopín**; cómprate el azúcar.

[...]

Como a eso de la media hora nos sirvieron el café.

Pero mi amigo Antonio no podía conformarse y preguntó al muchacho:

• **galopín** (sustantivo). Muchacho mal vestido y sucio.

—Dime Casimo, ¿y en esa tienda no habrá galletas o alguna lata de cualquier cosa...?

–¡Cómo no...! ¡Cómo no...! —se apresuró a responder mi compadre, antes de que el chiquillo lo hiciera—. Hay latas de sardinas y de las buenas... ¡le digo a usté que son un finómino...!

—Pues tráete dos latas y una docena de galletas.

Y le entregó medio peso.

[...]

Con un cuchillo viejo, el único que, al parecer, se encontraba en la casa, se procedió a la apertura de las consabidas latas.

Pero cuando concluí esta operación y levanté la cabeza, tropecé con toda la familia que se agrupaba a mi alrededor, esperando el convite.

Mi compadre Baltasar, sin consultarme tan siquiera, había repartido todas las galletas dándole dos a su mujer y otra a cada uno de sus hijos.

Y no bien se hubieron abierto las dos latas, cuando él, sacando la **jusilla** de partir la mascaúra, comenzó a pinchar sardina tras sardina, llevándoselas a la boca y distribuyéndolas entre los suyos mientras repetía:

—Le aseguro a usté, compae, que esto es un finómino.

Al observar tal desastre, el amigo Antonio no pudo reprimir un gesto de indignación, y yo solté una carcajada.

Riose también el compadre Baltasar, y pinchando la última sardina que quedaba en la lata, exclamó muy satisfecho:

—¡Cuando le digo a usté, compae, que esta familia mía es un finómino...! Come como una llaga mala...

Y era la verdad, pues a pesar de haberse terminado el convite el galopín de mi ahijado metía aún el dedo en una de las latas, para chupárselo después, mientras que en mitad del piso los otros dos muchachos peleaban por la posesión de la otra lata vacía.

Y como a eso de las seis de la tarde, bajábamos por aquellas cuchillas, renegando el amigo Antonio de cuanto jíbaro pudiera existir en el mundo, y riéndome yo de la aventura, porque, a la verdad, que aquel convite, como decía el compadre Baltasar, había resultado un verdadero "finómino".

Matías González García
(puertorriqueño)
(fragmento)

Sobre el autor

Matías González García (1866-1938) fue un destacado político y escritor puertorriqueño perteneciente a la corriente naturalista. Cultivó el cuento, la novela, el ensayo y el drama. Sus escritos se caracterizaron por el humor y la sátira, esta última con el propósito de resaltar los vicios de la sociedad de su época. Sus primeras publicaciones reflejaron un ferviente costumbrismo realista, y trató muy asertivamente los temas raciales en la Isla. Su novela *Cosas* fue la primera en ser clasificada como propiamente naturalista. Por otro lado, *Carmela* se considera su mejor novela por el estudio psicológico que en esta hace de los jíbaros puertorriqueños.

• **jusilla** (sustantivo). Cuchilla, navaja.

Al comenzar

- ¿Qué característica presenta el agua de una charca en contraste con el agua, por ejemplo, de un río o un manantial?

Al leer

- Enumera a los personajes que aparecen en el fragmento y explica por qué está alegre cada uno de ellos.
- Señala todas las alusiones al color que contiene el fragmento y determina con qué propósito se utilizan esos colores.

Al concluir

- ¿Qué simbolismo puede tener la charca con relación al contenido de este fragmento literario?

La charca

Capítulo V

Era noche de luna. En Vegaplana, lugar situado a un kilómetro de distancia, iba a celebrarse el anunciado baile.

En muchos hogares en donde generalmente dormíase desde las primeras horas de la noche, brillaban luces: lamparillas humosas de paja o velillas de sebo que chisporroteaban pegadas en ángulo agudo a los tabiques.

La gran **plebe** pálida sacudía el sueño disponiéndose al placer: un placer doliente, de enfermo que ríe; una sonrisa con apariencias de mueca dibujada en la faz de un **yacente**. Las muchachas engalanábanse con vestidos de regencia o de lino amarillo o rojo, y cintas de colores vivos; muchas prendíanse flores en el peinado, a lo largo de las trenzas de cabellos lacios y negros [...].

En ellos, la indumentaria era más sencilla: camisa blanca, pantalón de dril ordinario y chaqueta blanca también, que se mantenía rígida por la dureza del almidón desecado. Esto y un sombrero de paja de alas anchas sin horma ni forro, formaban el atavío.

Luego, en la mano, el machete: el arma clásica, de mango ennegrecido por el uso y punta curva; el objeto nunca olvidado, a un tiempo instrumento de trabajo, punto de apoyo, vengador agresivo y defensor en los peligros.

Como gala extraordinaria, se calzaban; los mozos apenas si podían encontrar calzado bastante ancho para sus pies, encallecidos por las asperezas del suelo y agrandados por el constante ejercicio; las jóvenes, casi todas de pie diminuto, sentíanse, sin embargo, molestas por la presión desusada de aquellos tiranos de cuero amarillo. Muchos llevaban debajo del brazo los zapatos para ponérselos a la entrada del baile, porque así la caminata sería más cómoda y el deterioro del calzado menos sensible.

En todos los **confines** de la montaña, allí donde hubiera un hogar, sentíase aquel ondeo viviente preparado por la alegría y el ansia de ser feliz.

En la casucha de Leandra todos estaban ya dispuestos. Gaspar, canturreaba en el **batel**; Leandra, con la ropa limpia, estaba ancha, ruidosa con el roce de los pliegues y el ruedo del vestido.

[...]

Silvina está sencilla, muy sencilla. De su atravío, ceñido con gracia, desprendíase aura atrayente de juventud. Estaba bella, con sus ojazos negros y sus pestañas largas y suaves. Su cuerpo delgado, esbelto, lucía galas encantadoras, mostrando el atractivo de finas líneas curvas en el

- **plebe** (sustantivo). La clase social más baja.
- **yacente** (verbo). Del verbo *yacer*. Acostado.
- **confines** (sustantivo). Extremos, límites.
- **batel** (sustantivo). Batey, patio.

dorso, en los brazos y en el cuello, en donde la redondez despertaba la tentación de los besos. Movíase con elegancia, con innato donaire, como mujer que sabe que es hermosa y se complace en mostrarlo.

[...]

Salieron, y al llegar a la margen del río, Gaspar se detuvo.

—Ahora —dijo— sigan ustedes. Yo tengo que hacer todavía una diligencia.

[...] Gaspar internose en el arbolado, caminando lentamente.

En tanto, la noche discurría serena. ¡Qué cielo, qué esplendor, qué fluidez **argentina** en golfos infinitos!

Parecía que el ángel de la noche se bañaba en luces tibias.

[...] Recibía el cielo las claridades con tersura, con placidez de gigante acariciado. Al indeciso color azul uníanse otros tímidamente grises: fulgor **cinéreo** que la tierra devolvía a la gentil trasnochadora. Aquella mezcla de luces atomizaba tonos intermedios, transiciones suaves pareciendo el espacio un alcázar levantado en el infinito para guardar el sueño de un Dios.

Gaspar, con paso **furtivo**, desanduvo algunos metros y en la línea oblicua subió por el monte.

De la sombra de un árbol pasaba a la sombra de otro, esquivando que la luna le iluminase de lleno.

Variando con frecuencia de dirección, obligado por los accidentes del terreno, repechó por la arboleda buena distancia. Al fin, a través de los troncos inmóviles, que parecían rígidos fantasmas, descubrió una choza sombreada por árboles muy copudos. Era el cerezal de la vieja Marta. Detúvose, y sentándose sobre una piedra, miró fijamente la casita, en la que tenuemente lucía una luz que alguien movía de un lado a otro. Preparábase Marta al sueño. Aquel domingo había sido para ella un gran día. Cuatro docenas de piezas de ropa lavada, cuatro gallinas y dos docenas de huevos vendidos; y ¡el gran negocio!, una vaca **escuálida**, de empobrecidas ubres, que había hallado comprador, fueron los **veneros** que le permitieron embolsar cuatro duros. Buena jornada. Marta estaba contenta, jubilosa; le parecía el aire más sutil, la luz más clara.

En todo el día sintiose poseída de un vértigo de alegría. Alegría silenciosa, disimulada, reprimida, que escapara a la observación de las gentes para gozarla ella sola.

Manuel Zeno Gandía
(puertorriqueño)
(fragmento)

Sobre el autor

Manuel Zeno Gandía (1855-1930) fue un distinguido médico, político y escritor puertorriqueño. Estudió medicina y cirugía en Madrid. Como parte de su labor política, fundó el Partido Autonomista, fue delegado de la Cámara y propuso la fundación de un partido independentista en la isla. Como periodista, fundó varios periódicos como *La Opinión* y *El Estudio*, además de haber sido el dueño y director de *La Correspondencia*. A través de su labor literaria, perteneciente a la corriente naturalista, Zeno Gandía criticó los vicios de la sociedad y el sistema colonial. Su narrativa extensa está recogida bajo la serie titulada *Crónicas de un mundo enfermo*. A ella pertenecen *La Charca*, *Garduña* y *Redentores*. De estas tres novelas, la de mayor relevancia social fue *La Charca*, que retrata fielmente la miseria que padecían los trabajadores, así como la violencia y el deterioro de los individuos.

- **argentina** (adjetivo). Plateada.
- **cinéreo** (sustantivo). Ceniciento.
- **furtivo** (adjetivo). Disimulado.
- **escuálida** (adjetivo). Flaca.
- **veneros** (sustantivo). Filones, fuentes.

Interpreto el texto

IDENTIFICO

1. **Relee** el fragmento de "El convite del compadre Baltazar". Luego, **dibuja** un diagrama como el siguiente y **anota** tus respuestas.

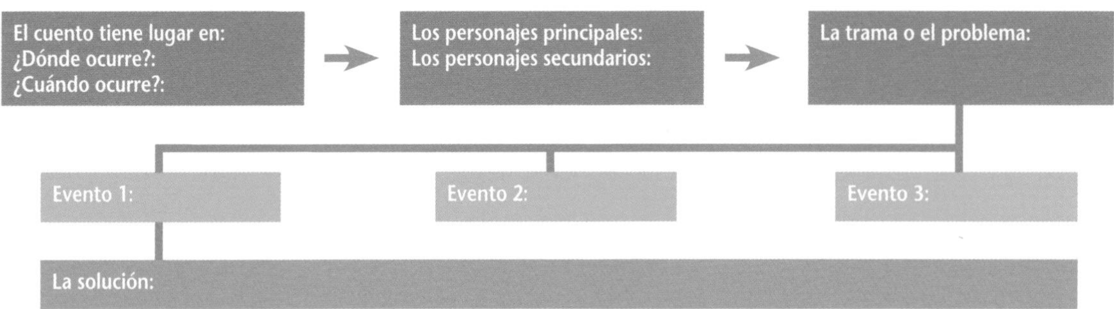

2. **Identifica** el tema principal del ensayo "La campesina". Luego, **escribe** varias ideas presentes en el texto que apoyen tu selección.

INFIERO

➤ **Contesta**:

a. ¿Cuál es la actitud del autor ante el tema del fragmento del ensayo "La campesina"?

b. ¿Por qué el autor no se ocupa de la condición de las mujeres pertenecientes a familias acomodadas?

c. Según el autor, ¿a quiénes se los considera "jíbaros"?

d. **Explica** el sentido irónico del título de "El convite del compadre Baltasar".

e. ¿Qué detalles puedes inferir sobre la condición social de Antonio, según sus comentarios y reacciones durante la visita?

f. ¿Te parece correcto que Matías haya aceptado la invitación de su compadre, tomando en cuenta la precaria situación de la familia de Baltasar? **Explica.**

g. ¿Qué quiere decir el narrador de *La charca* cuando afirma: "La gran plebe pálida sacudía el sueño disponiéndose al placer: un placer doliente, de enfermo que ríe; una sonrisa con apariencias de mueca dibujada en la faz de un yacente"?

h. **Describe** en tus palabras la apariencia de las muchachas y de los muchachos en esa noche del baile.

i. ¿A dónde se dirige Gaspar cuando se separa de Leandra y Silvina?

j. ¿Por qué se siente tan feliz la vieja Marta?

ANALIZO

➤ Contesta:

a. **Reflexiona** acerca del humor literario de Matías González García. **Comenta** acerca de los rasgos principales de la literatura de Zeno Gandía.

b. **Compara** y **contrasta** el ambiente y la acción en los dos lugares que se describen: el caserío de Vegaplana y el cerezal donde vivía Marta.

c. **Comenta** acerca de las preocupaciones sociales que se manifiestan en los fragmentos que leíste en el capítulo.

d. **Menciona** algunos factores que promovieron el auge del realismo y del Naturalismo en Puerto Rico.

e. **Infiere** cómo era el puertorriqueño durante esa época a partir de los textos leídos y **compáralo** con el puertorriqueño de hoy en día. **Considera** aspectos como el lenguaje, la vestimenta, la vivienda y el comportamiento.

EVALÚO y VALORO

➤ Comenta:

a. **Critica** la concepción de los males sociales como enfermedades, de Zeno Gandía.

b. **Opina** acerca de la preferencia de los escritores realistas y naturalistas por el género novelesco.

c. **Juzga** qué movimiento literario del siglo XIX (Romanticismo, realismo o Naturalismo), en Hispanoamérica, te parece más efectivo a la hora de denunciar los males de la sociedad.

EDUCACIÓN para la salud

En el fragmento que leíste de *La charca*, los campesinos se disponían a celebrar un baile esa noche. Estos trabajadores incansables y extremadamente pobres contaban con un breve rato de ocio para compartir en armonía con familiares y amigos. Disponer de tiempo para el descanso o el ocio contribuye no solo a nuestra salud física y emocional, sino también a fortalecer nuestras relaciones interpersonales. ¿Te parece que en una sociedad tan ajetreada como la nuestra se invierta el debido tiempo para descansar y distraerse? ¿Consideras que sea importante tener dichos espacios o crees que el trabajo deba ocupar todo el tiempo disponible? Justifica tu respuesta.

EN el contexto

➤ **Completa** las oraciones con las siguientes palabras del vocabulario: *irascible, galopín, confines y plebe.* **Procura** emplearlas de acuerdo con su contexto.

a. Hay un ______ merodeando el mercado.

b. Te seguiré hasta los ______ del mundo.

c. Su actitud se volvió muy ______ luego de haber recibido la noticia.

d. El Gobierno nunca ha estado en manos de la ______.

El realismo y el Naturalismo en Puerto Rico

La visión realista y la naturalista

Los movimientos literarios no surgen repentinamente, sino que responden a influencias históricas, sociales y económicas. La primera mitad del siglo XIX vio nacer el Romanticismo, que, en América, surge a raíz de los principios de libertad de la Revolución francesa (1789) y a tono con las luchas hispanoamericanas, para lograr la independencia política de España. De este modo, se explican muchos de los rasgos de su literatura.

A partir de la segunda mitad de ese siglo, otros dos grandes movimientos literarios comienzan a gestarse en Europa y, luego, en Hispanoamérica, como reacción al Romanticismo. Nos referimos al realismo y al Naturalismo, que nos llegan con cierto retraso. Estos se estudian conjuntamente por la cercanía temporal y las tangencias temáticas entre uno y otro.

Los factores socioculturales

Una serie de factores produce una transformación en la temática y en la cosmovisión (visión del mundo) de los escritores, así como en sus discursos literarios:

- El influjo que tuvieron la observación y la experimentación científica durante ese período
- El crecimiento demográfico y urbano, que provocó grandes cambios sociales
- La presencia de grandes compañías extranjeras en Hispanoamérica, lo que agudizó las diferencias sociales

El realismo

En contraste con el personalismo y el subjetivismo (el culto al yo) de los románticos, el **realismo** es más impersonal. Pretende copiar la realidad contemporánea del autor según él

Manuel Zeno Gandía fue el mejor exponente de la novela naturalista en Puerto Rico.

la ve; por ello, abundan el detalle y el lenguaje cotidianos del sector social que presenta. El realismo y el Naturalismo tienen una marcada visión sociológica de la literatura, es decir, que al escritor le interesa estudiar y poner de relieve los males de la sociedad. Se busca conmover al lector y provocar cambios sociales.

El Naturalismo

El **Naturalismo** lleva la observación realista a su mayor crudeza. Se caracteriza por el pesimismo, es decir, que se destaca el lado negativo de los males del ser humano y la sociedad. Tiende a presentar aspectos desagradables y descarnados de la realidad. Generalmente, busca explicaciones científicas para los males, como las enfermedades, la herencia familiar y los vicios, como el alcoholismo y la prostitución, entre otros. Para el novelista francés Émile Zola, padre del Naturalismo, la conducta humana está determinada por la herencia y el ambiente, factores cuyos efectos pueden estudiarse científicamente. El novelista se concibe como un estudioso de las enfermedades sociales —el alcoholismo, la prostitución, la ambición desmedida—, las cuales diagnostica y denuncia. Afirma Zola: "...pero estos fenómenos no aparecen aislados de lo que tienen a su alrededor, es decir, en el vacío. El hombre no está solo, sino que existe dentro de la sociedad, dentro de un ambiente social, y en lo que a nosotros, los novelistas, respecta, este ambiente está constantemente modificando los hechos. Nuestro gran estudio esta ahí, en el trabajo recíproco de la sociedad sobre el individuo y del individuo sobre la sociedad.

El mejor exponente de la novela naturalista en Puerto Rico fue Manuel Zeno Gandía. En su obra, mostró tanto el cuadro desolador del mundo rural del jíbaro como los males físicos y morales de las zonas urbanas. Escribe una serie de cuatro novelas que se agrupan con el significativo título de *Crónicas de un mundo enfermo*.

A lo largo del siglo XIX, el discurso narrativo —cuento y novela— se convierte en un instrumento de expresión de los ideales de reforma social del escritor. Es importante destacar que estos movimientos literarios y sus autores sientan las bases de la temática social que se producirá, de diversas maneras, en escritores posteriores.

Características de la literatura realista

Los escritores realistas trataron de alcanzar la mayor objetividad en la descripción de los hechos y elaboraron un minucioso análisis del carácter de los personajes. Además, se preocuparon por la verosimilitud de sus relatos, por lo que eliminaron lo fantástico.

Los creadores realistas se convirtieron en los ojos, oídos y voz de su tiempo, es decir, en cronistas objetivos de su mundo. Los espacios, los conflictos y los personajes fueron observados cuidadosamente, y descritos y analizados con un lenguaje muy preciso.

Temas de la literatura del realismo

- La influencia del capitalismo y el industrialismo en los ámbitos de la vida diaria, la vivienda, el transporte, el vestido, la demanda de artículos de lujo, etc., así como en las costumbres y el carácter de los burgueses quienes se presentan vanidosos, arrogantes y artificiales
- Los problemas políticos, financieros, laborales, ideológicos, religiosos, educacionales, sociales y ambientales
- La vida corriente con su trivialidad, sus alegrías y preocupaciones habituales. Algunos de los personajes más comunes son el obrero, el estudiante pobre, el empleado de clase media, el campesino, la criada y las damas burguesas.

ACTIVIDADES

1. **Identifica** los elementos realistas en este párrafo de Matías González García:

   ...a la puerta de la casa se presentó una mujer, que si no fea, pues aun demostraba en su rostro cierta juventud, aparecía pálida y ojerosa, mostrando al sonreír, unos dientes sucios y amarillos.

2. **Investiga** sobre el novelista francés Émile Zola y **explica** por qué se lo considera el padre del Naturalismo.
3. **Redacta** una descripción, de corte naturalista, de algún aspecto de la sociedad puertorriqueña que, a tu juicio, necesite reformarse.

La coherencia

Para EXPLORAR

El cuadro *Las espigadoras*, de Millet, (1848) representa la pobreza de un grupo de mujeres **campesinos** que recogen las espigas que quedan después de **cortar estas hierbas**. Millet también fue parte de ese grupo de trabajadores, pues su familia era de origen humilde. Su intención con esta obra es mostrar la verdadera cara del trabajo rural.

➤ **Contesta**:

a. ¿Cuál crees que sea la función del año que aparece entre paréntesis?

b. ¿En qué consiste el error de la primera palabra destacada?

c. ¿Cómo crees que podría ser mas específica la parte destacada al final de la primera oración?

Para COMPRENDER

Un texto tiene **coherencia** cuando sus ideas mantienen una relación lógica. Para ello, es necesario que se cumplan tres condiciones:

1. Las ideas deben estar relacionadas entre sí y con el tema central.

Ejemplo: *La obra de Oller recrea la belleza natural de la Isla, así como elementos que capturan la esencia del puertorriqueño y sus costumbres. Una de esas costumbres es el velatorio que se hacía en los hogares, de modo que Oller plasmó en* El velorio *esa estampa. <u>En los velorios la gente suele conversar y tomar chocolate.</u>*

La última oración no se relaciona con las restantes ni con el tema que desarrolla el párrafo.

2. Las ideas no deben ser contradictorias.

Ejemplo: *La comunicación nace cuando el ser humano comienza a desarrollarse en sociedad. <u>Los seres humanos nunca necesitan transmitir conocimientos</u>.*

La oración subrayada contradice la idea expresada en la oración anterior.

3. Las ideas deben tener un significado preciso, que no permita ambigüedades (anfibología).

Ejemplo: *Las personas que han estado en la galería y han visto las obras se quejaron por el mal trato que creen que han recibido.*

Aquí no sabemos si son las obras las mal tratadas o son las personas que han visitado la galería.

Para evitar la anfibología, podemos recurrir a:

- La lógica y el sentido común: nos ponemos en el lugar del lector para hacernos preguntas acerca de lo que hemos escrito.

Ejemplo: *¿Sabrá el lector que 1848 es el año en que pintaron el cuadro? ¿Se corrige el problema si lo reubicamos: "Las espigadoras (1848), de Millet"?*

- La gramaticalidad: los rasgos gramaticales de género, número, persona, tiempo y modo.

Ejemplo: *mujeres campesinos* (incorrecto: falta de concordancia de género)
mujeres campesinas (correcto)

- La adecuación: ajustar el texto con palabras precisas, para ser lo más específicos posible.

Ejemplo: *...las espigas que quedan después de cortar estas hierbas.* (forma general)
...las espigas que quedan después de la siega. (forma específica)

Para PRACTICAR

1. **Identifica** la oración que rompe con la coherencia.

La posición social que la propia comunidad otorga a hombres y mujeres condiciona su manera de hablar. El sexo y la edad, factores que frecuentemente se entrecruzan, suelen reflejarse en la manera de hablar. Por ello, el lenguaje de la mujer presenta particularidades más acusadas en aquellas comunidades en las que la diferenciación social entre hombres y mujeres es mayor.

2. **Indica**, en cada pareja de oraciones, cuál expresa ambigüedad.
   a. Se quemó el armario viejo de mi abuelo.
      Se quemó el armario de mi abuelo viejo.
   b. Marcos, Rita y su abuela fueron al parque.
      Marcos, Rita y la abuela de Rita fueron al parque.
3. **Determina** la opción con el significado más preciso para cada caso.
   a. Bianca se ______ a una extravagante revista de modas.
      - afilió
      - inscribió
      - matriculó
      - suscribió
   b. El juez ______ el veredicto.
      - dijo
      - sentenció
      - anunció
      - proclamó
   c. La manzana se ______.
      - pudrió
      - descompuso
      - dañó
      - arruinó
4. **Menciona** dos ejemplos de anfibología.

La coma y el punto y coma

Para EXPLORAR

La charca

Juan intervenía, insistiendo. Para aquellas gentes, el primer esfuerzo redentor debía ser físico. Constituían un gran estómago que perecía exhausto por falta de nutrición. Formaban un conjunto social débil ante las causas mórbidas. Y ese conjunto, predispuesto al crimen por la depauperación orgánica, por la influencia venenosa del alcohol, proyectada a través de las generaciones; por la precocidad gestativa, deprimiendo la prole; por la insuficiencia de la alimentación; por la desproporción entre esta y el trabajo físico exigido; por la intemperie; por la desnudez; por la acción atmosférica y telúrica; por el abandono en que se consume.

Manuel Zeno Gandia
(puertorriqueño)
(fragmento)

➤ **Contesta**:

a. ¿Qué usos tienen las comas en el fragmento anterior?

b. ¿Por qué se emplea el punto y coma en cada uno de los casos anteriores?

Para COMPRENDER

La **coma** se usa:

- Para separar los miembros de una enumeración que no van unidos por *y, ni, o*:

  Ejemplo: *En la clase de Español leímos novelas, ensayos, dramas y cuentos.*

- Delante de enlaces como *pero, sino que, ya que, puesto que, así que...*

  Ejemplo: *No le gustan los dramas, pero sí, las novelas.*

- Cuando se sitúan en primer lugar expresiones largas de carácter circunstancial.

  Ejemplo: *Cuando termines con ese libro, me avisas.*

- Para aislar locuciones como *es decir, en efecto, por tanto, por último...*

  Ejemplo: *La publicidad es una retórica, es decir, un modo especial de persuasión.*

- Para limitar una aclaración o ampliación que se inserta en el discurso.

  Ejemplo: *La Universidad de Puerto Rico, fundada en 1903, es mi alma máter.*

- Cuando nos dirigimos a nuestro interlocutor por su nombre o por medio de un apelativo.

  Ejemplo: *Pásame la sal, Elidio.*

- Para señalar la omisión de una forma verbal.

Ejemplo: *Claudia hizo el flan; Manuela, la ensalada.*

El **punto y coma** se usa:

- Para separar los miembros de una enumeración cuando alguno de ellos tiene, a su vez, comas.

Ejemplo: *Traje tres libros: uno, que es mi favorito; otro, que me lo prestó Damián; y otro, que acabo de comprar.*

- Para delimitar segmentos que son sintácticamente independientes, pero están estrechamente relacionadas por el sentido.

Ejemplo: *La clase de Español estuvo muy interesante; Juan, sin embargo, se durmió.*

- Delante de conjunciones como *pero* o *aunque*, cuando estas introducen elementos de cierta extensión.

Ejemplo: *Al principio, todos creíamos que el objetivo era fácil de alcanzar; pero luego, como suele suceder, las cosas se complicaron.*

Ortografía al día

Es incorrecto escribir una coma entre el sujeto y el verbo de una oración, incluso cuando el sujeto es largo o está compuesto de varios elementos separados por comas. Sí se escribe la coma cuando el sujeto es una enumeración que cierra con *etcétera* o cuando tras el sujeto se abre un inciso entre comas.

- Mis cuadros, mis libros, mi ropa, etc., está todo en casa de mi abuela.
- Carla, la amiga de mi hermana, llega esta noche.

Para PRACTICAR

1. **Coloca** la coma donde sea necesario.
   a. Espérame frente al colegio José.
   b. No quiero leer ni tus notas ni tus poemas ni tus cartas.
   c. Greta cuando llegues haz las tareas.
   d. Dentro de unos días el día del cumpleaños de mamá iremos al teatro.
   e. Ayer te llamé pero me dijeron que no estabas.
   f. El noticiario anunció que hoy iba a llover y en efecto llovió.
2. **Escribe** punto y coma donde sea necesario. Luego, **explica** qué normas sobre el uso del punto y coma se evidencian en cada oración.
   a. Siento mucho que no puedas asistir pero, si tienes otros planes, yo lo entiendo.
   b. Francisco Oller es un pintor muy importante hizo muchas pinturas realistas.
   c. Las tres amigas irán juntas a la actividad: Nimar, que es la más alegre Alana, la más dulce y Valeria, la más extrovertida.

La subordinación adverbial

Para EXPLORAR

Cada vez que veo las pinturas de Francisco Oller, siento emoción porque son hermosas.

➤ **Realiza** las siguientes actividades:

a. **Identifica** las oraciones subordinadas que hay en este enunciado.

b. **Contesta**:

- ¿Cuál de esas oraciones se puede sustituir por un adverbio?
- ¿Qué circunstancia expresa ese segmento?

Para COMPRENDER

Tradicionalmente han clasificado las subordinadas adverbiales como propias e impropias. Las **subordinadas adverbiales propias** se comportan como los adverbios y, en principio, son sustituibles por ellos.

Ejemplo:
Bailaremos ***donde fuimos la otra noche.***
(Bailaremos ***allí****.)*

Las subordinadas de este tipo nombran una circunstancia de tiempo, lugar o modo en la que se enmarca la acción verbal. Equivalen a un adverbio y, por tanto, desempeñan la función de complemento circunstancial.

Ejemplo:
Reúnanse en el teatro ***cuando suene la campana****.*
CC

Van introducidas por un adverbio relativo sin antecedente (*cuando, donde, como*) o por una conjunción o locución conjuntiva (*mientras, a la vez que...*).

Ejemplos:
Sara pintaba ***como su padre.***
Aprovecha el agua caliente ***mientras dure.***

Clases de subordinadas adverbiales propias		
de tiempo	**de lugar**	**de modo**
Significado: expresan una circunstancia de tiempo. **Ejemplo:** *Te llamaré* ***cuando termine la tarea.***	Significado: expresan una circunstancia de lugar. **Ejemplo:** *Camina* ***donde no hayan piedras.***	Significado: expresan una circunstancia de modo. **Ejemplo:** *Preparé el postre* ***como me explicaste.***
Forma: suelen ir introducidas por el adverbio relativo *cuando* (sin antecedente) o las conjunciones o locuciones conjuntivas *mientras, a medida que, en cuanto...* **Ejemplos:** *Arréglate* ***mientras yo hago una llamada.*** *Baila* ***a medida que le das vuelta a la cuerda.***	Forma: van introducidas por el adverbio relativo *donde* (sin antecedente), precedido o no de preposición. **Ejemplos:** *Estaciona el auto* ***donde no bloquee la entrada.*** *Iremos* ***a donde nadie nos conozca.***	Forma: pueden ir encabezadas por un gerundio o introducidas por el adverbio relativo *como* (sin antecedente) o por los enlaces *como si, según, según que* o *tal y como.* **Ejemplos:** *Carlos hablaba* ***como si estuviera cantando coplas.*** *Te lo cuento* ***según me contaron.***

Las **subordinadas adverbiales impropias** no se comportan como adverbios ni equivalen a ellos. Indican condición, consecuencia, finalidad y otras nociones que no pueden ser expresadas por un adverbio.

Ejemplo: ***Si llegas tarde****, te perderás el acto de apertura.*

Clases de subordinadas adverbiales impropias

- Las **subordinadas adverbiales condicionales** expresan una condición que debe cumplirse para que se realice lo que se afirma en la oración principal. Suelen ir introducidas por un enlace subordinante de valor condicional: *si, como, siempre que, a menos que, con tal de que, a condición de que...*

  Ejemplo: ***Si entiendes el ensayo****, me lo explicas luego.*

- Las **subordinadas adverbiales concesivas** expresan un obstáculo que dificulta, pero no impide, el cumplimiento de lo que se enuncia en la oración principal. Van introducidas por la conjunción *aunque* o por alguna locución conjuntiva de valor concesivo: *a pesar de que, por más que, por mucho que, aun cuando...*

  Ejemplo: ***A pesar de que le advertí****, tomó el camino más largo.*

- Las **subordinadas adverbiales causales** expresan el motivo de lo que se enuncia en la oración principal. Suelen ir introducidas por un enlace subordinante de valor causal: *porque, pues, que, como, puesto que, ya que, dado que, debido a que...*

  Ejemplo: *No pudieron entregar sus proyectos,* ***ya que la maestra faltó.***

- Las **subordinadas adverbiales finales** expresan la intención o finalidad con que se realiza la acción que se enuncia en la oración principal. Suelen ir introducidas por un enlace subordinante de carácter final: *para que, que, a que, a fin de que...*

Para COMPRENDER

Ejemplo: *Nos esconderemos* ***para que nadie nos vea.***

Cuando el segmento principal y la subordinada tienen el mismo sujeto, la subordinada va introducida por las preposiciones *a* o *para* o por las locuciones *a fin de, con objeto de* y otras similares, y lleva la forma verbal en infinitivo.

Ejemplo: *Estudiaremos* ***a fin de pasar la prueba.***

Las **oraciones adverbiales comparativas** expresan el segundo término de una comparación que se inicia en la oración principal. Las oraciones con segmentos adverbiales comparativos se caracterizan por poseer dos elementos en correlación: *más que, mejor que, tanto como*... El primero de ellos es un intensificador que se sitúa en la oración principal: un adverbio de cantidad (*más, menos, tanto, tan*...), el indefinido (*tanto, tanta, tantos, tantas*) o un adjetivo comparativo (*mejor, peor, mayor, menor*...); el segundo es un enlace subordinante (*que* o *como*, por lo general) y encabeza la subordinada.

Ejemplos:
Hoy tengo más tareas ***que ayer.***
La casa es tan linda ***como la había imaginado.***

Cuando la oración principal y subordinada expresan la misma noción verbal, el verbo de la subordinada, generalmente, se omite.

Ejemplos:
Linda duerme más horas ***que yo*** *(tengo).*
Eres más estudiosa ***que yo*** *(soy).*

Las **subordinadas adverbiales consecutivas** expresan una consecuencia que se desprende de lo enunciado en la oración principal.

Clases de oraciones consecutivas

Las **no intensivas** expresan la consecuencia de una acción sin añadir una noción de intensidad. Van introducidas por conjunciones o locuciones conjuntivas de carácter consecutivo: *luego, conque, así que*...

Ejemplos:
Aún no llegan, ***así que ten paciencia.***
Piensa, ***luego actúa.***

Las **intensivas** expresan la consecuencia de una cualidad, una acción o una circunstancia que se presenta en la oración principal precedida de un intensificador. Se construyen mediante la correlación de los intensivos *tal, tan* o *tanto* y la conjunción *que*.

Ejemplos:
La torre era tan alta ***que Rafael no pudo subir a la cúpula.***
Su carro es tan pequeño ***que solo caben dos personas allí.***

 © Santillana

Gramática al día

Lo que se ha llamado *subordinadas adverbiales temporales, modales* y *locales* son en realidad **subordinadas de relativos libres**. Estas cláusulas no poseen antecedente explícito, es decir, el referente al que aluden no se encuentra presente en la oración. En estos casos, el antecedente está integrado al significado del relativo:

- *Cuando llegues al aeropuerto, me llamas.*

(*Cuando* = en el momento en que; función de adjunto de tiempo)

- *No me gusta como quedó.*

(*Como* = la manera como; función de adjunto de modo)

- *Comemos donde tú digas.*

(*Donde* = en el lugar que; función de adjunto de lugar)

Son introducidas por adverbios relativos (*donde, como, cuando*). Estas relativas, que poseen un valor especificativo adjetival con respecto al antecedente que incorporan semánticamente, tienen la capacidad de fungir como adjuntos (complementos circunstanciales).

Para PRACTICAR

1. **Indica** las oraciones subordinadas adverbiales en cada oración compuesta.
   a. Cuando te digan qué pasó, me cuentas.
   b. Nos encontramos en el mismo lugar donde nos reunimos unas semanas antes.
   c. Las niñas bailaron como lo hacen las bailarinas profesionales.
2. **Identifica** las oraciones subordinadas adverbiales. Después, **reescribe** las oraciones sustituyendo las subordinadas por un adverbio o una locución adverbial.
   a. Siéntate donde haya sombra.
   b. Te alcanzo en cuanto termine la tarea.
   c. Instalé el mueble según las instrucciones.
3. **Identifica** las subordinadas adverbiales contenidas en las siguientes oraciones y **clasifícalas** en propias o impropias.
   a. Grítale para que nos escuche.
   b. Hemos cerrado las ventanas porque el viento era muy fuerte.
   c. El perro estaba debajo del árbol cuando cayó el rayo.
4. **Completa** las frases, de manera que se conviertan en oraciones compuestas con enlaces subordinantes adverbiales.
   a. Hice todos los pasos de baile... b. Corre bicicleta...
5. **Escribe** en cada caso una oración compuesta que contenga una subordinada adverbial introducida por los siguientes enlaces:
   a. a medida que b. mientras
6. **Completa** cada oración con una subordinada comparativa y una subordinada consecutiva intensiva.
   a. Comimos tanto... b. Es un libro tan interesante...

El *blog*

OBSERVO

http://www.tommytorres.com/blog/site/detalle.php?ID = 23

tommytorres.com

TT/b

USUARIO USERNAME

CLAVE PASSWORD

LOG IN

Registrarse Registration

TOMMY TORRES /blog

Home

Comentar

-en blanco-

1ro de octubre del 2009

Me encuentro aquí frente a la familiar página en blanco. En este lugar he estado muchas veces antes. Después de varios días sigo sin nada. Pero no me preocupo, precisamente porque he estado aquí muchas veces antes. La inspiración me rodea pero no me toca. Pero la siento. Esta ahí dándose aires de importancia. Es como una mujer que se hace la difícil porque sabe que cuando llegue la apreciaré más. Llegará, de eso no me queda duda. Y daré gracias porque llegó en el momento justo y no antes. Porque si llegaba antes seguro creería que fui yo y no ella la que me regaló esas melodías y me contó esas historias.

Tommy Torres

Comentar

Comentarios
Comments

Archivos

2008

Junio*
Julio*
Agosto*
Mayo*

2009

Febrero*
Octubre*
Agosto*
Septiembre*

2010

Febrero*
Noviembre*

➤ **Contesta**:

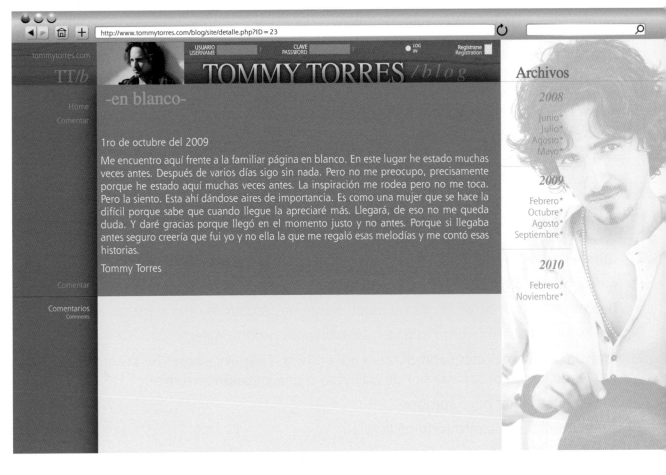

a. ¿Qué tema se desarrolla en el texto anterior?

b. ¿A qué personas crees que pueda interesar?

c. ¿Qué tono refleja el escrito?

¿QUÉ VOY A ESCRIBIR?

Un **blog** es un sitio en Internet, cuyo creador lo actualiza periódicamente con nuevas publicaciones. Es una especie de diario digital, que se compone de texto, así como de imágenes e hipervínculos, en algunos casos. Se usa para informar, compartir, opinar o debatir. Hay *blogs* sobre literatura, música, cultura, moda, cine, crítica, crónicas, actualidad, etcétera. Es posible que en un mismo sitio haya gran variedad temática. Los textos pueden ser de uno o de varios autores y se recopilan cronológicamente, por lo que aparecen del más reciente al más antiguo.

 © Santillana

¿CÓMO LO ESCRIBO?

PLANIFICO mis ideas

1. Piensa qué tipo de *blog* quisieras crear y cuál sería su finalidad.
2. Pregúntate qué cosas quisieras compartir. Recuerda que puedes publicar anécdotas personales, crónicas, críticas, ensayos, fotos, etcétera.
3. Piensa en un nombre original para tu *blog.*
4. Busca en Internet cómo se crea un *blog* y estudia los pasos uno a uno.

ELABORO mis ideas

1. Crea el *blog* utilizando las herramientas de informática necesarias.
2. Elige sobre qué será tu primera publicación y cómo la titularás.
3. Determina qué tipo de texto escribirás: informativo, descriptivo o argumentativo.
4. Busca elementos multimedia (fotos, videos, sonidos u otros) que complementen tu texto.

ESCRIBO mis ideas

1. Elabora un bosquejo del texto de tu primer artículo.
2. Redacta el artículo en un lenguaje claro y con tu estilo personal.
3. Sé consistente con el tipo de texto: informativo, descriptivo o argumentativo.
4. Determina y desarrolla el tono del texto (humorístico, irónico, nostálgico, etcétera) según el propósito. Recuerda que el tono contribuye a que el texto resulte más atractivo.
5. Incorpora los elementos multimedia que seleccionaste.
6. Haz uso de los signos de puntuación estudiados cuando sea necesario.
7. Precisa el título que le darás a tu primer artículo.

EDITO un texto

- ☑ El *blog* tiene una finalidad concreta.
- ☑ Los enlaces y los elementos multimedia están relacionados con los temas que desarrolla el *blog.*
- ☑ El artículo desarrolla un tema interesante que puede ser de interés general.
- ☑ El texto presenta una progresión temática.
- ☑ El uso de los signos de puntuación es correcto, de acuerdo con los casos estudiados.

El foro

El **foro** es una técnica de dinámica de grupos con participación masiva. Consiste en una reunión de personas que discuten un tema de manera informal frente a un auditorio, que, a menudo, interviene en la discusión. Su objetivo es permitir la libre expresión entre los integrantes de un grupo para llegar a conclusiones. Aunque se pretende persuadir a los demás mediante argumentos razonados y coherentes, no se trata de una pugna verbal para convencer al contrario. El foro puede constituir la parte final de un simposio, un debate u otra actividad análoga.

¿Cómo lo preparamos?

1. Formen un grupo de varios compañeros de clase para desarrollar un foro.
2. Elijan y lean una obra literaria de alguno de los autores que aparecen en este capítulo, pero que no hayan leído antes. Busquen información adicional acerca de esta.
3. Seleccionen a un moderador para que dirija la discusión.
4. Organícense y prepárense para opinar acerca de la lectura que hicieron, tomando en consideración aspectos como el tiempo de la discusión y el de la realización de las preguntas.

¿Cómo lo presentamos?

1. Pidan al moderador que inicie el foro con la presentación del tema y de los participantes.
2. Inicien la discusión del tema acordado, de acuerdo con las pautas establecidas por el grupo.
3. Elaboren sus opiniones con cuidado, procurando usar un vocabulario, un tono de voz y un lenguaje apropiados.
4. Escuchen con atención las opiniones de los demás.
5. Proporcionen un espacio para que el público formule preguntas a los participantes.
6. Soliciten al moderador que haga una síntesis de las opiniones expuestas, extraiga las posibles conclusiones y cierre el foro.

¿Cómo lo hicimos?

- ☑ ¿Expresamos nuestras ideas brevemente y con claridad?
- ☑ ¿Hemos utilizado argumentos convincentes para sustentar nuestras opiniones?
- ☑ ¿Escuchamos con atención y respeto las ideas de los demás participantes?
- ☑ ¿Participamos todos los integrantes del grupo?

 © Santillana

Cómo analizar una pintura

Al momento de analizar una pintura, hay que considerar una serie de aspectos estéticos, sociales, funcionales y simbólicos, más allá de lo técnico y formal. Toda pintura responde al gusto de una época, de un lugar o de un artista. Por lo tanto, es posible incluirla dentro de una corriente con la que comparta ciertas características. Del mismo modo, una imagen constituye un objetivo cultural que tuvo en su tiempo, y conserva un determinado papel social o personal que se ha transformado, parcial o totalmente, con el tiempo.

Aunque muchas pinturas pueden trasladarse de un lado a otro con facilidad, fueron creadas para cumplir una función en un lugar, ya sea como decoración, como un retrato histórico o como parte de alguna colección.

En cuanto a lo técnico, antes de analizar una pintura, se debe determinar cómo fue ejecutada, así como su soporte y sus medidas. Los aspectos técnicos son esenciales para lograr acabados, texturas, colores o efectos superficiales.

Desde el realismo, el tema pictórico se ha trabajado de manera diferente. El pintor contemporáneo alude, de diversos modos, a elementos plásticos que surgen de una determinada noción de la realidad (visible o imaginaria, figurativa o abstracta), pero siempre con la posibilidad de describirse concretamente.

Al analizar una pintura, uno de los aspectos que se toman en cuenta es el color, ya que el mismo define la pintura.

El lenguaje pictórico posee ciertos códigos. Al leerlos correctamente, nos permiten comprender la finalidad expresiva que posee la obra artística. Al analizarla, debemos tener en cuenta los siguientes aspectos: la línea, para reconocer las formas mediante los trazos; el volumen, ya que las figuras pueden sugerir corporeidad; el espacio, ya sea a través de la perspectiva, procedimientos simbólicos o superposición de planos (cubismo); el color, que define a la pintura; la luz, la cual se clasifica como uniforme, dirigida o vinculada a los planos de color; y la composición, que ordena, con armonía, los elementos del cuadro.

Finalmente, una pintura encierra muchos más significados que los formales o temáticos, es decir, que expresa ideas abstractas que es necesario descifrar para apreciar su valor.

ACTIVIDADES

1. **Identifica** las comas de la lectura y **explica** sus usos.
2. **Determina** qué comas de la lectura podrían sustituirse por el punto y coma.
3. **Elige** una pintura que pertenezca a alguno de los períodos que has estudiado en este libro. **Investiga** el momento en que se creó esa pintura, los motivos de su autor y las técnicas artísticas características de esa época. Luego, **analiza** la obra tomando en cuenta los aspectos estéticos, sociales, funcionales y simbólicos. **Compártelo** con tus compañeros de clase y **expresa** por qué elegiste esa pintura.

El realismo de Francisco Oller

La escuela del Maestro Rafael Cordero (1892), de Francisco Oller. La obra pertenece a la Colección del Ateneo Puertorriqueño.

A finales del siglo XIX, la pintura en Puerto Rico alcanzó su más alta expresión en la obra de Francisco Oller (1833-1917), el segundo pintor puertorriqueño después de Campeche y quien nacionalizó la pintura a través de sus obras realistas.

Oller dibujaba desde niño. Al cumplir los dieciocho años, partió a Madrid y estudió Arte en la Academia de San Fernando. Luego, viajó a París y fungió como copista en el Museo de Louvre, en donde fue estudiante de Gustave Courbet. Gracias al tiempo que estuvo en Francia, conoció figuras importantes en el mundo del arte, como a Edgar Degas (a quien discutimos en el capítulo 9) y Camille Pissarro (1830-1903), y del mundo literario, al novelista Émile Zola (1840-1902). Oller fue influenciado por los realistas franceses y los impresionistas. Esto lo convirtió en el primer caribeño y latinoamericano que practicó el impresionismo. Sin embargo, son sus cuadros realistas los que definen a este gran pintor.

Seguramente, has visto la pintura con la que comenzamos este capítulo, ya que es parte de nuestro imaginario cultural y se considera un símbolo nacional: *El Velorio*. Es un cuadro realista que muestra dominio ejemplar del color y del concepto. Se presenta la celebración de la muerte de un niño, un *baquiné*, en el que la gente disfruta mientras los padres lloran. Oller pintó esto a manera de crítica. Según él, el *baquiné* era una costumbre absurda: entendía que no se era empático con los familiares del niño muerto, quienes sufrían por la pérdida.

En *La Escuela del Maestro Rafael Cordero,* Oller exaltó la figura del maestro Rafael, a quien por ser negro se le negó el recibir una educación. Su afición a la lectura lo convierte en un instructor de primera enseñanza. Impartió clases a niños mulatos, negros y pobres, y su fama de buen educador provocó que los niños blancos asistieran a su aula. El maestro impartía clases sin paga y se sostenía con el arreglo de zapatos y la elaboración de tabaco. Por su gran labor desinteresada y su injusta realidad, Oller eligió a esta figura, para, una vez más, documentarnos sobre la realidad que enfrentaba la Isla.

La aportación de Oller en la cultura puertorriqueña es invaluable: nos dejó toda una tradición de plasmar la realidad social de la Isla con el fin de denunciar los problemas sociales. Otras de sus obras más conocidas son *Retrato de José Campeche*, *Los plátanos* y *Bodegón con piñas*.

RECORDAR

➤ **Contesta** las siguientes preguntas en tus propias palabras.

Sobre Francisco Oller:

a. ¿Quién fue?

b. ¿Cuál fue su aportación cultural a Puerto Rico?

c. ¿Cuáles son sus piezas más conocidas?

d. ¿Por qué fue importante su estancia en Francia?

Sobre *El Velorio*:

a. ¿Cómo se clasifica esta pieza? ¿Por qué?

b. **Descríbela** brevemente. ¿Qué representa?

c. ¿Cuál fue la intención de Oller?

ANALIZAR

➤ **Busca** en Internet o en libros de arte una obra de un pintor realista. **Estudia** los elementos que presenta la pintura y **describe** los sentimientos que te provoca. Luego, **compara** y **contrasta** la obra seleccionada con *El velorio*, de Oller. **Considera** elementos como el tema, la técnica, los personajes y la situación social que atravesaba el país de su creador.

CREA

➤ **Investiga** sobre el arte de la pintura actual en Puerto Rico y **evalúa** su función. **Discute**, en clase, si revela aspectos nacionales, situaciones sociales actuales o si se concentra en una expresión artística personal. **Comenta**, a tu juicio, qué forma del arte denuncia más nuestra problemática social.

CONCIENCIA verde

En la época de Oller, la agricultura orgánica era la costumbre y no se cuestionaba el tipo de cultivo que se realizaba, puesto que no había la cantidad de pesticidas y abonos químicos de hoy. Por eso, cada vez hay más agricultores que practican la agricultura orgánica porque usa alternativas sustentables sin tóxicos para el suelo y los seres humanos. El uso de plantas, composta y otros ingredientes favorables para el ambiente y los seres vivos, conservan saludables a los alimentos. ¿Has consumido productos orgánicos? ¿Qué beneficios crees que tenga el consumir productos orgánicos?

Capítulo 11

1. **Observa** con atención las siguientes imágenes. **Construye** una analogía para cada par de ilustraciones e **indica** el tipo de relación que se establece entre las palabras. Luego, **busca** fotos y **crea** tus propias analogías. **Pégalas** en un papel de construcción y **compártelas** con la clase.

a.  

b.  

2. **Prepara** un diagrama de Venn, como el del modelo, y **establece** las semejanzas y las diferencias entre los usos de la raya y el paréntesis. Luego, **redacta** tres ejemplos de cada uno.

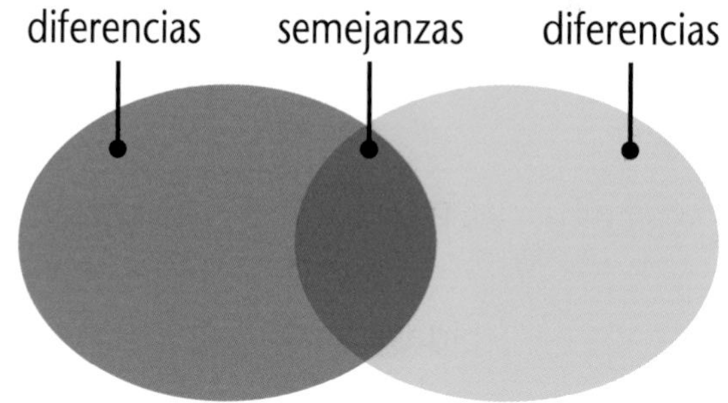

3. **Completa** el siguiente bosquejo con la información de todo lo aprendido en clase sobre la subordinación adjetiva.

I. Subordinación adjetiva
- **A.** Oraciones adjetivas
  - **1.** Definición:
  - **2.** Características:
    - **a.** Función:
      - **1.** Ejemplo:
    - **b.** Sustitución:
      - **1.** Ejemplo:
    - **c.** Forma:
      - **1.** Ejemplo:
  - **3.** Relativos
    - **a.** Son:
    - **b.** Función:
    - **c.** Ejemplo:
  - **4.** Clases
    - **a.**
      - **1.** Función:
      - **2.** Características:
      - **3.** Ejemplo:
    - **b.**
      - **1.** Función:
      - **2.** Características:
      - **3.** Ejemplo:

 © Santillana

Capítulo 12

1. **Únete** a varios compañeros. **Escojan** un tema relacionado con los puertorriqueños en Estados Unidos, ya sea con su labor artística, social, cultural o política. **Redacten**, cada uno, por lo menos, cinco oraciones sobre el tema. **Escriban** las oraciones en franjas de papel, preferiblemente de colores, uno por cada estudiante. **Organicen** las oraciones para formar un texto coherente. Luego, **presenten** el texto a los demás compañeros.

2. **Dramaticen** la siguiente historia sobre el uso de la coma:

> *En un lugar lejano, hace muchos años, un rey debía decidir si liberaba a un preso u ordenaba que lo mataran. Mandó a buscar a su ayudante y le dio la siguiente orden:*
>
> *—Liberadlo, no matadlo.*
>
> *Sin embargo, cuando el ayudante del rey llegó donde el carcelero, la orden que le dio fue la siguiente:*
>
> *—Liberadlo no, matadlo.*
>
> *De esta manera, un hombre murió por causa de una coma.*

- Basado en la historia y en los usos de la coma (,) y el punto y coma (;) **escribe** una rima, como la del modelo.

> En la orden que dio el rey
> hubo un error con la pausa
> y fue la muerte para el reo
> la consecuencia de la falta.

3. **Parea** segmentos. **Pesca** los siguientes segmentos y **forma** cinco oraciones compuestas con subordinación adverbial. Luego, **identifica** el segmento e **indica** su función.

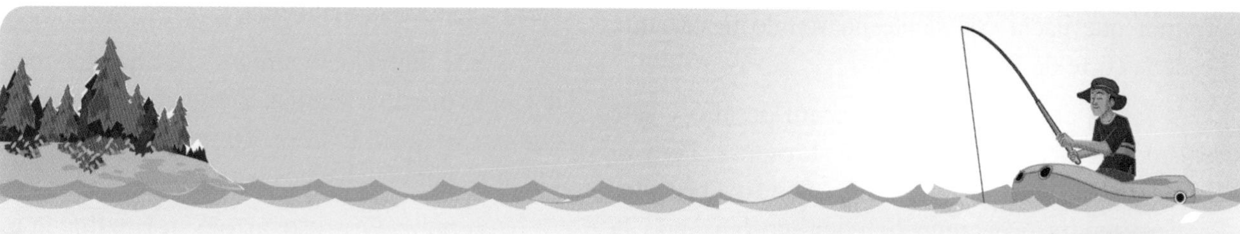

- Correrán
- así que no lo publicaré.
- Obtuvo mala nota en el examen,
- Lo dejaron entrar
- ya que no estudió.

- a menos que cambie de opinión.
- No me entregó el cuento,
- cuando suene el disparo de salida.
- Nos darán el aumento,
- a pesar de que llegó tardísimo.

El cantar de los nibelungos

[...] Se decía que al otro lado de los mares habitaba una reina hermosísima. Su nombre era Brunilda, y no había en el mundo entero mujer que la aventajara. Era tan fuerte como hermosa, y sometía a los caballeros que pretendían su mano a tres pruebas [...]. Si el caballero fracasaba, le cortaban la cabeza, y eran ya muchos los nobles guerreros que habían encontrado de este modo la muerte en Islandia.

Dijo entonces el rey Gunter, señor del Rhin:

—[...] Pase lo que pase, estoy dispuesto a conquistar el amor de Brunilda [...]. ¿Queréis ayudarme, noble Sigfrido, a conquistar a tan poderosa doncella? [...]

—Si me dais por esposa a vuestra hermana, la gentil Krimilda, yo estaré dispuesto a acompañaros en el viaje y ayudaros en todo.

—Os lo prometo, Sigfrido. [...]

Las puertas de la fortaleza estaban abiertas de par en par. Corrieron, entonces, a su encuentro los hombres de Brunilda [...].

[...] Salió Brunilda al encuentro de los forasteros. Entonces, vio a Sigfrido.

—Sed bienvenido, señor Sigfrido, a este país. ¿Cuál es el objeto de vuestro viaje? [...]

—Me dispensáis un gran honor, señora Brunilda, al saludarme en primer lugar, pero es un honor que no me corresponde a mí, sino a mi señor. Se llama Gunter, procede del Rhin y es un noble soberano. Por el amor que hacia vos siente ha venido hasta aquí, desde la corte de Worms. [...]

—[...] Si él se atreve a aceptar mi desafío y sale vencedor de las pruebas, yo seré su esposa. Pero, si él fracasa, moriréis los cuatro. [...] Son tres pruebas. Primero tendrá que competir conmigo lanzando la jabalina, después tendrá que arrojar tan lejos como pueda un gran peñasco y, por último, deberá saltar detrás de él.

Habló ahora el rey Gunter:

—Acepto las tres pruebas y, aunque fueran mucho más terribles, las aceptaría también [...]

La reina mandó, entonces, que lo prepararan todo para la competición.

[...]

El gallardo Sigfrido, entretanto, y sin que nadie se diera cuenta, había ido a la nave, para buscar el manto mágico que allí tenía escondido [...]. Cuando alguien se ponía el manto, adquiría la fuerza de doce hombres y podía realizar cualquier hazaña. Además, el manto hacía invisible a quien lo llevaba. Se lo puso ahora Sigfrido y regresó, invisible, al lugar de la competición.

También Brunilda llegó ahora allí, armada como si tuviera que luchar para conquistar todos los reinos de la tierra. [...] Le trajeron ahora a la reina una afilada jabalina. Era recia y enorme, ancha y grande, y sus dos filos eran tremendamente cortantes.

[...] El propio rey Gunter comenzó a lamentar el haber venido a este país. ¿Cómo iba a poder luchar contra una mujer tan terrible? [...]

Trajeron ahora a la liza un enorme peñasco. Doce héroes jóvenes y animosos no podían apenas sostenerlo. [...]

Brunilda se arremangó la túnica de seda, mostrando sus blancos brazos, embrazó el escudo y empuñó la lanza. La lucha iba a comenzar.

Entonces, Sigfrido, que llevaba puesto el manto que le hacía invisible, se acercó al rey Gunter en secreto y le tocó la mano. [...]

—Soy Sigfrido, tu amigo —le dijo el héroe—. No le tengas miedo a la reina. Entrégame el escudo y deja que sea yo quien lo lleve. Tú fingirás hacer los movimientos, pero los hechos correrán de mi cuenta.

Con brazo vigoroso, arrojó su jabalina la magnífica doncella contra el escudo que sostenían Gunter y Sigfrido. El potente hierro atravesó el escudo de parte a parte, y el golpe hizo tambalearse a los dos caballeros.

Al valeroso Sigfrido le saltó sangre de la boca. Pero se recuperó en unos segundos y cogió la jabalina

 © Santillana

que Brunilda había lanzado contra ellos [...]. La arrojó así, con su prodigiosa fuerza, y Brunilda no pudo, a pesar de su fortaleza, resistir el golpe. Ciertamente el rey Gunter no hubiera logrado jamás realizar por sí mismo tamaña proeza.

Rauda se puso de nuevo en pie la hermosa reina.

—Gunter, noble caballero, os felicito por el golpe —le dijo.

Pero estaba muy enfadada. Levantó pues en alto el enorme peñasco, lo arrojó con violencia a una enorme distancia y saltó luego tras él. La piedra había caído a más de treinta metros y el salto de la reina rebasó incluso esta distancia.

Entonces, se dirigieron Gunter y Sigfrido al lugar donde había caído el peñasco. Gunter fingió cogerlo y lanzarlo, pero en verdad no fue él, sino Sigfrido, quien lo hizo. Y después dio un salto todavía mayor. [...]

La bella Brunilda estaba sonrojada de furia.

—¡Acercaos pronto aquí, parientes y vasallos míos! —gritó a grandes voces—. Quiero que hagáis todos acto de sumisión ante el rey forastero.

Dejaron las armas los valientes guerreros de la corte de Islandia y se pusieron de rodillas ante Gunter, soberano de los burgundios. Todos creían que había llevado a cabo las tres pruebas con sus propias fuerzas.

Pidió Brunilda a Gunter y a sus compañeros que entraran en palacio y les fueron prodigadas muchas atenciones. Entretanto, Sigfrido volvió a ocultar en la nave el manto de Alberico y regresó, ya visible, a la fiesta. [...]

—Mucho me alegran estas noticias —dijo Sigfrido—. Ahora pues, noble doncella, debéis abandonar este país y seguirnos hasta las tierras del Rhin.

Anónimo
(fragmento)

Sobre la obra

El cantar de los nibelungos es un poema épico compuesto hacia el siglo XII y es el más importante en su género de la literatura alemana medieval. Se lo compara a nivel literario con el *Cantar de Mio Cid*, en España, y el *Cantar de Roldán*, en Francia. Se desconoce quien fue su autor, pero se cree que pudo haber sido un poeta de la corte obispal de Passau, una región fronteriza entre la Baviera alemana y Austria.

La epopeya narra hechos históricos de los pueblos germanos, pero mezclados con creencias mitológicas. Según el texto, el héroe Sigfrido le arrebató a los nibelungos, una raza de enanos, un fabuloso tesoro y la capa mágica que hace invisible a su portador. El motivo de las pruebas a las que debe someterse el héroe para alcanzar su objetivo, el amor de Krimilda, forma parte del esquema típico de las narraciones heroicas tradicionales.

ANÁLISIS LITERARIO

1. **Contesta**:
   a. ¿Cómo se representa a la mujer, según el pasaje que has leído?
   b. ¿De qué se vale el rey Gunter para vencer a Brunilda?
2. Se afirma que el *Poema de Mio Cid* narra hechos reales, mientras que *El cantar de los nibelungos*, aunque contiene eventos que aparecen registrados en la historia, está narrado de una manera fantástica.
   a. **Enumera** las señales fantásticas que puedes identificar en *El cantar de los nibelungos*.
   b. **Investiga** algún evento de este cantar de gesta que formó parte de la historia.

Divina comedia

Infierno

Canto III

Después de vagar por una noche entera en una intrincada selva, Dante es guiado por el poeta Virgilio en su descenso al infierno y en su recorrido por el purgatorio. Al entrar al primer círculo del infierno, Dante lee la inscripción en lo alto de la puerta y Virgilio le advierte las penas y castigos que verán en su recorrido. Al final de este canto los viajeros se encuentran con Caronte, quien es el barquero que transporta las almas de los condenados.

Por mí se va hasta la ciudad doliente,
por mí se va al eterno sufrimiento,
por mí se va a la gente condenada.
Antes de mí no fue cosa creada,
sino lo eterno y duradero.
Dejad, los que aquí entráis, toda esperanza.
Estas palabras de color oscuro
vi escritas en lo alto de una puerta;
y dije: "Maestro, es grave su sentido".
Y, cual persona cauta, él me repuso:
"Debes aquí dejar todo recelo;
debes dar muerte aquí a tu cobardía.
Hemos llegado al sitio que te he dicho
en que verás las gentes doloridas,
que perdieron el bien del intelecto".
[...]
Allí suspiros, llantos y altos ayes
resonaban al aire sin estrellas,
y yo me eché a llorar al escucharlo.
Diversas lenguas, hórridas blasfemias,
palabras de dolor, acentos de ira,
roncos gritos al son de manotazos.
Con el terror ciñendo mi cabeza
dije: "Maestro, ¿qué es lo que yo escucho,
y quién son éstos que el dolor abate?"
Y él me repuso: "Esta mísera suerte
tienen las tristes almas de esas gentes
que vivieron sin gloria y sin infamia.
Están mezcladas con el coro infame
de ángeles que no se rebelaron,
no por lealtad a Dios, sino a ellos mismos.
Los echa el cielo, porque menos bello
no sea, y el infierno los rechaza,
pues podrían dar gloria a los caídos". [...]
"No tienen estos de muerte esperanza,
y su vida obcecada es tan rastrera,
que envidiosos están de cualquier suerte.
Ya no tiene memoria el mundo de ellos,
compasión y justicia les desdeña;
de ellos no hablemos, sino mira y pasa". [...]
Los desgraciados, que nunca vivieron,
iban desnudos y azuzados siempre
de moscones y avispas que allí había.
Estos de sangre el rostro les bañaban,
que, mezclada con llanto, repugnantes
gusanos a sus pies la recogían. [...]

Paraíso

Canto XXXI

La cándida rosa formada por los luminosos bienaventurados (en cuerpo y alma, como estarán después de la resurrección de la carne) es habitada por los ángeles, que, como abejas, van desde la luz divina a sus pétalos inundándolos de la paz de la beatitud y del ardor de la caridad. Pero la luz divina les llega también directamente, sin intermediarios, porque inunda todo el universo. Beatriz se ha apartado y ocupa ya su trono de bienaventuranzas, y ahora es san Bernardo, quien le habla y le guía en el último tramo de su recorrido.

[...] La forma general del Paraíso
abarcaba mi vista enteramente,
sin haberse fijado en parte alguna; [...]
Una cosa quería y otra vino:
creí ver a Beatriz y vi a un anciano
vestido cual las gentes gloriosas.
Por su cara y sus ojos difundía
una benigna dicha, y su semblante
era como el de un padre bondadoso.
"¿Dónde está ella?", dije yo de pronto.
Y él: "Para que se acabe tu deseo

 © Santillana

me ha movido Beatriz desde mi Puesto:
y si miras el círculo tercero
del sumo grado, volverás a verla
en el trono que en suerte le ha cabido".
Sin responderle levanté los ojos,
y vi que ella formaba una corona
con el reflejo de la luz eterna.
De la región aquella en que más truena
el ojo del mortal no dista tanto
en lo más hondo de la mar hundido,
como allí de Beatriz la vista mía;
más nada me importaba, pues su efigie
sin intermedio alguno me llegaba.
‘Oh mujer que das fuerza a mi esperanza,
y por mi salvación has soportado
tu pisada dejar en el infierno,
de tantas cosas cuantas aquí he visto,
de tu poder y tu misericordia
la virtud y la gracia reconozco.
La libertad me has dado siendo siervo
por todas esas vías, y esos medios
que estaba permitido que siguieras [...]".
Así rece; y aquella, tan lejana
como la vi, me sonrío mirándome;
luego volvió hacia la fuente incesante.

Dante Alighieri
(italiano)
(fragmento)

Sobre el autor

Poeta italiano considerado como una de las figuras más importantes de la literatura universal. Nació en 1265 en Florencia, Italia. Popularizó la escritura en lengua vulgar y formó parte del movimiento Dulce estilo nuevo, que renovó la lírica trovadoresca, pues propuso que la poesía debía reflejar la belleza y ser una expresión de un sentimiento puro y delicado. Entre sus obras se destacan: el tratado *De Monarchia, Vida Nueva* y su obra maestra, la *Divina Comedia*. Esta última es una narración alegórica compuesta por cien cantos versificados en tercetos, en la que el poeta relata un viaje simbólico a través del Infierno, el Purgatorio y el Paraíso, guiado por el poeta latino Virgilio y, luego, por su amada Beatriz. En este recorrido el autor se encuentra con personajes históricos y literarios que enfrentan castigos o reciben recompensas de acuerdo con sus acciones en la vida terrenal. Murió en el exilio, en 1321.

ANÁLISIS LITERARIO

1. **Contesta**:
   Durante la época de transición entre la Edad Media y el Renacimiento, la literatura centra su atención en el ser humano y en la existencia terrenal.
   a. ¿Crees que estos temas son evidentes en la *Divina comedia*? ¿Por qué?
   b. ¿Consideras que la creación de estos personajes corresponde a una perspectiva más realista que a aquella adoptada en la literatura medieval?
2. Describe en tus palabras el Infierno y el Paraíso, según Dante. Luego, haz una comparación basada en tus experiencias y enseñanzas de lo qué es para ti el infierno y el paraíso.

Popol-Vuh

Las emplumadas serpientes

Al comienzo del tiempo, cuando solo había cielo y agua y aún no existían la luna ni el sol, la tierra ni el árbol, la estrella ni el pájaro, la bestia ni el hombre... los poderosos del cielo decidieron crear el mundo.

Los poderosos del cielo flotaban sobre las aguas, iluminados por una luz difusa que brotaba de sus cuerpos, cubiertos con plumas azules y verdes, y en medio de un profundo silencio. Se llamaban Emplumadas Serpientes.

—¡Qué las aguas se abran! —dijeron.

—¡Qué la luz se haga!

—¡Qué la tierra aparezca!

Entonces se separaron las aguas y asomaron las grandes montañas, y entre las montañas los valles, y en los valles la hierba. Corrieron los ríos y rodaron las piedras, se abrieron cavernas, surgieron árboles que se convirtieron en bosques...

Los poderosos miraron a su alrededor: ¡todo era nuevo y resplandeciente!

—Debemos proseguir —dijeron.

—Hagamos pumas y jaguares, peces y serpientes, pájaros y ciervos...

—Y leones y tigres, hormigas y langostas...

Así, tan solo con nombrarlos, la tierra recién nacida se pobló de animales de todas las especies y a cada una le fue asignada una morada:

—Vosotros viviréis en los valles y vosotros en los barrancos...

—Vuestra casa será la alta montaña y la vuestra la maleza...

—Habitaréis en las ramas y en las entrañas de la tierra...

Y, cuando todos estuvieron en su sitio, las Emplumadas Serpientes ordenaron:

—Ahora... ¡Hablad! Cada cual con su lenguaje... ¡Decid nuestros nombres! ¡Alabadnos! A nosotros, que somos vuestros padres y madres, los constructores, los engendradores...

Pero nadie dijo palabra. Solo se oyeron rugidos, graznidos, aullidos y mugidos sin orden ni concierto.

—¿Qué ha sucedido? Hemos cometido un error... ¿Que será de nosotros si nadie nos llama, ni invoca, ni recuerda?

Y las Emplumadas Serpientes resolvieron enseguida crear otros seres que estuviesen capacitados para todo eso:

—Es tiempo de que el hombre viva sobre la tierra —dijeron.

Con tierra y agua comenzaron su tarea. Pero poco fue lo que lograron. El hombre así moldeado era frágil y blando; la cabeza se doblaba, los ojos no veían y el todo se deshacía entre las manos.

[...]

—Haremos el encantamiento del maíz y del tzite —decidieron.

Para hacerlo, allí estaban el Abuelo del Gran Secreto y la Abuela de la Suerte, que al instante comenzaron sus invocaciones, mientras arrojaban los granos de tzite y de maíz.

—¡Oh suerte, fórmate! Maíz, tzité, decidnos cómo hay que hacer al hombre...

Los granos cayeron, los abuelos los observaron con atención y, por la manera en que estaban dispuestos en el suelo, interpretaron su significado.

—El maíz y el tzite dicen que el hombre será hecho de madera —anunciaron.

Así fue como la tierra se pobló de hombres de palo, y de mujeres de espadaña, creadas para hacerles de pareja.

Existieron y se multiplicaron, pero no tuvieron

 © Santillana

nunca razón ni memoria, ingenio ni sabiduría. Andaban a los tumbos y sus palabras carecían de sentido. Jamás invocaron a sus creadores, ni pronunciaron siquiera sus nombres. Sus corazones carecían de calor... No eran las criaturas deseadas. Y los dioses enviaron sobre ellos un diluvio torrencial, para borrarlos de la faz de la tierra.

Durante mucho tiempo, llovió sin cesar, los ríos se desbordaron y, a su paso, el agua lo arrasaba todo. Y, en medio de esa terrible inundación, sucedió que los animales se agruparon y se rebelaron contra los hombres de madera. Salieron de todas partes, de los lugares más escondidos y lejanos: los mansos y los feroces, los grandes y los pequeños, todos los animales aparecieron ante los hombres de palo y comenzaron a hablar de modo amenazante:

—¡Solo nos habéis causado dolor!

—¡Nuestra carne ha sido triturada y masticada por vosotros!

—¡No podréis escapar... ¡Ahora será vuestro turno!

[...]

Palos y bestias, ollas y piedras, aves y flechas, platos y cuchillos, los persiguieron implacablemente, embistiendo y golpeando, y muchos hombres fueron alcanzados por esa furia desatada.

La lluvia siguió cayendo y las aguas borraron todo rastro de los primeros hombres. Pero algunos lograron huir de esa cacería feroz y, lejos de la comarca, sobrevivieron al diluvio. Según dicen, sus descendientes son esos monos pequeñitos que ahora viven en las selvas.

Anónimo
(fragmento)

Sobre la obra

El *Popol-Vuh* es el libro sagrado de los indios quichés que habitaban en la zona de Guatemala. La palabra *Popol* significa "comunidad" y la palabra *Vuh*, "libro". En él se explica el origen del mundo y se reúnen los principales mitos del pueblo maya, así como otras tradiciones histórico-legendarias de esa cultura originaria de América Central. Este escrito pertenece a la llamada *literatura precolombina* y se conserva gracias a una larga e intensa labor investigativa. Fue hecho público por el dominico Francisco Ximénez, en Chichicastenango, Guatemala, en el siglo XVIII.

En "Las emplumadas serpientes" se presentan dos tipos de leyenda que suelen aparecer en todas las mitologías: un relato sobre la creación del universo y una narración sobre el origen de las primeras personas que habitaron la Tierra.

ANÁLISIS LITERARIO

1. **Contesta:**
   a. ¿Qué puedes inferir de la cultura precolombina, según lo leído en este fragmento?
   b. ¿Por qué crees que fuera importante para los dioses crear criaturas que les fueran devotas?
2. **Lee** el primer capítulo del Génesis, en la Biblia, e **identifica** los elementos de la creación de la Tierra que sean parecidos a los que se presentan en el fragmento del *Popol Vuh*. Luego, **escribe** un párrafo con tus hallazgos. **Discute** si existe la posibilidad de que los mayas conociesen el relato que se narra en el Génesis.

El decamerón

Chichibio, cocinero de Conrado Gianfigliazzi, con una aguda respuesta, convierte la ira de su amo en risa, y escapa al aprieto que se cernía sobre él.

Como todos vosotros habéis tenido ocasión de oír y comprobar Conrado Gianfigliazzi fue el más noble, liberal y magnífico ciudadano de Florencia. Dedicábase a la vida caballeresca y al deleite de la caza y la cetrería.

Este caballero cazó un día, con ayuda de su halcón, en las cercanías de Peretola, una hermosa grulla. Volvió a su casa con la pieza y se la dio a un excelente cocinero llamado Chichibio, que era veneciano de nacimiento, encargándole que la asara y aderezara bien para la cena.

Chichibio, que parecía y era hombre charlatán, tomó la grulla, la puso al fuego con solicitud y comenzó a prepararla.

El sabroso olor del asado se difundió por toda la casa y llegó hasta el patio, en el que entonces se hallaba Brunita, a la que Chichibio enamoraba.

La buena Brunita corrió hacia la cocina, atraída por el aroma, y al ver el asado de grulla suplicó insistentemente a Chichibio que le diera una pata. A lo que contestó Chichibio canturreando:

—No la conseguirás, querida Brunita, no la conseguirás...

Y Brunita, respondió, un tanto contrariada:

—Pues a la fe de Dios que, si no me la das, nunca recibirás de mí cosa que te agrade.

Y después de estas palabras, altercaron largamente, hasta que Chichibio, para no irritar a su damisela, arrancó una de las patas de la grulla y se la dio.

Entretanto, habíase sentado a la mesa Conrado y un amigo; y cuando Chichibio trajo la grulla asada, pero con solo una pata, Conrado se quedó maravillado y preguntó al cocinero qué había hecho de la otra pata del animal. A lo que el mentiroso veneciano respondió:

—Las grullas no tienen más que una pata, señor.

Entre colérico y asombrado, Conrado contestó:

—¿Cómo diablos dices que no tiene más que una pata? ¿Es que piensas que esta es la primera grulla que veo?

Y Chichibio:

—Os juro que es como os digo; y cuando gustéis, os lo enseñaré con una grulla viva.

Conrado, por respeto al amigo que cenaba en su casa, no quiso seguir adelante en la discusión, y dijo al cocinero:

—Está bien, Chichibio; puesto que piensas mostrármelo en las vivas, por más que nunca lo vi ni oí, mañana iremos juntos y quedaré satisfecho. Pero, te juro por el cuerpo de Cristo, que si no es así, te dejaré de modo que toda tu vida te acordarás de mí.

Y por aquella noche no se habló más del asunto. Y a la mañana siguiente, levantóse Conrado e hizo ensillar los caballos. Chichibio montó en un mulo y detrás de su amo se dirigió hacia una laguna en cuya ribera solían descansar las grullas. [...]

Llegados a las cercanías de la laguna, Chichibio vio antes que su amo hasta una docena de grullas, todas sobre una pata, como suelen hacer esos animales cuando duermen; de lo cual muy satisfecho, las mostró a Conrado, diciéndole:

—Ya podéis comprobar que ayer dije la verdad, señor; si miráis aquellas que están allí, observaréis que las grullas no tienen más que una pata.

Conrado las miró y dijo:

—Espera, que yo te mostraré cómo tienen dos.

Y dicho esto, acercose más a las grullas y gritó:

—¡Oh, oh!

Con lo que, asustadas, las grullas bajaron enseguida la otra pata. Y Conrado, vuelto al cocinero, le dijo:

—¿Qué te parece, glotonazo? ¿Tienen una o dos patas?

Apabullado, Chichibio no sabía dónde esconderse; pero rehaciéndose un poco replicó:

—Tenéis razón, señor. Pero ayer no gritasteis: "¡Oh, oh...!", que si lo hicierais, la grulla que cazasteis hubiera sacado la otra pata como hicieron estas.

Gustó a Conrado la ocurrente respuesta del cocinero y en un momento toda su ira se convirtió en risa.

—Es verdad, Chichibio —le dijo—. Ayer no lo hice y debí hacerlo.

Giovanni Boccaccio
(italiano)
(fragmento)

Sobre el autor

Aunque no se sabe con certeza la ciudad de origen de **Giovanni Boccaccio**, lo cierto es que nació en 1313, en Italia. A los trece años se trasladó a Nápoles, donde recibió una educación esmerada. En 1341, se instaló en Florencia, ciudad donde residía cuando se desencadenó la peste negra en 1348, la cual le sirvió de inspiración para escribir su obra más importante: *El decamerón*. Esta colección de cien relatos presenta a un grupo de amigos que escapan a un brote de peste y se refugian en una villa de las afueras de Florencia. Aunque la obra presenta variados temas, la mayoría de sus relatos son de carácter cómico y realista. Sus protagonistas son personajes pueblerinos que se caracterizan por su astucia y picardía, representativos del movimiento renacentista. Los últimos años de la existencia de Boccaccio dan testimonio de una profunda crisis espiritual, que le hizo orientarse hacia una literatura de tipo moralizante. Murió en 1375.

ANÁLISIS LITERARIO

1. **Contesta:**
   a. ¿Qué es un charlatán? ¿De qué manera la historia que has leído justifica que se califique así a su personaje central?
   b. ¿Cómo sale del aprieto Chichibio y qué tiene que ver eso con el carácter cómico del cuento?
2. **Elabora** una descripción, de carácter psicológico, de cada uno de los personajes y **opina** sobre la actitud de cada uno de ellos.

El paraíso perdido

Libro IV

Argumento

Satanás, a vista ahora del Edén y cerca del lugar, donde debía acometer la atrevida empresa que tomó solo a su cargo contra Dios y el hombre, se siente asaltado de numerosas dudas y combatido por el temor, la envidia, la desesperación y otras varias pasiones. Pero al fin se confirma en el mal y sigue su viaje al paraíso, cuya vista exterior y situación se describen; penetra en él, y bajo la forma de un corvejón, se posa en el árbol de la vida, que es el más alto del jardín, con el designio de explorar los alrededores. Satanás contempla por primera vez a Adán y Eva, quedando maravillado de la belleza de su forma y del feliz estado en que viven, pero se confirma en la resolución de llevar a cabo su ruina. Sorprende sus pláticas, y de ellas saca que les está prohibido comer el fruto del árbol de la ciencia del bien y del mal bajo pena de muerte; por lo cual se propone tentarlos induciéndolos a traspasar aquel precepto. Luego se aleja de ellos por breve tiempo, a fin de completar por otros medios sus indagaciones sobre el estado en que viven. Entretanto Uriel, descendiendo en un rayo de sol, avisa al arcángel Gabriel, encargado de custodiar la entrada del paraíso, que un malvado espíritu se ha escapado del Abismo y pasado a la hora del mediodía por su esfera, en forma de un ángel bueno, con dirección al paraíso; pero que ha logrado descubrirle por sus furiosos ademanes en la montaña donde efectuó el descenso. Gabriel promete hallarle antes del siguiente día. Al acercarse la noche, Adán y Eva hablan de ir a descansar; descríbense el lugar de su retiro y su plegaria serótina.

Gabriel, después de ordenar las rondas de guardias nocturnas que han de vigilar alrededor del Paraíso, nombra dos ángeles de los más fuertes para custodiar el albergue de Adán y Eva e impedir que el Espíritu maligno penetre allí y les cause algún daño, mientras duermen. Estos ángeles encuentran a Satanás junto al oído de Eva, tentándola en un sueño, y le conducen, aunque él va de mala gana, a presenci de Gabriel. Interrogado por este, contesta desdeño samente y se dispone a resistir, pero intimidado po una señal del cielo, huye del Paraíso.

¡Oh! ¡Si hubiera resonado aquella voz de avis que los oídos del vidente del Apocalipsis oyeron cla mar poderosa en los cielos! "¡Ay de los habitantes d la tierra!", cuando al sufrir el Dragón la segunda de rrota, descendió furioso a saciar su venganza en lo hombres. Ella hubiera prevenido a nuestros primero padres, ahora que era tiempo, contra la venida de s secreto enemigo, y se hubieran librado ¡feliz libera ción! de su mortal celada. Porque ahora fue, ahora cuando Satán, ardiendo en ira, bajó por primera vez como tentador antes que acusador de la Humanidad para hacer pagar al hombre viviente y frágil la pen de su primera batalla perdida y de su fuga al infierno Mas, a pesar de todo, no halla satisfacción en la velo cidad con que camina; y aunque, de lejos temerari e intrépido, al acercarse el momento de dar principi a su terrible empresa, no halla motivo para envane cerse. El designio que ahora está a punto de ejecuta bulle y se retuerce en su convulso pecho, y, a maner de infernal máquina, hace repercutir sobre su autor e contragolpe del daño que va a causar.

El horror y la duda desgarran los turbados pen samientos de Satán y remueven hasta el fondo en s interior todo el infierno; porque dentro y alrededo de sí lleva el infierno; y, aunque mude de lugar, le e imposible huir de sí mismo. [...] Y, después de haberl repasado todo en su espíritu, se expresa de esta suert con palabras entrecortadas por suspiros:

"¡Oh tú, que coronado de gloria incomparable pareces, desde lo alto de tu solitario imperio, el Dio de este nuevo mundo! [...] A ti me dirijo, pero con vo amiga; y no pronuncio tu nombre, oh sol, sino par decirte cuánto odio tus rayos. Ellos me recuerdan e estado de donde he caído y cuán glorioso me elevab en otro tiempo por encima de tu esfera.

"El orgullo y una ambición peor aún me han pre cipitado; he guerreado contra el Rey del Cielo, que n tiene semejante. ¡Ah! Y ¿por qué? No merecía de m tal correspondencia; de mí a quien había creado en la eminente categoría que gozaba, sin echarme en cara ninguna de sus bondades, ni imponerme servicios duros de soportar. ¿Qué menos podía hacer que tributarle un tan fácil homenaje como el de mis alabanzas y rendirle acciones de gracias incesantes? [...] Y, no obstante, toda su bondad no ha dado en mí otra cosa que el mal, ni producido más que la malicia. Elevado a tanta altura he desdeñado la sujeción; he pensado que, subiendo un grado más llegaría a ser el Altísimo; que en un instante pagaría la deuda inmensa de un reconocimiento eterno... ¡Deuda tan pesada! ¡Siempre pagando y siempre en deuda! [...]

¡Ay de mí, miserable! ¿Por qué camino huiré de la cólera infinita y de la eterna desesperación? Elija el que quiera, todos ellos van a parar al infierno; yo mismo, yo soy el infierno; y aún en lo más hondo del abismo llevo dentro de mí otro abismo más profundo que abre de par en par sus cavidades amenazando sin cesar con devorarme; junto a esa horrenda sima, el infierno se parece al cielo...

¡Ah! ¡Cede, Satán, al fin! ¡No quedará algún lugar para el arrepentimiento? ¿Se habrán cerrado para siempre las puertas de la misericordia? Para siempre; no queda otro remedio que el de someterse. ¡Someterse! ¡Palabra funesta que me vedan pronunciar el orgullo y el temor de avergonzarme ante los espíritus del Averno ¡Yo los seduje con otras promesas, con otras seguridades distintas de la sumisión, ufanándome de poder sojuzgar al Omnipotente... ¡Ay de mí! ¡Cuán desgraciado soy! Poco saben ellos lo cara que me cuesta esta vana jactancia y en que tormentos interiores gimo, mientras recibo sus adoraciones, sentado en el trono del infierno. Encumbrado en el lugar más alto, con el cetro y la diadema, me veo sepultado en lo más hondo, siendo solo superior en las miserias... ¡Oh ambición! ¿Son esas tus alegrías?

John Milton
(inglés)
(fragmento)

Sobre el autor

John Milton es considerado el mejor poeta barroco inglés. Nació en Londres en 1608 y murió en la misma ciudad en 1674. Durante su formación experimentó conflictos religiosos que influenciaron toda su creación poética. Su obra maestra es la epopeya cristiana heroica, *El paraíso perdido* (1667), una de las obras cumbres de la poesía escrita en inglés. En esta obra, que está dividida en doce libros, el poeta crea una gesta simbólica de la historia de Adán y Eva, y su expulsión del Paraíso, en la que se desata la lucha humana entre el bien y el mal. El mal aparece representado por Satanás, quien es expulsado del Paraíso, junto con otros ángeles rebeldes que envidiaban el poder de Dios. Tras la edición de su gran obra publicó, en 1671, *El Paraíso recobrado* y la tragedia *Sansón agonista*, la cual algunos expertos relacionan con los últimos días del poeta en los que estuvo ciego y arruinado.

ANÁLISIS LITERARIO

1. **Contesta**:
   a. ¿Por qué crees que John Milton titulara su obra *El paraíso perdido*?
   b. ¿Qué detalles de la lectura revelan los conflictos que sufría el autor con respecto a la religión?
2. **Identifica** cuáles de los siguientes rasgos de la poesía barroca se perciben en el texto.
   - Uso de cultismos
   - Una visión pesimista
   - Uso constante del hipérbaton y de la metáfora

Hamlet

El espectro del padre de Hamlet le revela a este último que ha sido asesinado por su propio hermano. El joven príncipe de Dinamarca se sumerge en un estado que es interpretado por los demás personajes de la corte como locura.

Acto III, Escena IV

(*Hamlet recita este monólogo creyéndose solo. Ofelia, a un extremo, lee*).

HAMLET. ¡Ser o no ser; he aquí la cuestión! ¿Cuál es más digna acción del ánimo: sufrir los tiros penetrantes de la fortuna injusta u oponer los brazos a este torrente de calamidades y darles fin con atrevida resistencia? Morir es dormir. ¿No más? ¿Y por un sueño, diremos, las aflicciones se acabaron y los dolores sin número, patrimonio de nuestra débil naturaleza...? Este es un término que deberíamos solicitar con ansia. Morir es dormir... y tal vez soñar. Sí, y ver aquí el grande obstáculo; porque el considerar que sueños podrán ocurrir en el silencio del sepulcro, cuando hayamos abandonado este despojo mortal, es razón harto poderosa para detenernos. Esta es la consideración que hace nuestra infelicidad tan larga. ¿Quién, si esto no fuese, aguantaría la lentitud de los tribunales, la insolencia de los empleados, las tropelías que recibe pacífico el mérito, de los hombres más indignos, las angustias de un mal pagado amor, las injurias y quebrantos de la edad, la violencia de los tiranos, el desprecio de los soberbios, cuando el que esto sufre pudiera procurar su quietud con solo un puñal? ¿Quién podría tolerar opresión, sudando, gimiendo bajo el peso de una vida molesta, si no fuese que el temor de que existiese alguna cosa más allá de la muerte, aquel país desconocido, de cuyos límites ningún caminante torna, nos embaraza en dudas y nos hace sufrir los males que nos cercan antes que ir a buscar otros de que no tenemos seguro conocimiento? Esta previsión nos hace a todos cobardes: así la natural tintura del valor se debilita con los barnices pálidos de la prudencia; las empresas de mayor importancia por esta sola consideración mudan camino, no se ejecutan y se reducen a designios vanos. Pero... ¡la hermosa Ofelia! Graciosa niña, espero que mis defectos no sean olvidados en tus oraciones.

OFELIA. ¿Cómo os habéis sentido, señor, en todos estos días?

HAMLET. Bien. Muchas gracias.

OFELIA. Conservo en mi poder algunas expresiones vuestras que deseo restituiros mucho tiempo ha, y os pido que ahora las toméis.

HAMLET. No, yo nunca te di nada.

OFELIA. Bien sabeís, señor, que os digo verdad... Y con ellas me disteis palabras de tan suave aliento compuestas, que aumentaron con extremo su valor; pero ya disipado aquel perfume, recibidlas, que un alma generosa considera como viles los más opulentos dones si llega a entibiarse el afecto de quienes los dio. Vedlos aquí. (Presentándole algunas joyas. Hamlet rehúsa tomarlas.)

HAMLET. ¡Oh! ¡Oh! ¿Eres honesta?

OFELIA. Señor...

HAMLET. ¿Eres hermosa?

OFELIA. ¿Qué pretendéis decir con eso?

HAMLET. Que si eres honesta y hermosa no debes consentir que tu honestidad trate con tu belleza.

OFELIA. ¿Puede acaso tener la hermosura mejor compañía que la honestidad?

HAMLET. Sin duda alguna. El poder de la hermosura convertirá a la honestidad en una alcahueta antes que la honestidad logre dar a la hermosura su semejanza. En otro tiempo se

 © Santillana

tenía esto por una paradoja; pero en la edad presente es cosa probada... Yo te quería antes, Ofelia.

OFELIA. Así me lo dabais a entender.

HAMLET. Y tú no debieras haberme creído, porque nunca puede la virtud injertarse tan perfectamente en nuestro endurecido tronco que nos quite aquel resquemor original... Yo no te he querido nunca.

OFELIA. Muy engañada estuve.

HAMLET. Mira, vete a un convento: ¿para qué te has de exponer a ser madre de hijos pecadores? Yo soy medianamente bueno; pero al considerar algunas cosas de que puedo acusarme, sería mejor que mi madre no me hubiese parido. Yo soy muy soberbio, vengativo, ambicioso, con más pecados sobre mi cabeza que pensamientos para explicarlos, fantasía para darles forma ni tiempo para llevarlos a ejecución. ¿A qué fin los miserables como yo han de existir arrastrados entre el cielo y la tierra? Todos somos insignes malvados: no creas a ninguno de nosotros; vete a un convento... [...] Si te casas, quiero darte esta maldición en dote. Aunque seas un hielo en la castidad, aunque seas tan pura como la nieve, no podrás librarte de la calumnia. Vete a un convento. Adiós. Pero... escucha: si tienes la necesidad de casarte, cásate con un tonto; porque los hombres avisados saben muy bien que vosotras los convertís en fieras... Al convento, y pronto. Adiós. Pero no hablemos más de esta materia, que me ha hecho perder la razón... Digo solo que de hoy en adelante no habrá más casamientos; los que ya están casados, exceptuando uno, permanecerán así; los otros se quedarán solteros... Vete al convento, vete.

William Shakespeare
(inglés)
(fragmento)

Sobre el autor

William Shakespeare, conocido como un genio de la literatura universal, nació en Stratford-upon-Avon, Inglaterra, en 1564. A los veinte años se mudó a Londres, donde se inició como actor y, luego, se convirtió en dramaturgo, labor que lo hizo famoso en su época y por lo que enriqueció rápidamente.

Su producción dramática se agrupa en dos períodos. En el primero, del 1590 al 1600, produce sus mejores comedias, y tres tragedias: *Ricardo III*, *La fierecilla domada*, *Romeo y Julieta*, *El mercader de Venecia* y *El sueño de una noche de verano*. En su segundo período, del 1600 al 1612, sus tragedias alcanzan una mayor madurez, —cuando Cervantes escribió el Quijote—, y a esta fase pertenecen *Hamlet*, *Otelo*, *Macbeth* y *El rey Lear*. Por causas desconocidas, a los cuarenta y ocho años abandonó la actividad artística y se retiró a su ciudad natal, donde murió en 1616.

ANÁLISIS LITERARIO

1. **Contesta**:
   a. ¿Qué, según Hamlet, hace al ser humano cobarde?
   b. ¿Crees que Hamlet se sienta parte de la podredumbre que rodea su vida o se identifica con ella?
   c. ¿Por qué Hamlet quiere que Ofelia se vaya a un convento? ¿Crees que se trate de razones que solo le conciernen a ella o conciernen a la humanidad entera? **Explica**.
2. Miguel de Cervantes y William Shakespeare fueron contemporáneos. **Comenta** sobre la trascendencia universal que han tenido sus obras.

Robinson Crusoe

Mientras los observaba con el catalejo, vi que sacaban a dos infelices de los botes, donde los habían retenido hasta el momento del sacrificio. Observé que uno de ellos caía al suelo, abatido por un bastón o pala de madera, conforme a sus costumbres, e, inmediatamente, otros dos o tres se pusieron a despedazarlo para cocinarlo. Mientras tanto, la otra víctima permanecía a la espera de su turno. En ese mismo instante, aquel pobre infeliz, inspirado por la naturaleza y por la esperanza de salvarse, viéndose aún con cierta libertad, comenzó a correr por la arena a una gran velocidad, en dirección a mi parte de la isla, es decir, hacia donde estaba mi morada.

[...]

Entonces, presentí, de forma clara e irresistible, que había llegado la hora de conseguirme un sirviente, tal vez, un compañero o un amigo y que había sido llamado claramente por la Providencia para salvarle la vida a esa pobre criatura. Bajé lo más velozmente que pude por la escalera, cogí las dos escopetas que estaban, como he dicho, al pie de la escalera y volví a subir la colina con la misma celeridad, para descender hasta la playa por el otro lado. Como había tomado un atajo y el camino era cuesta abajo, rápidamente me situé entre los perseguidores y el perseguido. Entonces, le grité a este último, que se volvió, tal vez más espantado por mí que por los otros. Le hice señas con la mano para que regresara [...].

El pobre salvaje fugitivo, se detuvo al ver que sus perseguidores habían sido derribados. Temblaba como si hubiese caído prisionero y estuviese a punto de ser asesinado como sus dos enemigos.

Finalmente, llegó hasta donde yo estaba, volvió a arrodillarse, besó la tierra, apoyó su cabeza sobre ella y, tomándome el pie, lo puso sobre su cabeza. Al parecer, trataba de decirme que juraba ser mi esclavo para siempre. Lo levanté y lo reconforté como mejor pude. Una vez repuesto, le hice señas para que se acostara a dormir [...]. El pobre salvaje se acostó y se quedó dormido.

Después de dormitar durante media hora, se despertó y salió de la cueva a buscarme. [...] Cuando me vio, se acercó corriendo y se dejó caer en el suelo, haciendo toda clase de gestos de humilde agradecimiento. Luego puso su cabeza sobre el suelo, a mis pies. Acto seguido, comenzó a hacer todas las señales imaginables de sumisión y servidumbre, para hacerme entender que estaba dispuesto a obedecerme mientras viviese.

Comprendí mucho de lo que quería decirme y le di a entender que estaba muy contento con él.

Entonces, comencé a hablarle y a enseñarle a que él también lo hiciera conmigo. En primer lugar, le hice saber que su nombre sería Viernes, que era el día en que le había salvado la vida. También le enseñé a decir amo, y le hice saber que ese sería mi nombre. Le enseñé a decir sí y no, y a comprender el significado de estas palabras. Luego le di un poco de leche en un cacharro de barro, le mostré cómo bebía y mojaba mi pan. Le di un trozo de pan para que hiciera lo mismo e, inmediatamente lo hizo, dándome muestras de que le gustaba mucho.

Pasé con él toda la noche y, tan pronto amaneció, le invité a seguirme y le hice saber que le daría algunas vestimentas, ante lo cual, se mostró encantado pues estaba completamente desnudo. Cuando pasamos por el lugar donde estaban enterrados los dos hombres, me mostró las marcas que había hecho en el lugar exacto donde se hallaban. Me hizo señas de que nos los comiéramos, ante lo que me mostré muy enfadado, expresando el horror que me causaba semejante idea y haciendo como si vomitara.

Al día siguiente de llegar con él a mi madriguera, comencé a pensar dónde debía alojarlo, de modo que fuese cómodo para él y conveniente para mí. Le hice una pequeña tienda en el espacio que había entre mis dos fortificaciones, fuera de la primera y dentro de la segunda. Como allí había una puerta o apertura hacia mi cueva, hice un buen marco y una puerta de tablas, que instalé en el pasillo, un poco más adentro de la entrada, de modo que se pudiese

 © Santillana

abrir desde el interior. Por la noche, la atrancaba y retiraba las dos escaleras para que Viernes no pudiese pasar al interior de mi primera muralla sin hacer algún ruido que me alertase. En cuanto a las armas, las guardaba conmigo todas las noches.

En realidad, todas estas precauciones eran innecesarias, pues jamás hombre alguno tuvo servidor más fiel, cariñoso y sincero que Viernes.

Absolutamente carente de pasiones, obstinaciones y proyectos, era totalmente sumiso y afable y me quería como un niño a su padre. Me atrevo a decir que hubiese sacrificado su vida para salvarme en cualquier circunstancia y me dio tantas pruebas de ello, que logró convencerme de que no tenía razón para dudar ni protegerme de él.

Esto me dio la oportunidad de reconocer con asombro que si Dios, en su providencia y gobierno de toda su creación, había decidido privar a tantas criaturas del buen uso que podían hacer de sus facultades y su espíritu, no obstante, les había dotado de las mismas capacidades, la misma razón, los mismos afectos, la misma bondad y lealtad, las mismas pasiones y resentimientos hacia el mal, la misma gratitud, sinceridad, fidelidad y demás facultades de hacer y recibir el bien que a nosotros. Y, si a Él le complacía darles la oportunidad de ejercerlos, estaban tan dispuestos como nosotros, incluso más que nosotros mismos, a utilizarlos correctamente. A veces, sentía una gran melancolía al pensar en el uso tan mediocre que hacemos de nuestras facultades, aun cuando nuestro entendimiento está iluminado por la gran llama de la instrucción, el espíritu de Dios y el conocimiento de su palabra.

Daniel Defoe
(inglés)
(fragmento)

Sobre los autores

Daniel Defoe, escritor inglés conocido como el "padre de la novela inglesa", nació en 1669 en Londres, Inglaterra. Inició estudios eclesiásticos, pero luego se dedicó al comercio y a viajar por Europa. En 1701, escribió *El verdadero inglés,* novela con la que obtuvo cierto éxito. Al año siguiente publicó el libelo *El medio más eficaz para con los disidentes,* por lo que fue acusado de blasfemo. Esta obra le ganó una condena que, finalmente, no cumplió, por la que, aparentemente, tuvo que trabajar para el Gobierno como agente secreto.

No obstante, sus obras más destacadas son *Robinson Crusoe, El capitán Singleton, Memorias de un caballero, Moll Flanders* y *El coronel Jacque. Robinson Crusoe* se considera una de las grandes novelas inglesas. Esta novela narra la historia de un marino llamado Alexander Selkirk, quien naufragó y llegó a una isla de las costas chilenas, donde se vio obligado a utilizar todo su ingenio para sobrevivir.

ANÁLISIS LITERARIO

1. **Contesta:**
   a. ¿A qué facultades crees que se refiera el narrador en el último párrafo? ¿Con qué hechos concluye que no todos los seres humanos hacen un mismo uso de esas facultades?
   b. ¿Cuáles son las capacidades del ser humano que el narrador considera universales? ¿Estás de acuerdo con esta reflexión? ¿Por qué?
2. La literatura del Neoclasicismo se usaba como un instrumento educativo para la población con el fin de lograr su bienestar, de acuerdo con los ideales ilustrados. **Explica** qué sentido moralizante puede tener el texto del fragmento de *Robinson Crusoe.*

Los miserables

Jean Valjean era de una pobre familia de aldeanos de la Brie. En su infancia no había aprendido a leer; y cuando fue hombre, tomó el oficio de podador en Faverolles. Su madre se llamaba Jeanne Mathieu y su padre Jean Valjean o Vlajean, una contracción probablemente de "voilà Jean": ahí está Jean.

Jean Valjean tenía el carácter pensativo, aunque no triste, propio de las almas afectuosas. De muy corta edad, había perdido a su padre y a su madre. Se encontró sin más familia que una hermana mayor que él, viuda y con siete hijos. El marido murió cuando el mayor de los siete hijos tenía ocho años y el menor uno. Jean Valjean acababa de cumplir veinticinco. Reemplazó al padre, y mantuvo a su hermana y los niños. Lo hizo sencillamente, como un deber, y aun con cierta rudeza. Su juventud se gastaba, pues, en un trabajo duro y mal pagado. Nunca se le conoció novia; no había tenido tiempo para enamorarse.

Por la noche regresaba cansado a la casa y comía su sopa sin decir una palabra. Mientras comía, su hermana a menudo le sacaba de su plato lo mejor de la comida, el pedazo de carne, la lonja de tocino, el cogollo de la col, para dárselo a alguno de sus hijos. Él, sin dejar de comer, inclinado sobre la mesa, con la cabeza casi metida en la sopa, con sus largos cabellos esparcidos alrededor del plato, parecía que nada observaba; y la dejaba hacer. Había en Faverolles, no lejos de la cabaña de los Valjean, al otro lado de la callejuela una lechera llamada Marie-Claude; los niños Valjean casi siempre hambrientos, iban muchas veces a pedir prestado a Marie-Claude, en nombre de su madre, una pinta de leche que bebían detrás de una enramada, o en cualquier rincón de un portal, arrancándose unos a otros el vaso con tanto apresuramiento que las niñas pequeñas lo derramaban sobre su delantal y su cuello. Si la madre hubiera sabido este hurtillo, habría corregido severamente a los delincuentes. Jean Valjean, brusco y gruñón, pagaba, sin que Jeanne lo supiera, la pinta de leche a Marie-Claude, y los niños no eran castigados.

Sucedió que un invierno fue muy crudo. Jean no encontró trabajo. La familia no tuvo pan. ¡Ni un bocado de pan y siete niños!

Un domingo por la noche Maubert Isabeau, panadero de la plaza de la Iglesia, oyó un golpe violento en la puerta y en la vidriera de su tienda. Llegó a tiempo para ver pasar un brazo a través del agujero hecho de un puñetazo en uno de los vidrios. El brazo cogió un pan y se retiró. Isabeau salió apresuradamente; el ladrón huyó a todo correr pero Isabeau corrió también y lo detuvo. El ladrón había tirado el pan, pero tenía aún el brazo ensangrentado. Era Jean Valjean.

Esto pasó en 1795. Jean Valjean fue acusado ante los tribunales de aquel tiempo como autor de un robo con fractura, de noche, y en casa habitada. Tenía en su casa un fusil y era un eximio tirador y aficionado a la caza furtiva, y esto lo perjudicó. Existe un prejuicio legítimo contra los cazadores furtivos. [...] Las ciudades hacen hombres feroces, porque hacen hombres corrompidos. La montaña, el mar, el bosque hacen hombres salvajes. Desarrollan el lado feroz, pero a menudo lo hacen sin destruir el lado humano.

Jean Valjean fue declarado culpable y condenado a cinco años de presidio. Los términos del código eran formales. En nuestra civilización hay momentos terribles; son aquellos en que la ley pronuncia una condena. ¡Instante fúnebre aquel en que la sociedad se aleja y consuma el irreparable abandono de un ser pensante!

El 22 de abril de 1796, se celebró en París la victoria de Montenotte, obtenida por el general en jefe de los ejércitos de Italia; a quien el mensaje del Directorio a los Quinientos, el 2 de floreal IV llama Buonaparte; aquel mismo día se remachó una cadena en Bicetre. Jean Valjean formaba parte de esta cadena. Un antiguo portero de la cárcel, que tiene hoy cerca de noventa años, recuerda aún perfectamente a este desgraciado, cuya cadena se remachó en la extremidad del cuarto cordón, en el ángulo norte del patio. Estaba sentado en el suelo, como todos los demás. Parecía no comprender nada de su situación, salvo que era horrible. Es probable que descubriese, a través de as vagas ideas de un hombre ignorante, que había en su pena algo excesivo. Mientras a grandes martillazos remachaban detrás de él el perno de su argolla, lloraba; las lágrimas le ahogaban, le impedían hablar y solamente de vez en cuando exclamaba: "Yo era podador en Faverolles". Luego, sollozando, alzaba su mano derecha y la bajaba gradualmente siete veces, como si tocase sucesivamente siete cabezas a desigual altura; por este gesto se adivina que lo que había hecho, fuese lo que fuera, había sido para alimentar y vestir a siete pequeñas criaturas.

Partió para Tolón. Llegó allí después de un viaje de veintisiete días en una carreta, con la cadena al cuello. En Tolón fue revestido de la casaca roja. Todo se borró de lo que había sido su vida, incluso su nombre: ya no fue más Jean Valjean: fue el número 24.601. ¿Qué fue de su hermana? ¿Qué fue de los siete niños? ¿Quién se ocupó de ellos? ¿Qué es del puñado de hojas del joven árbol serrado por su pie?

La historia es siempre la misma. Estos pobres seres vivientes, estas criaturas de Dios, sin apoyo desde entonces, sin guía, sin asilo, marcharon a merced del azar, ¿quién sabe a dónde?, cada uno por su lado, quizá sumergiéndose poco a poco en esa fría bruma en la que se sepultan los destinos solitarios, tenebrosas tinieblas en las que desaparecen sucesivamente tantas cabezas infortunadas, en la sombría marcha del género humano. Abandonaron aquella región. El campanario de lo que había sido su pueblo. Los olvidó; el límite de lo que había sido su campo, los olvidó; después de algunos años de permanencia en la prisión, Jean Valjean mismo los olvidó. En aquel corazón, donde había existido una herida, había una cicatriz. Aquello fue todo.

Víctor Hugo
(francés)
(fragmento)

Sobre el autor

Víctor Hugo es la figura más destacada del Romanticismo francés. Nació en Besançon, Francia, en 1802 bajo el seno de una familia de antigua nobleza. Su padre fue general de Napoleón y, aunque el escritor apoyó la candidatura de este en 1848, más tarde fue desterrado a Bélgica por denunciar las ambiciones dictatoriales del futuro emperador. Esa gran pasión por la política se ve reflejada en sus obras. En 1822, da inicio a su obra con *Odas y poesías diversas,* un libro de poemas de estilo neoclásico. Tras la caída de Napoleón III regresó a su país natal, donde da vida a su obra *El año terrible*, en la que recoge su sentimiento patriótico. Entre sus novelas se destacan *Nuestra Señora de París* y una de sus obras más famosas: *Los miserables*. En ella recrea los episodios revolucionarios de 1832 en París. Alcanzó en vida una gran popularidad y a su muerte, en 1885, se le rindieron numerosos homenajes.

ANÁLISIS LITERARIO

1. **Contesta**:
   a. ¿Cómo describirías al personaje de Jean Valjean?
   b. ¿Qué comparación hace el autor entre el hombre que habita en el bosque y el hombre que vive en la ciudad? ¿Estás de acuerdo? ¿Por qué?
2. **Explica** cómo están plasmadas en el texto las siguientes características del Romanticismo:
   - La rebeldía contra las injusticias sociales
   - El afán de libertad
   - El predominio del sentimiento sobre la razón

Frankenstein o el moderno Prometeo

Una lúgubre noche de noviembre vi coronados mis esfuerzos. Con una ansiedad casi rayana en la agonía, reuní a mi alrededor los instrumentos capaces de infundir la chispa vital al ser inerte que yacía ante mí. Era ya la una de la madrugada; la lluvia golpeteaba triste contra los cristales, y la vela estaba a punto de consumirse, cuando, al parpadeo de la llama medio extinguida, vi abrirse los ojos amarillentos y apagados de la criatura; respiró con dificultad, y un movimiento convulsivo agitó sus miembros.

¡Cómo expresar mis emociones ante aquella catástrofe, ni describir al desdichado que con tan infinitos trabajos y cuidados me había esforzado en formar! Sus miembros eran proporcionados; y había seleccionado unos rasgos hermosos para él. ¡Hermosos! ¡Dios mío!

Su piel amarillenta apenas cubría la obra de sus músculos y arterias que quedaban debajo; el cabello era negro, suelto y abundante; los dientes tenían la blancura de la perla; pero estos detalles no hacían sino contrastar espantosamente con unos ojos aguanosos que parecían casi del mismo color blancuzco que las cuencas que los alojaban, una piel apergaminada, y unos labios estirados y negros.

Los distintos accidentes de la vida no son tan mudables como los sentimientos de la naturaleza humana. Yo había trabajado denodadamente durante casi dos años, con el único objetivo de infundir vida a un cuerpo inanimado. Para ello me había privado del descanso y de la salud. Lo había deseado con un ardor que excedía con mucho a la moderación; pero ahora que había terminado, se había desvanecido la belleza del sueño, y un intenso horror y repugnancia me invadieron el corazón. Incapaz de soportar el aspecto del ser que había creado, salí precipitadamente de la habitación, y estuve paseando por mi dormitorio durante mucho tiempo, sin poder sosegar mi espíritu ni dormir.

Finalmente, el cansancio sucedió al tumulto que había soportado previamente, y me eché vestido en la cama, tratando de encontrar unos momentos de olvido. Pero fue en vano; dormí, efectivamente, y los sueños más dislocados vinieron a turbarme el descanso. Me pareció ver a Elizabeth, radiante de salud, paseando por las calles de Ingolstadt. Sorprendido y lleno de alegría, la abracé; pero al depositar el primer beso en sus labios, estos se volvieron lívidos y adquirieron la coloración de la muerte; sus facciones se transformaron, y me pareció que tenía en mis brazos el cadáver de mi madre; su cuerpo estaba envuelto en un sudario, y entre los pliegues del tejido vi pulular los gusanos. Desperté horrorizado de este sueño; un sudor frío me empapaba la frente, los dientes me castañeteaban, y mis miembros eran presa de continuas convulsiones; entonces, a la luz desmayada y amarillenta de la luna que penetraba a través de los postigos de la ventana, vi al desdichado, al miserable monstruo que había creado. Había levantado la cortina de la cama, y sus ojos, si es que se podían llamar ojos, estaban fijos en mí. Abrió las mandíbulas y emitió un sonido inarticulado, mientras un rictus arrugaba sus mejillas.

Quizá dijo algo, pero no le oí; extendió la mano probablemente para detenerme; pero yo lo esquivé y eché a correr escaleras abajo. Me refugié en el patio de la casa donde vivía, y allí permanecí el resto de la noche, paseando arriba y abajo, presa de la más grande agitación, escuchando atento, captando todos los ruidos y temiendo que me anunciasen la proximidad del cadáver demoniaco al que tan desventuradamente había dado vida.

¡Ah! No había mortal capaz de soportar el horror de aquel semblante. Una momia a la que dotaran nuevamente de animación no podía ser tan espantosa como aquel desdichado. Yo lo había observado atentamente durante el tiempo que estuvo sin terminar; entonces era feo; pero cuando los músculos y las articulaciones adquirieron movimiento, se convirtió en un ser que ni el propio Dante habría podido imaginar.

Pasé la noche en un estado lamentable. Unas veces el pulso me latía con tanta fuerza y violencia que sentía el palpitar de cada arteria; otras, estaba a punto de caerme al suelo a causa de mi languidez y extrema debilidad. En medio de este horror, sentía la amargura del desencanto; los sueños que habían sido mi alimento y mi plácido descanso durante tanto tiempo se habían convertido ahora en un infierno para mí; ¡pero el cambio había sido tan rápido, el derrumbamiento tan completo!

La mañana, triste y húmeda, clareó al fin y reveló a mis insomnes y doloridos ojos la iglesia de Ingolstadt, su blanco campanario y su reloj, que señalaba la sexta hora. El portero abrió la verja del patio, que esa noche había sido mi refugio, y salí a las calles, recorriéndolas con paso apresurado, como si tratara de eludir al desdichado con él que temía tropezarme en cada recodo. No me atrevía a regresar al aposento donde residía, sino que me sentía impulsado a seguir huyendo, calado por la lluvia que caía de un cielo negro y desabrido.

Seguí andando de este modo durante un rato, tratando de aliviar con el ejercicio físico el peso que me agobiaba el espíritu. Recorrí las calles sin una idea clara de dónde estaba ni qué hacía. El corazón me latía angustiado de miedo mientras caminaba con pasos atropellados, sin atreverme a mirar a mi alrededor:

Como el que, en camino solitario anda temeroso y asustado; y habiendo mirado atrás una vez, no vuelve ya la cabeza porque sabe, que un espantoso demonio avanza cerca de él.

Mary Shelley
(inglesa)
(fragmento)

Sobre el autor

Mary Shelley nació en 1797, en Inglaterra, hija de la pareja de pensadores más radicales del período de la Ilustración inglesa: la feminista, Mary Wollstonecraft y el filósofo, William Godwin. Quedó huérfana de madre al nacer, por lo que se formó en el círculo de su padre, quien, además, era escritor y periodista. De esa forma, tuvo acceso a la magnifica biblioteca de su padre y, mediante la lectura independiente, inició su formación intelectual.

A raíz de una pesadilla, Mary Shelley dio origen en 1818, a una de las novelas de horror mejor logradas del siglo XIX: *Frankenstein o el moderno Prometeo*. La historia narra la vida de un científico y de su siniestro resultado al intentar crear a un ser humano. La novela lleva al lector a reflexionar sobre la ciencia y los límites éticos. Debido a su gran popularidad, ha tenido numerosas adaptaciones cinematográficas.

ANÁLISIS LITERARIO

1. **Contesta**:
   a. ¿Cuál fue la reacción del Dr. Frankenstein ante su creación? ¿Qué consecuencias crees que pudieran tener los resultados de su proyecto?
   b. El Romanticismo incluye por definición una vertiente oscura que se relaciona con sentimientos como el terror. ¿De qué modo se expresa esa vertiente en el relato leído? ¿Qué sentimientos se exaltan?
2. **Establece** un paralelismo entre el aspecto ético de la obra, acerca de la creación de un ser humano, y la polémica actual sobre la clonación.

El barril de amontillado

Había soportado lo mejor posible las mil insolencias de Fortunato, pero cuando se atrevió a insultarme, juré que me vengaría. Vosotros, sin embargo, que tan bien conocéis mi carácter, no supondréis que profiriera una sola palabra de amenaza. Un día u otro quedaría vengado; era algo irrevocablemente decidido. Pero aquella misma resolución excluía la idea de peligro. No solo debía castigar, sino que debía hacerlo, además, impunemente. Una injuria queda sin reparar cuando la represalia redunda en perjuicio de quien la toma. También queda sin reparación cuando el vengador no se da a conocer como tal a la persona que lo agravió.

Debo dejar, pues, bien sentado que ni de palabra ni de obra di a Fortunato motivo alguno para que sospechara de mi buena voluntad hacia él. Continué sonriéndole, como de costumbre, y no se daba cuenta de que aquella sonrisa debíase ahora a la idea que yo acariciaba de quitarle la vida.

Una tarde, en plena euforia del carnaval, encontré a mi amigo casi al anochecer. Me abordó con una cordialidad excesiva, pues había bebido mucho. Iba disfrazado de bufón. Llevaba un traje policromo muy ceñido y coronaba su testa el clásico gorro cónico ornado de cascabeles. Me alegré tanto de verlo que creí que no iba a terminar nunca de estrecharle y apretujarle la mano.

—Mi querido Fortunato —le dije—, vaya suerte haberte encontrado.

¡Pero que buen aspecto tienes hoy! El caso es que he recibido un barril de vino que me envían como amontillado, pero tengo mis dudas.

—¿Cómo? —me respondió—. ¿Amontillado? ¿Un barril? ¡Imposible! ¡Y en pleno carnaval!

—Y te digo que tengo mis dudas —reiteré—. Y cometí la estupidez de pagarlo como si fuera amontillado sin consultarte antes sobre el caso. Pero no había manera de encontrarte y temía perder una buena oportunidad.

[...]

—Como tú tendrás algún compromiso, voy a ver a Luchesi. Si alguien entiende de vinos, es él. Él me dirá...

—Luchesi no distingue el amontillado del jerez.

—Y, sin embargo, algunos imbéciles sostienen que su paladar puede competir con el tuyo.

—Andando... vamos a tu bodega.

—No, amigo mío; no quiero imponerte esa molestia. Ya veo que estás resfriado. [...]

—No importa, vamos allá. [...]

Fortunato, levantando en alto su vela mortecina, trató en vano de ver lo que había en el fondo de aquella cripta.

La débil luz no nos permitía discernir sus límites.

—Adelante —le dije—; ahí dentro está el amontillado. En cuanto a Luchesi...

—Es un ignorante —interrumpió mi amigo, y avanzó tambaleándose.

Yo entré detrás de él. En un momento llegó al fondo del nicho, y al ver su paso interrumpido por la roca se detuvo como atontado. Un instante después ya lo tenía encadenado al granito.

Había en la piedra dos argollas de hierro separadas entre sí por una distancia de sesenta centímetros, horizontalmente. De una de ellas colgaba una breve cadena y de la otra un candado. Pasarle la cadena por la cintura y sujetarlo fue cosa de pocos segundos. Estaba demasiado estupefacto para ofrecer resistencia. Saqué la llave del candado y salí del nicho.

Era ya medianoche, y mi tarea se acercaba a su fin. Había completado la hilada número ocho, la novena y la décima. Había terminado una parte de la undécima y última; solo quedaba una piedra que colocar y fijar. La levanté con dificultad y la coloqué parcialmente en posición. Pero en aquel momento surgió del interior del nicho una risa ahogada que me puso los pelos de punta. Siguió después una voz triste, y trabajo me costó reconocer en ella la del noble Fortunato. La voz decía:

¡Ja, ja, ja! ¡Je, je, je! Una broma estupenda, sí, señor, todo un gran golpe... Lo que nos vamos a reír luego en el palazzo...

[...]

—¡De amontillado! —exclamé.

—¡Je, je, je! ¡Je, je, je!... sí, de amontillado. Pero, ¿no se está haciendo tarde? ¿No nos estarán esperando en el palazzo la señora Fortunato y los demás? Vámonos.

—Sí —dije—, vámonos.

—¡Por el amor de Dios, Montresor!

—Sí —contesté—, ¡por el amor de Dios!

Pero en vano aguardé respuesta a estas palabras. Me impacienté y llamé en voz alta:

—¡Fortunato!

No hubo respuesta, y volví a llamar:

—¡Fortunato!

Tampoco me contestaron. Introduje una antorcha por la abertura que quedaba y la dejé caer dentro. Solo me respondió un tintineo de cascabeles. Sentí como un ahogo en el corazón, sin duda a causa de la humedad de las catacumbas. Me apresuré a poner fin a mi trabajo. Introduje la última piedra en su sitio; la fijé con argamasa, y junto a la nueva pared volví a levantar la vieja muralla de huesos. Durante medio siglo ningún mortal los ha tocado. ¡*In pace requiescat*!

Edgar Allan Poe
(estadounidense)
(fragmento)

Sobre el autor

Edgar Allan Poe fue un poeta, cuentista y crítico estadounidense. Nació en 1809, en la ciudad de Boston. Sus padres eran actores, pero murieron cuando todavía era un niño. Fue adoptado por un rico comerciante con quien viajó a Inglaterra y donde cursó la escuela superior. Ingresó en la Universidad de Virginia, pero tuvo que abandonarla debido a serias desavenencias con su padre adoptivo.

Colaboró en diversas publicaciones y periódicos con abundantes artículos, poemas y críticas bibliográficas, con los que alcanzó gran notoriedad.

Falleció en 1849, de forma misteriosa, en la ciudad de Baltimore. Aunque Edgar Allan Poe es considerado uno de los poetas más destacados de la lengua inglesa, su labor más reconocida es la de narrador. En la actualidad, Poe es especialmente conocido por sus cuentos llenos de misterio y horror, como "La caída de la casa Usher" y "Los asesinatos de la calle Morgue", con las que inició un nuevo género literario: la literatura de terror.

ANÁLISIS LITERARIO

1. Contesta:
   a. ¿Cómo era el protagonista del cuento?
   b. ¿Cuál era la debilidad de Fortunato y cómo le sirve a Montresor para su venganza?
   c. ¿Qué sucedió al final de este fragmento?
   d. ¿Crees que la venganza sea un acto justificado? **Defiende** tu respuesta.
2. **Identifica** dos ejemplos de los recursos que Poe utiliza para provocar el miedo y la curiosidad, y **describe** el efecto que tienen sobre el lector.

Papá Goriot

—Señor —le dijo Cristóbal—, fui primero a casa de la señora condesa, con la que no pude hablar, pues estaba ventilando asuntos de importancia con su marido. Y como yo insistía, vino monsieur de Restaud en persona y me dijo más o menos: "¿El señor Goriot se está muriendo? Pues bueno... es lo mejor que puede hacer. Yo necesito a madame de Restaud para ultimar unos asuntos importantes; cuando hayamos terminado, irá". Parecía acalorado el señor.

Ya me iba yo, cuando madame entró en la antesala por una puerta que yo no había visto, y me dijo: "Cristóbal, dile a mi padre que estoy discutiendo con mi marido y no puedo dejarlo; se trata de la vida o muerte de mis hijos; pero en cuanto termine voy allá". Con la señora baronesa fue otra historia. Ni la vi ni pude hablarle. "¡Ah! —me dijo la doncella—, Madame volvió del baile a las cinco y cuarto y ahora está durmiendo; si la despierto antes de las doce, me resondrará. Cuando despierte, le diré que su padre está grave. Siempre hay tiempo de dar una mala noticia". Yo insistí, pero fue inútil. Le pedí hablar con el señor barón, pero había salido.

—No vendrá ninguna —dijo el anciano, incorporándose en el lecho—. Tienen asuntos, están durmiendo, no vendrán. Ya lo sabía.

Una lágrima rodó por cada uno de sus ojos, sobre su ribete rojo, pero sin llegar a caer.

–¡Ah! Si yo fuera rico, si me hubiese guardado mi dinero y no se lo hubiera dado, ahora estarían aquí y me lamerían las mejillas con sus besos.

Yo viviría en un hotel, tendría hermosas habitaciones, y ellas estarían aquí, llorando con sus maridos y sus hijos. Todo eso tendría yo. Pero ahora no tengo nada. El dinero lo da todo, incluso hijas. ¡Oh, mi dinero!, ¿dónde está? Si tuviera tesoros que dejarles, me asistirían y cuidarían y yo las oiría y las vería. ¡Ah, mi querido, [...] prefiero, sin embargo, mi abandono y mi miseria! Por lo menos, un desdichado, cuando alguien lo quiere, puede estar seguro de que lo quiere de veras. Pero, no; querría ser rico, pues entonces las vería. Aunque, después de todo, ¿quién sabe? Las dos tienen corazones de piedra. Yo les tenía demasiado cariño para que ellas me lo tuviesen a mí. [...] ¡Y yo que me echaba de rodillas a sus pies! ¡Las muy miserables! ¡Digno remate ponen a su conducta conmigo hace diez años! ¡Si supieras los mimos que me gastaban en sus primeros tiempos de casadas! Acababa de darles a cada una cerca de ochocientos mil francos y ni ellas ni sus maridos podían portarse mal conmigo. Me recibían. "Papito bueno", por aquí; "papito querido", por allá. Siempre tenía puesto un cubierto en su mesa. Y cenaba con sus maridos, que me trataban con mucha consideración. Yo daba la impresión de tener aún algo. ¿Y eso por qué? Yo no les había dicho nada de mis asuntos.

A un hombre que les da ochocientos mil francos a sus hijas valía la pena mimarlo.

Y me mimaban, solo que lo hacían por mi dinero.

El anciano señor Goriot agoniza en la miseria, esperando que sus dos hijas, Anastasia y Delfina, dejen sus ocupaciones de señoras de sociedad que son ahora, para acudir a su lecho de muerte. Ha enviado a Cristóbal, un criado, para que vaya a buscarlas, pero no ha llegado con buenas noticias.

Me llevaban en coche al teatro, y yo me quedaba con ellos hasta que quería por las noches. En una palabra: que se decían hijas mías y me pregonaban en todas partes como a su padre. Pero todo aquello era falso y me traspasaba el corazón. Yo no me sentía en sus casas tan a gusto como en la mesa de abajo. No sabía decir nada.

Así que cuando algunos de esos sujetos del gran mundo les decían al oído a mis yernos: "¿Quién es ese señor?", ellos les contestaban: "Es el padre de los escudos. Es rico". "¡Ah, diantre!", decían ellos, y me miraban con el respeto debido a los escudos.

¡Si a veces las molestaba un poco, compensaba sobradamente mis defectos! Además, ¿quién es perfecto en este mundo? ¡Mi cabeza es una llaga! Sufro en este momento lo que hay que sufrir para morir. Pues bien, esto no es nada en comparación con el dolor que me causó la primera mirada con que Anastasia me dio a entender que yo acababa de decir una sandez, que la humillaba; su mirada me abrió todas las venas. Habría querido saberlo todo, pero lo único que llegue a saber de sobra era que estaba de más en el mundo.

Al otro día fui a ver a Delfina para consolarme con ella, y también cometí una torpeza que la hizo montar en cólera. Me volví como loco. Ocho días estuve sin saber lo que debía hacer. No me atrevía a ir a verlas por temor a sus recriminaciones. Y heme aquí a la puerta de sus casas. ¡Oh, Dios mío!, ya que Tú conoces las miserias, los dolores que yo he soportado y llevas la cuenta de las puñaladas que he recibido en ese tiempo, que me envejeció, me cambió, me mató y me blanqueó el pelo, ¿por qué me haces padecer también hoy?

Honoré de Balzac
(francés)
(fragmento)

Sobre el autor

Honoré de Balzac, considerado una de las grandes figuras de la literatura universal, nació en Tours, Francia, en 1799. En 1814, se mudó a París, donde estudió Derecho obligado por su padre. Pero su amor por la literatura lo llevó a abandonar su carrera y a escribir teatro trágico y melodramas que pasaron desapercibidos. En su juventud emprendió diversos negocios que le generaron grandes deudas, de las que nunca pudo liberarse. Para pagarlas, se dedicó de lleno a la literatura. En 1829, publicó su primera novela, *El último chuan*, con la que alcanzó el éxito y dio comienzo a su evolución como escritor. En 1834, fundió todas sus novelas en una obra única: *La comedia humana.* En esta compilación creó una sociedad ficticia en la que se repetían los mismos personajes con la idea de dar a conocer la sociedad francesa en todos sus aspectos. Falleció en 1850.

ANÁLISIS LITERARIO

➤ **Contesta**:

a. ¿Qué ocurre con el señor Goriot?

b. ¿Crees que la frase "El dinero lo da todo, incluso hijas" se pudiera aplicar al contexto actual? **Argumenta** tu respuesta.

c. El realismo buscaba representar, sobre todo, la miseria en la que vivía el ser humano, siendo la sociedad el tema principal de reflexión para el escritor realista. **Explica** qué situaciones de miseria vive cada uno de los personajes en el texto de *Papá Goriot* y **discute** cuál es el papel de la sociedad en el fragmento.

Madame Bovary

"Madame Bovary" narra la historia de Emma, una mujer casada con un médico muy bondadoso, pero sin grandes ambiciones. En una desesperada búsqueda de lo que ella cree que es la felicidad, cae en manos de Rodolfo, un hombre sin escrúpulos, quien finge amarla para jugar con ella. Emma, engañada y entusiasmada, decide huir con él. Pero Rodolfo no está muy convencido.

Al llegar al plazo señalado para la fuga, Rodolfo pidió una prórroga de dos semanas, a fin de ultimar ciertos asuntos; después, al cabo de ocho días, pidió otra de quince; luego se fingió enfermo; tras de esto emprendió un viaje; transcurrió el mes de agosto, y después de todos estos retrasos acordaron que la fuga tuviera lugar irrevocablemente el lunes, 4 de septiembre.

Llegó al fin el sábado, antevíspera de la marcha.

Rodolfo se presentó por la noche antes de la hora acostumbrada.

—¿Está todo listo? —preguntó Emma.

—Sí.

Entonces, rodearon el jardín y fueron a sentarse cerca del terraplén, junto a la tapia.

—Estás triste —dijo Emma.

—No, ¿por qué he de estarlo?

Y la miraba, al decir esto, extrañamente y de muy tierna manera.

—¿Acaso porque te vas a marchar? ¿Por qué abandonas tus afectos, tu vida? ¡Ah! Ya comprendo... Yo no tengo nada en el mundo... Tú lo eres todo para mí. También yo lo seré todo para ti; seré tu familia, tu patria; te cuidaré, te amaré.

—¡Qué encantadora eres! —dijo estrechándola entre sus brazos.

—¿De veras? —preguntó ella con voluptuosa sonrisa—. ¿Me amas? ¡Júramelo!

—¿Qué si te amo? ¿Qué si te amo? ¡Te adoro, amor mío! ¡Oh! ¡Qué hermosa noche! —dijo Rodolfo.

—¡De otras como esta gozaremos! —repuso Emma.

Y como hablándose a sí misma, añadió:

—Si, será delicioso viajar... Sin embargo, estoy triste. ¿Por qué? ¿Es el miedo a lo desconocido?... ¿El abandono de las viejas costumbres?... ¿O más bien...? ¡No! ¡Es el exceso de felicidad! ¡Qué débil soy! ¿No es cierto? Perdóname.

—Aún es tiempo —exclamó Rodolfo—. Reflexiona; quizá te arrepientas.

—¡Jamás! —dijo impetuosamente la de Bovary. Y acercándose a él—: ¿Qué desgracia puede sobrevenirme? ¡No hay desierto, ni precipicio, ni océano que no esté dispuesta a atravesar contigo! El lazo que nos une, a medida que más vivamos juntos, será como un abrazo cada día más estrecho, más completo. No habrá nada —cuidados ni obstáculos— que nos turbe.

Viviremos solos el uno para el otro eternamente... Habla, respóndeme.

—¡Sí!... ¡Sí! —respondía, a intervalos regulares, Rodolfo.

—¡Rodolfo! ¡Rodolfo!... ¡Oh, mi querido Rodolfito!

Dieron las doce.

—¡Las doce! —dijo Emma—. ¡Otro día más! ¡Aún falta uno!

Rodolfo se levantó para marcharse, y como si el gesto que hiciera fuese la señal de la fuga, Emma, de pronto, con aire jovial dijo:

—¿Tienes los pasaportes?

—Sí.

—¿No olvidas nada?

 © Santillana

—No.

—¿Estás seguro?

—Segurísimo.

—En el hotel de Provenza me esperaras a las doce, ¿no es cierto?

El asintió con la cabeza.

—¡Hasta mañana, pues! —dijo Emma tras de una última caricia. Y lo miró alejarse. Rodolfo no volvía la cabeza. Corrió hacia él, e inclinándose, a orilla del río, por entre los matorrales:

—¡Hasta mañana! —exclamó. Rodolfo se encontraba ya en la orilla opuesta y avanzaba por la pradera. Pasado un momento, Boulanger se detuvo, y cuando la vio desvanecerse en la sombra, con su blanco vestido, igual a un fantasma, fue tal su conmoción, que hubo de apoyarse en un árbol para no caer.

—¡Qué imbécil soy! —dijo lanzando un juramento espantoso—. Pero, ¡qué importa! ¡Ha sido una querida preciosa! Porque, en resumidas cuentas —exclamaba gesticulando—, yo no puedo expatriarme y cargar con una criatura.

Se decía tales cosas para afirmarse más en sus propósitos.

Gustave Flaubert
(francés)
(fragmento)

Sobre el autor

Gustave Flaubert, máximo exponente de la novela realista, nació en Ruán, Francia en 1821. Fue a París a realizar estudios de Derecho, pero nunca ejerció la carrera, por lo que se dedicó de lleno a la literatura. No tuvo familia y vivió alejado de la sociedad y de los placeres mundanos. El novelista era muy severo al momento de criticar sus obras y por esta razón, tardó mucho tiempo en publicarlas y en convertirse en un escritor reconocido. Muchas de ellas se publicaron después de su muerte, ocurrida en 1880. No obstante, su obra representa la cumbre del Realismo francés. La obra más importante de su producción es *Madame Bovary*, que fue el producto de seis años de trabajo. En ella describe con detalle a la burguesía del siglo XIX, observando y retratando fielmente la realidad, siguiendo la tendencia del realismo.

ANÁLISIS LITERARIO

1. **Contesta**:
   a. ¿Cuál crees que sea el tema de este fragmento?
   b. ¿Qué rasgos del carácter humano crees que Flaubert intente destacar en el texto presentado?
2. *Madame Bovary* es una especie de crítica al Romanticismo. En esta, se entremezclan el exceso de idealismo y el realismo que refleja la insatisfacción de la mujer en una época donde eran frecuentes los matrimonios por interés. Emma representa el alma romántica. **Extrae** fragmentos del texto en los que se evidencie el Romanticismo de Emma.

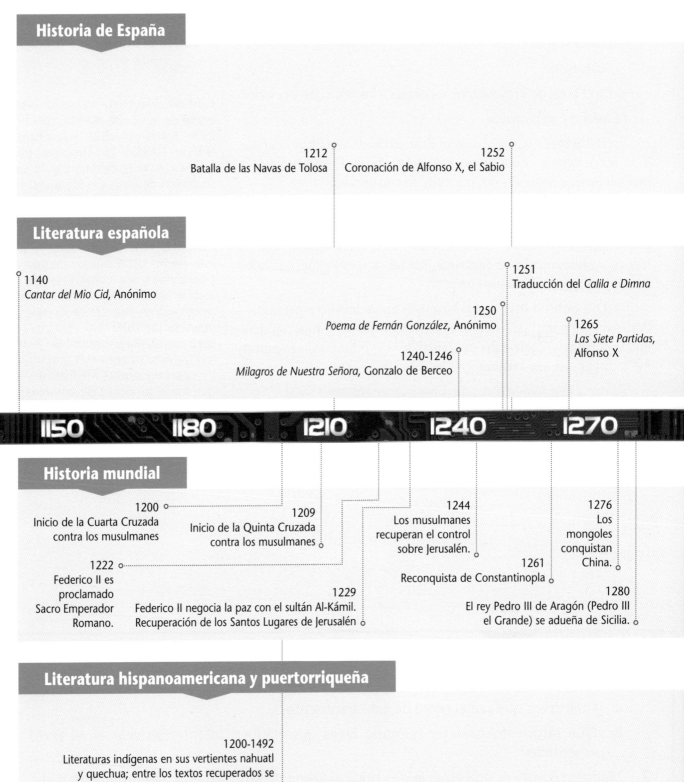

Historia de España

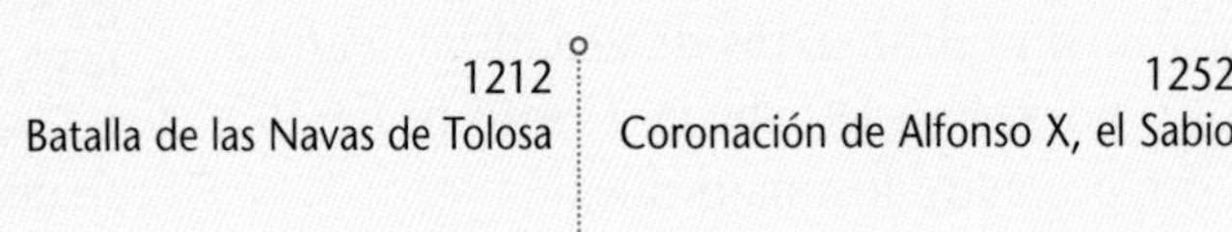

1212
Batalla de las Navas de Tolosa

1252
Coronación de Alfonso X, el Sabio

Literatura española

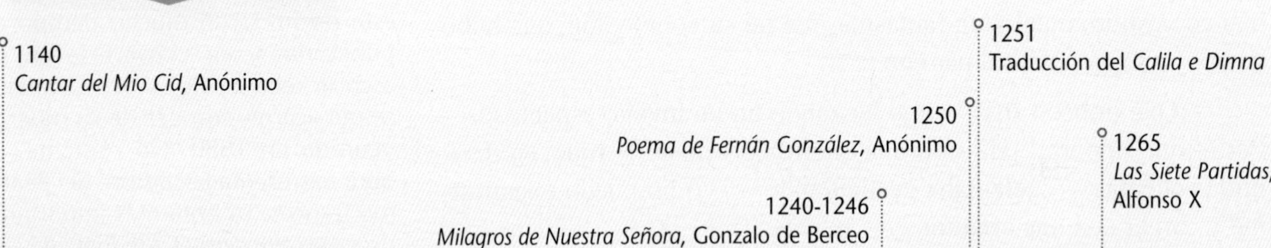

1140
Cantar del Mio Cid, Anónimo

1240-1246
Milagros de Nuestra Señora, Gonzalo de Berceo

1250
Poema de Fernán González, Anónimo

1251
Traducción del *Calila e Dimna*

1265
Las Siete Partidas, Alfonso X

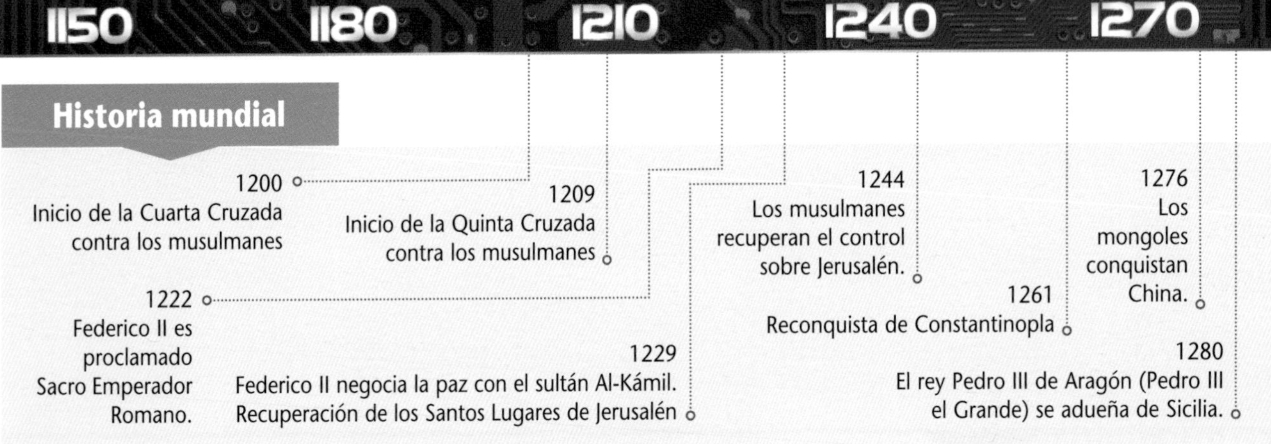

Historia mundial

1200
Inicio de la Cuarta Cruzada contra los musulmanes

1209
Inicio de la Quinta Cruzada contra los musulmanes

1222
Federico II es proclamado Sacro Emperador Romano.

1229
Federico II negocia la paz con el sultán Al-Kámil. Recuperación de los Santos Lugares de Jerusalén

1244
Los musulmanes recuperan el control sobre Jerusalén.

1261
Reconquista de Constantinopla

1276
Los mongoles conquistan China.

1280
El rey Pedro III de Aragón (Pedro III el Grande) se adueña de Sicilia.

Literatura hispanoamericana y puertorriqueña

1200-1492
Literaturas indígenas en sus vertientes nahuatl y quechua; entre los textos recuperados se encuentra el *Popol Vuh* y el *Chilam Balam*.

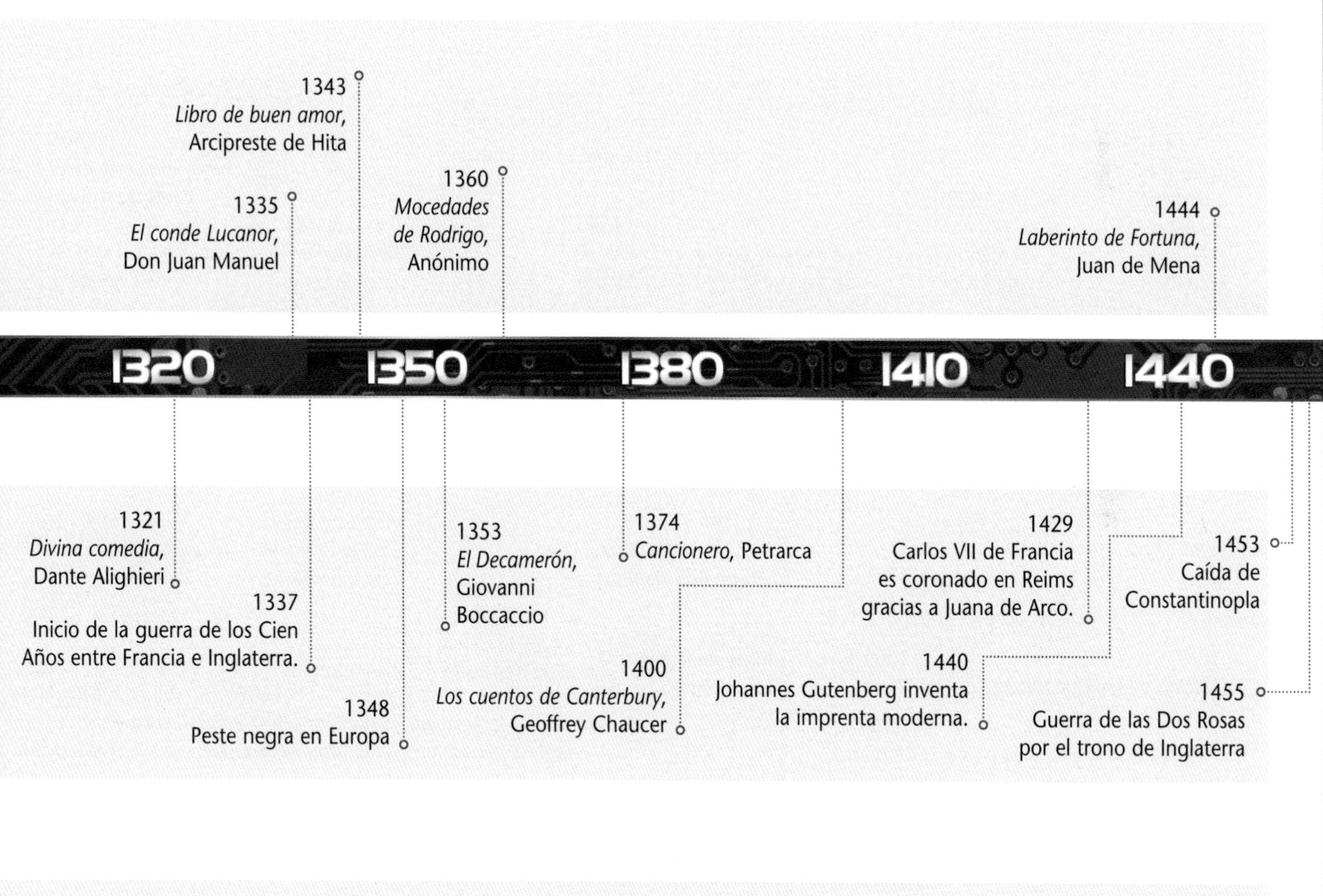
1343
Libro de buen amor,
Arcipreste de Hita
1335
El conde Lucanor,
Don Juan Manuel
1360
Mocedades
de Rodrigo,
Anónimo
1444
Laberinto de Fortuna,
Juan de Mena
1320
1350
1380
1410
1440
1321
Divina comedia,
Dante Alighieri
1337
Inicio de la guerra de los Cien
Años entre Francia e Inglaterra.
1348
Peste negra en Europa
1353
El Decamerón,
Giovanni
Boccaccio
1374
Cancionero, Petrarca
1400
Los cuentos de Canterbury,
Geoffrey Chaucer
1429
Carlos VII de Francia
es coronado en Reims
gracias a Juana de Arco.
1440
Johannes Gutenberg inventa
la imprenta moderna.
1453
Caída de
Constantinopla
1455
Guerra de las Dos Rosas
por el trono de Inglaterra

Cronología

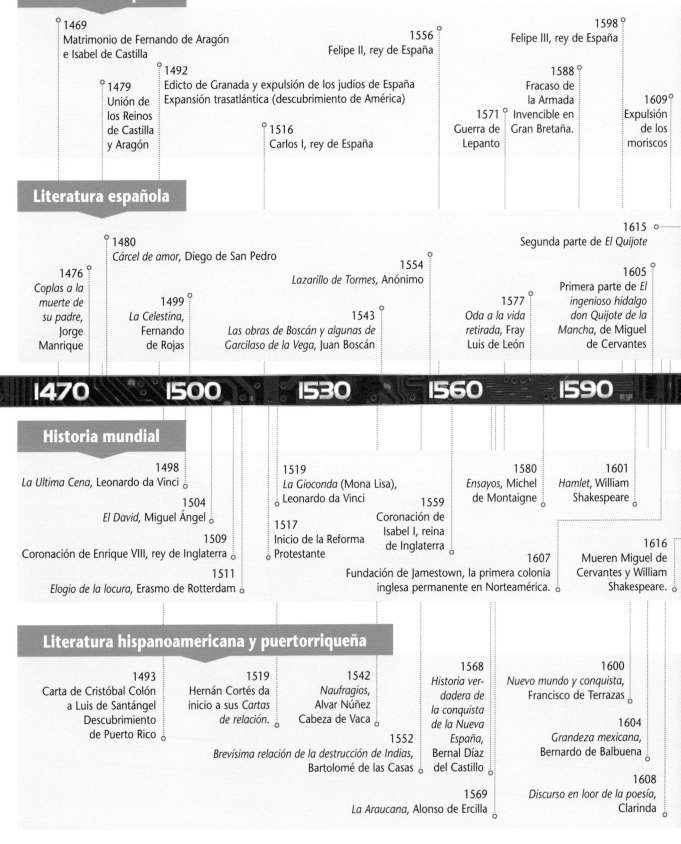

Historia de España

1469
Matrimonio de Fernando de Aragón e Isabel de Castilla

1479
Unión de los Reinos de Castilla y Aragón

1492
Edicto de Granada y expulsión de los judíos de España
Expansión trasatlántica (descubrimiento de América)

1516
Carlos I, rey de España

1556
Felipe II, rey de España

1571
Guerra de Lepanto

1588
Fracaso de la Armada Invencible en Gran Bretaña.

1598
Felipe III, rey de España

1609
Expulsión de los moriscos

Literatura española

1476
Coplas a la muerte de su padre, Jorge Manrique

1480
Cárcel de amor, Diego de San Pedro

1499
La Celestina, Fernando de Rojas

1543
Las obras de Boscán y algunas de Garcilaso de la Vega, Juan Boscán

1554
Lazarillo de Tormes, Anónimo

1577
Oda a la vida retirada, Fray Luis de León

1605
Primera parte de *El ingenioso hidalgo don Quijote de la Mancha*, de Miguel de Cervantes

1615
Segunda parte de *El Quijote*

1470 | 1500 | 1530 | 1560 | 1590

Historia mundial

1498
La Ultima Cena, Leonardo da Vinci

1504
El David, Miguel Ángel

1509
Coronación de Enrique VIII, rey de Inglaterra

1511
Elogio de la locura, Erasmo de Rotterdam

1517
Inicio de la Reforma Protestante

1519
La Gioconda (Mona Lisa), Leonardo da Vinci

1559
Coronación de Isabel I, reina de Inglaterra

1580
Ensayos, Michel de Montaigne

1601
Hamlet, William Shakespeare

1607
Fundación de Jamestown, la primera colonia inglesa permanente en Norteamérica.

1616
Mueren Miguel de Cervantes y William Shakespeare.

Literatura hispanoamericana y puertorriqueña

1493
Carta de Cristóbal Colón a Luis de Santángel
Descubrimiento de Puerto Rico

1519
Hernán Cortés da inicio a sus *Cartas de relación.*

1542
Naufragios, Alvar Núñez Cabeza de Vaca

1552
Brevísima relación de la destrucción de Indias, Bartolomé de las Casas

1568
Historia verdadera de la conquista de la Nueva España, Bernal Díaz del Castillo

1569
La Araucana, Alonso de Ercilla

1600
Nuevo mundo y conquista, Francisco de Terrazas

1604
Grandeza mexicana, Bernardo de Balbuena

1608
Discurso en loor de la poesía, Clarinda

© Santillana

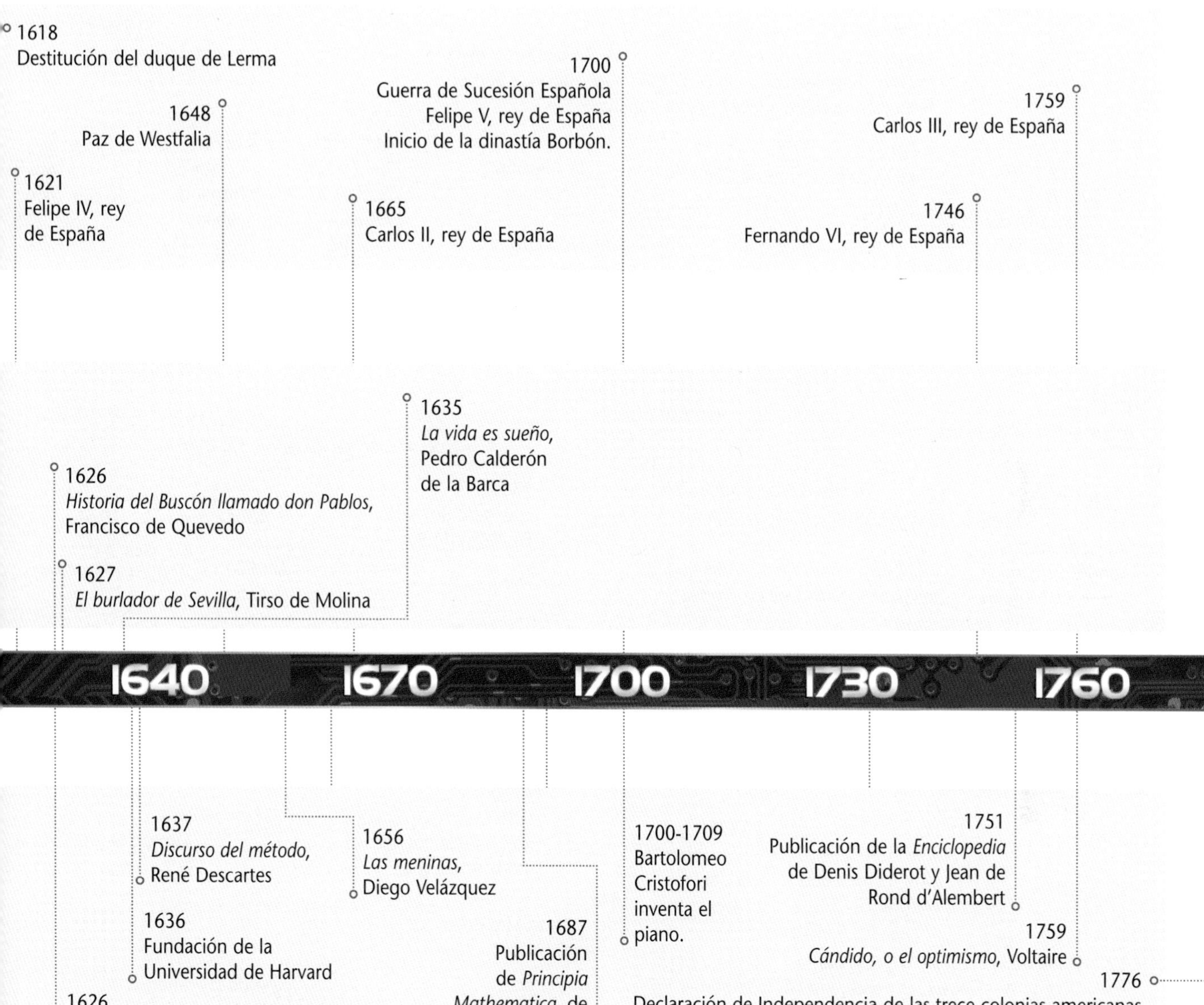

1662
Apologético en favor de Luis de Góngora, Juan de Espinosa

1732
Lima fundada o conquista del Perú, Pedro Peralta y Barnuevo

1689
Sor Juana Inés de la Cruz publica sus redondillas y poemas.

1690
Los Infortunios de Alonso Ramírez, Carlos Sigüenza y Góngora

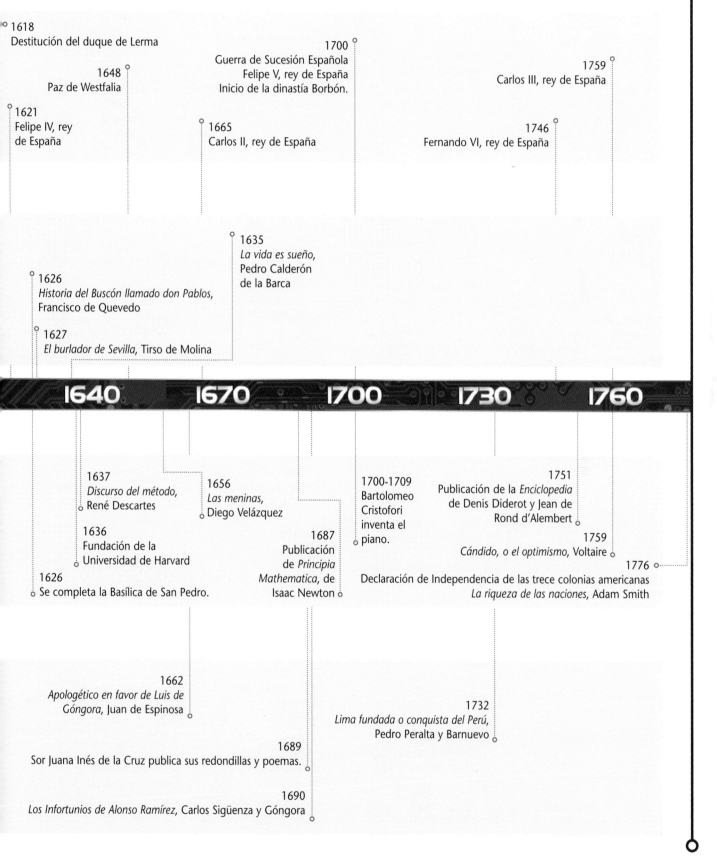

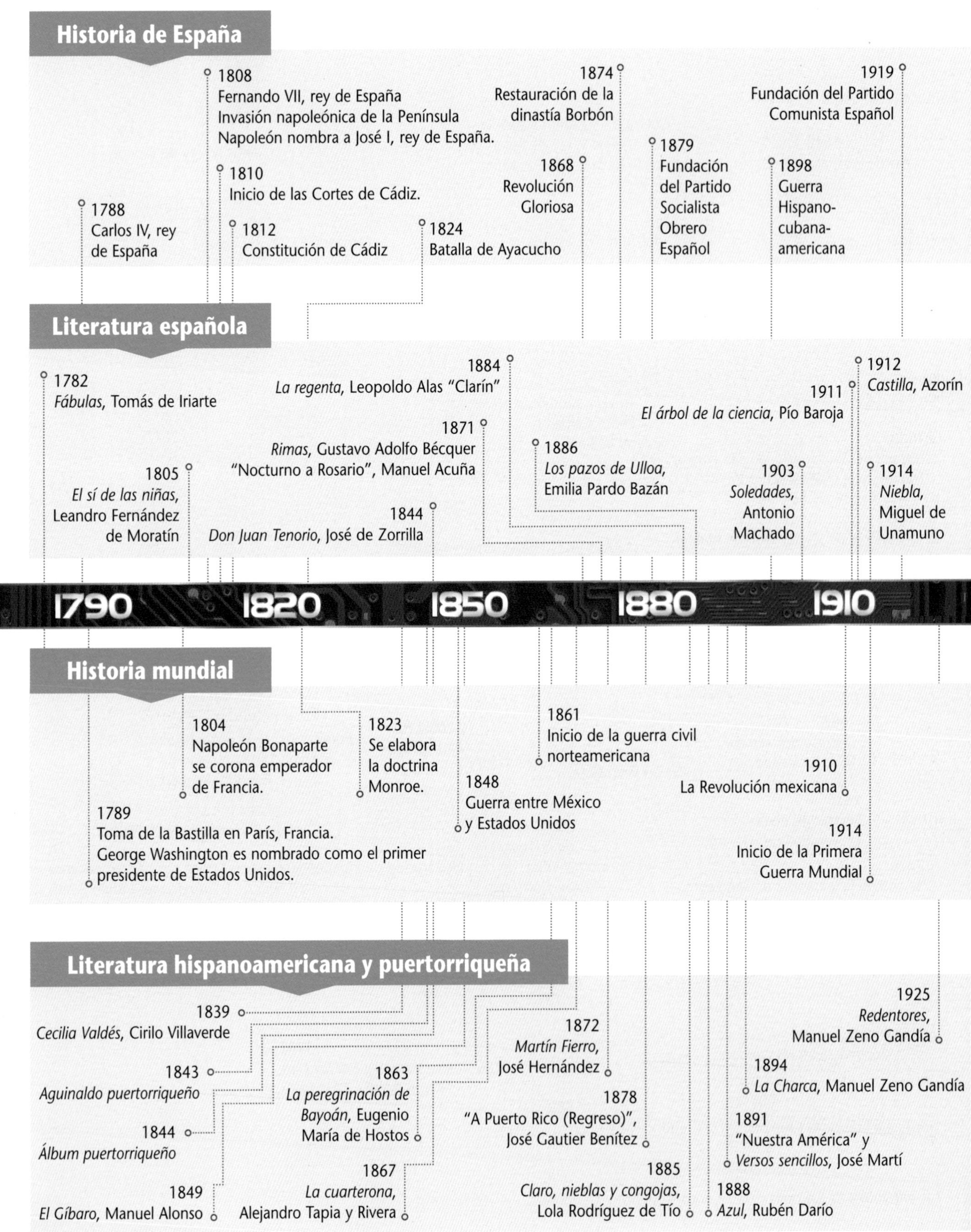
Historia de España
1788
Carlos IV, rey de España
1808
Fernando VII, rey de España
Invasión napoleónica de la Península
Napoleón nombra a José I, rey de España.
1810
Inicio de las Cortes de Cádiz.
1812
Constitución de Cádiz
1824
Batalla de Ayacucho
1868
Revolución Gloriosa
1874
Restauración de la dinastía Borbón
1879
Fundación del Partido Socialista Obrero Español
1898
Guerra Hispano-cubana-americana
1919
Fundación del Partido Comunista Español
Literatura española
1782
Fábulas, Tomás de Iriarte
1805
El sí de las niñas, Leandro Fernández de Moratín
1844
Don Juan Tenorio, José de Zorrilla
1871
Rimas, Gustavo Adolfo Bécquer
"Nocturno a Rosario", Manuel Acuña
1884
La regenta, Leopoldo Alas "Clarín"
1886
Los pazos de Ulloa, Emilia Pardo Bazán
1903
Soledades, Antonio Machado
1911
El árbol de la ciencia, Pío Baroja
1912
Castilla, Azorín
1914
Niebla, Miguel de Unamuno
1790
1820
1850
1880
1910
Historia mundial
1789
Toma de la Bastilla en París, Francia.
George Washington es nombrado como el primer presidente de Estados Unidos.
1804
Napoleón Bonaparte se corona emperador de Francia.
1823
Se elabora la doctrina Monroe.
1848
Guerra entre México y Estados Unidos
1861
Inicio de la guerra civil norteamericana
1910
La Revolución mexicana
1914
Inicio de la Primera Guerra Mundial
Literatura hispanoamericana y puertorriqueña
1839
Cecilia Valdés, Cirilo Villaverde
1843
Aguinaldo puertorriqueño
1844
Álbum puertorriqueño
1849
El Gíbaro, Manuel Alonso
1863
La peregrinación de Bayoán, Eugenio María de Hostos
1867
La cuarterona, Alejandro Tapia y Rivera
1872
Martín Fierro, José Hernández
1878
"A Puerto Rico (Regreso)", José Gautier Benítez
1885
Claro, nieblas y congojas, Lola Rodríguez de Tío
1888
Azul, Rubén Darío
1891
"Nuestra América" y Versos sencillos, José Martí
1894
La Charca, Manuel Zeno Gandía
1925
Redentores, Manuel Zeno Gandía

Lecturas y sus autores

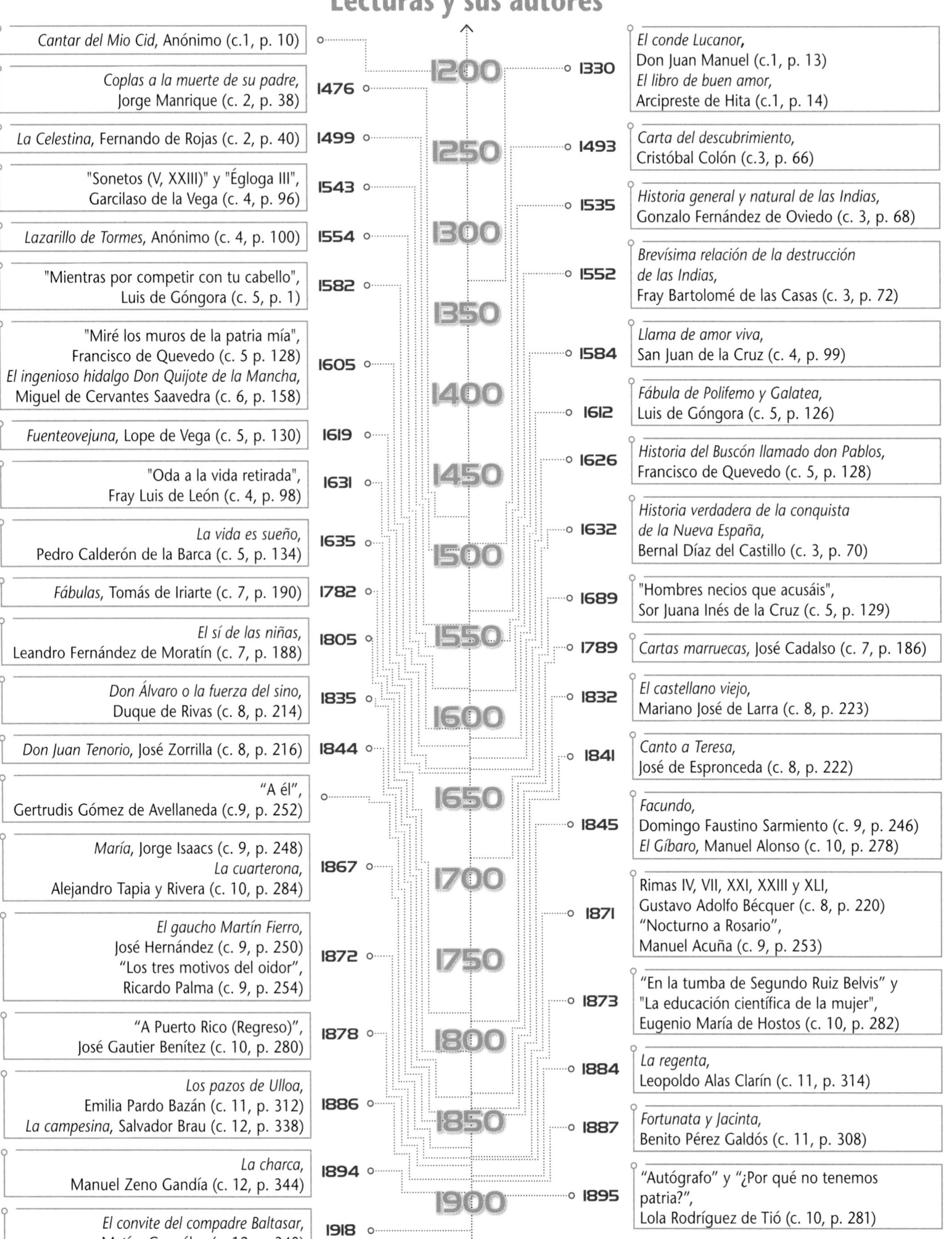
Cantar del Mio Cid, Anónimo (c.1, p. 10)
1476 *Coplas a la muerte de su padre*, Jorge Manrique (c. 2, p. 38)
1499 *La Celestina*, Fernando de Rojas (c. 2, p. 40)
1543 "Sonetos (V, XXIII)" y "Égloga III", Garcilaso de la Vega (c. 4, p. 96)
1554 *Lazarillo de Tormes*, Anónimo (c. 4, p. 100)
1582 "Mientras por competir con tu cabello", Luis de Góngora (c. 5, p. 1)
1605 "Miré los muros de la patria mía", Francisco de Quevedo (c. 5 p. 128) *El ingenioso hidalgo Don Quijote de la Mancha*, Miguel de Cervantes Saavedra (c. 6, p. 158)
1619 *Fuenteovejuna*, Lope de Vega (c. 5, p. 130)
1631 "Oda a la vida retirada", Fray Luis de León (c. 4, p. 98)
1635 *La vida es sueño*, Pedro Calderón de la Barca (c. 5, p. 134)
1782 *Fábulas*, Tomás de Iriarte (c. 7, p. 190)
1805 *El sí de las niñas*, Leandro Fernández de Moratín (c. 7, p. 188)
1835 *Don Álvaro o la fuerza del sino*, Duque de Rivas (c. 8, p. 214)
1844 *Don Juan Tenorio*, José Zorrilla (c. 8, p. 216)
"A él", Gertrudis Gómez de Avellaneda (c.9, p. 252)
1867 *María*, Jorge Isaacs (c. 9, p. 248) *La cuarterona*, Alejandro Tapia y Rivera (c. 10, p. 284)
1872 *El gaucho Martín Fierro*, José Hernández (c. 9, p. 250) "Los tres motivos del oidor", Ricardo Palma (c. 9, p. 254)
1878 "A Puerto Rico (Regreso)", José Gautier Benítez (c. 10, p. 280)
1886 *Los pazos de Ulloa*, Emilia Pardo Bazán (c. 11, p. 312) *La campesina*, Salvador Brau (c. 12, p. 338)
1894 *La charca*, Manuel Zeno Gandía (c. 12, p. 344)
1918 *El convite del compadre Baltasar*, Matías González (c. 12, p. 340)
1200
1250
1300
1350
1400
1450
1500
1550
1600
1650
1700
1750
1800
1850
1900
1330 *El conde Lucanor*, Don Juan Manuel (c.1, p. 13) *El libro de buen amor*, Arcipreste de Hita (c.1, p. 14)
1493 *Carta del descubrimiento*, Cristóbal Colón (c.3, p. 66)
1535 *Historia general y natural de las Indias*, Gonzalo Fernández de Oviedo (c. 3, p. 68)
1552 *Brevísima relación de la destrucción de las Indias*, Fray Bartolomé de las Casas (c. 3, p. 72)
1584 *Llama de amor viva*, San Juan de la Cruz (c. 4, p. 99)
1612 *Fábula de Polifemo y Galatea*, Luis de Góngora (c. 5, p. 126)
1626 *Historia del Buscón llamado don Pablos*, Francisco de Quevedo (c. 5, p. 128)
1632 *Historia verdadera de la conquista de la Nueva España*, Bernal Díaz del Castillo (c. 3, p. 70)
1689 "Hombres necios que acusáis", Sor Juana Inés de la Cruz (c. 5, p. 129)
1789 *Cartas marruecas*, José Cadalso (c. 7, p. 186)
1832 *El castellano viejo*, Mariano José de Larra (c. 8, p. 223)
1841 *Canto a Teresa*, José de Espronceda (c. 8, p. 222)
1845 *Facundo*, Domingo Faustino Sarmiento (c. 9, p. 246) *El Gíbaro*, Manuel Alonso (c. 10, p. 278)
1871 Rimas IV, VII, XXI, XXIII y XLI, Gustavo Adolfo Bécquer (c. 8, p. 220) "Nocturno a Rosario", Manuel Acuña (c. 9, p. 253)
1873 "En la tumba de Segundo Ruiz Belvis" y "La educación científica de la mujer", Eugenio María de Hostos (c. 10, p. 282)
1884 *La regenta*, Leopoldo Alas Clarín (c. 11, p. 314)
1887 *Fortunata y Jacinta*, Benito Pérez Galdós (c. 11, p. 308)
1895 "Autógrafo" y "¿Por qué no tenemos patria?", Lola Rodríguez de Tió (c. 10, p. 281)

El verbo AMAR (primera conjugación)

Formas no personales	
Formas simples:	**Formas compuestas:**
INFINITIVO **amar** GERUNDIO **amando** PARTICIPIO **amado**	INFINITIVO COMPUESTO **haber amado** GERUNDIO COMPUSTO **habiendo amado** PARTICIPIO (no tiene forma compuesta).

Formas personales	
Modo indicativo	
Tiempos simples	**Tiempos compuestos**
Presente: yo **amo** tú **amas** él **ama** nosotros **amamos** ustedes **aman** ellos **aman**	Pretérito perfecto compuesto: yo **he amado** tú **has amado** él **ha amado** nosotros **hemos amado** ustedes **han amado** ellos **han amado**
Pretérito imperfecto: yo **amaba** tú **amabas** él **amaba** nosotros **amábamos** ustedes **amaban** ellos **amaban**	Pretérito pluscuamperfecto: yo **había amado** tú **habías amado** él **había amado** nosotros **habíamos amado** ustedes **habían amado** ellos **habían amado**
Pretérito perfecto simple: yo **amé** tú **amaste** él **amó** nosotros **amamos** ustedes **amaron** ellos **amaron**	Pretérito anterior: yo **hube amado** tú **hubiste amado** él **hubo amado** nosotros **hubimos amado** ustedes **hubieron amado** ellos **hubieron amado**
Futuro simple: yo **amaré** tú **amarás** él **amará** nosotros **amaremos** ustedes **amarán** ellos **amarán**	Futuro compuesto: yo **habré amado** tú **habrás amado** él **habrá amado** nosotros **habremos amado** ustedes **habrán amado** ellos **habrán amado**
Condicional simple: yo **amaría** tú **amarías** él **amaría** nosotros **amaríamos** ustedes **amarían** ellos **amarían**	Condicional compuesto: yo **habría amado** tú **habrías amado** él **habría amado** nosotros **habríamos amado** ustedes **habrían amado** ellos **habrían amado**

 © Santillana

Formas personales	
Modo subjuntivo	
Tiempos simples	**Tiempos compuestos**
Presente: yo **ame** tú **ames** él **ame** nosotros **amemos** ustedes **amen** ellos **amen**	Pretérito perfecto compuesto: yo **haya amado** tú **hayas amado** él **haya amado** nosotros **hayamos amado** ustedes **hayan amado** ellos **hayan amado**
Pretérito imperfecto: yo **amara** **amase** tú **amaras** **amases** él **amara** **amase** nosotros **amáramos** **amásemos** ustedes **amaran** **amasen** ellos **amaran** **amasen**	Pretérito pluscuamperfecto: yo **hubiera amado** **hubiese amado** tú **hubieras amado** **hubieses amado** él **hubiera amado** **hubiese amado** nosotros **hubiéramos amado** **hubiésemos amado** ustedes **hubieran amado** **hubiesen amado** ellos **hubieran amado** **hubiesen amado**
Futuro simple: yo **amare** tú **amares** él **amare** nosotros **amáremos** ustedes **amaren** ellos **amaren**	Futuro compuesto: yo **hubiere amado** tú **hubieres amado** él **hubiere amado** nosotros **hubiéremos amado** ustedes **hubieren amado** ellos **hubieren amado**

Formas personales	
Modo imperativo	
Tiempos simples	**Tiempos compuestos**
Presente: **ama** (tú) **ame** (usted) **amemos** (nosotros) **amad** (vosotros) **amen** (ustedes)	El modo imperativo no tiene tiempos compuestos.

¡ENTÉRATE!

La serie *En Español* presenta en su contenido un grupo de usos lingüísticos. Estos, adoptados como estilo particular de Ediciones Santillana, están en común acuerdo con las más recientes disposiciones de la Real Academia de la Lengua Española (RAE), según se han publicado en el *Diccionario panhispánico de dudas* (2005), La *Nueva gramática de la lengua española* (2009) y la nueva *Ortografía de la lengua española* (2010). A continuación, presentamos algunas de estas disposiciones.

1. **Acentuación**

   - **Pronombres demostrativos** - De acuerdo con la más reciente ortografía publicada por la Real Academia de la Lengua Española (2010), en adelante, se podrá prescindir del acento en los pronombres demostrativos (*ese, ese, aquel* y sus respectivos femeninos y plurales).
   - **Adverbio solo** - El adverbio *solo* (solamente) no se acenturá nunca.
   - **Guion** - La palabra *guion* se puede pronunciar como diptongo (*guion*) o como hiato (*guión*). Debido a esta doble pronunciación, y con el objetivo de preservar la unidad ortográfica, la Real Academia estableció, desde 1999, que toda combinación de vocal cerrada átona y abierta tónica se considere diptongo a efectos de acentuación gráfica. Por ello, la palabra *guion* se escribe sin tilde.
   - **Preposición *o* entre números** - En adelante, la conjunción *o* se escribirá siempre sin acento, como corresponde a su condición de palabra monosílaba átona. Esto es así ya que, gracias al empleo de computadoras, su forma y su menor altura frente al 0 no permiten una confusión real en la práctica. Ejemplo: *Terminaremos el trabajo dentro de 2 o 3 semanas.*
   - **Verbos agudos con pronombre enclítico**

     Estos verbos, que antes mantenían la tilde, ahora se someterán a la regla general. Al convertirse en palabras llanas que terminan en vocal, no se acentuarán.Ejemplos: *llevose, mirola, callose, dele*

2. **Uso del prefijio *ex-***

   El prefijo *ex-* se escribirá, en adelante, unido a la base cuando esta sea una sola palabra (ejemplos: *exministro, exnovio, expresidente, exsuegra*) y separado de ella cuando la base sea pluriverbal (ejemplos: *ex primer ministro, ex teniente coronel*).

3. **Leísmo**

   Hasta ahora, se había corregido una estructura gramatical que se había considerado un error de leísmo. El leísmo es la incorrección consistente en emplear la forma *le* o *les* para el acusativo masculino singular o plural cuando el pronombre no se refiere a personas, o para el acusativo femenino singular o plural *(DRAE,* versión digital). Ejemplo de estas construcciones son las siguientes: *A la bodega **le** llaman cantina acá;* en lugar de *A la bodega **la** llaman cantina acá; Se **le** vio en la playa;* en lugar de *Se **lo** vio en la playa; Se **les** conoce como islotes,* en lugar de *Se **los** conoce como islores. La Nueva gramática de la lengua española* reconoce el uso mayoritario del dativo por lo que no censura ni considera incorretas dichas construcciones.

4. **Abecedario**

   La más reciente ortografía (2010) de la Real Academia de la Lengua Española indica que los dígrafos *ch* y *ll* han dejado de considerarse letras del español. Por tal razón, el abecedario de la lengua española está hoy compuesto por veintisiete letras (27). En los diccionarios, las palabras que comienzan con estas letras se alfabetizan en el lugar que les corresponde dentro de los apartados de la *c* y de la *l*, respectivamente.

5. **Monosílabos**

   Se consideran monosílabos y, por tanto, no llevan tilde, algunas de las palabras que antes, por razones fonéticas, se consideraban bisílabos. Ejemplos: *crie, crio, fie, fio, flui, frio, guie, guio, hui, lie, lio, pie, pio, rio* (del verbo *reír*), *guion, ruan, truhan.*

6. **Artículo en nombres de países**

   Ciertos topónimos incorporan el artículo como parte fija e indisociable del nombre propio, como ocurre en El Cairo, La Paz o El Salvador. Muchos nombres de países, y el de algunos continentes, pueden emplearse con artículo o sin él, como es el caso de (el) África, (la) Argentina, (el) Asia, (el) Brasil, (el) Paraguay, (el) Uruguay, etc. La preferencia mayoritaria por el uso con artículo o sin él varía en cada caso, aunque con carácter general puede afirmarse que la tendencia actual es a omitir el artículo.

7. **Mayúsculas y minúsculas**

   - Los nombres comunes que acompañan los nombres propios geográficos se escribirán con letra minúscula, como, por ejemplo: *ciudad de México, río Bayamón, mar Negro, océano Atlántico.*

- Los títulos o los cargos se escribirán con letra minúscula cuando aparezcan junto al nombre del lugar o ámbito correspondiente. Ejemplos: *presidente de Guatemala, secretario de Hacienda.*
- La nueva ortografía indica que los puntos cardinales no dejan de ser nombres comunes y que, por lo tanto, deben escribirse con minúscula inicial, tanto si se emplean en términos absolutos como si designan la orientación o la dirección correspondientes. Ejemplos: *El viento del norte, hemisferio sur, polo norte, polo sur...* Solo se escribirán con mayúscula inicial cuando formen parte de un nombre propio o de una expresión denominativa que lo exija. Ejemplos: *América del Norte, la Cruz del Sur, Europa del Este, Corea del Sur.* Los símbolos de los puntos cardinales y los puntos del horizonte se escriben con mayúscula. Ejemplos: *N, S, E, O, NO*
- Hasta ahora, el adjetivo especificador que acompañaba el nombre de las revoluciones se escribía en minúscula. A partir de ahora, estos adjetivos se escribirán con mayúscula, excepto aquellos que expresan nacionalidad. Ejemplos: *Revolución cubana, Revolución francesa, Revolución Industrial, Revolución Cultural china*

8. **Internet**

Funciona a modo de nombre propio, por lo que se escribe con mayúscula inicial y sin artículo. Si se usara, precedido de artículo u otro determinante, es preferible usar las formas femeninas (*la, una*, etc.), por ser femenino el nombre genérico *red*, equivalente español del inglés *net*. En español es voz aguda (internét), por lo que debe evitarse la pronunciación esdrújula (ínternet), que corresponde al inglés.

9. ***Grupo* frente a *sintagma***

La Real Academia de la Lengua Española, en la *Nueva gramática de la lengua española* (2010), ha determinado nombrar *grupos* a las unidades que antes se denominaban *sintagmas*. Ejemplo: *grupo nominal, grupo adverbial, grupo adjetival*

10. **Títulos de obras**

Comillas

Las comillas se utilizan para enmarcar títulos de poemas, canciones, ensayos, escritos breves y obras que sean dependientes de alguna publicación. Se emplean, además, para las citas textuales de un autor o de un personaje. Se escriben pegadas a la primera y la última palabra del período que enmarcan, y separadas por un espacio de las palabras o los signos que las preceden o las siguen; pero si lo que sigue a las comillas de cierre es un signo de puntuación, no se deja espacio entre ambos. Ejemplos: "Yo misma fui mi ruta", de Julia de Burgos; "La noche que volvimos a ser gente", de José Luis González.

Cuando se citan obras independientes, como títulos de libros, películas, programas de televisión, revistas, periódicos, obras de arte, nombres de trabajos musicales (CD), etcétera, se escribirán en itálicas si es un texto impreso. Ejemplos: *El ingenioso hidalgo don Quijote de la Mancha*, de Miguel de Cervantes; *Tuntún de pasa y grifería*, de Luis Palés Matos.

11. **Preposición**

Palabra invariable y átona (excepto *según*) cuya función consiste en introducir un sustantivo o un grupo nominal (llamado *término de preposición*) con el que forma un complemento que depende sintácticamente de otro elemento del enunciado. En el español actual son las siguientes: *a, ante, bajo, con, contra, de, desde, durante, en, entre, hacia, hasta, mediante, para, por, según, sin, so, sobre, tras, versus y vía.* Algunos gramáticos añaden la preposición *pro.*

12. ***Complemento circunstancial* frente a *adjuntos del grupo verbal***

El concepto *adjunto* no es de uso general en la tradición gramatical hispanoamericana. Lo es sin embargo, el de *modificador*, que se aplica a los adjetivos y los adverbios en muchas gramáticas, pero no siempre a todos los segmentos marcados con trazo continuo en el apartado precedente. Por otra parte, este término es más abarcador que el de *adjunto*, puesto que incluye también los cuantificadores. Un subgrupo de los adjuntos extensamente estudiado en la tradición gramatical occidental es el de los *complementos circunstanciales*, también denominados a veces *circunstantes, aditamentos, satélites* o simplemente *circunstanciales* en varios sistemas terminológicos. La mayor parte de los gramáticos que usan el término *complemento circunstancial* lo hacen con el sentido de *adjuntos del verbo* o *del grupo verbal*, es decir, como término que designa una función estrictamente oracional. El concepto tradicional de *complemento circunstancial* abarca, en efecto, los modificadores del verbo o el grupo verbal que expresan lugar, tiempo, cantidad, manera, compañía, instrumento, causa y finalidad.

La realización gráfica estuvo a cargo del siguiente equipo:

Director de arte:
Daniel Pintado Rodríguez

Montaje:
Jamillette Blanco Muriente
Catalina García García
Christie López Santiago
Elsa L. Santiago Díaz

Ilustraciones:
Mrinalis Álvarez Astacio
Francisco D. Bacó Díaz
María del Carmen Lamadrid Zamora
David Martínez Rivera
Nívea Ortiz
Walter Torres

Diseño de portada:
Karys M. Acosta Marrero

Producción:
Luis D. Santos Coss

Documentación:
Josué Rivera Belaval

Mario Vargas Llosa, Discurso Nobel "Elogio de la lectura y la ficción" © The Nobel Foundation 2010

Digitalización y retoque:
Michelle M. Colón Ortiz
Josué Rivera Belaval

Imágenes:
Archivo Santillana Puerto Rico; Biblioteca del Congreso de Estados Unidos; www.shutterstock.com; www.flickr.com; www.wikipedia.com; www.commons.wikimedia.org; Instituto de Cultura Puertorriqueña; Museo Nacional Centro de Arte Reina Sofia; Colección Museo de Arte Dr. Pío López Martínez, UPR Cayey; Acervo Museo de Arte Alvar y Carmen T. de Carrillo Gil/INBA/CONACULTA; Fundación Pan Klub- Museo Xul Solar¬¬; Museo Carmen Thyssen, Málaga; Ricardo David Justino y Comite Centenario Fundación de Jayuya; Proyecto Yorck/Wikimedia Commons; Gobierno de Chile; Irene Delano; Tato Grasso; Carlos Viñas Valle; J. Crocker; Alexander A. Kataytsev; Lev Radin; Alex E. Proimos; David SC78; Jose 0835 y Josué Rivera Belaval.

© 2017 by Santillana USA Publishing Company, Inc.
2023 NW 84th Avenue
Doral, FL 33122, USA
www.santillanausa.com

En Español 10 Libro de texto
ISBN: 978-1-62263-754-6

Printed in the United States of America
by Thomson-Shore, Inc.
20 19 18 17 2 3 4 5 6 7 8 9 10

Todos los derechos reservados. Esta publicación no puede ser reproducida, ni en todo ni en parte, ni registrada en o transmitida por un sistema de recuperación de información, en ninguna forma ni por ningún medio, sea mecánico, fotoquímico, electrónico, magnético, electroóptico, por fotocopia o cualquier otro, sin el permiso previo, por escrito, de la editorial.